权威·前沿·原创

皮书系列为
"十二五""十三五""十四五"时期国家重点出版物出版专项规划项目

B

BLUE BOOK

智 库 成 果 出 版 与 传 播 平 台

能源蓝皮书
BLUE BOOK OF ENERGY

中国能源发展前沿报告（2023）

REPORT ON THE FRONTIERS OF CHINA'S ENERGY DEVELOPMENT (2023)

中国能源高质量发展

High-quality Development of Energy in China

主　编／史　丹

社会科学文献出版社
SOCIAL SCIENCES ACADEMIC PRESS（CHINA）

图书在版编目（CIP）数据

中国能源发展前沿报告. 2023：中国能源高质量发展 / 史丹主编 . --北京：社会科学文献出版社，2023.10
（能源蓝皮书）
ISBN 978-7-5228-2519-9

Ⅰ.①中… Ⅱ.①史… Ⅲ.①能源发展-研究报告-中国-2023 Ⅳ.①F426.2

中国国家版本馆 CIP 数据核字（2023）第 179948 号

能源蓝皮书
中国能源发展前沿报告（2023）
——中国能源高质量发展

主　　编／史　丹

出 版 人／冀祥德
组稿编辑／任文武
责任编辑／张丽丽
责任印制／王京美

出　　版／社会科学文献出版社·城市和绿色发展分社（010）59367143
　　　　　地址：北京市北三环中路甲 29 号院华龙大厦　邮编：100029
　　　　　网址：www.ssap.com.cn
发　　行／社会科学文献出版社（010）59367028
印　　装／三河市东方印刷有限公司

规　　格／开　本：787mm×1092mm　1/16
　　　　　印　张：30.5　字　数：460 千字
版　　次／2023 年 10 月第 1 版　2023 年 10 月第 1 次印刷
书　　号／ISBN 978-7-5228-2519-9
定　　价／168.00 元

读者服务电话：4008918866

编　委　会

主编简介

史 丹 中国社会科学院工业经济研究所所长，研究员，博士生导师。享受国务院政府特殊津贴专家。《中国工业经济》《经济管理》主编，国家能源委员会专家咨询委员会委员，第三届国家气候变化专家委员会委员，中国工业经济学会理事长兼副会长，主要研究领域为产业与能源经济、绿色低碳发展等。主持国家社科基金重大课题，国家自然科学基金课题，国家发展改革委、国家能源局、工信部等部委和省市委托课题百余项，在《经济研究》《管理世界》《中国工业经济》等顶级刊物公开发表各类文章200多篇，撰写专著30余部，获得国家级、省部级学术奖励30余项。

摘　要

党的二十大报告指出，"高质量发展是全面建设社会主义现代化国家的首要任务"，"深入推进能源革命，加快规划建设新型能源体系"。能源高质量发展既是经济高质量发展的重要内容，也是实现中国式现代化的重要支撑。推动能源高质量发展，要完整、准确、全面贯彻新发展理念，更好统筹质的有效提升和量的合理增长，深化供给侧结构性改革，切实保障经济社会高质量发展。

《中国能源发展前沿报告（2023）》主题是"中国能源高质量发展"，旨在科学研判能源高质量发展的现状和趋势，剖析现阶段能源高质量发展过程中存在的问题和面临的挑战，为推动能源高质量发展提供政策建议，分为总报告、行业发展篇、专题篇，共三部分18篇报告。

本书在界定能源高质量发展内涵的基础上，构建了能源高质量发展指标体系，从能源安全、能源绿色低碳转型、能源科技创新、能源利用效率、能源国际合作五个维度评价能源高质量发展状况。结论显示，2012～2020年，我国能源高质量发展指数总体呈现上升趋势，能源发展质量和效益不断提高。从能源高质量发展五个维度分析来看：能源安全状况总体基本稳定，能源安全指数呈现小幅下降趋势；能源绿色低碳转型形势较好，能源绿色低碳转型指数呈现上升趋势；能源科技创新能力有较大幅度提高；能源利用效率持续改进；能源国际合作总体上呈现良好局面。针对能源高质量发展的评价现状，本书进一步从五个维度提出了改进方向。能源安全维度，在构建以新能源为主体的能源系统背景下，要重点考量系统安全，提升系统调节能力，积极发挥价格调节供需的作用，增强能源安全应急能力，完善能源安全风险识别与分级管理制度。能源绿色低碳转型维度，分阶段有序降低污染物和碳排放强度，加快建设完善新型电力系统，加快电气化进程，加快碳排放标准体系建设。能源科技创新维度，加大能源科技创新研发投入，完善能源领域自主创新体系建设，推动数字技术与能源产业的深度融合。能源利用效率维度，发挥市场配置能源的基础性作用，更加注重微观主体用能激励机制，重点提升西部地区能源利用效率、继续推动能源领域供给侧结构性改革。能源国际合作维度，进一步通过多边合作的方式保障能源的长效供应、坚持自主创新推动能源技术输出，增大能源投资建设的国际协作水平，积极参与国际能源治理。

本书全面系统地总结了煤炭行业、石油行业、天然气行业、煤电行业、核能、太阳能发电行业、风电行业、氢能行业和储能行业取得的成绩，分析了其在高质量发展方面存在的问题，并提出了具体的政策建议。本书针对"一带一路"能源合作，能源消费革命与高质量发展，全国能源统一大市场建设，完善能源体制机制和政策措施，新型电力系统建设现状、总体特征及关键问题，绿色低碳转型进程中的区域电力协调发展，能源转型投资，农村能源高质量发展等能源领域中的热点问题，进行了系统研究。本书认为，要推动更高质量的"一带一路"能源合作，在"一带一路"能源合作伙伴关系框架下建立更加专业化的能源工作机制；要通过制度革命增强中国能源消费的软实力推进能源消费革命，有效实现能源的高质量发展；要完善能源体制机制，进一步激发市场主体活力；新型电力系统的高质量发展应以为能源安全提供坚强保障为目的，要推动新型电力系统与现代化基础设施体系的融合发展；绿色低碳转型进程中，推动区域电力协调高质量发展要加快形成"多能互补、大范围互济、市场机制发挥作用"的政策制度体系；推动能源转型投资高质量发展，要深化能源领域体制机制改革、完善能源转型支持政策，拓宽能源产业投资渠道；推动农村能源高质量发展，要在推动农村可再生能源开发利用、提高农村电气化水平、推动农林生物质能源化利用等方面着力。

关键词： 能源产业　高质量发展　能源转型

目 录 ↱

Ⅰ 总报告

Ⅱ 行业发展篇

皮书数据库阅读**使用指南**

总 报 告

General Report

B.1

2023年中国能源高质量发展评价报告

中国社会科学院工业经济研究所课题组*

摘　要： 本文在界定能源高质量发展内涵的基础上，构建了能源高质量发展指标体系，采用熵值TOPSIS分析法从能源安全、能源绿色低碳转型、能源科技创新、能源利用效率、能源国际合作五个维度评价能源高质量发展状况。结果显示，2012~2020年，我国能源高质量发展指数总体呈现上升趋势，表明我国现代能源体系建设成效显著，能源发展质量和效益不断提高。从能源高质量发展五个维度分析来看：能源安全状况总体基本稳定，能源安全指数呈现小幅下降趋势；能源绿色低碳转型形势较好，能源绿色低碳转

* 执笔人：史丹，博士，中国社会科学院工业经济研究所所长、研究员、博士生导师，主要研究方向为能源经济、低碳经济、产业发展与产业政策；王蕾，博士，中国社会科学院工业经济研究所能源经济研究室副研究员，主要研究方向为能源政策、能源效率；袁惊柱，博士，中国社会科学院工业经济研究所能源经济研究室助理研究员，主要研究方向为农业经济、新能源发展与能源转型；叶云岭，中国社会科学院工业经济研究所博士后，主要研究方向为区域经济、能源经济；赵烁，博士，中国社会科学院工业经济研究所能源经济研究室助理研究员，主要研究方向为能源金融。

型指数呈现上升趋势；能源科技创新能力有较大幅度提高；能源利用效率持续改进；能源国际合作总体上呈现良好局面。针对能源高质量发展的现状，本文进一步从五个维度提出了改进方向。能源安全维度，在构建以新能源为主体的能源系统背景下，要重点考量系统安全，提升系统调节能力，积极发挥价格调节供需的作用，增强能源安全应急能力，完善能源安全风险识别与分级管理制度。能源绿色低碳转型维度，分阶段有序降低污染物和碳排放强度，加快建设完善新型电力系统，加快电气化进程，加快碳排放标准体系建设。能源科技创新维度，加大能源科技创新研发投入，完善能源领域自主创新体系建设，推动数字技术与能源产业的深度融合。能源利用效率维度，发挥市场配置能源的基础性作用，更加注重微观主体用能激励机制，重点提升西部地区能源利用效率，继续推动能源领域供给侧结构性改革。能源国际合作维度，进一步通过多边合作的方式保障能源的长效供应，坚持自主创新推动能源技术输出，提升能源投资建设的国际协作水平，积极参与国际能源治理。

关键词： 能源安全　绿色低碳　科技创新

　　能源是人类文明进步的重要物质基础和动力，是经济发展与社会进步的重要支撑。党的十八大以来，中国经济从高速增长阶段转向高质量发展阶段。在"创新、协调、绿色、开放、共享"新发展理念和"四个革命、一个合作"能源安全新战略的指引下，我国绿色清洁可再生能源快速发展，形成了化石能源占比逐步下降、绿色清洁能源占比逐步上升的多元能源供给体系，能源绿色低碳转型取得可喜的成绩。

　　党的二十大报告指出，"高质量发展是全面建设社会主义现代化国家的首要任务"，"深入推进能源革命，加快规划建设新型能源体系"。能源高质量发展既是经济高质量发展的重要内容，也是实现中国式现代化的重要支撑。推动能源高质量发展，要完整、准确、全面贯彻新发展理念，更好统筹质的有效提升和量的合理增长，深化供给侧结构性改革，切实保障经济社会高质量发展。在此背景下，有必要科学研判能源高质量发展的现状和趋势，剖析现阶段能源高质量发展过程中存在的问题和面临的挑战，为推动能源高质量发展提供政策建议。

一 能源高质量发展的内涵与评价

（一）能源高质量发展的内涵

中国经济已由高速增长阶段转向高质量发展阶段。高质量发展是能够很好地满足人民日益增长的美好生活需要的发展，是体现新发展理念的发展，是使创新成为第一动力、协调成为内生特点、绿色成为普遍形态、开放成为必由之路、共享成为根本目的的发展①。高质量发展以质量的保障为前提条件，指的是持续性、动态性的发展，体现为经济结构、经济动力、经济发展方式等方面的优化②。高质量发展不仅强调经济的发展，同时也强调经济与政治、文化、社会、环境的协调发展③，致力于实现更高质量、更有效率、更加公平、更可持续的发展，并以此满足人民日益增长的美好生活需要和推动人的全面发展④。高质量发展要求平衡好数量与质量的关系，在"质"的提升中实现"量"的有效增长，表现为产品和服务具有更高品质、产业结构更加合理、经济运行更有效率，最终实现经济发展更可持续，生态环境更加绿色，社会分配更加公平⑤。衡量高质量发展的方式主要有两种：一种是

① 《习近平谈治国理政》（第三卷），外文出版社，2020。
② 金碚：《关于"高质量发展"的经济学研究》，《中国工业经济》2018年第4期。
③ 逄锦聚：《科学把握共同富裕与高质量发展的关系》，《中国经济评论》2022年第1期。
④ 张占斌、毕照卿：《经济高质量发展》，《经济研究》2022年第4期。
⑤ 史丹、赵剑波、邓洲：《推动高质量发展的变革机制与政策措施》，《财经问题研究》2018年第9期。

采用全要素生产率、绿色全要素生产率、劳动生产率等作为高质量发展的替代指标；另一种是采用评价指标体系从多个维度对高质量发展情况进行测量。众多学者从"创新、协调、绿色、协调、共享"新发展理念五个基本维度测度高质量发展情况[①]。部分文献在新发展理念基础上，从创新、绿色、开放、共享、高效和风险控制等多个方面系统构建高质量发展指数[②]。

《"十四五"现代能源体系规划》提出现代能源体系建设的主要目标为能源保障更加安全有力、能源低碳转型成效显著、能源系统效率大幅提高、创新发展能力显著增强、普遍服务水平持续提升。《2022年能源工作指导意见》提出能源发展的目标为增强供应保障能力，稳步推进结构转型，着力提高质量效率。章建华认为能源高质量发展的主要内容涵盖能源安全体系和能力现代化、能源生产消费体系清洁低碳转型、能源创新动能激发、能源普惠高效发展、能源高水平对外开放[③]。关于对能源高质量发展的衡量，国内有的学者从能源效率、能源结构、能源安全三个方面选取关键指标来进行分析[④]。有的从科技创新、产业结构、对外开放、生态环保、协调发展、清洁低碳六个维度衡量能源高质量发展[⑤]。国外学者从清洁能源转换、能源安全、能源可得性、能源强度和碳排放强度角度出发构建能源质量评价系统[⑥]。

本文认为能源高质量发展的内涵是能源安全稳定，绿色低碳转型深入推进，科技创新能力不断增强，利用效率大幅提升，国际合作持续深化，并从能源安全、能源绿色低碳转型、能源科技创新、能源利用效率、能源国际合作五个维度评价我国能源高质量发展需要加强的方向。能源安全是能源高质

① 史丹、李鹏：《我国经济高质量发展测度与国际比较》，《东南学术》2019年第5期。
② 曲立、王璐、季桓永：《中国区域制造业高质量发展测度分析》，《数量经济技术经济研究》2021年第9期。
③ 章建华：《深入学习贯彻习近平新时代中国特色社会主义思想 以能源高质量发展支撑中国式现代化建设》，《当代世界》2023年第2期。
④ 代红才、张运洲、李苏秀、张宁：《中国能源高质量发展内涵与路径研究》，《中国电力》2019年第6期。
⑤ 周四军、戴思琪：《长江经济带能源高质量发展的测度与聚类分析》，《工业技术经济》2020年第10期。
⑥ Brodny J., Tutak M., "Assessing Sustainable Energy Development in the Central and Eastern European Countries and Analyzing Its Diversity", *Science of The Total Environment*, 801, 2021.

量发展的前提，也是保障国家经济与社会持续健康发展的基石，能源高质量发展需要不断增强风险应对能力，确保国家能源安全；能源绿色低碳转型是能源高质量发展的方向，加快推动能源绿色低碳转型，形成绿色发展方式和生活方式，科学有序推进实现碳达峰、碳中和目标是能源高质量发展应有之义；能源科技创新是能源高质量发展的根本动力，要坚持把创新作为引领高质量发展的第一动力，着力增强能源科技创新能力，推进能源产业链现代化；提升能源利用效率是能源高质量发展的重要目标和体现，要实现高质量发展，就要建设一批经济效益好、示范效应强的能源项目，优化能源开发利用布局，提高资源配置效率；开展能源国际合作是能源高质量发展的必由之路，要以共建"一带一路"为引领，坚持实施更大范围、更宽领域、更深层次的对外开放，开拓能源国际合作新局面。

（二）中国能源高质量发展总体评价

本文从能源安全、能源绿色低碳转型、能源科技创新、能源利用效率、能源国际合作五个维度构建了能源高质量发展指数。从图1可以看出，2012~2020年，我国能源高质量发展指数总体呈现上升趋势，由2012年的0.32上升至2020年的0.62，年均增长率为8.61%。这表明我国现代能源体系建设成效显著，能源发展质量和效益不断提高。

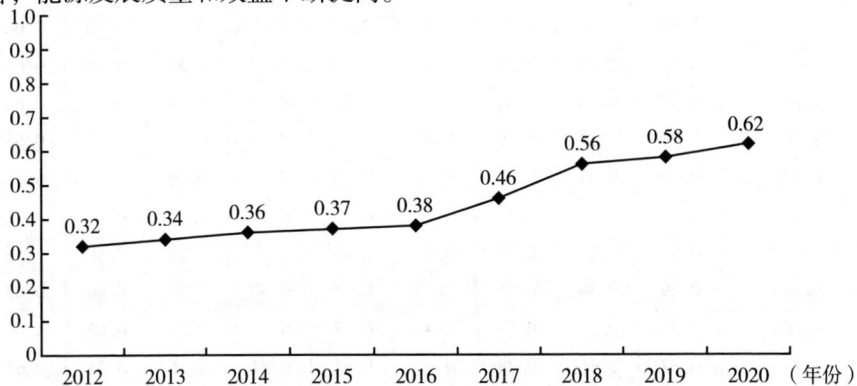

图1　2012~2020年我国能源高质量发展指数变化

资料来源：根据测算结果整理。

分省份来看，2020年广东、湖北、海南、甘肃能源高质量发展指数较高，安徽、广西、内蒙古能源高质量发展指数相对较低；2012～2020年宁夏、甘肃、湖北能源高质量发展指数上升速度较快，年均增长率分别达11.10%、10.57%、10.32%；2012～2020年内蒙古、浙江、广西能源高质量发展指数上升速度较慢，年均增长率分别为5.95%、7.19%、7.25%（见表1）。

表1　2012～2020年全国及各省（区、市）能源高质量发展指数

地区	2012年	2013年	2014年	2015年	2016年	2017年	2018年	2019年	2020年
全国	0.32	0.34	0.37	0.35	0.37	0.45	0.56	0.58	0.60
北京	0.32	0.35	0.38	0.37	0.39	0.49	0.55	0.62	0.62
天津	0.31	0.34	0.31	0.34	0.41	0.47	0.57	0.63	0.62
河北	0.33	0.38	0.41	0.37	0.40	0.43	0.50	0.60	0.62
山西	0.34	0.43	0.42	0.43	0.44	0.48	0.52	0.55	0.61
内蒙古	0.34	0.37	0.31	0.35	0.41	0.44	0.48	0.54	0.54
辽宁	0.30	0.30	0.29	0.32	0.35	0.44	0.52	0.53	0.58
吉林	0.31	0.38	0.39	0.41	0.43	0.46	0.54	0.56	0.60
黑龙江	0.30	0.36	0.37	0.42	0.45	0.49	0.56	0.60	0.64
上海	0.32	0.38	0.42	0.45	0.49	0.57	0.61	0.65	0.66
江苏	0.34	0.40	0.37	0.44	0.43	0.50	0.53	0.57	0.63
浙江	0.35	0.39	0.41	0.45	0.43	0.45	0.54	0.60	0.61
安徽	0.31	0.34	0.35	0.37	0.44	0.44	0.49	0.53	0.57
福建	0.31	0.33	0.37	0.43	0.44	0.49	0.54	0.61	0.63
江西	0.31	0.35	0.39	0.42	0.41	0.47	0.53	0.60	0.60
山东	0.32	0.38	0.34	0.42	0.46	0.47	0.53	0.63	0.60
河南	0.31	0.35	0.32	0.37	0.42	0.50	0.55	0.61	0.64
湖北	0.31	0.37	0.39	0.41	0.54	0.54	0.59	0.67	0.68
湖南	0.31	0.34	0.38	0.41	0.43	0.47	0.49	0.55	0.58
广东	0.34	0.38	0.41	0.45	0.48	0.53	0.61	0.67	0.72
广西	0.32	0.34	0.37	0.41	0.45	0.47	0.54	0.58	0.56
海南	0.29	0.38	0.45	0.43	0.45	0.50	0.59	0.66	0.67
重庆	0.33	0.38	0.41	0.43	0.47	0.52	0.57	0.63	0.61
四川	0.34	0.36	0.38	0.39	0.41	0.51	0.56	0.63	0.63
贵州	0.31	0.33	0.33	0.34	0.44	0.49	0.48	0.53	0.60
云南	0.29	0.27	0.31	0.37	0.40	0.45	0.50	0.51	0.62

地区	2012年	2013年	2014年	2015年	2016年	2017年	2018年	2019年	2020年
陕西	0.30	0.31	0.35	0.36	0.41	0.48	0.53	0.58	0.59
甘肃	0.30	0.24	0.27	0.27	0.40	0.51	0.57	0.65	0.67
青海	0.29	0.26	0.29	0.35	0.39	0.48	0.52	0.59	0.62
宁夏	0.28	0.31	0.38	0.40	0.37	0.46	0.57	0.59	0.65
新疆	0.30	0.35	0.36	0.43	0.43	0.47	0.53	0.60	0.65

注：由于数据获得性方面的原因，表中数据不包括西藏。余同。

资料来源：根据测算结果整理。

（三）能源高质量发展的五个维度分析

党的十八大以来，在"四个革命、一个合作"能源安全新战略指引下，我国在能源国际合作、能源利用效率、能源科技创新三个方面有较大幅度的提高和改善（见图2）。

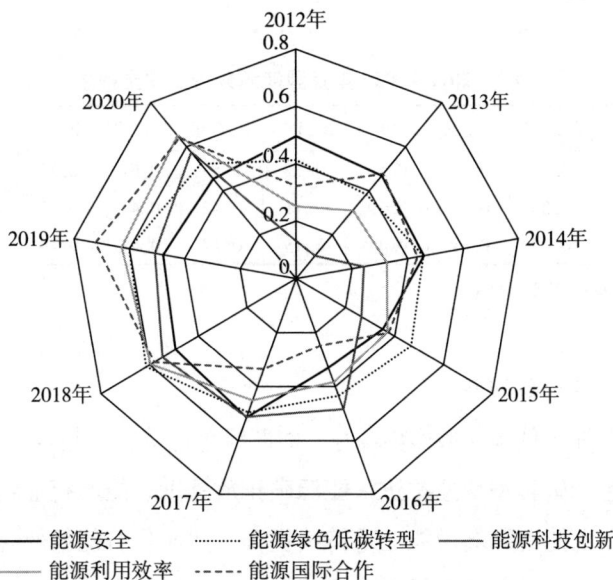

图2　2012~2020年我国能源高质量发展五个维度的指数变化

资料来源：根据测算结果整理。

1. 能源安全

我国能源安全状况总体基本稳定，能源安全指数呈现小幅下降趋势。虽然我国正加快构建能源供给多元化格局，能源价格总体稳定在合理区间，筑牢筑实了能源安全保障的坚固防线，但是石油、天然气由于对外依存度较高而存在安全风险，我国能源安全仍面临较大挑战。我国油气需求仍处于上升阶段，对外依存度持续提高，近年来国际能源市场波动引致能源价格波动，对我国能源安全带来一定的负面影响。

分行业来看，煤炭行业安全指数总体呈现上升趋势，石油行业和天然气行业安全指数整体呈现小幅下降趋势（见表2）。究其原因，面对严峻复杂的国际能源形势和较大的国内能源保供压力，我国作为煤炭生产大国，健全完善煤炭中长期合同制度，出台一系列有力的煤炭保供政策措施，确保煤炭供应链的安全稳定，有效发挥了煤炭作为能源保供稳价的"压舱石"和"稳定器"作用。然而，我国油气储产量少、消耗大、对外依存度高。受国际能源市场波动影响，国际油气价格波动成为我国中短期难以控制的风险。

表2　2012~2020年我国能源分行业安全指数

行业	2012年	2013年	2014年	2015年	2016年	2017年	2018年	2019年	2020年
煤炭	0.47	0.48	0.50	0.52	0.53	0.57	0.59	0.61	0.59
石油	0.38	0.37	0.39	0.41	0.42	0.44	0.45	0.47	0.37
天然气	0.42	0.42	0.43	0.45	0.47	0.48	0.49	0.47	0.41

资料来源：根据测算结果整理。

2. 能源绿色低碳转型

我国能源绿色低碳转型形势较好，能源绿色低碳转型指数呈现上升趋势。我国能源绿色低碳转型快速推进，能源碳排放强度、能源行业污染物排放强度不断下降，电能占终端用能比重持续提升。然而化石能源燃烧排放的二氧化碳浓度较高，受煤电发电量尚未达峰影响，未来一段时间内，煤电碳排放量还将继续增长。我国煤电碳排放量大、减排任务重，面临着严峻的降碳压力。

2012~2020 年，我国各省（区、市）能源绿色低碳转型指数均整体呈现快速上升趋势。其中，2020 年河南、云南、上海能源绿色低碳转型指数较高；2012~2020 年甘肃、宁夏、青海能源绿色低碳转型指数上升速度较快，年均增速分别为 23.98%、22.52%、11.03%（见表3）。

表3　2012~2020 年我国各省（区、市）能源绿色低碳转型指数

地区	2012 年	2013 年	2014 年	2015 年	2016 年	2017 年	2018 年	2019 年	2020 年
北京	0.36	0.37	0.37	0.38	0.45	0.59	0.63	0.64	0.66
天津	0.42	0.51	0.38	0.32	0.34	0.53	0.61	0.64	0.62
河北	0.48	0.56	0.54	0.35	0.36	0.46	0.48	0.60	0.65
山西	0.33	0.48	0.48	0.47	0.44	0.49	0.50	0.51	0.51
内蒙古	0.39	0.26	0.46	0.47	0.49	0.48	0.56	0.56	0.63
辽宁	0.30	0.31	0.31	0.35	0.51	0.56	0.55	0.52	0.57
吉林	0.30	0.33	0.36	0.40	0.48	0.52	0.59	0.57	0.61
黑龙江	0.40	0.44	0.44	0.49	0.58	0.60	0.59	0.60	0.63
上海	0.33	0.33	0.39	0.41	0.52	0.68	0.64	0.71	0.72
江苏	0.44	0.50	0.50	0.52	0.54	0.54	0.56	0.60	0.60
浙江	0.41	0.44	0.44	0.49	0.51	0.51	0.55	0.59	0.60
安徽	0.45	0.48	0.50	0.53	0.58	0.56	0.59	0.61	0.62
福建	0.39	0.41	0.44	0.59	0.55	0.60	0.60	0.67	0.70
江西	0.41	0.48	0.49	0.50	0.52	0.54	0.54	0.66	0.69
山东	0.36	0.38	0.40	0.43	0.51	0.56	0.57	0.60	0.62
河南	0.34	0.35	0.38	0.38	0.49	0.65	0.73	0.73	0.78
湖北	0.33	0.35	0.37	0.41	0.41	0.64	0.64	0.67	0.68
湖南	0.35	0.36	0.45	0.52	0.53	0.53	0.54	0.56	0.56
广东	0.40	0.44	0.47	0.52	0.52	0.59	0.61	0.64	0.68
广西	0.37	0.39	0.44	0.51	0.52	0.55	0.56	0.57	0.57
海南	0.39	0.48	0.50	0.53	0.55	0.57	0.64	0.66	0.69
重庆	0.34	0.37	0.40	0.41	0.44	0.66	0.69	0.69	0.70
四川	0.39	0.41	0.43	0.44	0.46	0.58	0.61	0.63	0.63
贵州	0.36	0.38	0.40	0.47	0.51	0.56	0.64	0.64	0.69
云南	0.38	0.39	0.43	0.50	0.54	0.56	0.57	0.57	0.75
陕西	0.36	0.37	0.39	0.40	0.43	0.56	0.56	0.57	0.62
甘肃	0.12	0.16	0.19	0.21	0.45	0.61	0.63	0.66	0.67
青海	0.29	0.32	0.34	0.43	0.45	0.61	0.61	0.64	0.67
宁夏	0.13	0.39	0.41	0.43	0.44	0.51	0.60	0.62	0.66
新疆	0.37	0.43	0.45	0.48	0.50	0.52	0.54	0.57	0.64

资料来源：根据测算结果整理。

3. 能源科技创新

我国能源科技创新能力有较大幅度提高，能源行业研发经费占营收比重持续上升，能源行业研发人员数量不断扩大，能源行业有产品或工艺创新活动的企业占比不断提升。能源科技创新指数呈现快速上升趋势，能源发展进入创新驱动的新阶段。

2012~2020年，我国大部分省（区、市）能源科技创新指数呈现大幅上升趋势。其中，2020年上海、广东、江苏能源科技创新指数较高；2012~2020年，安徽、天津、河北能源科技创新指数上升速度较快，年均增长率分别为23.10%、16.95%、16.07%（见表4）。

表4　2012~2020年我国部分省（区、市）能源科技创新指数

地区	2012年	2013年	2014年	2015年	2016年	2017年	2018年	2019年	2020年
北京	0.31	0.33	0.37	0.41	0.37	0.44	0.56	0.62	0.62
天津	0.16	0.10	0.24	0.30	0.44	0.45	0.46	0.55	0.56
河北	0.17	0.23	0.42	0.35	0.52	0.53	0.54	0.55	0.56
山西	0.41	0.49	0.50	0.50	0.47	0.64	0.57	0.48	0.59
吉林	0.42	0.47	0.47	0.43	0.45	0.46	0.42	0.49	0.51
上海	0.28	0.41	0.48	0.51	0.53	0.58	0.59	0.61	0.69
江苏	0.24	0.28	0.31	0.41	0.44	0.45	0.56	0.59	0.66
安徽	0.11	0.23	0.26	0.36	0.40	0.46	0.50	0.54	0.58
福建	0.19	0.22	0.31	0.34	0.41	0.44	0.46	0.52	0.56
江西	0.18	0.22	0.29	0.35	0.36	0.43	0.48	0.50	0.53
山东	0.28	0.30	0.32	0.41	0.45	0.54	0.53	0.62	0.63
河南	0.20	0.21	0.28	0.32	0.38	0.47	0.47	0.54	0.60
湖南	0.20	0.30	0.42	0.38	0.49	0.54	0.49	0.55	0.59
广东	0.32	0.35	0.41	0.43	0.50	0.51	0.62	0.67	0.69
广西	0.31	0.33	0.39	0.42	0.56	0.43	0.43	0.56	0.55
重庆	0.31	0.35	0.37	0.42	0.45	0.53	0.56	0.58	0.59
贵州	0.23	0.29	0.31	0.31	0.44	0.47	0.47	0.53	0.57
云南	0.17	0.18	0.22	0.32	0.43	0.45	0.45	0.48	0.55
陕西	0.19	0.22	0.31	0.35	0.45	0.50	0.58	0.59	0.60
青海	0.17	0.18	0.22	0.30	0.39	0.42	0.43	0.52	0.54

注：其他省（区、市）数据缺失。

资料来源：根据测算结果整理。

4. 能源利用效率

我国能源利用效率持续改进。能源行业资产收益率不断提高，劳动生产率持续提升，成本占总收入比重有所下降，节能降耗技术改造力度不断加大，生产工艺和生产流程持续优化。

2012~2020年，我国各省（区、市）能源利用效率指数均呈现大幅上升趋势。其中，2020年江苏、浙江、河南、广东能源利用效率指数较高；2012~2020年青海、贵州、云南能源利用效率指数上升速度较快，年均增长率分别为22.52%、20.04%、19.53%（见表5）。

表5 2012~2020年我国各省（区、市）能源利用效率指数

地区	2012年	2013年	2014年	2015年	2016年	2017年	2018年	2019年	2020年
北京	0.36	0.37	0.37	0.38	0.45	0.49	0.63	0.64	0.76
天津	0.32	0.41	0.38	0.42	0.44	0.43	0.61	0.64	0.72
河北	0.38	0.36	0.34	0.38	0.36	0.46	0.58	0.60	0.75
山西	0.33	0.48	0.38	0.39	0.34	0.49	0.58	0.61	0.71
内蒙古	0.29	0.36	0.36	0.37	0.39	0.43	0.56	0.56	0.63
辽宁	0.20	0.31	0.31	0.35	0.31	0.46	0.55	0.52	0.67
吉林	0.20	0.33	0.36	0.40	0.38	0.42	0.59	0.57	0.71
黑龙江	0.20	0.34	0.34	0.39	0.38	0.44	0.59	0.60	0.73
上海	0.23	0.33	0.39	0.41	0.42	0.48	0.64	0.71	0.72
江苏	0.24	0.40	0.40	0.42	0.44	0.44	0.61	0.70	0.80
浙江	0.31	0.44	0.44	0.49	0.41	0.45	0.65	0.69	0.80
安徽	0.25	0.28	0.30	0.33	0.38	0.43	0.59	0.61	0.62
福建	0.29	0.31	0.34	0.39	0.35	0.44	0.60	0.67	0.70
江西	0.21	0.38	0.39	0.40	0.32	0.44	0.54	0.66	0.69
山东	0.26	0.38	0.40	0.43	0.41	0.47	0.57	0.60	0.72
河南	0.24	0.35	0.38	0.38	0.39	0.45	0.53	0.63	0.78
湖北	0.23	0.35	0.37	0.40	0.39	0.44	0.54	0.67	0.68
湖南	0.25	0.36	0.35	0.32	0.33	0.43	0.54	0.62	0.76
广东	0.30	0.34	0.37	0.42	0.42	0.49	0.61	0.69	0.78
广西	0.27	0.29	0.34	0.31	0.31	0.45	0.56	0.67	0.67
海南	0.19	0.28	0.40	0.33	0.35	0.42	0.54	0.66	0.69
重庆	0.24	0.37	0.40	0.41	0.39	0.46	0.59	0.69	0.70

地区	2012 年	2013 年	2014 年	2015 年	2016 年	2017 年	2018 年	2019 年	2020 年
四川	0.29	0.31	0.33	0.34	0.36	0.44	0.51	0.63	0.63
贵州	0.16	0.28	0.40	0.40	0.39	0.45	0.54	0.64	0.69
云南	0.18	0.29	0.33	0.40	0.34	0.46	0.57	0.57	0.75
陕西	0.22	0.26	0.29	0.31	0.35	0.41	0.53	0.66	0.67
甘肃	0.29	0.32	0.34	0.33	0.35	0.41	0.51	0.64	0.67
青海	0.13	0.29	0.31	0.33	0.34	0.41	0.50	0.62	0.66
宁夏	0.17	0.23	0.35	0.38	0.30	0.42	0.54	0.57	0.64
新疆	0.16	0.27	0.27	0.38	0.35	0.43	0.53	0.64	0.66

资料来源：根据测算结果整理。

从表6可以看出，2012~2020年煤炭、石油、天然气、电力行业的能源利用效率均有所提升，这与能源技术装备和生产工艺不断改进密切相关。其中，煤炭行业能源利用效率指数提升较快，这是因为近年来我国大力发展精细化勘探、大型矿井建设、大采高综采、特厚煤层综放开采等领域的共性关键技术，不断提升煤机装备国产化水平，推进煤矿数字化转型和改造升级，煤炭行业资产收益率、劳动生产率、利润率均得到相应增长。

表6　2012~2020 年不同行业能源利用效率指数

行业	2012 年	2013 年	2014 年	2015 年	2016 年	2017 年	2018 年	2019 年	2020 年
煤炭	0.39	0.42	0.41	0.44	0.43	0.46	0.62	0.75	0.82
石油	0.37	0.39	0.38	0.41	0.40	0.47	0.66	0.71	0.81
天然气	0.19	0.21	0.24	0.22	0.27	0.29	0.38	0.44	0.48
电力	0.26	0.26	0.29	0.30	0.32	0.35	0.45	0.49	0.57

资料来源：根据测算结果整理。

5. 能源国际合作

从国际合作维度来看，我国能源国际合作总体上呈现良好局面。我国能源行业利用外资比重不断提升，对共建"一带一路"国家的能源投资占能源对外投资比重持续提高，能源进出口贸易额不断扩大。我国能源国际合作的多边、双边机制得到发展和完善，我国能源企业在全球市场的主导能力得以显著提升。随着"一带一路"合作伙伴不断增多、合作关系日渐巩固，我国现已稳步形成大范围、宽领域、深层次的能源合作新格局。

二　中国能源安全状况与改进方向

当今世界正经历百年未有之大变局，我国能源发展面临的国内外形势发生了深刻复杂变化，这对我国能源高质量发展提出了新的更高要求，能源发展面临着一些问题和挑战。从国内来看，新型工业化、新型城镇化进程中的能源需求刚性增长与资源环境约束趋紧的能源供需结构性矛盾凸显；局部地区局部时段电力短缺，全国电力装机利用率呈下降趋势，能源不平衡不充分问题仍然突出，技术创新能力不足和体制改革滞后对碳达峰、碳中和目标的实现具有较大的制约作用。从国际来看，全球主要经济体纷纷提出碳中和目标，发达国家企图利用碳关税等手段将其能源结构和能源利用效率的优势转为产业竞争新优势，逆全球化、单边主义、保护主义思潮涌动，叠加俄乌冲突、全球经济下行等因素影响，全球能源供需格局深度调整，国际能源价格巨幅震荡，我国能源发展面临的外部不确定性增加。

（一）能源安全风险的多元化

能源供给自主可控是能源安全的第一原则。传统的能源安全与石油安全基本等同，但随着能源供给的多元化，在构建以新能源为主体的新能源系统过程中，能源安全的内涵逐步拓展到整个能源系统。尤其是可再生能源发电占比的上升，使得能源安全风险不仅仅来自地缘政治，而且还越来越受不确定的自然力的影响。这也使得保障能源安全不仅要考虑油气进口风险，更强调能源系统要具备更强的韧性以应对特殊时期可能出现的各类冲击，保障国民经济安全稳定。

1. 系统安全是能源安全的重要考量因素

"双碳"目标下，化石能源发展受到一定程度的约束，供需缺口必须依靠可再生能源等其他能源品种来填补。当今世界正处于百年未有之大变局，国际政治、经济秩序面临深刻调整。特别是俄乌冲突发生后，国际能源市场格局进入动荡调整期。石油、天然气、新能源核心技术都将成为未来主要国家博弈构建世界新格局的重要武器。从长远来看，未来将会形成以能源技术为核心，新能源产业链为主的新能源格局。因此，能源安全除了要应对传统油气安全，还要应对在构建以新能源为主体的能源体系过程中可能出现的能源供给中断的风险，比如极端天气情况下，风电、光伏发电量大幅度下降，电力供应中断的风险。具体而言，除了油气等传统能源安全风险，新的风险还包括以下四种。一是以新能源为主体的新型电力系统因自然因素影响导致电力系统无法提供稳定电力输出的风险。二是电力系统遭受网络攻击的风险。三是发展新能源产业链，例如新能源汽车、储能等带来的风险，如包括锂、钴、镍、稀土等稀有金属在内的关键矿产资源需求在未来二三十年将成倍增长，但是这类资源的分布比油气资源更加不均衡。四是新旧能源系统转换过渡期出现"未立先破"现象，导致能源供给中断的风险。最典型的就是能源产供储销体系建设滞后导致能源上下游关联产业衔接不畅，进而引起区域性、阶段性供给短缺。

近年来能源安全总体形势复杂多变。2020年以来，我国能源安全指数出现了小幅度下降。其背后的原因可能是，在经历了疫情以后，当前世界经济开始复苏，支撑了国际能源价格的快速上升，俄乌冲突的出现进一步加剧了国际能源市场波动。传统能源安全风险叠加多种新的因素影响，使能源安全风险进一步加剧。当前可再生能源规模不断增大客观上造成了能源系统特别是电力系统的不稳定，这也是能源安全总体水平下降的原因。

2. 传统能源供给和价格风险依然存在

第一，国内油气需求仍处在上升阶段，对外依存度也呈上升态势，特别是俄乌冲突后，国际能源市场进入动荡调整期，应对油气进口安全风险逐步成为我国"随时待命"的常态化安排。1996年我国成为石油净进口国，此后原油对外依存度便整体呈上升态势，截至2022年12月，已经攀升到71.2%。天然气对外依存度自2010年6月突破两位数后，至

2022 年底快速增长至 40.2%。天然气消费还处在增长阶段，而且国内天然气储备体系相对滞后，天然气进口和价格风险将随着对外依存度进一步提升而增加。

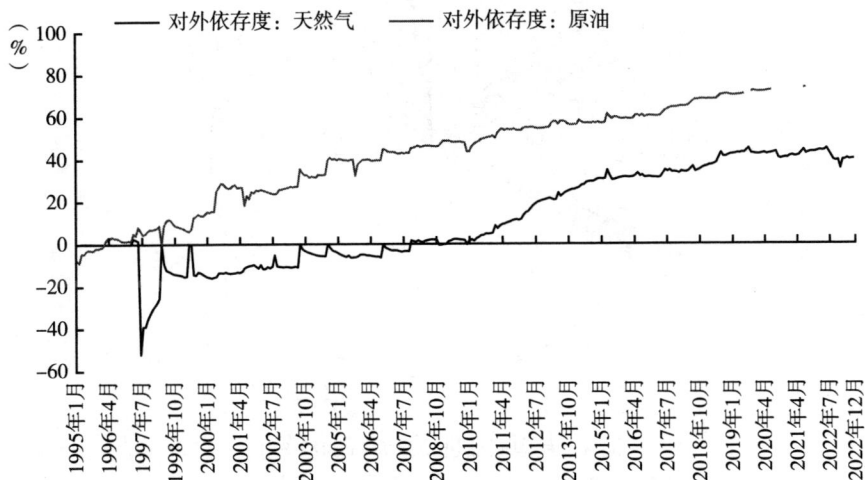

图 3　我国油气对外依存度变化情况

资料来源：Wind 数据库。

第二，能源供给多元化格局初步形成，油气供给体系韧性有所增强，但是不能排除短期进口极端短缺的可能性。

从进口来源看，我国从中东地区和俄罗斯进口的原油所占比重进一步提升。2011 年原油进口主要来源国和地区依次是中东地区（42.0%）、非洲（18.7%）、俄罗斯（14.8%）和中南美（8.3%），其中，中东地区和俄罗斯占比共计 56.8%（见图 4）。2021 年，我国自中东地区和俄罗斯进口的原油所占比重达到 65.0%（见图 5）。由于中东地区地缘政治动荡敏感，原油进口仍然存在安全风险（尤其是传统通道风险），要加快形成多元化原油进口格局。

天然气进口来源国和地区不断增加，但主要还是土库曼斯坦、澳大利亚等国家和地区。2011 年，我国仅有土库曼斯坦一条管道气进口通道，总量约 142.5 亿立方米；液化天然气（LNG）进口来自 12 个国家和地区，主要集中在澳大利亚（29.79%）、卡塔尔（19.07%）、印度尼西亚（16.36%）和马来

加拿大
0.4%

墨西哥
0.5%

美国
1.3%

中南美
8.3%

欧洲
0.2%

其他亚太地区
11.5%

澳大利亚等
2.4%

东非南非
4.0%

西非
12.9%

俄罗斯
14.8%

北非
1.8%

中东地区
42.0%

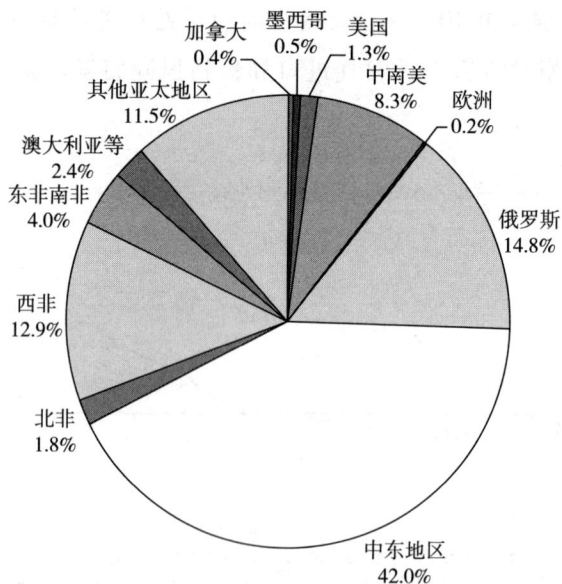

图 4　我国原油进口来源（2011 年）

资料来源：《BP 世界能源统计年鉴 2012》。

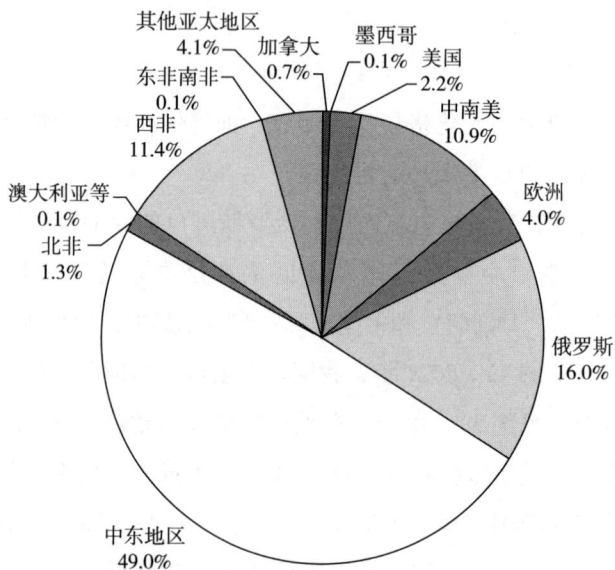

其他亚太地区
4.1%

加拿大
0.7%

墨西哥
0.1%

美国
2.2%

东非南非
0.1%

中南美
10.9%

西非
11.4%

欧洲
4.0%

澳大利亚等
0.1%

北非
1.3%

俄罗斯
16.0%

中东地区
49.0%

图 5　我国原油进口来源（2021 年）

资料来源：《BP 世界能源统计年鉴 2022》。

西亚（12.85%）四个国家。2021年，管道气来源国已经增至土库曼斯坦、哈萨克斯坦、俄罗斯、乌兹别克斯坦、缅甸五个国家（见图6）。LNG进口来源国和地区扩展至22个。占比较高的国家拓展至7个，分别是澳大利亚（39.8%）、美国（11.4%）、卡塔尔（11.3%）、马来西亚（10.7%）、印度尼西亚（6.1%）、俄罗斯（5.7%）、巴布亚新几内亚（4.1%）。其中，美国和澳大利亚LNG进口比重达到了51.2%，应予以重点关注（见图7）。

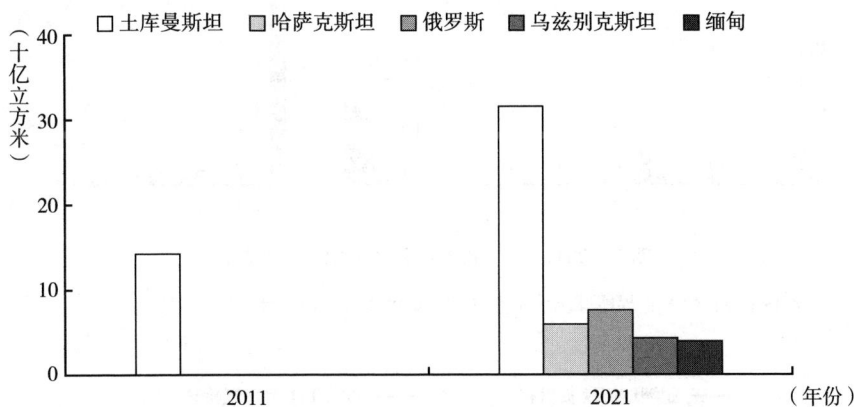

图6　我国管道气进口来源（2011年、2021年）

资料来源：《BP世界能源统计年鉴2012》《BP世界能源统计年鉴2022》。

第三，国际能源价格波动是当前一段时间影响我国经济安全稳定运行的重要因素，尤其是天然气价格波动幅度超过了石油，应予以重点关注。经济复苏刺激能源需求快速反弹，叠加极端天气频发导致可再生能源电力供应不足以及地缘政治影响，近年来全球能源价格持续大幅度上涨，引发了全球范围内的能源危机。2022年，国际油价一度接近130美元/桶，北美、欧洲、亚太三大区域性LNG市场价格出现大涨。亚洲LNG现货最高价格每千立方米超过1400美元，达到近几年的峰值（见图8）。高价进口气导致我国上游进口企业亏损严重，价格倒挂对下游城燃企业的正常经营造成严重影响，不利于保障天然气市场正常运行。尤其是冬季保供期间，气价倒挂现象更加严重。一方面，目前我国天然气储备体系建设滞后，安全冗余度不足，缺乏化解国际

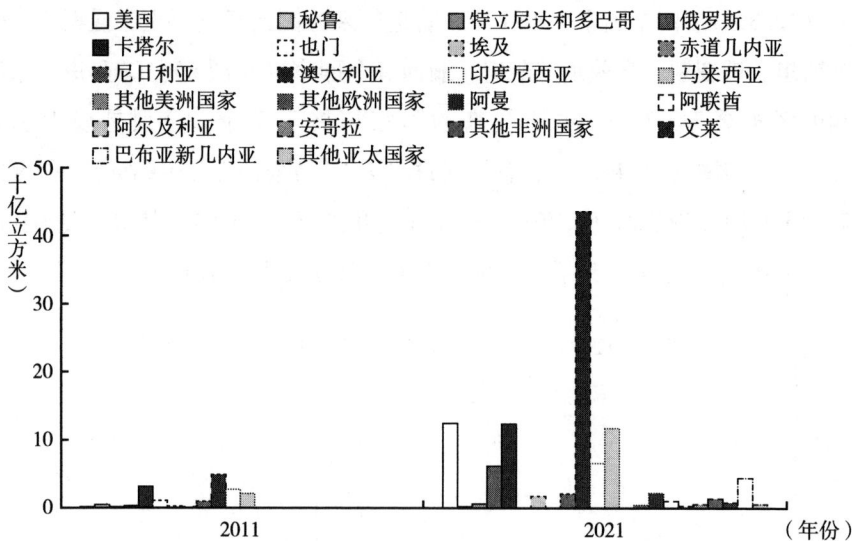

图 7　2011 年、2021 年我国 LNG 进口来源

资料来源：《BP 世界能源统计年鉴 2012》《BP 世界能源统计年鉴 2022》。

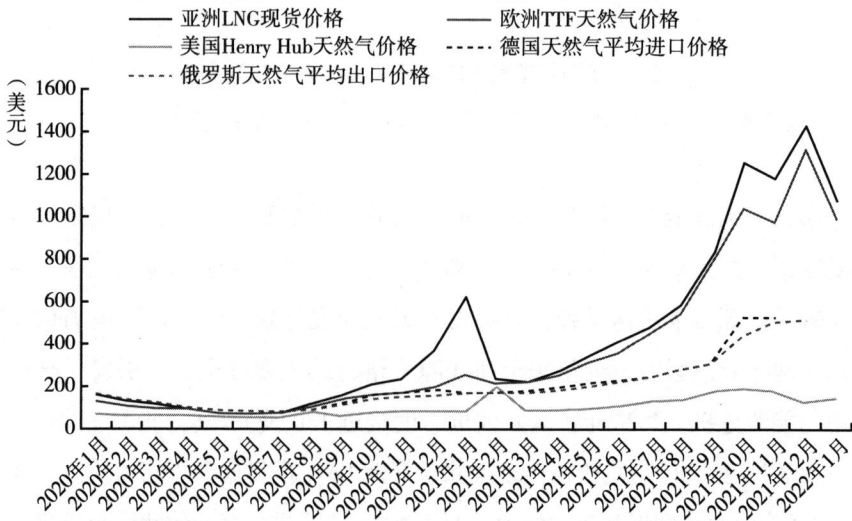

图 8　2020 年 1 月至 2022 年 1 月全球天然气价格（每千立方米）走势

资料来源：Thomson Reuters。

天然气价格波动冲击的有效手段；另一方面，经济本身应对外部价格冲击的韧性不足，导致国际能源价格剧烈波动，对宏观经济产生较大负面影响。

3. 能源供应系统稳定性不足

第一，能源系统内部各能源品种之间缺乏有效衔接。进入"十三五"时期之前能源供给体系"未立先破"，供应链上下游出现了间歇性"断链"。"十三五"期间，全国每年退出落后煤炭产能 10 亿吨。疫情后生产恢复，煤炭需求快速增长，2021 年上半年，全国煤炭消费量约 21 亿吨，同比增长 10.7%，而同期全国规模以上企业原煤产量 19.5 亿吨，同比增长 6.4%。由于煤炭产能建设周期规律，煤炭产量短期内不能对市场需求予以及时响应。此外，整个"十三五"期间，火电装机容量在新增装机容量中的比例从 2015 年的 50.65% 下降至 2020 年的 29.18%。如果以火电、风光的可用装机容量来计算，"十三五"期间我国年均发电装机容量的增长率只有 4.87%，远低于同期的全社会用电量增速（6.1%）和最大用电负荷增速（7.2%）。由于技术原因，目前可再生能源还无法提供足够多的稳定电量来填补煤电留下的电力供需缺口。

第二，对部分能源供应链缺乏控制力，存在长期的外部风险。决定系统安全和效率的关键环节与技术、战略性矿产资源对外依存度不断提高将成为能源安全领域长期存在的风险。保障能源系统运行的一些底层核心芯片基本依靠进口，清洁能源生产需要用到很多关键矿产资源，如电动车电池生产需要锂、镍、钴、锰，但它们的对外依存度不断提高。与传统矿产资源相比，这些战略性矿产资源在地理上分布更加集中、供应更缺乏弹性。随着新能源汽车的规模化替代，我国对镍、钴、锂等矿产资源的需求将会持续增长，由此带来的资源安全风险可能会影响整个新能源产业链〔锂全球储量排名前三的国家为智利、澳大利亚和阿根廷，这三个国家的储量占全球储量的 68%；钴全球储量排名前三的国家为刚果（金）、印度尼西亚、澳大利亚，这三个国家的储量占全球储量的 70% 左右〕。

第三，缺乏合理的能源储备能力。石油天然气战略储备低于国际能源署规定的成员国战略储备标准。截至 2022 年，我国储气能力在 320 亿立方米左右，占消费量的 8.7%左右，远低于欧美发达国家 13%~27%的水平。如果按 15%的储气标准计算，综合储气能力至少要在 500 亿立方米，这超出目前全国储气能力，有较大缺口。

第四，市场机制调节供需的作用有限。由于"双碳"约束，煤炭有效供给能力受到制约，在间歇性、波动性电源比重不断增加的情况下，能源供需紧张将会成为重要的阶段性特征。目前，应对这一类安全问题，我国尚未充分发挥市场调节供需的基础作用，多采用计划为主的"保供"手段，这对能源体系的产量规划、跨区调度、应急保供能力的要求非常高，而且会对能源的常规生产造成一定负面影响，甚至会产生逆周期的误调，从而导致长期的产能过剩问题。

第五，缺乏风险分级管理制度。提前识别安全风险是应对能源危机的有效措施。针对不同级别的风险，应有不同的能源调度预案准备。当前自上而下的能源保供体系在应对不可控的外部冲击时，非常有效。但也有不足之处：一是政策边界过宽，容易影响能源企业长期生产；二是通常情况下与正常能源生产成本不做区分，成本不清，需要独立的能源应急保供成本测算方法；三是应对冲击的反应快但精度不足，波动性较大，容易导致冗余量过度。

4. 国际形势变化加大了能源安全清洁化目标的实现难度

当前化石能源消费引发的气候与环境问题已经突破了国界，需要世界各国共同应对。安全不再是相对的和排他的，而是成为世界各国共同的、相互的安全。从环境视角来看，能源安全已成为全球公共品。世界各国只有合作，才能在安全上实现双赢的结果。在共同应对全球气候变化背景下，一国只有在本国能源低碳转型基础上，充分利用国际能源市场，在更高水平开放条件下与他国开展新能源技术、替代能源发展等领域的深度合作，才能以本国最小成本与他国实现共同的能源安全。但是，在共同应对气候变化问题上，主要国家的贸易政策和推进碳中和的措施客观上增加了发展中国家的贸易成本以及碳减排难度。2022 年欧盟国家就碳边境调节机制（CBAM）即"碳关税"达成协议，将对钢铁、水泥、化肥和铝等进口工业产品的碳排放量征收税费，尤其将规制那些气候规则较宽松的国家。CBAM 是欧盟鼓励贸易伙伴减少制造业碳排放的机制之一，也被欧盟视为其气候政策的关键支柱。但是 CBAM 的实质效果就是使进口产品承担与欧盟产品一样的碳价成本，否定了各个国家碳价差异的合理性，也违背了现有国际贸易规则。

（二）保障能源安全的政策建议

1. 保障传统油气领域安全

统筹国际国内两个市场两种资源，保障油气供应安全。一是石油领域投资集中在上游勘探开发领域，集中精力"增储上产"。当前中国海洋油气仍处于储量增长高峰前期，未来开发潜力较大，而且中国未来也会进一步加大陆上页岩气、煤层气、致密油（气）等非常规油气资源的规模化开发。二是加快形成多元化的油气进口新格局。继续加强与土库曼斯坦等中亚国家、沙特等中东国家在油气领域的深度合作；推动与有合作意向的国家尽快形成具体合作项目；关注中俄进一步合作机会，加强对俄罗斯油气工业领域潜在投资机会的经济性评估以及长期能源安全层面的战略性评估；积极谋划与有潜在合作空间的国家在能源领域开展对话交流。与美国、澳大利亚等国家在 LNG 领域共同探索符合双方共同利益的合作形式；通过海外"增气"，拓宽天然气供应渠道。积极落实国际天然气合作项目，通过并购等方式获取上游天然气资源，广泛参与全球天然气贸易，以天然气田、LNG、天然气基础设施等多种合作标的拓宽天然气供应链，充分基于全球资源供应、中国市场需求和灵活的贸易方式，降低中国天然气进口成本，优化天然气供应结构。

2. 构建以新能源为主体的新型电力系统，同时提升系统调节能力

"双碳"目标下，新能源渗透率将不断上升，加快构建以新能源为主的新型电力系统，应对新能源发电出力的随机性、波动性和间歇性，是保障能源系统运行安全的核心。从发电侧和需求侧两端挖掘和提升灵活性调节潜力和能力。在供给侧方面，要加快抽水蓄能建设、推进煤电灵活性改造、合理布局天然气调峰电源、加大储能技术研发与应用力度，

等等。在需求侧方面，可以通过建设虚拟电厂、新能源汽车与电网（V2G）等方式，挖掘用户侧调节潜力。加快推动源网荷储协调控制，增强系统的调节能力。需要强调的是，当前能源系统调节能力空间是有限的，应根据能源转型的要求，通过电力系统（尤其是电网）的实质性调整，为能够提供灵活性的任何资源能源提供应用场景，突破当前能源系统调节能力"天花板"。

3. 深化能源市场化改革，发挥市场的基础性作用

加快推动能源市场化改革，尤其是价格领域改革，充分发挥价格的信号作用，及时传导市场能源供需信号，提高市场主体对市场供求的响应速度。一是在煤炭领域，完善中长期合同制度和"基础价+浮动价"定价机制，提倡煤矿企业、运输企业、煤炭用户三方建立中长期合作关系，以煤炭产业链、供应链的安全稳定，来保障国家能源安全和煤炭上下游产业平稳运行。二是在电力行业，要深化电力价格形成机制改革，从根本上化解煤电矛盾。不断深化燃煤发电上网电价市场化改革，打通煤电上下游价格双向传导机制，有效疏导煤电价格上涨带来的成本上涨压力，最终从根本上化解"市场煤、计划电"的矛盾。完善辅助服务补偿机制，逐步推动补偿政策向市场机制过渡，形成合理的辅助服务费用传导路径，引导发电企业根据煤电机组在电力市场的不同角色，对煤电机组或投资，或淘汰，或进行灵活性改造。

4. 扩大能源战略储备规模，增强能源安全应急能力

第一，建立和完善煤炭储备体系。统筹"减碳"和煤炭"兜底保供"，按照"先立后破"的原则，充分考虑多种情景，构建科学的煤炭战略储备体系。结合"双碳"目标，科学评估各种可能情景，保持煤炭储备的合理规模。建立"资源、产能、产品"三级煤炭储备体系，以企业为主体建立合理的燃煤电厂库存周期。第二，扩大石油储备规模，尽快构建天然气战略储备体系。增强石油战略储备能力，新规划一批战略储备库，增强应急石油储备能力。到"十四五"末期，按100天净进口量，建成1.64亿吨的原油储备规模。建设成品油储备基地，扩大地下储气库的规模，提高接气站的接

气能力。加快启动天然气储备能力建设，形成国家、资源企业、城燃企业三级储备主体，以及战略储备和商业储备相结合的天然气储备体系。第三，重视可再生能源在应急保障中的积极作用，构建包括多品种能源在内的能源应急供应体系。通过优化区域和省级电网联络线、改革现有电网调度规则、加快辅助服务市场制度建设等方式进一步提高现有电网应对风光电波动性的冗余能力，提高电力系统的灵活性。鼓励各类可再生能源合理、适度、有效发展，构建具有灵活性的多元化、分布式能源应急供给网，充分挖掘各类能源在不同情景、不同领域的应急保供潜力，化解突发事件对能源系统的冲击和风险。第四，规划战略性矿产资源储备体系。加快建立战略性矿产资源"产、供、储、循、替"新体系，提升调控市场供应、应对突发事件和保证资源供应安全的能力。重视战略性矿产资源的二次回收利用。可考虑采取税收、产业基金等政策工具鼓励大企业牵引国内资源回收利用等配套企业发展，培育更多"专精特新"企业，不断提升镍、钴材料高质量供给能力，支撑电池材料可持续发展。

5. 完善能源安全风险识别与分级管理制度

第一，建立能源运行状况预警机制，提高能源安全风险识别准确度。首先是建立电力运行预警机制。电力需求、电力供给及其关联因素信息的及时披露，有利于工业企业、电力企业和其他电力需求方及时准确做出决策，同时也有助于对能源需求进行中短期的预判，逐步建立并不断完善电力波动的早期预警系统、预警响应系统和处置反馈系统，提高电力稳定运行的可能性。其次是建立和完善天然气供需及价格预测预警体系。加强对天然气供需及价格的分析预测，尤其是针对供暖季极端天气频繁发生的新现象，加强极端天气等状况下的国际国内天然气需求预测，强化对天然气供需和价格走势的监测、预测预警。第二，构建多层次、分级别的风险管理制度与应对预案。科学研判各类安全风险的类型、冲击程度和应对成本，在此基础上进行不同级别的安全风险分类管理。包括在各类因素冲击下，不同主体用能保障的重要程度划分，跨区能源资源调度的优先等级设定，以及相应管理部门、涉及的能源企业在应对安全问题上的职能和义务。

三　能源绿色低碳转型现状与改进方向

（一）高质量发展视角下能源绿色低碳转型的内涵

"能源转型"一词最早来自德国 1982 年出版的《能源转型：没有石油与铀的增长与繁荣》一书，主要内涵是主导能源从石油和核能转向可再生能源。国外对能源转型的历史和理论分析主要有三种代表性观点："两次转型论"、"三次转型论"和"五次转型论"。这三种代表性观点，分别从能源的形态、品种、利用效率的角度分析了能源发展的历史演进过程。传统的能源转型范式伴随着发达国家工业化进程的演进，主要是能源生产端的供给品种转型，以高能量密度能源品种替代和能源转换技术效率提升为主要转型路径，能源结构以化石能源为主。在电力领域，主要采用集中式生产、自上而下单向输送、源随荷变式调节、电网源侧调频调压、源侧承担供电、荷侧购买电力的传统模式。在碳中和逐渐成为全球主要共识的时代背景下，新时代的能源转型范式是应对气候变化挑战下的能源系统低碳转型，针对的主要是能源全产业链系统的绿色低碳转型，以清洁低碳能源品种替代和清洁低碳技术利用升级为主要转型路径，能源结构向以新能源为主转变。在电力领域，主要采用集中与分布相结合式生产、分布电源互通有无式输送、荷随源变式调节、负荷侧电网自调节、源侧和终端分担供电、参与和互动式用电的新型模式。

能源高质量发展框架下的能源绿色低碳转型是指在保障能源安全的基础上，通过清洁低碳能源品种的替代、清洁低碳技术的改造升级更新、排放及能效标准的确立、能源利用效率的提升等路径，实现能源生产、加工转换、运输、消费等全产业链系统向清洁化、低碳化转型发展的过程。清洁低碳能源品种的替代方面，主要包括清洁低碳化石能源对高污染高碳化石能源的替代、可再生能源或新能源对化石能源的替代，一般指天然气对煤炭的替代、生物质对煤炭的替代、以新能源为主体的电力对煤电的替代；清洁低碳技术的改造升级更新方面，主要包括节能技术、电气化技术、减污技术、降碳技术，一般指工序节能、系统节能、回收利用节能、工艺节能、煤电机组清洁改造、工业燃烧设备清洁改造、CCUS、碳汇技术等；排放和能效标准的确立方面，主要包括具体细分行业的污染物或碳排放强度标准、能源强度标准、能效标准等，一般集中体现在建筑业、工业、交通运输业中的污染物排放或碳排放"双控"指标上；能源利用效率的提升方面，主要包括能效技术提升和系统管理优化提升，一般指重点高能耗产业全产业链的能效提升技术，如钢铁以及能源系统在管理优化过程中的用能效率提升。

在推进实现碳达峰、碳中和目标和生态文明制度体系建设战略实施背景下，"力争2030年前实现碳达峰，2060年前实现碳中和"的目标不仅给能源绿色低碳转型增加了时间节点约束，更强化了能源发展与产业发展之间的关系。要支撑碳达峰、碳中和目标如期实现，能源清洁低碳转型进程必须加快，在发挥降碳减污主力军作用的同时，引导产业结构清洁低碳转型。在"以煤为主"的生产与消费格局下，以新能源为主体的新型电力系统的建设与发展是关键转型环节，是支撑碳达峰目标实现的主要路径。要以新型电力系统为核心，统筹多种可再生能源发展，以能源清洁低碳转型为重点方向，促进能源数字化转型，加速建设新型能源体系，统筹能源结构与产业结构清洁化、低碳化调整，最终形成现代化的能源体系和产业体系，实现能源高质量发展，支撑碳达峰、碳中和目标实现与生态文明制度体系建设战略的实施，提升能源系统服务中国式现代化的综合能力。

（二）能源绿色低碳转型的现状与问题

2020年以来，全球已有130多个国家和地区先后确定了碳中和目标，应对气候变化成为世界主要国家经济社会发展的一大挑战。能源绿色低碳转型是实现碳中和目标的重要途径，已经成为中外能源行业发展的重点方向。自2020年提出碳达峰、碳中和目标之后，中国逐渐将碳达峰、碳中和目标融入生态文明制度体系建设战略的总体框架中，能源绿色低碳转型快速推进，能源生产和消费结构清洁化、低碳化水平有序提升，以新能源为主体的新型电力系统正在建设完善中，但与主要发达国家相比，中国能源绿色低碳转型仍存在污染物和碳排放强度高、电气化水平偏低、标准化水平不足等问题。

1.污染物和碳排放强度高于主要发达国家，能源结构由化石能源占主导地位是主要原因

一是中国仍处于工业化后期，工业化、城镇化以及现代化发展的能源消费需求仍在上升，碳排放与污染物排放总量与强度均会升高。以人均 GDP 衡量，中国仍处于工业化后期的后半阶段，产业结构的变化与经济增长之间存在明显的区域分化与阶段不协调，工业化仍是中长期经济增长的主要动力，工业化进程的推进需要消费更大规模的能源。同时，城镇化发展伴随的建筑业、交通运输业、供暖、电力供应等产业的发展需要消费更多能源。另外，现代化发展过程中战略性新兴产业的大量布局，也需要消耗更多能源，特别是以新一代信息技术为主导的 ICT 产业的发展，需要消耗规模巨大的能源。中短期内，在污染物和碳排放技术没有取得突破的情况下，污染物和碳排放总量与强度均会持续升高。二是中国的工业结构以传统重工业为主，重工业中长期内仍是污染物和碳排放的主要来源。经过以重工业为主的几轮工业化后，中国的工业结构以传统重工业为主，如 2020 年云南省、潮州市、宁德市规模以上重工业增加值占比分别为 60.8%、50.6%、53.2%，其中，六大高耗能产业占比较高，在中短期内，重工业仍是中国经济增长的重要支撑，也是资本积累和支持技术创新的主要动力。因此，以"高消耗、高排放"为特征的重工业仍是污染物和碳排放存量与增量的主要来源。三是中国的能源结构仍由化石能源占主导地位，且化石能源以煤炭为主，与发达国家以油气为主不同，因此中国的污染物和碳排放强度要高。2021 年，中国能源消费结构中，化石能源占比 83.4%，煤炭占比 56.0%；生产结构中，化石能源占比 79.9%，煤炭占比 67.0%（见图 9）。化石能源的消费领域集中在发电、工业、交通、建筑和供暖上，这些领域是污染物和碳排放的主要来源，污染物和碳排放规模和强度均更高。2021 年，根据 EU 数据（包括化石能源燃烧、逃逸和工业生产中的碳排放），中国碳排放量共 124.66 亿吨，其中，发电行业 55.40 亿吨，交通行业 9.55 亿吨，建筑行业 6.72 亿吨，其他工业排放 33.5 亿吨，其他行业 19.49 亿吨，分别占比 44.44%、7.66%、5.39%、26.87%、15.63%。

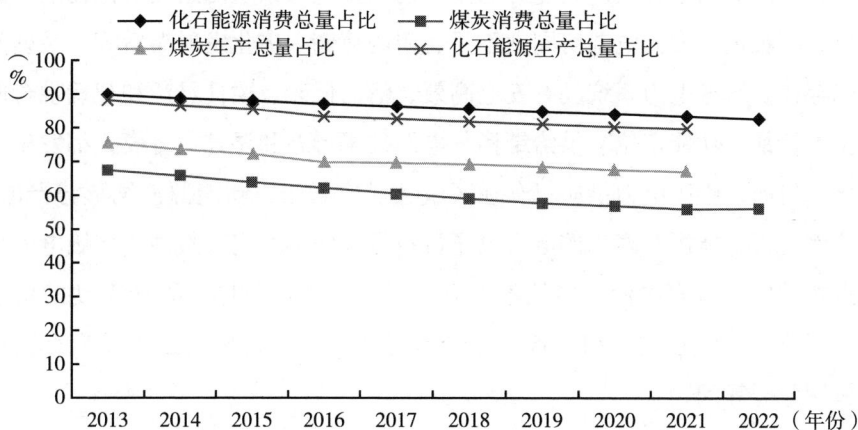

图 9 2013~2022 年化石能源与煤炭生产、消费总量占比情况

资料来源：国家统计局。

2. 能源结构绿色化、低碳化水平不断提升，建设新型电力系统仍面临系列挑战

一是能源生产和消费结构中，化石能源的比重逐渐下降，能源结构绿色化、低碳化水平不断提升。能源生产中，非化石能源生产总量占比逐年增长，尤其是非化石能源发电装机容量和发电量增长迅速；化石能源生产总量仍呈增长态势，但生产过程更趋清洁低碳化。能源消费中，煤炭消费占比连续下降，且更趋清洁高效；非化石能源消费占比持续上升，尤其可再生能源消费占比提升迅速。2021 年，全年一次能源生产总量为 43.3 亿吨标准煤，其中，非化石能源生产总量占比 20.3%（见图 10）。发电量为 85342.5 亿千瓦时，其中，非化石能源发电量占比 31.97%。全年能源消费总量为 52.4 亿吨标准煤，其中，非化石能源消费总量占比 16.6%。截至 2022 年底，全国全口径非化石能源发电装机容量为 123166 万千瓦，占全国发电总装机容量

的 48.04%，比上年增长 10.12%。其中，可再生能源新增装机 1.52 亿千瓦，在全国新增发电装机中占比 76.2%。可再生能源累计装机已达到 12.13 亿千瓦，占全国发电装机总量的 47.3%。达到超低排放限值的煤电机组约 10.3 亿千瓦，约占全国煤电总装机容量的 93.0%。二是为实现碳达峰、碳中和目标，中国提出了建设以新能源为主体的新型电力系统的路径，但目前新能源出力不稳定、多元电源协同性不足、源网荷储一体化发展滞后等一系列问题仍存在。新型电力系统具有安全高效、清洁低碳、柔性灵活和智慧融合四大基本特征，功能定位、供给结构、电网技术形态和调控运行模式都发生了变化。目前，中国电力供应仍存在区域性供应紧张，新能源消纳形势严峻，高比例可再生能源和高比例电力电子设备带来的不稳定风险高，传统电力调度方式难以适应多电源、多技术形态、多元（源网荷储）智能互动的新形势和新业态，核心技术和装备存在"卡脖子"问题，电力系统转型存在体制机制障碍等问题。

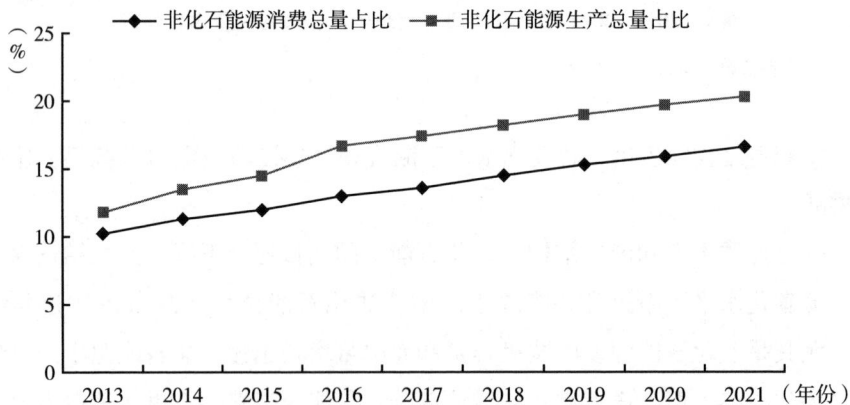

图 10 2013~2021 年非化石能源生产与消费总量占比情况

资料来源：国家统计局。

3. 电气化水平迅速提高，但与世界先进国家相比仍有一定差距

一是电能在终端能源消费中的占比持续上升，与电气化进程领先的发达国家之间的差距正在缩小，但不同区域和行业存在明显分化。2018 年，全

国发电能源占一次能源消费比重约为 46.4%，电能占终端能源消费比重为 25.5%，中国电气化进程总体处于电气化中期中级阶段，美国、法国、日本等发达国家的电气化进程已处于电气化中期高级阶段（见表7），我国与发达国家电气化进程仍然存在差距，但差距呈现逐步缩小的趋势。从国际口径看，我国 2020 年终端电气化水平约为 28.2%，在主要发达国家中仅次于日本（28.7%）。分部门看，各行业电气化水平均明显提升。2020 年，农业、工业、交通、商业、居民领域电气化水平分别为 25.8%、25.5%、5.7%、51.1%、31.5%，分别比 2012 年上升 4.6 个、5.7 个、2.0 个、20.5 个、6.4 个百分点。2020 年我国工业电气化水平超过世界平均水平 4.3 个百分点，与英国、日本、法国、德国等发达国家的差距逐步缩小；我国交通电气化水平超过世界平均水平 3.2 个百分点，仅次于俄罗斯；我国居民电气化水平超过世界平均水平 1.4 个百分点，但与日本、美国等国家存在一定差距；我国商业电气化水平低于世界平均水平 5.5 个百分点。2020 年，东部、中部、西部、东北部终端用电占比分别为 27.1%、22.7%、25.5%、14.5%。[1]二是中国目前高度重视工业和交通电气化水平的提升，但仍存在一些"卡脖子"技术问题。中国正在集中开展钢铁、汽车等行业的电气化改造，旨在通过流程工艺创新和锂电池技术发展等推动产业的转型升级和减排提效，但在催化剂等介质材料技术、芯片技术、金属矿产等原材料方面仍存在"卡脖子"问题，这些问题阻碍了电气化进程的推进。三是绿电供应与电气化改造的协同性仍需加强，区域间能源禀赋与技术水平的分化仍较难协调。中国的绿电生产主要集中在"三北"地区，而"三北"地区的工业发展水平相对较低，工业和交通等领域的电气化水平偏低；广东、上海、江苏、浙江等地区工业化水平较高，具有进行电气化改造的技术条件，但在绿电的供应保障上存在不稳定问题，依赖外来绿电输入。我国绿电供应与电气化改造存在技术和资源的错配，导致发展不协调。

---

① 郑海峰：《数说我国电气化发展及未来》，《中国电力企业管理》2022 年第 34 期。

表7　目前中外电气化进程对比

国家或地区	电气化进程
中国	中期中级阶段
东部地区	中期高级阶段
中部、西部地区	中期中级阶段
东北地区	中期初级阶段
美国	中期高级阶段
日本	中期高级阶段
法国	中期高级阶段

资料来源：中国电力企业联合会编著《中国电气化年度发展报告2021》，中国建材工业出版社，2021。

4. 排放标准化水平有序升高，但全球能源绿色低碳转型的领导力和治理能力有待提升

一是在碳达峰、碳中和目标融入生态文明制度体系建设战略框架的背景下，工业领域排放标准化建设有序推进，但主要通过设定能效标准来实现减排，缺乏直接的碳排放标准。自碳达峰、碳中和目标提出以后，中央和地方都在探索具体的实施路径，也相继出台了一系列政策指导文件，均把节能增效和工业领域的率先碳达峰作为重点任务。如《国务院关于印发2030年前碳达峰行动方案的通知》指出要实施节能降碳增效行动和工业领域碳达峰行动，特别指出，要推动钢铁行业、有色金属行业、建材行业、石化行业碳达峰。在这些政策指导下，工业细分行业节能降碳的实施方案也相继出台，如《冶金、建材重点行业严格能效约束推动节能降碳行动方案（2021—2025年）》《关于严格能效约束推动重点领域节能降碳的若干意见》《关于发布〈高耗能行业重点领域能效标杆水平和基准水平（2021年版）〉的通知》《高耗能行业重点领域节能降碳改造升级实施指南（2022年版）》等，均是通过设定能效标准来达到碳减排的目的。二是碳排放标准化体系建设相对于欧盟等滞后，在国际贸易的碳关税定价方面不具有竞争力。欧盟在欧盟排放交易体系（EVETS）的基础上，启动了碳边境调节机制（CBAM），主要针对水泥、电力、钢铁、化肥、有机化学品、铝、塑料等生产制造过程中直接或间接耗用电力排放的二氧化碳等，征收一定规模的关税。我国基于碳排放标准的碳关税和碳定价发展相对欧盟滞后，短期内钢铁等碳排放较大的产品的出口竞争力将大幅下降。三是排放标准建设仅在末端治理环节着力，想要实现与能源低碳技术体系的匹配，还有较长的路要走。现有的排放标准建设主要是基于传统能源技术开展的，着力的主要环节仍在末端治理上，缺乏全产业链的系统思维，且与绿色低碳技术等新的能源技术体系之间的匹配性较差。

表8　细分行业能效标准

指标名称	标杆水平	基准水平
钢铁（高炉工序）单位产品能耗	361 千克标准煤/吨	435 千克标准煤/吨
电解铝铝液交流电耗	13000 千瓦时/吨	13350 千瓦时/吨
水泥熟料可比熟料综合能耗	100 千克标准煤/吨	117 千克标准煤/吨
炼油能效	7.5 千克标准油/吨	8.5 千克标准油/吨
乙烯能效	590 千克标准油/吨	640 千克标准油/吨

资料来源：《冶金、建材重点行业严格能效约束推动节能降碳行动方案（2021—2025年）》《炼油行业节能降碳改造升级实施指南》。

（三）支撑能源高质量发展的能源绿色低碳转型建议

1.强化生态文明制度体系建设战略下的污染物和碳排放"双控"政策实施，分阶段有序降低污染物和碳排放强度

一是要加快推进工业化进程，以促进化石能源消费率先达峰为抓手，积极推动碳达峰目标的实现。化石能源消费是碳排放的主要来源，而工业是化石能源消费较为集中的产业领域，在中国工业化进程的推进中还会产生较大的化石能源消费需求，因此，要在各区域内与各区域间促进工业结构与产业布局优化，以"先立后破"为原则，促进化石能源消费率先达峰，助力碳达峰目标的实现。二是加快推进现代化强国建设进程，大力实施新能源对化石能源的替代，统筹能源结构与产业结构清洁化、低碳化调整，协同推动能源高质量发展与经济高质量发展、建设现代化能源体系与现代化经济体系、建设能源强国与制造强国，提升能源发展服务中国式现代化的能力。现代化发展是中国中长期发展的方向，现代化经济体系的完善需要产业体系和能源体系的现代化来支撑。在碳达峰、碳中和目标下，能源产业的发展与转型必须服务于2030年前实现碳达峰、2060年前实现碳中和的目标要求，以碳排放"双控"为内容的规制政策将成为影响能源结构调整与产业结构调整的重要因素，以能源绿色低碳转型为核心的能源结构、能源技术和能源产业链变革将成为建设现代化能源体系和推动能源高质量发展的核心内容。要通过强化能源体系对整个经济社会体系的基础支撑作用，统筹好能源高质量发展与经济高质量发展、建设现代化能源体系与现代化经济体系、建设能源强国与制造强国的关系，全面推进中国式现代化。三是以建设和完善新型能源体系为依托，全面推进能源绿色低碳转型，助力碳中和目标的实现。依托新型能源体系建设和完善，促进全社会、各产业、全产业链全面推进能源绿色低碳转型，最大限度地降低污染物和碳排放规模与强度，结合碳回收利用技术、碳汇技术、清洁排放技术等，形成支撑实现碳中和目标与推动生态文明制度体系建设的最大合力。

2. 加快建设完善新型电力系统，助力新型能源体系建设

一是要加快建设以新能源为主体的新型电力系统，优先实现电力系统清洁化、低碳化转型。2021年3月15日，习近平总书记在中央财经委员会第九次会议上提出构建新型电力系统，为新时代能源低碳转型指明了方向，也为全球能源低碳转型提供了中国方案。新型电力系统在电源结构、负荷特性、电网形态、技术体系和运行特性方面均发生了变化。在电源结构上，弱可控出力和强不确定性的新能源发电装机占主导地位；在负荷特性上，以柔性、生产与消费兼具型为主；在电网形态上，转向包括交直混联大电网、局部直流电网、微电网、可调节负荷等多种形式的能源互联网；在技术体系上，以同步发电机和电力电子设备等共同主导的混合系统为主；在运行特性上，以源网荷储协同互动的非完全实时平衡模式、大电网与微电网协同控制模式为主。"十四五"时期乃至未来十五年，中国需要在这些方面加强技术攻坚与创新，通过新型电力系统的不断完善，优先实现电力系统的低碳化转型。二是要建设完善新型能源体系，实现能源系统清洁化、低碳化转型。能源系统的绿色低碳转型不仅需要电力系统清洁化、低碳化转型，而且需要整个能源系统的全面绿色低碳转型。一方面，要促进传统化石能源的生产和消费，全面进行绿色低碳高效改造，且配备相应的CCUS技术装备；另一方面，促进新能源充分发展，推动能源结构、能源技术、能源负荷的清洁化、低碳化转型。

3. 以"双高"产业电气化改造为核心提升终端电气化水平，加快电气化进程

一是以"双高"产业和交通产业电气化改造为重点，优先推进工业和交通电气化进程。钢铁、冶金、化工等工业"双高"产业和交通行业是化石能源消费高、碳排放量大的重点领域，优先推进这些重点行业的电气化进程，有助于通过能源绿色低碳转型实现产业低碳转型。在电气化进程推进的基础上，通过绿电接入、节能及CCUS等固碳技术的运用，实现重点行业能源全产业链的低碳转型。二是大力提升全领域全产业电气化水平，推动电气化进程进入新阶段。中国目前仍处于电气化进程中期中级阶段，与先进发达国家所处的电气化进程中期高级阶段仍有一定差距，因此，要大力促进农业、工业、交通、商业、居民全领域全产业的电气化改造，全面提升全社会电气化水平，为能源绿色低碳转型支撑碳达峰、碳中和目标实现奠定基础。

4. 加快碳排放标准体系建设，提高全球能源绿色低碳转型话语权

一是要加快建立和完善工业产品的碳排放标准体系，在国际贸易中的碳定价权上掌握话语权。为应对全球气候变化挑战，碳排放会逐渐成为影响国际贸易格局的一大主要因素。目前，欧盟已在其碳排放交易体系的基础上，建立了碳边境调节机制，旨在确保向消费者出售的进口产品在欧盟面临与欧盟自身生产的同类产品相同的碳定价水平，主要集中在电力、钢铁、水泥、铝和化肥等领域。2023年到2025年为试点阶段，进口商需履行排放报告义务。从2026年开始，欧盟会逐年减少10%的生产企业的免费配额，到2035年全部取消免费配额，并逐年提高费率。欧盟是中国的第二大贸易伙伴，2021年我国对欧盟的出口额为3.35万亿元，在全国出口总额中占比15.41%，有机化学品、钢铁制品、铝及其制品、水泥、塑料及制品的出口

额占各类产品出口总额的比重均超过 10%，CBAM 实施后，中国对欧盟的出口将受到冲击。因此，中国应根据自身产业结构转型升级与技术体系创新的需求，加快建立和完善工业产品的碳排放标准体系，一方面与欧盟的 CBAM 对接，另一方面要在国际贸易中抢先掌握碳定价和碳排放交易的话语权。二是要逐渐建立全产业链体系的碳排放标准体系，强化与能源低碳技术体系的配套，增强在化石能源低碳转型、新能源低碳或零碳发展方面的竞争力。在美国逆全球化的贸易保护主义影响下，尽管产业链供应链向本土化、近岸化、友国化发展的趋势使得产业链更加分散化，但碳中和却是大势所趋，未来在低碳转型与发展上的竞争将成为各国竞争的重点。因此，中国要尽早规划建立全产业链体系的碳排放标准体系，并在化石能源低碳转型与新能源低碳发展中促使技术体系与碳排放标准体系相匹配，在全球能源绿色低碳转型中提供更多的中国标准。

四 能源科技创新现状与发展方向

（一）能源科技创新的重点领域

科技革命是工业革命的驱动力，在新一代技术创新的引领下，全球已经进入由第四次科技革命驱动的产业变革时代。从基于牛顿力学的蒸汽技术创新，到基于电磁力学的电力技术创新，再到基于量子力学的信息技术创新，进而到基于思维力学的智能技术创新，科技创新的范式也随之从采摘果实类创新逐渐向组合式创新转型。从通用技术创新到突破性技术创新的范式转变，也给不同行业发展带来了不同的转型升级机遇。

能源作为基础产业，首先要实现能源创新驱动的能源行业的高质量发展。能源科技创新是能源高质量发展的内在动力，是驱动能源绿色化、低碳化、数字化和智能化转型，建设新型能源系统，实现碳达峰、碳中和目标的主要支撑。在全球气候变化背景下，推进绿色低碳数字技术创新，推动建设以可再生能源为主体的新型能源系统，已逐渐成为全球能源发展的重要趋势，可再生能源发电、先进核能技术、氢能技术、先进储能技术等颠覆性技术正在加速新一轮能源技术革命。在这种背景下，中国能源科技创新要基于我国"以煤为主"的能源资源禀赋特点，从"四个革命、一个合作"的能源安全新战略的高度，聚焦零碳能源关键技术体系、低碳产业转型关键技术体系和负排放关键技术体系，加速低碳技术创新、新能源技术创新、绿色技术创新、数字技术创新等能源领域内的技术创新，形成推动能源高质量发展的科技创新驱动机制。

能源高质量发展下的科技创新是指能源系统在"以煤为主"的生产和消费格局下，通过煤炭、油气、可再生能源等能源细分行业的全产业链技术创新，以及不同能源品种之间的转化、调度和互补模式创新，推动能源转型，加强能源发展的绿色化、低碳化、数字化、智能化等，形成支撑能源高质量发展的内生动力。在零碳能源关键技术体系方面，科技创新主要包括传统能源系统的低碳排放技术创新和新型能源体系的技术创新，一般指煤炭和油气等碳基化石能源高效催化转化技术，如煤炭分级分质转化利用技术，先进高效灵活多源智能低排放燃烧发电技术，以先进核能、可再生能源、氢能、储能等为代表的碳零排关键技术，多能融合能源系统创新等；在低碳产业转型关键技术体系方面，科技创新主要包括工艺技术创新与燃料替代、CCUS、电气化等技术在行业中的应用，一般指钢铁等高耗能行业中可再生电力、氢、生物质能等清洁燃料对煤炭等化石能源的替代，制氢结合 CCUS 工艺技术创新，交通部门电气化转型等；在负排放关键技术体系方面，科技创新主要包括 CCUS、直接空气碳捕集和碳回收循环利用等技术创新，一般是指化石能源排放末端治理的 CCUS 技术、交通行业的碳吸附技术和二氧化碳资源化利用技术等。

（二）能源科技创新的现状与问题

1. 能源创新投入水平不断提高，但仍低于全国创新投入平均水平，远低于美国等科技强国

2021 年、2020 年、2019 年中国研发投入强度分别为 2.44%、2.41% 和

2.24%，呈现出逐年持续增长的态势。与全球主要科技强国相比，2020 年中国研发投入强度（2.41%）远低于美国（3.07%）、日本（3.20%）、德国（3.19%）、瑞典（3.39%）、比利时（3.17%）、韩国（4.64%）和新加坡（3.49%）。总体来看，我国能源领域的研发经费投入也在不断增长，但研发投入强度低于全国平均水平及主要科技强国。能源细分行业研发投入强度不仅低于全国平均水平，而且与世界能源科技强国相比差距较大。2020 年我国规模以上工业企业研发投入强度为 1.41%，而煤炭开采和洗选业、石油和天然气开采业的研发投入强度分别为 0.58% 和 1.20%，均明显较低（见图 11）；与世界能源科技强国相比，我国能源科技创新还存在明显差距，不仅在能源技术装备上存在明显短板，而且在能源绿色低碳技术发展方面支撑不足，重大能源科技创新产学研"散而不强"，且公共服务机制方面发展滞后。从国有经济能源工业分行业固定资产投资构成（2020 年）来看，电力、热力生产和供应业占比较高，达到 81.2%，其他行业占比均较低，煤炭开采和洗选业、石油和天然气开采业、石油煤炭及其他燃料加工业、燃气生产和供应业占比分别为 5.0%、8.2%、2.0% 和 3.6%。可见，国有能源企业的研发投入较少，投入强度偏低。从分行业规模以上工业企业产品和工艺创新情况（2021 年）来看，采矿业各行业的产品和工艺创新企业数量在规模以上工业企业中的占比均低于全国平均水平，特别是煤炭开采和洗选业，占比仅为 21.3%，不仅低于采矿业平均水平，更远低于全国平均水平，与世界能源科技强国相差较远。

2. 创新产出水平大幅提高，自主创新能力有所增强，但在关键核心技术上仍存在"卡脖子"问题

一是能源创新产出水平大幅提高，一些技术或设备实现了国产化替代。经过了"十二五"和"十三五"两个五年规划期的发展，中国初步建立了重大技术研发、重大装备研制、重大示范工程和科技创新平台"四位一体"的能源科技创新体系，在一些技术和装备创新方面取得了重要阶段性进展。在煤炭行业，国家、省部和行业级研发机构有 170 余家，自主创新能力大幅提升，大型矿井建设、特厚煤层综放开采、工业锅炉、现代煤化工、煤与瓦

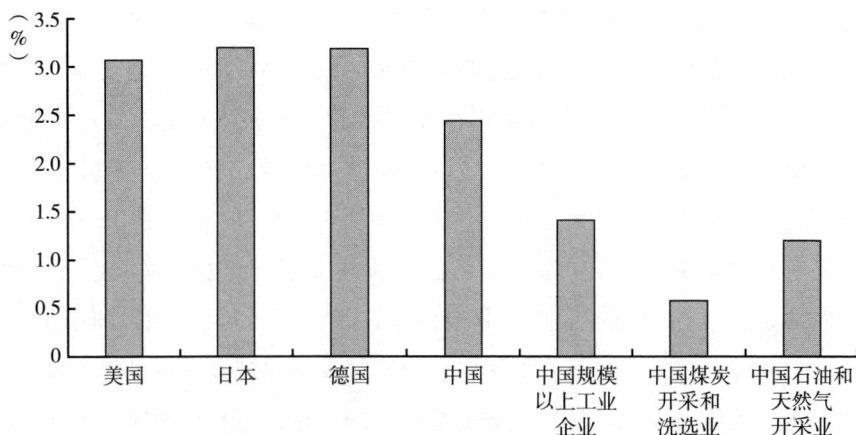

图11　2020年研发投入强度对比

资料来源：《中国科技统计年鉴2021》。

斯共采、燃煤超低排放发电等技术达到国际领先水平，主要煤机装备、大型粉煤气化技术、煤炭间接液化、超超临界二次再热机组等均已实现了国产化。在油气行业，常规油气勘探技术达到国际先进水平，千万吨级炼油工程和LNG项目成套设备、电驱和燃驱压缩机组、大型球阀、高等级管线钢、50MW燃气轮机等核心装备和材料已实现自主化生产，非常规和深海油气勘探开发技术取得较大进步。在新能源行业，风电、光伏技术总体国际领先，风机和光伏电池产量与装机规模世界第一，水电工程建设能力和百万千瓦级水电机组成套设计制造能力全球领先，输电技术全面自主可控，特别是柔性直流输电技术具有压倒性的国际竞争力。具有自主产权的百万千万级三代核电技术，自主研发的四代核电技术已实现商业化示范投产。二是能源关键核心领域仍存在"卡脖子"技术问题，能源转型的技术创新方面仍面临系列挑战。例如，在煤炭行业，智能化无人开采仍存在关键核心技术瓶颈，目前国内的自动化控制与生产指挥系统严重依赖德国。煤炭节能节水、提效降本的关键技术装备，火电灵活燃烧发电、整体煤气化联合发电（IGCC）、反应器与燃烧器的自主研发等技术急需取得突破。在油气行业，精细勘探技术、深海油气工程技术、超高温井下工具、高性能智能导钻技术、油气储层精准改造技术和地质工程一体化决策技术等仍存在"卡脖子"问题。在新能源行业，光伏在跟踪支架、光伏电池低温银浆、光伏背板薄膜、逆变器和接线盒的芯片、光伏 EVA 胶膜等方面仍存在"卡脖子"技术问题；风电在叶片的夹芯材料、IGBT（电力电器件）以及各类轴承部件上存在"卡脖子"问题。三是能源自主创新体系建设与"能源高质量发展""能源强国"的要求相比还有较大差距。尽管中国目前已经初步建立了"四位一体"的能源科技创新体系，但在能源各细分行业中仍存在系列"卡脖子"技术问题，能源自主创新体系建设仍处于初级阶段，与支撑能源实现高质量发展相比仍有一定差距，我国要实现能源独立和能源强国的目标还有较长的路要走。

3. 能源数字化转型逐渐深化，能源行业与数字技术的融合有待加强

一是能源领域数字化基础设施建设有序推进，不同区域和细分行业领域存在分化。新一代信息技术的快速发展与创新给能源领域带来了数字化转型发展的机遇，能源行业已开启数字化转型的征程，但不同区域和细分行业领域的能源数字化转型存在明显差异。一些地区数字经济布局较早，能源数字基础设施建设更为有利，如贵州；一些矿区开采生产环境比较简单，更容易进行数字化改造升级。在能源细分行业中，煤炭数字化转型相对其他行业先行，已经在智能化综采平台、智慧煤矿等方面取得一些进展，如 2021 年智能化采煤面和掘进面已有 813 个，相比 2020 年增长 65%（见图 12）。二是能源技术与数字技术的耦合程度有待提升。实现能源数字化转型的关键在于促进能源技术与数字技术的协调融合，即使二者在技术场景上相互兼容，通过协调发展，在保障能源安全的基础上提升能源生产、调运、输配及管理效率，同时，云计算、区块链技术等数字技术在能源的生产、消费、交易、贮存、管理等链条和环节的广泛应用也能够显著削减经济活动的碳排放强度和总量。目前，数字技术与能源技术之间的融合发展仍不能满足能源数字化转型的需求，数字技术仍不能在较复杂的能源生产环境中发挥作用，能源技术的数字化管理水平也需要更大的提升。三是能源数字化转型存在数据风险等，这些风险是影响能源安全的新风险。一方面，能源行业自身的发展存在运营风险、战略风险和应急风险，影响能源安全，在能源行业数字化转型

中，这些风险会被进一步放大，对能源安全形成新的挑战；另一方面，ICT技术与能源技术融合所带来的新风险将影响能源数字化转型。ICT技术和能源技术均存在技术"卡脖子"问题，会进一步影响数据的采集和集成，任何一方技术不能实现突破，都不能成功实现数据的传输与联动，会降低融合成功率，从而导致能源数字化转型失败；实现数据互联后，知识产权、商业秘密等敏感数据的暴露风险较高，需要进行一定规模的数据安全投资来对数据进行专门的保护，这会增加企业成本，且一旦受到攻击，能源行业安全生产和数字化生态构建便将面临较大冲击。

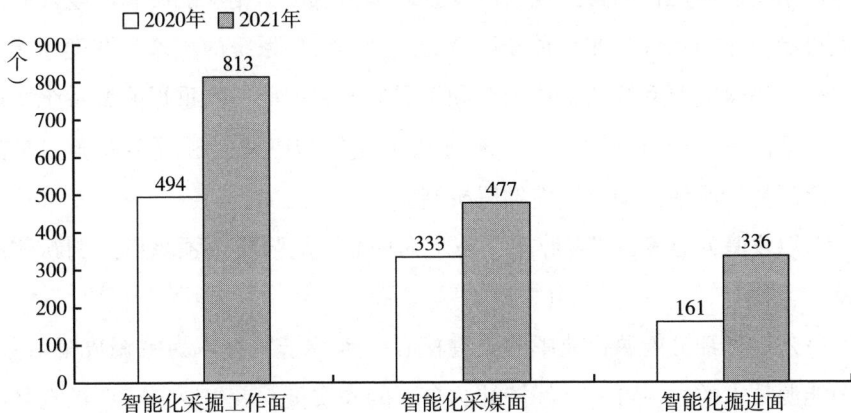

图12　2020年和2021年中国煤炭领域智慧矿山建设情况

资料来源：国家矿山安全监察局。

（三）支撑能源高质量发展的能源科技创新建议

1. 加大能源科技创新研发投入，形成创新驱动能源高质量发展的动态机制

一是要全面加大各细分能源品种生产方面的科技创新研发投入，提升细分能源品种的供给质量与效率。全面加大煤炭、油气、新能源生产方面的科技创新研发经费投入规模与强度，在煤炭增加先进产能、油气增储上产、新能源消纳等能源生产方面着力，加快提升能源供给的质量与效率。二是要逐渐加大各细分能源品种转型替代方面的科技创新研发投入，促进能源行业绿

色化、低碳化、数字化、智能化、高端化、服务化发展。结合碳达峰、碳中和目标的推进，逐渐加大能源转型方面的科技创新研发投入，在煤炭清洁低碳高效利用、高比例可再生能源和高比例电力电子设备电网、新型核电、氢能、储能等方面加大科技创新研发投入，促进能源低碳转型和工业通过工艺创新实现节能降碳。同时，在新一代信息技术等新技术的发展方面，对促进能源产业与新技术融合发展的技术加大研发投入，促进能源行业数字化、智能化转型。另外，重视对各细分能源行业颠覆性技术的研发投入支持，促进能源产业链向高端环节攀升，提升能源行业的综合服务能力。三是要重视推动能源系统协调运作的科技创新研发投入，形成创新驱动能源高质量发展的良性机制。能源系统存在品种和区域的差异，需要系统的统筹和调度才能实现平衡，确保能源系统的整体安全和发展质量。因此，要重视能源系统协调运作方面的科技创新研发投入，通过系统优化和协调，形成多能源、多技术、源网荷储灵活互动的良性发展机制。

2. 以攻坚关键核心"卡脖子"技术为核心，加强能源领域自主创新体系建设

一是以各细分能源行业中的关键核心"卡脖子"技术为主要攻坚对象，实现能源技术的自主可控。经济社会全面的高质量发展需要以安全稳定且高质量的能源供应为保障。目前能源的科技攻坚应该优先布局在各细分能源品种的生产环节，集中于生产技术和设备的自主创新，充分保障工业化、城镇化和现代化进程进一步推进的能源需求。同时，在化石能源清洁低碳高效利用以及新能源发展上，集中于节能、降碳、光伏电池薄膜、芯片等方面的关键技术攻坚，努力实现能源技术的自主可控。二是要加强能源领域自主创新体系建设。能源系统是一个较为复杂的体系，不仅包括生产、运输、配送、消费、回收利用等环节，而且包括煤炭、油气、核电、风能、光伏发电、氢能、水电等多种能源细分行业。能源系统要实现优化，不仅需要统筹各个环节，而且要兼顾各个细分行业之间的协调运作。现阶段，能源不仅要实现自身的高质量发展，还要按照国家战略调整进行转型发展，如在生态文明制度体系建设，推动实现碳达峰、碳中和，创新驱动，数字经济发展等战略导引

下，能源行业要实现清洁化、低碳化、数字化、智能化转型发展，这离不开能源技术及相关耦合技术的创新支撑。因此，要加强能源领域自主创新体系建设，通过技术自主可控来实现产业链自主可控，进一步从可控到领先，形成支撑能源发展的高国际竞争力。

3. 推动数字技术与能源产业的深度融合，强化能源行业数字化转型

一是要加强能源领域的数字基础设施建设，促进能源基础设施数字化转型。数字基础设施是保证能源数字化转型过程中数据要素安全存储和安全运行的重要基础和前提。做好能源数字化工作，要加大能源电力新基建投资力度，实现信息基础设施与能源电力基础设施的深度融合。如以信息化、数字化工具构建新型电力系统，建设具备云资源储存、大数据处理、数据驱动分析等功能的强大的软件平台，实现电网基础设施智能化转型，使电网可见、可知、可控，进而促进新型电力系统建设。除了智能电网，智能化煤矿、智慧火电厂、油气生产物联网等多个能源领域也都需要以能源基础设施数字化转型作为支撑。二是要深度促进能源技术与数字技术的融合协调发展，有序推进能源行业数字化转型。随着"云大物移智"等信息技术、智能技术与能源产业相融合，智慧能源产业孕育出新的商业模式，如无人机智能巡检、机器人管家等，这些都将改变能源生产和消费方式。要在能源技术体系的范式基础上有序推进能源技术与数字技术的融合，引导产业技术体系范式的转型，逐渐实现产业形态数字化转型。三是要重视能源领域数字资源的管理，保障能源安全。加强能源行业数据安全管理，降低数字化转型的能源安全风险。一方面要加强能源行业数据标准体系建设，规范数据管理流程，引导能源企业在信息化建设中在集团层面建立统一的数据标准，确保设备接口统一、数据协议兼容、数据格式一致，从而高效完成数据采集、传输、处理和共享等，最终真正实现泛在感知、实时互联、自主学习和协同管控，避免出现"信息孤岛"问题；另一方面要提高与数据安全管理相关的防患意识，加大对能源网络安全领域的管理和投入力度，实时更新操作系统及安全防火墙设置，不断提升能源行业信息和网络安全防护能力，建立对时延的敏感性、安全性、可靠性等方面的系统性防范制度，防止黑客入侵、病毒感染、数据泄露等风险。

五 能源利用效率现状与改进重点

（一）高水平的能源利用效率是实现经济高质量发展的必要条件

高水平的能源利用效率是实现经济高质量发展的必要条件。党的十八大以来，以习近平同志为核心的党中央高度重视生态文明建设，将生态文明建设作为统筹推进"五位一体"总体布局的重要内容，推动我国生态文明建设取得历史性、转折性、全局性成就。2023 年 3 月 5 日，习近平总书记在参加十四届全国人大一次会议江苏代表团审议时强调，高质量发展是全面建设社会主义现代化国家的首要任务。高质量发展要求转变经济发展方式，通过创新不断推动经济发展方式从规模速度型向质量效率型转变。对能源领域的要求则是由经济增长主要依赖能源投入向经济增长逐步降低对能源投入的依赖转变，这种转变的直接表现是能源利用效率的不断提高。能源利用效率一直被称为"第五种能源"，是成本最低的"能源"。

习近平总书记在中央财经委员会第九次会议上强调，"十四五"时期是碳达峰的关键期、窗口期，要把节约能源资源放在首位，实行全面节约战略，倡导简约适度、绿色低碳生活方式。从世界范围看，节能和提高能效被普遍视为能源系统二氧化碳减排的最主要途径。决定能源利用效率的长期因素主要有结构因素、技术因素，2005 年以来我国能源利用效率持续提升的主要动力就是结构优化和技术进步。随着经济增长阶段转变，以结构和技术提高能效的空间逐步缩小，能效提高的重点需转变为通过完善市场机制，提高能源资源的配置效率和规模效率，以及改变用能主体的不合理用能行为，激励用能主体采用更加有效率的用能行为。因此，高质量发展要求下，提高能源利用效率就是要打破行业壁垒、消除区域市场障碍，构建统一的能源市场，优化能源资源配置机制。此外，还要构建有利于用能主体自主节能的微观机制，这是提高能源利用效率的根本机制。

（二）能源利用效率现状与问题

1. 能源利用效率总体水平提升较快，但与世界主要国家相比还存在差距

中国能源利用效率总体呈现增长趋势。2001～2005年，中国能源利用效率出现短时期大幅下滑态势。经过短暂的调整，2006年开始逐步提高。在结构调整和技术进步的推动下，"十一五"时期和"十二五"时期的十年中，中国能源利用效率年均增速达到5.1%，确保了规划期单位GDP能耗约束性目标的顺利完成。2016年以来，能源利用效率增速放缓，"十三五"期间年均增速为3.0%，2016～2021年年均增速为1.9%（见图13）。叠加疫情冲击，"十三五"期间我国单位GDP能耗累计下降13.0%，没有完成能耗强度降低15.0%的约束性目标。"十四五"前两年能源利用效率年均增幅进一步降至0.75%。而根据国家统计局初步核算，2022年一次能源消费总量约54.1亿吨标准煤，同比增长2.9%。能源利用效率增幅出现结构性转变，反映了决定能源利用效率长期水平的结构因素和技术因素的作用已经逐步减弱，提高能源利用效率进入了要依靠市场和用能主体节能行为的阶段。

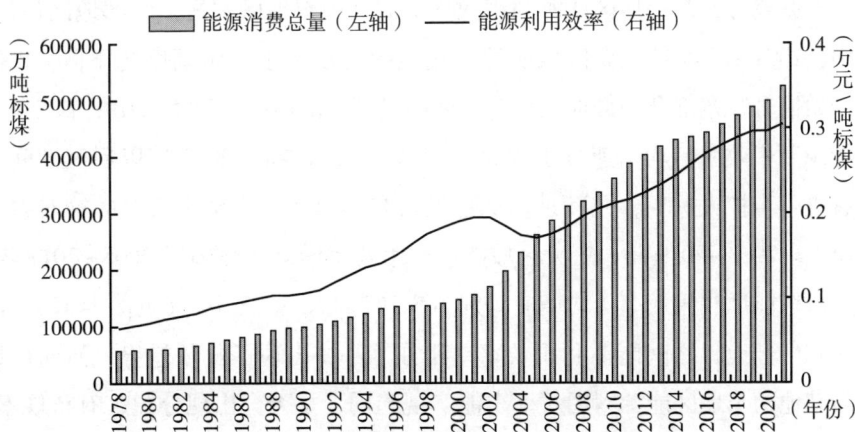

图13　历年我国能源消费总量及能源利用效率变化情况

注：以1978年不变价GDP计算历年能源利用效率。

资料来源：根据历年《中国能源统计年鉴》《中国统计年鉴》计算。

根据世界银行的各国能源消耗强度数据，2019 年中国能源消耗强度是美国的 1.40 倍、德国的 2.29 倍、日本的 1.89 倍、法国的 1.92 倍、英国的 2.74 倍，与 2012 年相比有所改善，但中国能源消耗强度仍大幅高于发达国家（见表 9）。

表 9　中国与主要国家能源消耗强度比值

年份	2012	2013	2014	2015	2016	2017	2018	2019
美国	1.63	1.56	1.51	1.48	1.42	1.41	1.39	1.40
德国	2.56	2.40	2.46	2.33	2.21	2.18	2.23	2.29
日本	2.16	2.11	2.08	2.01	1.90	1.86	1.85	1.89
法国	2.19	2.10	2.11	1.97	1.88	1.88	1.88	1.92
英国	2.81	2.80	2.91	2.76	2.65	2.66	2.65	2.74

资料来源：根据世界银行能源消耗强度数据（购买力评价法）计算。

2. 中部和东部地区能源利用效率差距趋向收敛，但西部地区与中部、东部地区的能源利用效率差距在拉大

分区域看，1995 年以来东部地区、中部地区和西部地区能源利用效率总体呈上升趋势，东部地区能源利用效率最高，中部地区次之，西部地区最低。其中，2001~2005 年三大区域能源利用效率均出现了一定幅度的下降。2006 年开始回升，东部和中部地区回升幅度超过了西部地区，2005~2012 年三大区域能源利用效率年均增速分别为 5.2%、5.5%、4.4%。2012 年以后区域间差距有进一步扩大迹象，尤其是西部地区与东部地区能源利用效率的绝对差距在拉大。2012~2019 年，三大区域能源利用效率增幅明显超过 2005~2012 年，三大区域能源利用效率年均增速分别为 5.7%、8.8%、7.1%（见图 14）。东部地区和中部地区之间能源利用效率差距在缩小，出现了收敛趋势，而西部地区与其他两个地区能源利用效率未能实现趋同，是否会出现分化，有待观察；或者说，如果将区域间能源利用效率趋同作为目标，则需要针对性的政策引导。

3. 重点耗能工业产品能耗下降显著，但行业总体水平落后

重点耗能工业企业产品综合能耗累计下降幅度显著。根据国家统计局发

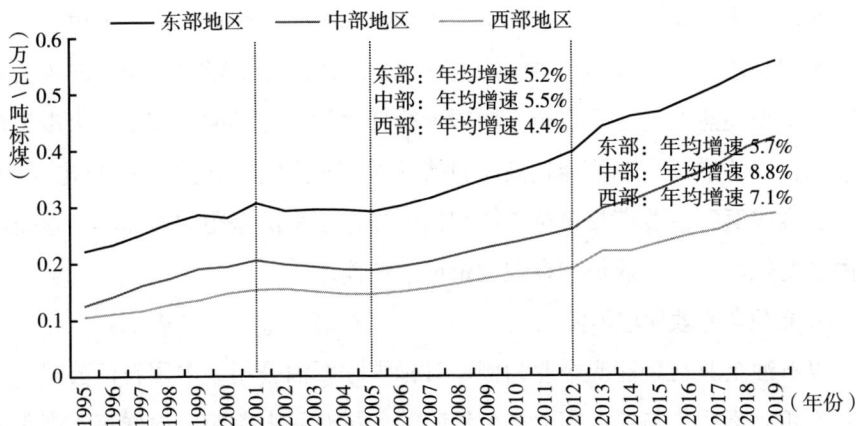

图14 我国三大区域能源利用效率变化情况

资料来源：根据历年《中国能源统计年鉴》《中国统计年鉴》计算。

布的统计公报，2015~2022年，我国重点耗能工业企业单位电石综合能耗累计下降15.4%，单位合成氨综合能耗累计下降5.7%，吨钢综合能耗累计下降5.1%，单位电解铝综合能耗累计下降5.8%，每千瓦时火力发电标准煤耗累计下降4.0%（见图15）。

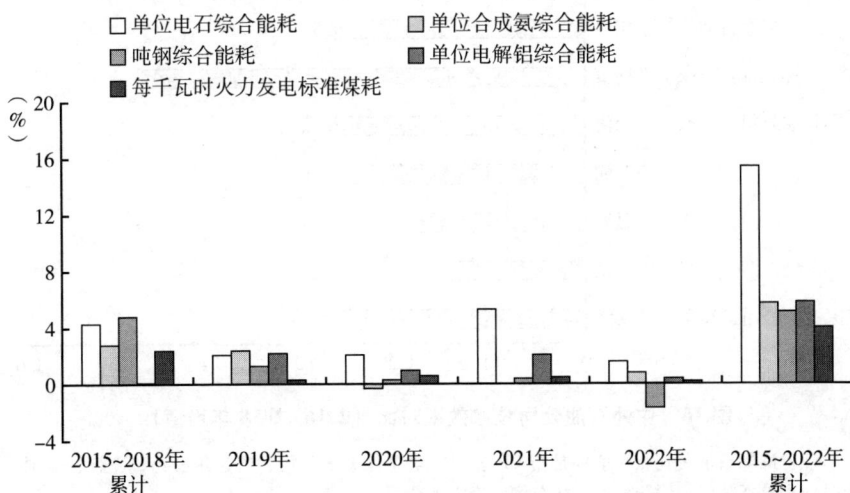

图15 我国近年来重点耗能工业企业产品综合能耗下降情况

资料来源：根据国家统计局发布的统计公报计算。

与国际先进水平相比，总体上我国吨钢综合供电煤耗，火电发电标准煤耗，水泥、乙烯、合成氨等主要工业产品单位能耗还存在 10% ~ 56% 的差距。但值得注意的是，重点企业同国际标杆之间的差异明显缩小。火电发电标准煤耗、乙烯产品单位能耗高于世界主要发达国家，吨钢综合供电煤耗，水泥、合成氨等工业产品单位能耗与国际先进水平的差距明显缩小，这说明我国主要耗能工业行业仍然存在大量低效产能。

4. 能源企业效率总体偏低

以石油企业与新能源企业为例。对标国际石油公司，中国石油公司的生产效率相对落后，与综合实力排名靠前的公司有巨大差距。根据每年度美国《石油情报周刊》公布的全球排名前 50 的大型石油公司数据，我们测算了 2016 ~ 2018 年 49 家石油公司的技术效率。计算结果显示（见图 16），2016 ~ 2018 年，49 家石油公司的平均技术效率只有 0.29。其中，30 家国家石油公司（NOC）的平均技术效率为 0.279；19 家国际石油公司（IOC）的平均技术效率为 0.30；而 BP 公司、埃克森美孚公司、道达尔公司、壳牌、美国大陆菲利普斯公司、雪佛龙德士古公司六家主要 IOC 的平均技术效率

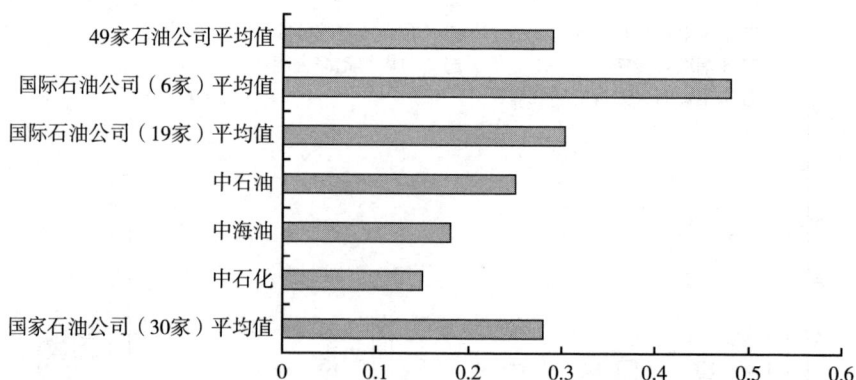

图 16　中外石油公司技术效率对比（2016 ~ 2018 年均值）

注：国际石油公司（6 家）是指 BP 公司、埃克森美孚公司、道达尔公司、壳牌、美国大陆菲利普斯公司、雪佛龙德士古公司六家石油公司。

资料来源：根据美国《石油情报周刊》PLW 排名数据、各企业年报数据计算。

达到 0.48。这一结果表明，IOC 的平均技术效率要略高于 NOC，而 BP 公司等六家主要 IOC 的技术效率要明显高于 NOC，是 NOC 的 1.72 倍。虽然中国三家石油公司在权威机构企业中排名靠前，其中，中石油多年稳居第三位，中石化和中海油分别居第 19 位和第 30 位，但仅从效率维度来看，水平还是相对较低，均低于平均水平。2016~2018 年中石油、中石化和中海油的技术效率分别为 0.25、0.15 和 0.18，在样本企业中的排名分别为第 19、38、43 名。

根据对新能源上市公司技术创新效率的测算发现，技术创新效率水平高的新能源企业主要是几家龙头企业，由于行业中相对低效企业的数量较多，新能源企业总体技术创新效率不高。与重点耗能工业企业一样，新能源行业同质化竞争相对严重，存在产能过剩现象。

根据对 77 家新能源上市公司 2016~2020 年的技术创新效率测算结果，77 家新能源企业 2016~2020 年的技术创新效率在 0.7~1（见图 17）。统计结果中，超过技术创新效率平均值的企业有 34 家，小于平均值的企业有 43 家。从企业技术创新效率的分布情况来看，处在 0.9~1 较高区间的企业占比仅为 20.8%。大多数企业分布在正态分布曲线的左端，说明行业内存在同质化低效竞争现象。

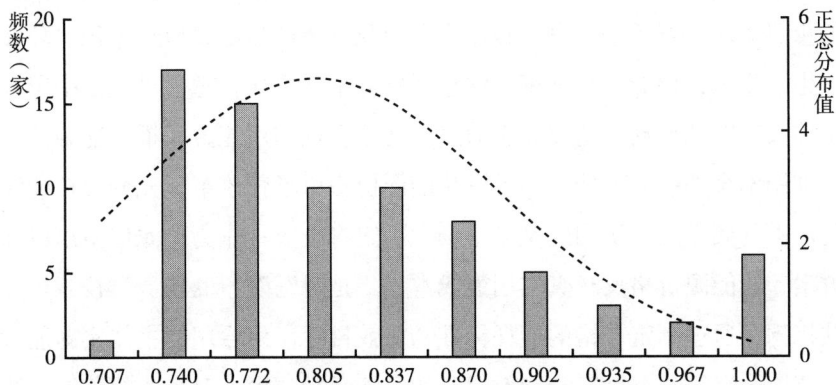

图 17　2016~2020 年 77 家新能源企业技术创新效率分布

资料来源：根据各上市公司年报数据计算。

（三）提高能源利用效率的政策建议

1. 发挥市场配置能源的基础性作用

市场是提高能源利用效率的最有效手段，主要通过改善配置效率和规模效率来实现效率的提升。当前虽然我国局部行业部分企业的能源利用效率已经处在世界先进水平，但是总体上仍有较大的提升空间。市场分割的存在显著抑制了规模效率、技术效率和配置效率对能源效率的影响。因此，在结构和技术作用逐渐弱化的条件下，破除市场壁垒，提高能源配置效率和规模效率是下一阶段提高能源利用效率的重点。一是构建能源全国统一大市场，破除影响产业转移、能源跨区调度、技术外溢效应的区域壁垒，完善能源市场交易制度，利用市场机制将能源优先配置到利用效率高的地区、企业。二是推进用能权、排污权、用水权、碳排放权市场化交易，以碳达峰、碳中和目标为约束条件，逐步扩大交易覆盖范围，将交易范围拓展至交通运输、数据中心、重点工业行业等高耗能高排放领域，不断提高市场化交易规模。

2. 更加注重微观主体用能激励机制

传统通过结构调整提高能源利用效率的结构红利逐步被压缩，提高能效进入了主要依靠市场以及微观用能主体节能行为的阶段。而用能主体高效集约的用能行为不仅是提高能源利用效率的微观基础，也是经济社会高质量发展的重要体现。习近平总书记在多个场合强调要增强全民节约意识、环保意识、生态意识，倡导简约适度、绿色低碳的生活方式，把建设美丽中国转化为全体人民自觉行动，这就要求通过改变不合理的用能方式推动能源消费革命，抑制不合理能源消费。一是深化能源价格市场化改革，充分发挥能源价格的成本约束作用。协同碳交易市场，制定将碳成本作为能源价格组成部分的方案，让能源价格反映真实用能成本。二是对医院、商场、学校、机关等公共机构，通过制定严格的能耗标准和能效目标，引导用能主体实施能效投资、节能改造等。三是完善能效提升的经济激励政策，对企业的节能改造投资项目给予一定的融资支持，加大对居民购买高效节能产品的补贴支持，支持公共机构进行智能化节能设备改造。

3. 重点提升西部地区能源利用效率

西部地区和东、中部地区的能源利用效率差距有扩大的迹象。从现实能源利用效率水平看，西部地区是提高能源利用效率的重点。特别是，内蒙古、陕西、新疆等西部地区是化石能源资源丰富地区，近年来出现的高载能产业转移现象，对这些地区提高能源利用效率带来了挑战。考虑到西部地区的发展阶段特征，其节能目标、节能模式、节能重点领域和节能政策应该与东、中部地区有所差别。因此，有必要针对西部地区经济发展阶段、产业结构特点、发展战略定位，在总体发展战略框架下，制定有针对性的提高能源利用效率的措施。一是差别化的节能目标管理。西部地区节能指标的制定，必须考虑其现实节能潜力以及经济发展、工业化和城镇化加快推进的需要，不能脱离现实环境。二是在产业政策上，鼓励外商投资和沿海企业西进，引导资金更多投向节能环保产业，加强节能技术转移、研发和改造，重视先进适用节能技术开发应用，提高能源利用效率。严格禁止东部地区把消耗高、污染重的落后技术设备转移到西部地区，西部地区要把承接产业转移与结构优化调整有机结合起来，做到产业转移、污染不转移。三是在投融资上，政府需要加大投入并启动民间资本市场，重点拓展资金的来源渠道、提高资金的使用效率等。四是在财税政策上，不仅鼓励技术的研发和推广，而且在淘汰低于国家产业政策标准的落后产能方面，对任务重、财力相对薄弱的地区加大转移支付力度或提高奖励标准。五是鼓励东部地区、中部地区能源利用效率高、超额完成"双控"目标的省份加大对西部地区节能提效的支持力度。

4. 继续推动能源领域供给侧结构性改革

我国新能源、煤炭、电解铝等部分工业行业仍然存在较为严重的产能过剩和低水平竞争现象，这也是我国能源利用效率总体较低的重要原因。除了之前提到的通过市场手段实现"优胜劣汰"，当前，通过制定政策淘汰落后产能也是提高能源利用效率的有效且必要的手段。一是鼓励企业通过兼并重组实现存量资产提质增效。根据实际情况有选择地淘汰部分落后产能（或上大压小），改善资产质量。对企业现存产能分类施策，或改造，或出售、关闭。二是提高新建产能的能效标准。新建产能的能效标准可对标国际先进水平。

六　能源国际合作现状与工作重点

（一）能源国际合作的必要性

能源是人类社会和经济发展的重要物质基础，但其作为一种有限资源在全球分布的不均衡性以及各国能源需求与能源储量的不匹配性都造成能源国际合作成为能源发展的必要一环。在变幻莫测的国际形势下，国际能源局势也愈发复杂多变。面对国际能源局势波谲云诡所带来的风险，我国更应该通过深度的能源国际合作来满足日益增长的能源需求，并以经济可行的方式来推动能源转型。加强深化国际能源合作既是我国深度参与全球能源治理的前提条件，也是保障我国能源安全以及能源高质量发展的必由之路。

能源高质量发展框架下的国际合作是指在"四个革命、一个合作"的能源安全新战略目标下，以实现能源高效利用、绿色发展和可持续发展为目的，在能源进口、技术合作和投资建设等领域积极开展国际合作。其中，能源进口方面主要指在传统中东和拉美等能源进口渠道的基础上，借助"一带一路"倡议的推进，积极与周边国家，如哈萨克斯坦、吉尔吉斯斯坦、乌兹别克斯坦等国家建立新的能源安全进口通道合作机制，以保障我国海外能源进口供应链的稳定；能源技术合作方面主要指在低碳排放技术、能源效率改进技术以及新能源开发技术等方面对国际先进技术的学习和吸收，以及自身能源技术的输出；能源投资建设方面主要指我国能源企业应该积极通过直接投资或者工程承包等方式参与到国际能源市场的建设中，同时我们还应在一定程度上打开市场，欢迎外商特别是拥有先进能源建设技术的外资企业投资参与国内的能源市场建设。

（二）能源国际合作的现状

我国始终坚持多边主义能源合作，积极参与联合国、二十国集团、亚太经合组织、上海合作组织、金砖国家、国际能源署、世界贸易组织、石油输出国组织等多边机制下的能源合作，更是先后成为国际可再生能源署成员国、国际能源宪章组织签约观察国、国际能源署联盟国等，能源国际合作也已经成为我国能源安全的重要保障。目前，我国在能源国际合作领域已经取得的成就主要表现在以下方面。

1. 能源进口合作局面进一步打开

我国能源进口合作渠道愈加多元化，进口总量整体增长，合作协议愈加长效。2022年，我国石油进口来源国达到48个，天然气进口来源国达到22个。2016~2018年，俄罗斯连续三年为我国的最大石油进口来源国，但2019年之后被沙特阿拉伯所替代。尽管中东地区和俄罗斯在我国的石油进口总量中仍然占比较高[①]，但近几年我国也逐渐开拓了与东南亚和非洲等其他国家和地区的石油合作渠道。如，2022年，我国从马来西亚进口了3568万吨石油，同比增长约95%；而我国从安哥拉进口的石油总量也始终保持在3000万吨以上[②]。目前，马来西亚和安哥拉均已成为我国稳定的石油进口渠道之一。我国主要的液化天然气进口国为澳大利亚、美国和卡塔尔，三者在我国液化天然气进口总量中的占比均超过了10%，其中澳大利亚占比更是接近40%。但近几年，我国也加大了与南亚、中亚和俄罗斯等国家和地区的天然气合作。2021年，马来西亚和印度尼西亚为我国提供的液化天然气占到了我国液化天然气进口总量的约17%。目前，在油气领域，我国已经建成投运了中俄原油管道二线、中俄东线天然气管道、中俄亚马尔液化天然气项目、中哈原油管道、中缅原油管道等一批标志性项目，再加上对中东和东南亚等地区海上油气合作渠道的巩固，我国在西北、东北、西南和东部已经逐步建成了中亚、中俄、中缅及海上四大油气运输通道，以及中亚—俄罗斯、中东、非洲、美洲以及亚太五大油气合作区，初步形成了联通中外、贯穿惠及多国的油气合作供应和市场网络。

目前，我国已经是世界上最大的能源进口国。2022年，我国能源进口总量大约为7.7亿吨标准原油当量，世界占比将近20%；能源进口总额达到了3.19万亿元人民币，同比增长40.9%，占进口总值的17.6%。以石油和

---

① 根据海关总署统计数据，在我国石油进口总量中，中东地区和俄罗斯占据了65%，其中中东地区占比将近50%。

② 海关总署统计数据。

天然气为例，2013~2022 年，我国的石油和天然气始终保持较高的进口量
（见图18）。2022 年，我国天然气进口总量达到 1.52 亿立方米，石油进口总
量更是连续 4 年在 5 亿吨以上。

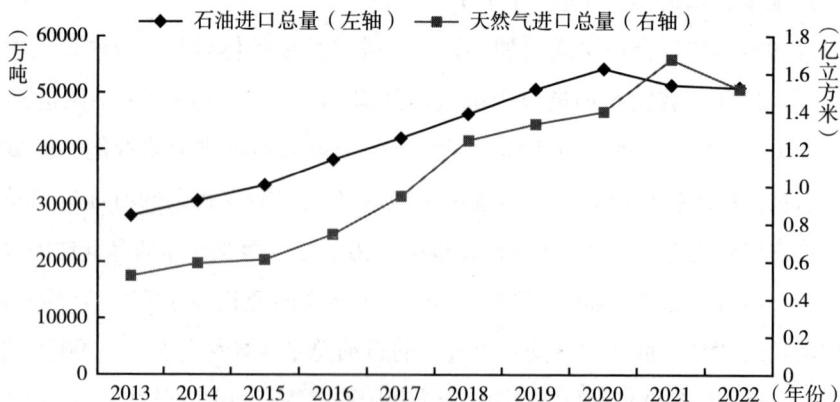

图18　2013~2022 年我国油气进口总量变化情况

资料来源：海关总署。

同时，我国签署的国际能源市场合作协议的约定时长逐渐增加。例如，
2014 年 5 月，我国与俄罗斯签署《中俄东线供气购销合同》，约定了中俄东
线天然气管道自 2018 年起向中国进行天然气供应，之后自第 6 年起供气量
达到每年 380 亿立方米，时长达 30 年；2021 年 7 月，马来西亚石油公司与
中海油签订了一份涉及 220 万吨 LNG 供应，为期 10 年的合作协议；2022 年
11 月，中石化与卡塔尔能源公司签署了长达 27 年的 LNG 长期购销合同；
2023 年 2 月，中国燃气与美国 LNG 供应商 Venture Global 签署了两份为期
20 年的 LNG 购销协议，两个协议约定，将分别向中国燃气每年提供约 100
万吨 LNG。据统计，以 2021 年为例，仅在 LNG 领域，中国签署的中长期协
议和框架协议就涉及 3217 万吨 LNG，占中国当年 LNG 总采购量的 34.5%。

伴随着"一带一路"能源合作机制的务实推进，我国的能源进口整体上
呈现从双边向多边发展、从短期合作向长期合作发展的趋势。截至 2021 年底，
我国政府已经与 90 多个国家和地区建立了政府间能源合作机制，与 30 多个能

源类国际组织和多边机制建立了合作关系,努力通过长期多边能源进口合作机制来满足我国的能源需求。表10总结了我国自提出"一带一路"倡议以来签署的部分重要能源合作协议情况。

表10　我国签署的部分能源合作协议情况

参与方	协议内容	签署时间
中石油、俄罗斯天然气工业公司	《中俄东线供气购销合同》,合同总价值超过4000亿美元。协议约定,自2018年起,中俄东线天然气管道正式运营,之后自第6年起输气量将达到每年380亿立方米,合同期长达30年	2014年5月
中国、美国和澳大利亚牵头,共20国参加	发布《二十国集团能源合作原则》,同意通过共同努力确保所有人享有负担得起、可靠的能源	2014年11月
中化集团、安哥拉国家石油公司	签署了长期原油贸易协议	2015年12月
国家电网有限公司、韩国电力公社、日本软银集团、俄罗斯电网公司	共同签署《东北亚电力联网合作备忘录》,积极推动东北亚联网,即要把蒙古国、中国东北和华北地区以及俄罗斯远东地区的可再生能源基地与中国华北地区、日、韩等负荷中心连接起来,实现地区可再生能源的大规模开发利用	2016年3月
俄罗斯诺瓦泰克公司、中国石油天然气集团有限公司、法国道达尔公司和中国丝路基金	共同实施"亚马尔液化天然气项目",这个项目每年可以为中国提供300万吨的液化天然气,并为中国的清洁能源供应奠定基础	2017年12月
青岛港、巴西石油公司	签署在原油板块进一步开展深度合作的战略合作协议,该协议为巴西石油公司首次与中国港口签署的长期合作协议	2018年12月
中石化、卡塔尔石油公司	卡塔尔石油公司向中石化每年提供约200万吨LNG,协议长达10年	2021年3月
中石化、卡塔尔能源公司	签署的长期购销合同以卡塔尔北方气田扩能项目为基础,预计可以每年向中国提供400万吨LNG,合同期长达27年	2022年11月
松下四维出行科技公司、中国太平洋财产保险公司深圳分公司、三井住友海上火灾保险公司、广东光华科技股份有限公司	签署电池循环经济体系四方战略合作协议,旨在利用松下四维电池状态分析云服务,构建新能源汽车动力电池循环利用体系	2022年11月

资料来源:根据网络资源整理。

2. 能源技术合作引进领域发生转移，能源技术对外输出明显增加

首先，我国始终坚持开放的技术引进态度，在技术引进领域上逐渐由化石能源领域转向新能源领域。能源建设初期，我国能源领域对于技术的引进以化石能源的勘探技术为主，如先后从加拿大和挪威引进了连续钻孔机技术和无钻机式钻井技术，又从美国引进了激光钻机技术来提高石油企业的钻机技术水平。而近些年，我国在技术领域的能源合作已经逐步由化石能源向新能源领域拓展，如，我国从美国引进了 AP1000 技术，从丹麦引进了先进的风电并网和风电预测技术，从日本引进了先进的氢材料电池技术，从瑞士引进了先进的重力储能技术等。目前，新能源领域是我国与国际市场开展技术合作的重点领域，我国与欧盟 2020 年签署的《中欧能源合作路线图 2021—2025》表明我国将以新能源发展为契机，在技术驱动的产业链上游拓展与西方国家的合作。如表 11 所示，我们针对我国在新能源领域的技术引进情况进行了总结。

表 11　我国部分能源技术引进和输出情况

项目	技术名称	技术类型	引进/输出国	引进/输出年份
能源技术引进（新能源）	AP1000 技术	核能	美国	2009
	风电并网和风电预测技术	风能	丹麦	2010、2011
	氢材料电池技术	氢能	日本	2015
	水电联产技术	水能	瑞士	2015
	智能电网技术	能源管理	美国	2017
	浮式风电技术	风能	美国	2020
	光伏制氢技术	氢能	日本	2021
	重力储能技术	可再生能源	瑞士	2022
能源技术输出	水力发电技术	水能	巴基斯坦	2015
	核电技术	核能	巴基斯坦	2016
	光伏发电技术	光能	肯尼亚	2019
	水力发电技术	水能	塔吉克斯坦	2019
	风力发电技术	风能	南非	2021
	地热能发电技术	地热能	埃塞俄比亚	2021
	特高压技术	电力输送	巴西	2022

资料来源：根据网络资源整理。

此外，我国能源技术输出数量逐渐增加。由于我国长期坚持从国外引进先进能源技术并进行吸收、消化，推动相关技术的自主创新，我国目前在光电、核电等部分领域的技术已经实现了从"跟跑"到"领跑"的过渡，部分自主先进技术的输出也已经成为我国开展能源国际合作的重要切入点。目前，我国对中亚和非洲等国家的能源技术输出已经从"意向协商"走向了"执行"的阶段，并探索出了"技术换市场"的模式，表11中也总结了我国近几年的能源技术输出情况。

3. 能源投资和建设的国际合作俱增

首先，我国始终积极欢迎拥有先进技术的国外企业参与到国内能源建设中。2017年起，我国逐步修订了《外商投资产业指导目录》，逐渐取消了电网、特殊和稀缺煤类以及新能源等领域的外商准入限制；2019年，我国更是全面开放了石油和天然气勘查开采市场，取消了相关领域引入外资仅限合资、合作的规定，从而打破了我国能源市场本国企业垄断的局面，也迫使我国能源市场的油气勘探和开采技术因为市场竞争而加速优化升级。目前在非常规油气勘探和开发项目中，国外企业已经达到了30%的占比，我国能源领域的外商直接投资始终保持着15%~20%的年增长率。

再者，在鼓励外国企业来华的同时，我国能源企业也在积极"走出去"。2021年，即便受到疫情影响，我国电力行业参与国外电力项目投标并签约的数量依然达到了667个，合同总金额达到了502.8亿美元，同比上涨14.1%。如，我国与阿富汗政府在2021年签署了为期25年的能源合作协议，阿富汗政府允许中国企业在其北部阿姆河盆地进行石油开采；2017年2月，我国与阿联酋政府签署协议，获得了阿布扎比陆上石油区8%的特许经营权；"2020年度世界能源企业500强"名单中，我国共有38家能源企业入围；在2020年度美国ENR"国际承包商500强"名单中，我国共有13家能源建设企业入围。以上均表明，我国在能源领域始终与国际市场保持着密切的联系。此外，我国能源企业在"走出去"的过程中，也逐渐实现了从中下游能源运输和销售向上游勘探和开发的过渡。如，2021年7月，中国电建负责承建了印度尼西亚首个大规模漂浮光伏发电项目——奇拉塔漂浮光伏发电项目，并负责了光伏厂区及升压站的设计工作；2022年11月，中国能建则承担了沙特阿拉伯2.6GW光伏电站的设计和建设工作；而中国电建在沙特阿拉伯更是全面承担了集光伏、储能、电网于一体的全球最大的储能项目——"红海"新城储能项目。随着"一带一路"倡议的实施，我国能源企业通过海外并购、资金入股等方式实现了海外直接投资19%~25%的年增长率，海外投资的目标区域更加多元化，运作机制也更加专业化和市场化。表12列举了能源领域我国企业海外投资的部分经典案例。

表12　能源领域我国企业海外投资的部分经典案例

投资企业	投资标的	标的公司 主要经营业务	标的国家	投资金额 （亿美元）	年份
中海油	尼克森（Nexen）	石油	加拿大	151	2013
北京燃气	上乔纳斯科石油天然气公司	石油、天然气	俄罗斯	11	2016
中石油	阿布扎比ADCO陆上油田	石油	阿联酋	17.7	2017
联合能源	科威特能源（Kuwit Energy Plc）	综合能源	科威特	6.51	2018
华润资本	Dudgeon海上风电场	风电	英国	8.03	2018
国家电网	阿曼国家电网（Nama）	综合电力	阿曼	69.36	2019
国家电网	智利CGE公司	综合能源	智利	21.29	2020
华润资本	英国Viridor垃圾处理公司	可再生能源利用	英国	33.19	2020
紫金矿业	阿根廷Neo Lithium Corp	锂岩湖	阿根廷	7.59	2021
新潮能源	Grenadier Energy Partners II, LLC	页岩油气	美国	4.20	2021

资料来源：根据网络资源整理。

（三）我国能源国际合作中面临的问题与政策建议

1. 面临的问题

尽管我国在能源国际合作领域取得了较大成就，但不可否认的是，作为一个发展中国家，我国在经济发展中对于国际市场的依赖和国际事务话语权的缺失最终也会折射到能源领域。我国能源国际合作中存在的主要问题如下。

（1）能源技术合作的深度不深，能源转型技术的输出受限。我国在能源技术领域与全球和区域各大能源国或能源组织均有合作，但以一般性和对话性合作为主，缺乏深入的沟通，尤其是在部分能源前沿技术领域。例如，在太阳能转型效率的提升、耐辐射材料的研究、储能技术的突破上，发达国家在与我国的合作方面仍然有所保留。比如，我国需求迫切的硅基薄膜太阳能技术受制于欧盟对华高新技术的管制政策，无法进口，也不具备自主研发能力，因而至今在国内仍为空白；再比如，我国虽然是世界上最大的制氢国家，年制氢产量超过3000万吨，但在制氢核心技术上与欧盟、日本和美国的合作除少数属于共同研发外，大部分通过直接引进的方式进行使用，目前我国在氢气生产方面的专利贡献量仅占全球的5%，氢气储运和氢气终端应用方面的专利贡献量均仅占全球的3%。

尽管我国的能源转型技术，如光电技术、清洁能源技术等均走在了世界前列，并始终保持着持续的"高量"输出，但是受被输出国本身制度及当地配套资源的限制，"走出去"进展不大。如，共建"一带一路"国家是我国新能源技术输出的热点地区，共建"一带一路"国家风能资源理论储存量占全球的55%，适宜集中开发的风电规模占全球比重为72%；光能资源理论储存量占全球比重为66%，适宜集中开发的光伏发电规模占全球比重为76%。我国始终在通过"技术换市场"的方式对共建"一带一路"国家输出技术。但这部分国家大多是中低收入和低收入国家，其配套的基础设施和发展资金不足以支持能源转型技术的发展。此外，共建"一带一路"国家中有85个国家还未能全面通电，无电人口占全球比重为88.8%，因此其更渴望通过最简便的方式来获取能源，再加上这部分国家普遍化石能源储量丰富，其本身进行能源转型的愿望并不强烈。这些因素均造成我国输出的能源转型技术在被输出国难以得到有效的发展和延伸。

（2）能源国际市场的买方竞争、卖方竞争以及部分国家的"自我保护"均增加了我国能源国际合作的壁垒。能源进口市场的买方竞争是显而易见的，买方竞争对于我国能源国际合作的影响是巨大的。而在能源技术的输出和投资上，卖方竞争同样激烈。此外，由于能源对一国的经济发展起着决定性的作用，并且其与航天、军事等领域有着密切的关系，其本身属性的敏感造成了部分国家逐渐希望将能源设施的建设掌握在自己手中。以核电为例，我国的核电技术处于全球领先地位，但由于核电技术可能带来的风险，我国核电技术在出口至英国、中亚的时候均遇到了较大的阻碍。

2. 加深能源国际合作的建议

（1）借助"一带一路"倡议，进一步通过多边合作的方式保障能源的长效供应

中东、非洲和拉美地区在过去、现在和未来都始终是我国主要能源进口地区，我国始终坚持经济与外交并重、投资和贸易并举的原则，努力通过国际多边协议、高层互访、双多边谈判、对外经济援助等方式，巩固能源进口渠道。

借助"一带一路"倡议的推进，我们在巩固的基础上，还应完善能源通道布局，积极开辟新的能源进口渠道，包括加强陆海内外联动、东西双向开放等，加快推进与共建"一带一路"国家和地区的能源互联互通。如前文所述，"一带一路"沿线既是传统化石能源富集的地区，也是新能源的开发热点地区，我国可以围绕油气资源开发、输送、炼化、交易的全产业链，以及清洁能源和可再生能源等循环经济领域的合作，通过"共商共建共享"的方式，与相关国家和地区在能源基础设施规划布局、标准规范、经营管理方面实现对接，保障能源输送高效畅通，加强能源市场建设和价格稳定机制方面的交流，并可以企业为主体，以基础设施为龙头，共建境外能源经贸产业园区。

（2）坚持自主创新推动能源技术输出，同时协助东道国解决配套设施和资金的问题

在能源技术输出领域，我国应该首先坚持提高能源自主科研技术水平，以此为"一带一路"倡议下的能源技术输出提供原动力。同时，我国还应该积极了解能源技术输入国的切实需求，帮助其配置好相关基础设施，包括通过建立"合作基金"的方式来为这部分不发达国家引入国际资本、构建多元化融资体系。如，充分发挥亚洲基础设施银行、丝路基金的作用，并鼓励国内外个人资本以"公私合营"的方式参与到共建"一带一路"国家的

能源建设中，从而帮助共建"一带一路"国家解决资金瓶颈问题，还可以通过"技术换市场"的方式承包部分共建"一带一路"国家技术引入后的全套能源建设和综合能源治理。我国要与共建"一带一路"国家达成建设能源合作共同体的共识，同时还要帮助其奠定良好的资金、设施、贸易和民心基础，只有这样，才能保证我国输出的能源技术得到充分的发展。

（3）提升能源投资建设的国际协作水平，积极参与国际能源治理

第一，我国应坚持将外资"引进来"，尤其是在能源上游领域，要通过对外资开放的方式来提升能源开发能力，满足国内能源需求。

第二，我国还需要让更多的能源企业"走出去"，借助数字化发展的浪潮，努力在海外建立具有一定规模和影响力的能源园区，增加海外投资尤其是海外并购的数量和规模，积极参与到全球能源建设中，主动融入全球能源产业链，并发挥比较优势，通过承建和投资等方式培育一批具备国际竞争力的跨国能源企业，以此推动本国能源生产和高效节能装备、技术、服务"走出去"，在引进国外技术的同时，提高中国能源企业的国际地位。

第三，还应积极参与前瞻性的能源技术国际研发应用合作平台和机制建设，密切跟踪掌握关键重点领域前沿动态，积极参与制定先进能源技术标准，推动国内技术标准国际化，努力完善与 IEA、IEF、OPEC、G20 和亚太经合组织等国际（能源）组织的政策对话机制；还可以联合技术先进国家共同开拓第三方国际市场，深度融入全球能源产业链、价值链、物流链，在深度参与全球能源治理的同时，与其他国家一道努力打造能源共同体。

参考文献

［1］Brodny J., Tutak M., "Assessing Sustainable Energy Development in the Central and Eastern European Countries and Analyzing Its Diversity", *Science of the Total Environment*, 801, 2021.

［2］习近平:《习近平谈治国理政》（第三卷），外文出版社，2020。

［3］ 曹慧：《欧盟碳边境调节机制：合法性争议及影响》，《欧洲研究》2021 年第 6 期。

［4］ 代红才、张运洲、李苏秀等：《中国能源高质量发展内涵与路径研究》，《中国电力》2019 年第 6 期。

［5］ 金碚：《关于"高质量发展"的经济学研究》，《中国工业经济》2018 年第 4 期。

［6］ 刘明明、李佳奕：《构建公平合理的国际能源治理体系：中国的视角》，《国际经济合作》2016 年第 9 期。

［7］ 马茹、罗晖、王宏伟等：《中国区域经济高质量发展评价指标体系及测度研究》，《中国软科学》2019 年第 7 期。

［8］ 逢锦聚：《科学把握共同富裕与高质量发展的关系》，《中国经济评论》2022 年第 1 期。

［9］ 秦宣仁：《中国能源安全与周边环境》，《国际贸易》2013 年第 8 期。

［10］ 曲立、王璐、季桓永：《中国区域制造业高质量发展测度分析》，《数量经济技术经济研究》2021 年第 9 期。

［11］ 史丹、赵剑波、邓洲：《推动高质量发展的变革机制与政策措施》，《财经问题研究》2018 年第 9 期。

［12］ 史丹、李鹏：《我国经济高质量发展测度与国际比较》，《东南学术》2019 年第 5 期。

［13］ 史丹、王蕾：《全球能源市场格局新变化与中国能源的安全应对》，《中国能源》2022 年第 11 期。

［14］ 锁箭、汤瑞丰：《中国绿色能源高质量发展水平测度研究》，《技术经济》2020 年第 5 期。

［15］ 舒印彪、赵勇、赵良等：《"双碳"目标下我国能源电力低碳转型路径》，《中国电机工程学报》2023 年第 5 期。

［16］ 苏铭：《"双碳"目标下能源转型发展研究》，《中国能源》2022 年第 4 期。

［17］ 孙永祥：《能源合作：上海合作组织关注的重点领域》，《国际贸易》2009 年第 5 期。

［18］ 唐葆君、吴郧、王崇州等：《省级能源高质量发展指数研究（2012—2022 年）》，《北京理工大学学报》（社会科学版）2023 年第 2 期。

［19］ 王海燕：《构建丝绸之路经济带多边能源国际合作机制的探讨》，《国际经济合作》2016 年第 12 期。

［20］ 王梓麒、蔡宏波：《"一带一路"背景下国际能源合作分析》，《国际经济合作》2017 年第 5 期。

［21］ 王志轩：《"十四五"构建新型电力系统的路径及展望》，《中国电力企业管理》2022 年第 10 期。

［22］ 魏一鸣、韩融、余碧莹等：《全球能源系统转型趋势与低碳转型路径——来自于 IPCC 第六次评估报告的证据》，《北京理工大学学报》（社会科学版）2022 年第 4 期。

［23］ 魏楚、郑新业：《能源效率提升的新视角——基于市场分割的检验》，《中国社会科学》2017 年第 10 期。

［24］ 肖炼：《中美"利益攸关"的能源合作》，《国际贸易》2008 年第 2 期。

［25］ 袁惊柱：《我国煤炭行业数字化转型面临的机遇及政策建议》，《中国发展观察》2022 年第 10 期。

［26］ 张丹蕾：《全球能源治理变局下"一带一路"能源合作机制构建的探讨》，《国际经贸探索》2023 年第 2 期。

［27］ 张生玲、胡晓晓：《中国能源贸易形势与前景》，《国际贸易》2020 年第 9 期。

［28］ 张生玲、魏晓博、张晶杰：《"一带一路"战略下中国能源贸易与合作展望》，《国际贸易》2015 年第 8 期。

［29］ 张占斌、毕照卿：《经济高质量发展》，《经济研究》2022 年第 4 期。

［30］ 章建华：《深入学习贯彻习近平新时代中国特色社会主义思想 以能源高质量发展支撑中国式现代化建设》，《当代世界》2023 年第 2 期。

［31］ 周四军、戴思琪：《长江经济带能源高质量发展的测度与聚类分析》，《工业技术经济》2020 年第 10 期。

［32］ 朱彤、王蕾：《国家能源转型：德、美实践与中国选择》，浙江大学出版社，2016。

［33］ 朱彤：《能源安全新风险与新逻辑：系统韧性的视角——兼论新逻辑下我国能源安全问题与战略思路》，《技术经济》2023 年第 2 期。

［34］ 《国务院办公厅关于印发能源发展战略行动计划（2014-2020 年）的通知》，https：//www. gov. cn/zhengce/content/2014-11/19/content_ 9222. htm。

［35］ 《国务院办公厅转发国家发展改革委员会国家能源局关于促进新时代新能源高质量发展的实施方案》，https：//www. mee. gov. cn/zcwj/gwywj/202205/t20220530_ 983840. shtml。

［36］ 《能源生产和消费革命战略（2016-2030）》，https：//www. gov. cn/xinwen/2017-04/25/5230568/files/286514af354e41578c57ca38d5c4935b. pdf。

［37］ 《推动丝绸之路经济带和 21 世纪海上丝绸之路能源合作愿景与行动》，https：//www. gov. cn/zhengce/zhengceku/2022 - 03/23/5680759/files/ccc7dffca8f24880a80af12755558f4a. pdf。

［38］ 《"十四五"现代能源体系规划》，https：//www. gov. cn/zhengce/zhengceku/2022-03/23/5680759/files/ccc7dffca8f24880a80 af12755558f4a. pdf。

［39］ 《关于推进共建"一带一路"绿色发展的意见》，https：//www. ndrc. gov. cn/xxgk/zcfb/tz/202203/t20 220328_ 1320629. html？code＝&state＝123。

［40］《"十四五"能源领域科技创新规划》，http：//zfxxgk. nea. gov. cn/1310540453_
16488637054861n. pdf。

［41］《工业和信息部办公厅关于印发 2021 年碳达峰碳中和专项行业标准制修订项
目计划的通知》，https：//wap. miit. gov. cn/zwgk/zcwj/wjfb/tz/art/2021/art_
5492f65dd96e4e9eb8c8cbf21748bcdf. html。

［42］《中华人民共和国国民经济和社会发展第十四个五年规划和 2035 年远景目标
纲要》，2021 年 3 月 13 日。

［43］中国科学院武汉文献情报中心战略情报中心先进能源科技战略情报研究团队、
中国科学院文献情报中心情报研究部生态文明研究团队、中国科学院西北生
态环境资源研究院文献情报中心资源生态环境战略情报研究团队等：《趋势观
察：国际碳中和行动关键技术前沿热点与发展趋势》，《中国科学院院刊》
2021 年第 9 期。

［44］《煤炭工业"十四五"高质量发展指导意见》，http：//www. coalchina. org. cn/
uploadfile/2021/0603/20210603114439221. pdf。

行业发展篇

Industry Development

B.2

2023年煤炭行业高质量发展报告

张宏　郭中华[*]

摘　要： 2022年，面对复杂严峻的国际国内形势，煤炭行业贯彻落实习近平总书记的"夯实国内能源生产基础，保障煤炭供应安全"重要指示精神，全力做好煤炭增产、保供、稳价工作，稳步推进现代化产业体系建设，加快发展方式绿色低碳转型，经济运行质量效益明显好转，推动高质量发展取得新成就、构建新发展格局迈出新步伐。新时代新征程，煤炭行业应准确把握自身在推进实现中国式现代化进程中的政治站位、历史方位、职责定位，着力构建新型煤炭工业体系，着力提升煤炭安全稳定供应能力，着力开展煤炭清洁高效利用攻坚，着力建设现代化煤炭产业体系，着力强化教育科技人才支撑，着力健全完善高标准煤炭市场体系，奋力谱写煤炭发展新篇章。

---

* 张宏，博士，中国煤炭工业协会纪委书记，教授级高级工程师，主要研究方向为能源经济、煤炭产业政策、战略规划；郭中华，博士，中国煤炭工业协会政策研究部主任，高级工程师，主要研究方向为能源经济、煤炭产业政策、战略规划。

关键词： 能源安全 绿色低碳 新型煤炭工业体系

一 煤炭行业高质量发展的内涵

准确把握煤炭行业高质量发展的内涵，是推动煤炭行业高质量发展的前提和基础。党的二十大报告指出，"要立足我国能源资源禀赋，坚持先立后破，有计划分步骤实施碳达峰行动"；"加强煤炭清洁高效利用"；"加快规划建设新型能源体系"；"加强能源产供储销体系建设，确保能源安全"；"确保粮食、能源资源、重要产业链供应链安全"。这为煤炭行业奋进新时代指明了前进方向，为煤炭行业高质量发展提供了根本遵循。

煤炭行业高质量发展应以保障我国能源安全，稳定产业链、供应链为首要任务，以安全高效智能开采、绿色低碳清洁利用为主攻方向，以建设现代化煤炭产业体系为关键举措，加快实现高水平煤炭科技自立自强，推动煤炭行业与新能源、新技术、新产业深度融合，实现煤炭产业发展动力变革、质量变革、效率变革，促进煤炭燃料向燃料与原料并重转变、由传统能源向清洁能源转型，实现煤炭开发利用全过程、全方位、全要素的高质量发展，更好满足经济社会发展对煤炭的需要。

具体来看，煤炭行业高质量发展应具有高安全、高效率、绿色化、数字化等基本特征。

高安全：坚守安全生产底线，全面提升煤炭生产开发利用全过程的智能化水平，改善井下恶劣工作条件，降低对员工的人身伤害，逐步实现从低死亡到零死亡再到零伤亡的阶梯迈进，严格管控职业病新增患病人数。

高效率：在煤炭生产、运输、消费全流程实现集约高效。先进产能占比大幅提升，全员工效显著提高，煤炭利用效率大幅提升，现代化煤炭物流体系基本建成。

绿色化：煤矿全面实现绿色开采，煤炭伴生资源实现高效开发利用，煤炭燃烧全面实现超低排放，"大宗固废"实现资源化回收，矿井水实现循环利用零排放，矿区生态实现高质量修复重塑，煤炭开发利用全过程实现低排放，煤炭与清洁能源高效协同发展并实现固碳、碳循环。

数字化：煤炭产业与数字技术深度融合，从煤矿智能化发展到智能系统化、数字平台化、设备集群化、产业高端化，实现生产、运营、管理、销售和服务等全流程数字化，数据成为煤矿重要的生产要素，形成勘查、设计、建设、开采、洗选、运输、利用等全产业链数据驱动的智能决策能力。

二 煤炭行业发展现状和存在的主要问题

（一）新时代十年煤炭行业实现历史性跨越

2022年是党和国家历史上极为重要的一年。党的二十大胜利召开，系统总结了新时代十年伟大变革，擘画了全面建设社会主义现代化国家、以中国式现代化全面推进中华民族伟大复兴的宏伟蓝图，吹响了奋进新征程的时代号角。新时代的十年，是党和国家事业发展取得历史性成就、发生历史性变革的十年，也是煤炭行业牢记习近平总书记嘱托，砥砺前行、跨越发展的十年。

新时代十年，煤炭行业深入推进结构性改革，化解煤炭过剩产能取得突破性进展。全行业深入贯彻落实《国务院关于煤炭行业化解过剩产能实现脱困发展的意见》精神，坚持把化解过剩产能作为重大政治任务、发展头等大事和"一号工程"来抓，化解过剩产能、转型升级、职工安置一体化推进取得了一系列创新成果和实践经验，攻克了许多长期没有解决的难题，化解煤炭过剩产能与行业脱困转型发展取得实效。"十三五"期间，全国累计退出煤矿5600处左右，退出落后煤炭产能10亿吨/年，分流安置职工100万人左右。全国规模以上煤炭企业的资产总额由4.48万亿元增加到7.32万亿元，煤炭市场实现了由严重供大于求向供需动态平衡的转变，产业结构持续优化，新旧动能加快转换，供给体系质量显著提升，供给侧结构性改革在煤炭工业发展史上留下了鲜明的新标识，为新时代煤炭行业高质量发展奠定了坚实基础。

新时代十年，煤炭行业持续加强供给体系建设，保障国家能源安全和产业链、供应链安全的基础愈加牢固。通过不断加强基础地质调查和煤炭资源勘查，我国探明了一批重要煤炭资源战略接续区，推动煤炭资源保有储量实现新增长。截至2021年末，全国煤炭储量达到2078.85亿吨，夯实了国家能源安全和产业链、供应链安全的基础。10年来，一大批大型现代化煤矿和智能化煤矿加快建设，先进产能占比大幅提高，煤矿产能超过44亿吨/年；全国煤炭产量由2016年的34.1亿吨快速增加到2022年的45.6亿吨，6年增加11.5亿吨。煤炭国内自给率始终保持在92%以上，基本做到了自给，守住了工业和民生用能底线。煤炭由单一燃料向原料和燃料并重转变加快推进，据不完全统计，2022年，煤制油、煤制气、煤（甲醇）制烯烃、煤制乙二醇产能分别达到931万吨、61.25亿立方米、1672万吨、1155万吨，为保障产业链、供应链稳定做出重要贡献，为行业长远发展积蓄了强劲动能。煤炭铁路直达和铁水联运能力持续提升，全国煤炭铁路运量在26.8亿吨以上，煤炭储备体系建设加快推进。近年来，即使面临复杂形势、自然灾害和严重的疫情冲击，全国煤炭市场始终供应充足，中长期合同价格保持基本稳定。

新时代十年，煤炭生产开发布局持续优化，服务全国构建新发展格局的能力实现整体性跃升。10年来，煤炭生产开发布局深度调整，部分省（市）由于煤炭资源枯竭、资源赋存条件差，煤炭产量逐年减少或退出煤炭生产领域，煤炭生产重心加快向"晋陕蒙新"等资源禀赋好、竞争能力强的地区集中。从亿吨级产煤省（区）数量变化看，2022年，原煤产量超过1亿吨的省（区）有6个，比2012年减少3个，原煤产量合计39.6亿吨，比2012年增加15.2亿吨。从东部、中部、西部、东北地区原煤产量占全国比重变化看，西部地区占比由2012年的54.4%上升到2022年的60.7%，中部地区占比一直稳定在33.7%，东部地区占比由2012年的7.2%下降到2022年的3.2%，东北地区占比由2012年的4.7%下降到2022年的2.4%。从主要产煤省（区）原煤产量变化看，"晋陕蒙新"4省（区）原煤产量由2012

年的 25.4 亿吨增加到 2022 年的 36.9 亿吨，占全国的比重由 64.3% 提高到 80.9%；山西、内蒙古年原煤产量迈入 10 亿吨级行列。其中，榆林、鄂尔多斯 2012 年原煤产量分别为 6.39 亿吨、3.18 亿吨，2022 年分别增加到 7.22 亿吨、5.82 亿吨，成功迈入 5 亿吨级"俱乐部"，两市原煤产量占全国的比重由 2012 年的 24.2% 提高到 2022 年的 28.6%。山西、蒙西、蒙东、陕北、新疆等绿色转型供应保障基地建设加快推进，"两心引领、四区提升、五极保障、全国支撑"的煤炭生产开发空间布局初步形成。全国资源配置能力显著增强，煤矿与大型煤电基地、大型煤化工基地、大型风电光伏基地同步建设、协同推进，煤电通过特高压通道输送至全国，煤炭与新能源、可再生能源优势互补、一体化整合加快推进，煤炭作为化工原料的综合利用效能持续提高，煤炭服务扩大内需战略、服务全国构建新发展格局的战略地位不断得到巩固和提升。

新时代十年，现代化煤炭产业体系加快构建，煤炭行业发展新动能新优势持续增强。煤炭行业坚持高端化、智能化、绿色化发展方向，加快建设安全高效煤矿、智能化煤矿，延伸产业链条，积极培育战略性新兴产业，着力抢占产业链、价值链制高点。10 年来，全国煤矿数量由 1.3 万处减少到 4400 处以下；年产 120 万吨以上的大型煤矿由 850 处左右发展到 1200 处以上，产量占全国的比重由 65% 左右提高到 85% 左右；年产千万吨级的生产煤矿由 33 处发展到 79 处，产能由 4.5 亿吨/年提高到 12.8 亿吨/年；安全高效煤矿数量由 406 处发展到 1146 处，产量占全国的比重由 30% 左右提升到 70% 以上。智能化煤矿建设从无到有，截至 2022 年底，建成智能化煤矿 572 处、智能化采掘工作面 1019 处，31 种煤矿机器人在煤矿现场应用。全国煤矿每年平均单井（矿）产能由 38 万吨左右提高到 120 万吨以上，人均生产效率由每年 750 吨提高到 1800 吨。大型煤炭企业竞争力加快提升，15 家煤炭企业原煤年产量超过 5000 万吨，原煤年产量合计约 26.0 亿吨；其中，7 家企业年产量超过 1 亿吨，原煤年产量合计约 20.6 亿吨，占全国的比重达到 45.2%。营业收入超 2000 亿元的龙头骨干企业数量从 2 家增加到 7 家。煤炭企业股份制改革、上市企业培育实现新突破，世界一流煤炭企业建设展现新气象，8 家企业入选"创建世界一流专精特新示范企业名单"，8 家企业入选"国有企业公司治理示范企业名单"。煤炭产业与数字经济、现代服务业加快融合，个性化定制、网络化协同等新业态新模式不断涌现，国家专精特新"小巨人"企业、单项冠军企业加快培育，以煤炭产业为支撑，战略性新兴产业为引领，煤炭与新能源、新产业、数字经济深度融合的现代化产业体系初步形成，行业发展步入质的有效提升和量的合理增长的新阶段。

新时代十年，科教兴煤和人才强煤战略深入实施，教育、科技、人才的基础性、战略性支撑能力显著提升。科技创新策源功能持续增强。大型煤炭企业研发投入强度达 2%，建成国家级及行业级研发平台 149 个，获批国家重大专项及示范项目、国家重点研发计划项目、国家自然科学基金重大研发计划项目等各类国家重大、重点项目 110 余项。大型矿井建设、特厚煤层综放开采、煤与瓦斯共采、燃煤超低排放发电、高效煤粉型和水煤浆浆体化工业锅炉、现代煤化工技术达到国际领先水平，主要煤机装备和大型粉煤气化技术实现国产化，煤机装备制造水平位于世界先进行列，建成世界最大的清洁高效煤电供应体系和现代煤化工技术体系。10 年来，煤炭行业获国家科学技术奖励 53 项、中国专利奖 126 项、国家级企业管理现代化创新成果 92 项。科技贡献率从近 40% 提高到 60%，科技实力从量的积累迈向质的飞跃，从点的突破迈向系统能力提升，实现从跟踪、模仿到部分领域并跑、领跑的转变。人才强煤战略深入实施，行业教育培训体系不断健全完善，世界一流大学和一流学科建设稳步推进，职业教育培训与产业发展深度融合。煤炭远程教育网"一网四平台"全面推进。国家开放大学煤炭学院成立。10 年来，该学院面向行业开展的工商管理培训惠及 6000 余人，完成 1200 余人的职业经理人执业资格认证。31 家煤炭企事业单位获得"国家技能人才培育突出贡献单位"称号。评选技能大师 1043 名，命名 334 个大师工作室团队。完成 155.56 万人的职业技能鉴定，其中 128.14 万人获得技能等级资格证书。举办井工类、露天类和院校类职业竞赛 20 场。经中国煤炭工业协会推荐，12 人获得"中华技能大奖"，177 人获得"全国技术能手"称号，11 人获得"国家技能人才培育突出贡献个人"称号，41人获得"全国青年岗位能手"称号。初步调研分析，煤炭行业硕士研究生以上学历人员占比由2015年的1.01%提升到2022年的2%左右，本科学历人员占比由6.56%提升到11%左右；高级职称人员占比由1.31%提升到2%以上。人才发展环境进一步优化，高层次人才规模持续扩大，人才创新活力全面增强，为行业高质量发展提供了坚强的人才和智力支撑。

新时代十年，煤炭行业着力推动绿色低碳转型，矿区生态文明建设迈出坚实步伐。深入践行"绿水青山就是金山银山"的理念，协同推进降碳、减污、扩绿、增长。10年来，全国原煤入洗率由56%提高到70.6%，矿井水综合利用率由62%提高到79.3%，土地复垦率由42%提高到57.8%；煤矸石及低热值煤综合利用发电装机由2950万千瓦发展到4300万千瓦。燃煤电厂超低排放和节能改造持续推进，实现超低排放的煤电机组超过10.5亿千瓦，占比达到94%左右。充填开采、保水开采、煤与瓦斯共采、无煤柱开采等绿色开发技术在部分矿区得到推广应用。稳步推进实现碳达峰、碳中和，加强煤炭清洁高效利用。大型煤炭企业原煤生产综合能耗由17.1千克标煤/吨下降到9.7千克标煤/吨，综合电耗28.4千瓦时/吨下降到20.0千瓦时/吨。大力发展绿色产业、循环经济，稳步推进矿区生态保护、生态修复、生态治理、生态重建，推动矿区生态环境实现了从严重透支到明显好转的历史性转变，形成了一批自然风光与人文景观交相辉映、现代都市与田园乡村相互交融的生态文化景观，蓝绿交织、山水相依、人与自然和谐共生的生态长卷正在矿区徐徐展开。

新时代十年，煤炭行业管理创新扎实推进，企业治理能力快速迭代升级。积极探索实践、改革创新，不断优化企业治理体系，打造具有煤炭行业企业特色的现代化治理模式。10年来，全行业共推广发布了2531项煤炭企业管理现代化创新成果，为煤炭企业管理创新提供了示范和借鉴；举办了34期煤炭企业管理创新大讲坛，总结推广行业企业在管理创新方面的成功经验和典型做法，大力弘扬煤炭企业家精神，激发管理创新活力，累计收看人数超过30万人次。兖矿能源集团股份有限公司、中国煤炭地质总局、陕煤集团神南矿业有限责任公司、黄陵矿业集团等 9 个企业和项目获得中国工业大奖。煤炭行业信用体系建设加快推进，履行社会责任能力显著增强，累计 1168 家企业参与行业信用等级评价工作，其中被评为 AAA 级的占 80% 以上，累计 259 家企业通过行业平台发布了社会责任报告，行业的公信力、信誉度和美誉度进一步提升。世界一流企业创建活动全面展开，煤炭行业标杆中心对标行业最高标准、最好水平，引领煤炭企业管理提升的作用日益彰显。国家能源集团、中煤集团等 9 家煤炭企业成功入选国务院国资委国有重点企业管理标杆创建行动标杆企业。煤矿班组建设不断加强，基层先进班组管理创新经验得到推广，促进了煤矿班组管理制度化、规范化、系统化。管理创新推动了企业系统重塑、功能重塑、体制机制重塑，显著提升了煤炭行业企业治理体系和治理能力现代化水平。

新时代十年，煤炭行业文化事业繁荣发展，矿区精神文明建设跃上新台阶。坚持以先进文化引领前进方向，用先进文化凝聚奋进力量，推动了文化事业大繁荣、大发展。评选全国煤炭工业劳动模范、先进工作者，宣传劳动模范的典型事迹，弘扬煤炭精神、劳动精神、劳模精神、企业家精神、工匠精神，树立了开拓进取、积极向上的时代新风尚。打造中国煤矿职工艺术节、"寻找感动中国的矿工"活动等一系列文化品牌项目，向全社会展示了当代矿工的崭新形象。开展"寻找最美青工"活动，展示了行业青年风采。一批文化艺术精品力作获得"五个一工程"奖、鲁迅文学奖、书法兰亭奖等国家级文学艺术大奖。煤矿体育代表队在全运会、全国智力运动会等重大赛事上勇创佳绩。全煤运动会，乌金杯、乌金奖系列赛事，"煤炭人致敬祖国"文艺展演、"煤矿工人跟党走"文艺汇演、"送文化进矿区"文艺志愿者服务活动等丰富了矿区文化生活。创作推出的主题歌曲"唱支山歌给党听"、诗歌"回望百年路——写在中国共产党成立 100 周年的日子"等一批特色鲜明、形式多样的优秀文化作品，深受矿区干部职工的欢迎喜爱。安全文化主题活动促进了安全理念的牢固树立。煤炭工业修志工作硕果累累，新闻舆论阵地不断拓展，行业主流媒体传播力、影响力不断提升，为煤炭行业高质量发展提供了强大的文化凝聚力、精神推动力。

新时代十年，煤矿安全治理能力得到系统性提升，煤矿安全生产形势明显好转。煤矿安全监管监察体制机制进一步完善，煤矿安全法律法规标准体系进一步健全。全行业坚持人民至上、生命至上，牢固树立安全发展理念，坚持安全第一、预防为主、综合治理方针，狠抓安全生产主体责任制落实，强化现场安全管理，加大安全生产投入，深入开展安全生产科技攻关、成果转化和推广应用，加强煤矿瓦斯、水、火、冲击地压、顶板等重大灾害超前治理，扎实推进安全高效矿井建设。加快煤矿安全改造升级，坚决淘汰退出不具备安全生产条件的产能，加快信息技术与安全生产的深度融合，以机械化生产替换人工作业，以自动化控制减少人为操作，安全基础设施条件大幅改善，煤矿安全生产治理能力和煤机装备现代化水平稳步提升，煤矿安全保障能力显著增强。安全高效煤矿成为全国煤矿安全生产的示范样板，平均原煤工效达到 16.78 吨/工，百万吨死亡率下降到 0.00069，达到世界先进水平。10 年来，全国煤矿事故总量由 779 起减少到 168 起，下降 78.4%；重特大事故由 16 起减少到零起；死亡人数由 1384 人减少到 245 人，下降 82.3%；百万吨死亡率由 0.374 减少到 0.054，下降 85.6%；实现了煤矿事故总量、重特大事故、死亡人数、百万吨死亡率"四个大幅下降"。

新时代十年，煤炭行业主动融入全球能源市场网络，国际交流合作开创新局面。煤炭企业坚持"共商共建共享"原则，深入推进"一带一路"国际合作。国家能源集团产业遍及美国、加拿大等 10 多个国家和地区，山东能源集团在澳大利亚、加拿大、南美等国家和地区的资源开发取得重要突破，郑煤机集团煤矿机械产品成功出口到欧、美、澳等国家和地区，徐矿集团巴拉普库利亚煤矿为孟加拉国能源安全保障做出重要贡献，中煤科工集团向俄罗斯出口综采综掘装备，中俄煤炭能源合作扎舒兰项目稳步推进，中煤能源集团、中煤地质总局等一批大型企业主动融入"一带一路"主要国家和区域建设格局，全球配置资源能力不断增强，国际影响力显著提升。煤炭行业与世界能源机构以及主要产煤国家政府、协会和企业的合作不断深化。打造高层次国际合作交流平台，定期举办世界煤炭协会技术委员会会议、煤炭企业国际化研讨会、中国国际煤炭采矿展等，初步形成了全方位、多层次、宽领域的国际煤炭产能合作新格局，开创了与"一带一路"主要国家煤炭产业互利共赢发展的新局面。

（二）煤炭行业发展存在的主要问题

在未来一个时期内，煤炭作为我国主体能源，保障经济社会平稳运行，确保国家能源安全和产业链、供应链稳定的任务艰巨。同时，随着"双碳"目标的深入推进，煤炭行业既要承担能源保供责任又面临降碳压力，建设新型煤炭工业体系，推动煤炭绿色低碳转型任重而道远。

从煤炭行业自身改革发展实际和未来发展方向看，煤炭行业面临一些突出的矛盾和问题。一是矿区可持续发展面临挑战。尽管我国已建成了一大批现代化煤矿，发展了一大批具有较强竞争力的大型煤炭企业，但受煤炭资源赋存条件、企业特点和区域性差异的影响，煤炭资源开采条件差、开采历史长的老矿区和资源枯竭型企业经济效益差，人才流失严重，转型发展困难。二是全国煤炭产能总体宽松与结构性供应紧张并存。传统的东北、京津冀、华东、中南、西南等主要产煤地区，产量大幅下降，全国煤炭生产越来越向"晋陕蒙"等地区集中，全国煤炭产能总体宽松与区域性、品种性和时段性供应紧张并存。三是去产能煤矿资产、债务处置与职工安置难度大。2016年以来，全国累计退出煤炭产能10亿吨，淘汰关闭了大批煤矿，关闭煤矿的资产债务处置缺乏具备可操作性的政策依据，资产债务处置难、企业融资难；老矿区职工安置任务重、难度大。四是推动煤炭清洁高效开发利用亟待政策支持。煤炭保水开采、充填开采等绿色开采，以及煤炭高效洗选、煤炭高效燃烧与清洁转化技术，是煤炭清洁高效开发利用的有效途径，但相关支持性政策和税收优惠政策不明晰、落实难。五是促进煤炭行业向生产服务型转变仍面临体制机制的制约。我国煤炭消费增速放缓并逐渐进入峰值平台期，行业发展模式必须由扩张规模、增加总量向提高质量、增加服务转变。虽然部分企业已经在探索煤矿专业化服务模式，但在相关法律法规方面依然存在障碍，亟须研究推动煤炭行业由生产型向生产服务型转变的法律法规体系和配套体制机制。六是西部煤炭主产区产业集群化发展滞后，产业结构单

一、雷同、附加值低等问题突出，产业链与创新链融合不够，煤炭开发对煤炭区域经济的可持续支撑不足。

三 煤炭行业高质量发展的思路和重点任务

（一）煤炭行业发展趋势

我国能源工业深入贯彻落实"四个革命、一个合作"能源安全新战略，推动传统能源资源开发利用向资源环境与经济社会协调发展方向转变，煤炭行业即将迈入深化供给侧结构性改革、推动需求侧变革、促进高质量发展的关键时期，这一时期也是煤炭行业推动新技术、新产业、新业态、新模式、新产品发展的转型时期。煤炭科技将以第四次工业革命为统领，以大数据化、智能化、绿色化、信息化为发展方向，以5G、区块链技术等新一代信息技术为重点，进入加速腾飞、日新月异的创新发展时期。"绿水青山就是金山银山"的理念，将改变传统的资源开发、经济发展、环境治理模式，推动黄河流域生态保护和高质量发展，更加深刻地影响黄河流域大型煤炭基地的开发利用模式。实现煤炭安全供应兜底保障，加快煤炭产供储销体系建设，完善煤炭市场化体制机制，为煤炭行业高质量发展奠定坚实基础。

（二）指导思想和发展原则

1. 指导思想

坚持以习近平新时代中国特色社会主义思想为指导，全面贯彻党的二十大精神，统筹推进"五位一体"总体布局，协调推进"四个全面"战略布局，牢固树立新发展理念，贯彻落实能源安全新战略，以推动高质量发展为主题，以深化供给侧结构性改革为主线，推进煤炭清洁高效利用，推动煤炭产业技术升级、产品升级、质量升级、管理升级，促进煤炭上下游产业、煤炭与多能源品种协同发展，培育新模式、发展新业态、提升新动能，推进行业治理体系和治理能力现代化，培育一批具有全球竞争力的世界一流大型能源企业，推动矿区的生产生活环境持续改善，使得矿区职工的获得感、幸福感不断提高；建设现代化煤炭经济体系，推动煤炭行业由生产型向生产服务型转变，实现由传统能源向清洁能源的战略转型，实现煤炭工业高质量发展，为国民经济平稳较快发展提供安全稳定的能源保障。

2. 发展原则

优化布局与保障供应相结合。根据我国煤矿区开发历史，对 14 个大型煤炭基地功能进行合理定位、科学规划，推动对煤炭资源开发与生态环境保护的系统性规划、科学布局。统筹国内国际两个市场、两种资源，推动煤炭产供储销体系建设，提高全国煤炭安全稳定供应保障能力。

深化改革与创新发展相结合。依靠科技进步，推动数字经济与煤炭经济的深度融合，为我国煤炭智能化生产、专业化服务、定制化营销、集群化建设、绿色化发展和煤炭经济高质量发展提供有力支撑。

产业升级与老矿区转型相结合。着力推动产业升级，转变发展方式。以煤炭行业由生产型向生产服务型转变为抓手，发展新产业、新业态、新材料、新产品，促进老矿区转型发展，构建煤炭行业专业化、社会化的"生产+服务"的新发展格局。

产业集群化与区域经济发展相结合。紧密结合西部地区经济社会与产业发展实际，突破煤炭产业边界，构建上下游产业集群发展模式，实现以煤炭资源开发为源头，煤电、煤化工、煤基新材料等上下游产业链集聚融合，构建煤炭全产业链、全要素协同发展新格局，促进资源、经济、社会协调发展。

绿色开发与清洁利用相结合。推动绿色开采，增强矿区生态功能；统筹煤与非煤能源，促进煤与新能源的优势互补；推动清洁利用，拓展煤炭消费空间；统筹煤炭生产、加工与消费全过程。

以人为本与矿区文化相结合。构建行业社会主义核心价值观体系，加强煤炭行业精神文明、物质文化、安全文化和制度文化建设；建设煤矿公益性文化事业和各类煤炭文化工程，增强员工的归属感和企业自豪感；构建以人为本的行为理念，形成独具特色的煤矿安全文化。

（三）重点任务

1. 提高矿区地质保障程度

加大大型整装煤田地质勘探与评价工作力度，增加煤炭资源储备，为资源枯竭矿区产能转移和矿井接续奠定基础。加大生产煤矿深部区勘探力度，为矿井水平延伸、提高矿井服务年限提供支持。为适应煤矿智能化开采和大型现代化煤矿安全生产需要，加大煤矿采区综合地质与精细化勘探力度，提高资源勘查精度，为煤矿智能化开采和安全生产提供保障。

根据我国煤矿区开发历史、资源潜力、区域经济特征，结合 14 个大型煤炭基地建设实际，科学评价 14 个大型煤炭基地的资源禀赋、先进产能建设水平、环境容量等，合理分类确定基地功能，研究提出基地产能建设规模，优化开发布局，提高保障能力。

内蒙古东部（东北）、云贵基地：稳定规模，安全生产，区域保障。煤炭年产量分别稳定在 5 亿吨、2.5 亿吨左右，提高区域煤炭稳定供应保障能力。

冀中、鲁西、河南、两淮基地：控制规模，提升水平，基本保障。煤炭年产量分别稳定在 0.6 亿吨、1.2 亿吨、1.2 亿吨、1.3 亿吨左右。

晋北、晋中、晋东、神东、陕北、黄陇基地：控制节奏，高产高效，兜底保障。控制煤炭总产能，建设一批大型智能化煤矿，提高基地长期稳定供应能力。晋北、晋中、晋东基地煤炭年产量控制在 9 亿吨左右，神东基地控制在 9 亿吨左右，陕北和黄陇基地控制在 6.4 亿吨左右。

新疆基地：科学规划，把握节奏，应急保障。超前做好矿区总体规划，合理把握开发节奏和建设时序，就地转化与外运结合，实现煤炭梯级开发、梯级利用，做好应急储备和能力保障。"十四五"期间煤炭年产量稳定在 3 亿吨左右。

宁东基地：稳定规模，就地转化，区内平衡。煤炭年产量稳定在 0.8 亿吨左右。

2. 深化煤炭行业供给侧结构性改革

化解过剩产能，淘汰落后产能，建设先进产能，建设和改造一大批智能化煤矿。全国煤矿数量控制在 3500 处左右，建成煤矿智能化采掘工作面 2000 处以上。促进煤炭产品结构调整，推动产销协同，促进煤炭定制化生产。推动煤炭组织结构调整，建设大型煤炭企业集团，提高产业集中度，完善上下游协同发展机制，提升煤炭产业链协同水平，培育新的增长点，促进发展方式由数量、速度型向质量、效益型转变。

3. 推动煤炭行业科技创新发展

加强对煤炭绿色智能开采、煤矿重大灾害防控、煤炭清洁高效转化等基础理论的研究，提高煤炭科技原始创新能力。以煤炭安全智能化开采和清洁高效集约化利用为主攻方向，以技术升级示范为主线，以国家能源战略技术储备和产能储备为重点，深入推进核心技术攻关；加快智能工厂和数字化车间建设，推动智能化成套装备与关键零部件、工业软件研发；推动煤炭行业"两化"深度融合，促进行业向人才技术密集型转变。

4. 促进煤炭市场平稳运行

推动煤炭行业大数据平台建设，建立煤炭生产、加工、运输、储存和消费信息共享机制。促进煤炭生产与消费市场主体的战略合作，发挥"中长期合同制度"和"基础价+浮动价"定价机制的"压舱石"作用。推动建立完善煤炭市场化价格发现机制与监管机制，健全煤炭主产地、主要中转地、主要消费地有机衔接、系统完善的中国煤炭价格指数体系；加强行业自律，建立煤炭产供需企业社会诚信发布制度。推动煤炭产融结合，提高金融服务煤炭经济的能力。加强全国煤炭市场交易机制建设，推动煤炭中长期战略合作与现货交易相结合。

5. 着力推动老矿区转型发展

建立政府、企业、社会共同参与的采煤沉陷区治理模式，实现总体设计、投资、建设、运营的无缝对接和高效实施。充分发挥老矿区土地、厂房、资源等优势，培育发展新产业、新产品、新业态，推动老矿区及企业转型发展。支持资源枯竭矿区组建专业化煤炭生产服务型队伍，参与主要产煤省（区）大型现代化煤矿建设和生产运营，促进煤炭行业由生产型向生产服务型转变。鼓励大型煤炭企业建立老矿区振兴发展基金，支持煤炭企业跨行业、跨区域、跨所有制兼并重组，支持企业办社会职能分离移交，稳妥解决老矿区企业的历史遗留问题。

6. 推动矿区生态文明建设

因地制宜推广充填开采、保水开采、煤与共伴生资源共采等绿色开采技术，鼓励原煤全部入选（洗）。做好黄河流域煤炭资源开发与生态环境保护总体规划和矿区规划，实现煤炭资源开发、建设、生产与生态环境保护工程同步设计、同步实施，提高矿区生态功能，建设绿色矿山。统筹考虑煤炭矿区建设历史、煤炭矿区对区域经济社会发展的影响与生态功能区范围设计，对生态功能区与煤炭矿区重叠区域的保护性开发与关闭退出进行科学评价，实现煤炭资源开发与经济社会、生态环境协调发展。

7. 促进煤炭清洁高效利用

加强商品煤质量管理，严格执行商品煤质量标准，严格控制限制硫分、灰分、有害元素等指标，严格限制劣质煤销售和使用。健全商品煤质量监管体系，建立完善煤炭生产流通消费全过程质量跟踪监测和管理机制。支持煤炭分质分级梯级利用，从源头上控制污染物排放，提高煤炭资源综合利用效率和价值。根据经济性、技术可行性和生态环境容量适度发展现代煤化工，推动煤炭由燃料向燃料与原料并重转变。支持富油煤资源勘查和评价，研究富油煤矿区资源科学开发、综合利用规划，打通煤油气、化工和新材料产业链，拓展煤炭全产业链发展空间。

8. 推动煤炭智慧物流体系建设

发挥 5G、大数据、信息化和智能化技术优势，加快发展煤炭现代物流和智慧物流，推动现代化煤炭市场交易体系建设。加快物联网、移动互联等先进技术在煤炭物流领域的应用，推动煤炭物流标准化建设，提高煤炭物流专业化管理和服务能力。推动煤炭行业大数据体系建设，促进煤炭产供储销体系与行业大数据融合，构建全国煤炭产供需与主要产煤省区、主要中转地、大型企业有机结合的煤炭智慧物流网络系统。研究适合煤炭产品标准化、规格化、参数化的运输方式和数据化管理模式，提高煤炭物流效率，降低物流成本。创新煤炭封闭运输方式，发展煤炭绿色物流。

9. 深化国际交流与合作

统筹国内国际两个大局，把握国内国外两个市场、两种资源，遵循多元合作、互利共赢原则，鼓励煤炭企业"走出去"，深度参与"一带一路"建设，培育一批具有较强国际竞争力的煤炭跨国企业。建立国际贸易及技术信息交流平台与机制，积极开展煤炭加工制造等先进技术的国际交流与合作。鼓励进口优质煤炭，严格控制低热值煤、高硫煤等劣质煤进口。支持企业开展境外资源开发利用、技术服务和人才培训，多渠道开展国际业务。鼓励煤炭生产、煤机制造、煤矿建设企业，发挥优势参与境外煤矿建设、技术服务以及运营管理，带动先进工艺技术和大型成套装备出口，提升我国煤炭工业国际竞争力。

10. 强化煤矿安全与职业健康

坚持"以人为本、生命至上"理念，坚持依靠科技创新和管理、装备、培训并重，建立责任全覆盖、管理全方位、监管全过程的煤矿安全生产综合治理体系，健全煤矿安全生产长效机制。完善煤矿安全生产法律法规标准体系，加强煤矿职业安全与健康监管机制建设；加强对水、火、瓦斯、煤尘、顶板、冲击地压等灾害的防治，全面提高灾害预防和综合治理水平。围绕尘肺病等职业病防治，开展关键技术攻关；建立完善煤矿职业病防治机制和信息化监管平台，健全完善煤矿职业病防治支撑体系。

11. 促进煤炭文化繁荣发展

发挥煤炭企业文化建设的主体作用，推动具有鲜明特色的煤炭文化品牌建设，充分利用传统媒体资源，发挥新型媒体优势，扩大煤炭文化社会影响力，创新发展文化载体，把煤炭文化融入煤炭生产和矿区生活之中。坚持以社会主义核心价值观为引领，丰富煤炭文化内涵，传承煤矿工人"特别能战斗"精神，树立新时代煤矿工人甘于奉献、勇于创新的新形象，展示煤炭行业的集体精神价值，为煤炭工业深化改革、保障国家能源安全稳定供应提供精神力量。

参考文献

［1］霍超、刘天绩、樊斌等：《双碳背景下我国煤炭资源勘查开发布局研究》，《地质论评》2022年第3期。

［2］王祖和、王海鑫：《煤炭资源开发项目管理》，《项目管理评论》2022年第4期。

［3］李浏功：《当前形势下煤企如何突破融资困境探析》，《财经界》2022年第8期。

［4］张宏：《新形势下煤炭行业改革发展如何发力》，《中国煤炭报》2020年6月18日。

［5］张宏：《构建煤炭发展新格局与碳减排行动路径》，《中国煤炭报》2021年1月12日，第3版。

［6］张宏：《构建煤炭产业发展新格局与碳减排行动路径的思考》，《中国煤炭工业》2021年第2期。

［7］张宏、王世雅：《智能化建设的关键在提升装备可靠性》，《中国煤炭报》2021年7月17日，第3版。

B.3

2023年石油行业高质量发展报告

王震　王殿铭　段绪强　马杰*

摘　要： 高质量发展是全面建设社会主义现代化国家的首要任务，石油对
保障国家能源安全、满足生产生活需要、实现经济社会高质量发
展具有不可替代的作用。石油行业高质量发展，首先要确保石油
安全，加大油气增储上产力度，加强油气产供储销体系建设；其
次要坚持创新引领，持续优化产业布局和产业结构，推进转型升
级；再次要持续推进绿色发展助力低碳转型，建立"产品卓越、
品牌卓著、创新领先、治理现代"的世界一流石油企业。我国
石油企业在高质量发展过程中取得了一系列成就，但是仍面临许
多问题和挑战：常规石油勘探开发瓶颈难以突破，非常规资源丰
富但开采面临技术瓶颈和经济性不强的双重挑战，石油对外依存
度居高不下，储备能力相对不足、储备主体相对单一、储备动用
机制不完善，炼油产能严重过剩、区域间发展不均衡，高端产品
短缺，核心技术受制于人，等等。针对以上问题和挑战，建议石
油行业加大油气资源勘探开发力度，深化石油行业体制机制改
革，加强油气资源储备能力建设，持续推进增储上产保障能源安
全；提升非常规油气资源勘探开发水平，持续推进科技创新助力

* 王震，博士，中国海油集团能源经济研究院党委书记、院长、中国石油大学教授、博士生导
师，英国能源学会会士，主要研究方向为能源经济与金融、公司金融与跨国投资；王殿铭，
博士，中国海油集团能源经济研究院石油经济研究室资深研究员，高级工程师，主要研究方
向为炼化、化工新材料；段绪强，博士，中国海油集团能源经济研究院石油经济研究室助理
研究员，主要研究方向为油气资源技术经济评价、海外油气投资决策方法、能源经济及项目
管理；马杰，中国海油集团能源经济研究院海洋经济研究室主任，高级经济师，主要研究方
向为能源经济、油气投资估算与经济评价。

补链强链；大力推进节能减排，积极探索油气和新能源融合发展，持续推进绿色发展助力低碳转型；深入实施新一轮国企改革深化提升行动，持续推进改革加快世界一流企业建设；等等。

关键词： 石油勘探　石油贸易　石油储备

一　石油行业高质量发展概述

党的二十大报告指出，"发展是党执政兴国的第一要务，高质量发展是全面建设社会主义现代化国家的首要任务"。要建设现代化产业体系，提升战略性资源供应保障能力，完善中国特色现代企业制度，加快建设世界一流企业。

能源是人类社会赖以生存的物质基础和社会经济发展的原动力之一，在国民经济中具有举足轻重的作用。石油、天然气是关系国计民生的重要资源，是工业经济运行的"血脉"，对保障国家能源安全、满足生产生活需要、实现经济社会高质量发展具有不可替代的作用。新中国成立以来，尤其是改革开放 40 余年来，油气产业的发展速度、产量规模、产业结构、技术创新、对外开放都取得了非凡成就。

（一）石油在能源高质量发展中的作用

1. 保障国家能源安全满足人民美好生活需要

能源安全是关系国家经济社会发展的全局性、战略性问题，对国家繁荣发展、人民生活改善、社会长治久安至关重要。2010~2022 年，我国石油表观消费量从 4.3 亿吨增长至约 7.2 亿吨，年均增长 4.4%，进入中低速增长时期。随着经济发展、城镇化进程持续推进、大型油气企业"减油增化"加速推进，我国石油需求将继续保持增长，预计将于 2030 年前后达峰，峰值在 7.8 亿吨左右。

党的十八大以来，油气勘探开发形势总体向好，我国油气总产量由2012年的2.96亿吨油当量增至2021年的3.65亿吨油当量，2021年原油产量回升至1.99亿吨，2022年国内原油产量更是在时隔6年之后重回2亿吨的高峰，为满足人民生活需要、支撑经济高速发展做出了巨大贡献。

我国总体能源自给率一直保持在80%以上，但是石油对外依存度居高不下，2021年达到72%。随着社会主义现代化国家建设的深入推进，石油需求将不可避免地继续增长，供给不足依然是未来最大的能源安全隐患。近年来，全球能源市场跌宕起伏，地缘政治格局加快重塑，石油企业迫切需要加大油气勘探开发力度，切实增强国内油气生产供给保障能力，把能源的饭碗牢牢端在自己的手里。

2. 坚持创新引领维护产业链供应链稳定

在新发展阶段，引导企业加强基础研究，促进科技创新与实体经济深度融合，是强化科技创新、增强产业链供应链韧性的根本途径。

石油行业只有深入实施创新驱动发展战略，把科技的命脉牢牢掌握在自己手中，才能不断提升我国能源发展的独立性、自主性、安全性。党的十八大以来，油气勘探开发技术能力持续提高，能源技术水平不断提升，从"跟跑并跑"向"创新主导"加速转变，低渗原油及稠油高效开发、新一代复合化学驱等技术世界领先，"深层、深水、非常规"也取得了突破性进展，页岩油气勘探开发技术和装备水平大幅提升，海洋油气勘探开发实现1500米超深水的重大历史性跨越，天然气水合物试采取得成功。

国内油气生产是保障国家能源安全的"压舱石"，但国内油气资源品质逐步劣质化，勘探开发正在向老油气田挖潜提高采收率转变，向非常规油气藏转变，向深层（水）超深层（水）转变，向绿色低碳转变，向智能化转变。中国石油企业要坚持创新引领，打造原创技术策源地，突破制约产业发展的关键核心技术，维护产业链供应链稳定，持续提升保障国家能源安全的能力。

3. 推进绿色低碳发展支撑"双碳"目标实现

党的二十大报告指出，"立足我国能源资源禀赋，坚持先立后破，有计划分步骤实施碳达峰行动"。能源是经济社会发展的重要物质基础和动力源泉，也是推进实现碳达峰、碳中和的主战场。我国建成了世界上最完整、最齐全的石油工业体系，使用了世界先进的工艺、装备、流程和技术，节能环保水平进入世界先进行列。"领跑者"企业能效已达到世界先进水平，绿色工厂、低碳工厂不断涌现，绿色产品、低碳产品蓬勃发展，绿色园区、生态园区多点开花，推动我国能源利用方式加快转变，能源利用效率大幅提升。2021年，我国单位国内生产总值（GDP）能耗比2012年累计降低26.4%，相当于减少能源消费约14亿吨标准煤，以能源消费年均约3%的增长支撑了国民经济年均6.6%的增长。

但同时我们也应该认识到，对石油行业而言，绿色低碳发展既是一个尖锐的挑战，又是一个重大的机遇。2020年，全行业能耗总量为6.85亿吨标准煤，居中国工业部门第二位；全行业二氧化碳排放量为13.84亿吨，是中国工业部门的碳排放大户。要以系统观念着力推动石油行业高质量发展，统筹处理好全局和局部、当前和长远、宏观和微观、主要矛盾和次要矛盾的关系，在绿色低碳前提下实现石油行业更好更快的高质量发展，通过高质量发展推进实现中国式现代化。

4. 深化开放合作积极参与全球能源治理

我国能源国际合作在着力保障开放条件下的能源安全、服务全球能源绿色低碳转型、为全球能源治理贡献中国力量等方面都呈现全面推进之势，国际角色定位逐渐清晰，形成独具中国特色的能源合作体系。能源合作是共建"一带一路"的重要领域，我国高质量推进"一带一路"能源合作，积极服务对外开放大局，全面发展同世界各国的能源合作，中俄原油管道二线、中俄东线天然气管道、中俄亚马尔液化天然气项目、中哈原油管道、中缅原油管道等一批标志性的能源重大项目建成投运，东北、西北、西南、东部的四大油气进口通道安全稳定运行，不仅拓展了能源国际合作领域、提高了能源联通效率，还保障了我国能源安全。党的十八大以来，我国积极参与全球能源治理，在更大范围、更宽领域和更高层次上参与国际能源合作与竞争，不断提升话语权，为全球能源治理贡献中国力量，完成了全球能源治理从"积极参与"再到"主动引领"的巨大转变。

（二）石油行业高质量发展的内涵和特征

党的二十大报告强调，"高质量发展是全面建设社会主义现代化国家的首要任务""推动经济实现质的有效提升和量的合理增长"。这为石油行业加快构建新发展格局、实现高质量发展、让发展成果更好惠及民生指明了方向、提供了根本遵循。我们必须深刻认识和理解高质量发展的内涵，推动石油行业在高质量发展上不断取得新进展。可以从以下三个维度理解石油行业高质量发展的深刻内涵和特征。

一是要确保能源安全。党的二十大报告中提出，"加大油气资源勘探开发和增储上产力度，加强能源产供储销体系建设""确保能源安全"。我国油气行业要进一步加大油气资源勘探开发力度，进一步增加油气储量和产量，有效扭转油气对外依存度上升过高过快的不利局面；推进炼油化工重点工程建设，加速推进"减油增化"进程，持续提升化工产品和有机材料供应能力；推进更高水平的国际油气合作，提高海外油气权益产量，提升国际贸易质量，强化全球资源配置能力；加快油气储备能力建设，增强油气的供给实力。

二是坚持创新引领。油气行业要持续优化产业布局和产业结构，持续推进转型升级。不断扩大产业规模，形成健全的现代产业体系；持续优化产业组织结构，不断深化融合发展；坚持科技是第一生产力，积聚力量进行原创性、引领性科技攻关，坚决打赢关键核心技术攻坚战，加快实现高水平科技自立自强。

三是建世界一流企业。2022年习近平总书记主持召开中央全面深化改革委员会第二十四次会议时提出要"加快建设一批产品卓越、品牌卓著、创新领先、治理现代的世界一流企业，在全面建设社会主义现代化国家、实现第二个百年奋斗目标进程中实现更大发展、发挥更大作用"，这为建设世界一流石油企业指明了方向。要保持产品质量的可靠性与持续创新，在全面提升产品质量总体水平的同时，不断推进新科技、新模式、新产品、新业态的出现，推动产业向价值链的中高端迈进；加快推动具有世界影响力的品牌出现，形成具有全球影响力的知名品牌；要坚持创新驱动，增强自主创新能力，激发创新活力，提升科技投入效能，推动创新链、产业链、资金链、人才链深度融合，加快世界重要人才中心和创新高地建设。

二　我国石油勘探开发高质量发展面临的形势与挑战

（一）全球石油勘探与开发的现状和趋势

1. 勘探投资触底反弹，勘探发现成果显著

2015 年以来，全球油气勘探投资震荡下行，2021 年全球油气勘探投资额已跌至 511 亿美元，低于 2006 年的水平。

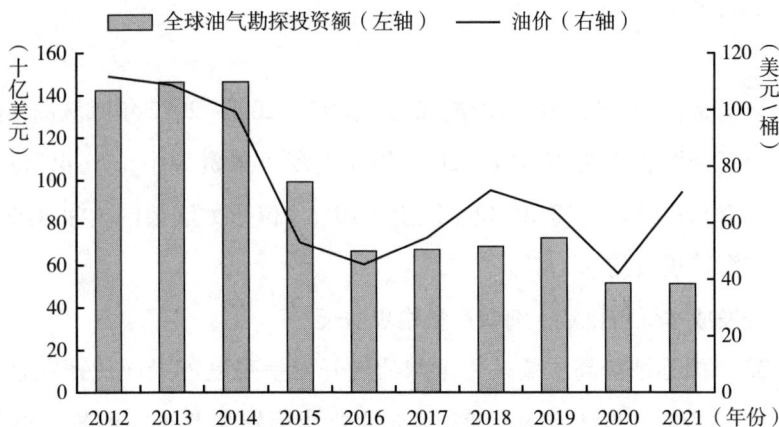

图 1　全球油气勘探投资额与油价走势

资料来源：中国海油能源经济研究院。

勘探工作量有所回落，但勘探发现仍表现出很强的韧性（见表 1），勘探成果为十年来最佳，新发现油气可采储量同比增长 25.7%，其中石油同比增长 32.4%。

表 1　2022 年全球十大油气勘探发现

勘探发现	探明储量 （百万桶油当量）	作业者	资源类型	盆地
Venus Phase 2，NA	947	道达尔公司	油田	Orange
Venus Phase 1，NA	507	道达尔公司	油田	Orange
Graff，NA	348	壳牌	油田	Orange
Lau Lau，GY	338	埃克森美孚公司	油田	圭亚那
Sailfin，GY	334	埃克森美孚公司	油田	圭亚那
Abu Dhabi's Offshore Block 2（XF-002），AE	331	埃尼	气田	阿布扎比
Pedunculo（4-BRSA-1386D-RJS），BR	329	巴西国家石油公司	油田	桑托斯
Cronos，CY	270	埃尼	气田	希罗多德斯
Barreleye，GY	246	埃克森美孚公司	油田	圭亚那
Huron（GC069），US	174	阿美拉达赫斯	油田	鲁卜哈利

资料来源：Rystad Energy。

海域仍是各大油气公司风险勘探的主战场，2020~2022 年海域油气勘探钻井量年复合增长率为 10.3%。2022 年新发现可采资源中，76.4% 位于深水区（水深>300 米），13.3% 位于陆上，10.3% 位于大陆架内。深水油气勘探投资占海域投资的 65.1%。

2. 开发成本保持稳定，海域产量稳步增长

2022 年国际油价高位震荡，全球油气开发呈现复苏局面，开发总投资同比上涨 23.9%。2021 年和 2022 年连续的油价暴涨并未大幅推升开发成本，全球单井开发成本保持在 296 万~309 万美元，桶油操作成本稳定在 7.05~21.08 美元/桶，整体受油价波动影响较小；桶油开发成本稳定在 2.35~7.45 美元/桶，受益于技术进步，整体仍呈现下降的趋势。

截至 2022 年底，全球石油剩余探明技术可采储量 2406.9 亿吨，同比增长 1.3%，储采比为 52.1。全球石油剩余探明技术可采储量主要分布在拉丁美洲、北美洲、中亚—俄罗斯和中东地区，这些地区占全球可采储量的 95%。

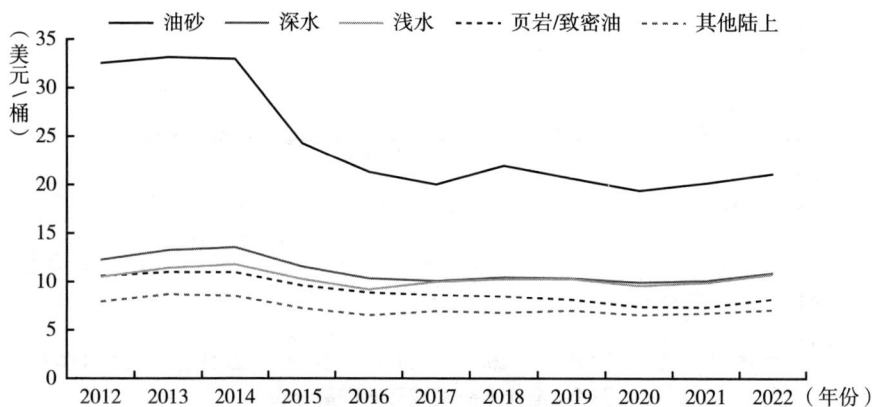

图2　全球桶油操作成本

资料来源：根据 Rystad Energy 公布数据绘制。

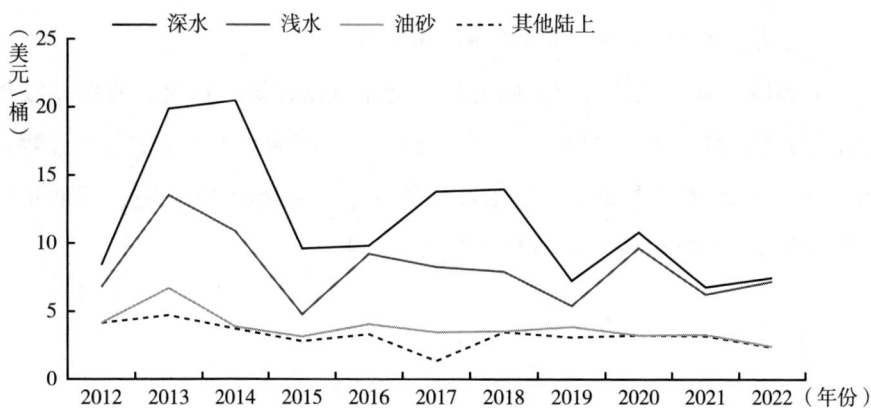

图3　全球桶油开发成本

资料来源：根据 Rystad Energy 公布数据绘制。

2022 年全球石油（含 NGL）产量为 46.18 亿吨，同比增长 3.7%，其中 OPEC 产量占比 35.7%。海洋石油产量逐年提高，从 2020 年的 22.09 百万桶/天提高到 2022 年的 22.41 百万桶/天，年复合增长率为 1.45%。

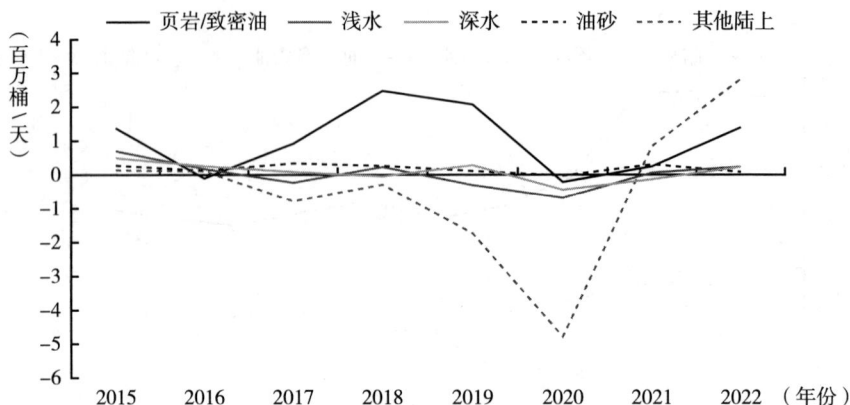

图4 全球不同领域石油产量分布

资料来源：根据 Rystad Energy 公布数据绘制。

（二）国内石油勘探与开发现状

1. 增储上产效果显著，原油产量逐年提高

自 2019 年实施油气行业增储上产"七年行动计划"以来，我国持续加大油气勘探开发力度并取得显著成果，石油剩余探明技术可采储量持续攀升（见图5），新增石油剩余探明技术可采储量连续 4 年超 10 亿吨，石油年产量逐年提高，2022 年我国原油产量重回 2 亿吨。

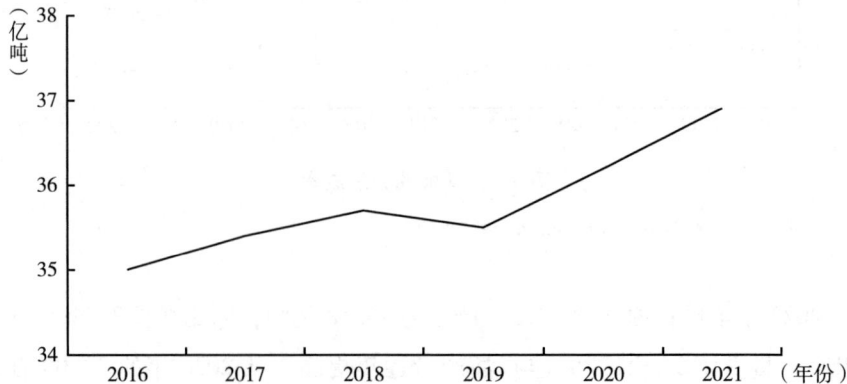

图5 2016 年以来我国石油剩余探明技术可采储量

资料来源：根据自然资源部公布数据绘制。

2. 页岩油勘探开发力度进一步加大，成为原油稳产生力军

我国页岩油资源丰富，中低成熟度技术可采资源量在 200 亿吨以上，仅次于俄罗斯和美国，具有良好的资源潜力和勘探开发前景。近年来，页岩油加速增储上产，勘探开发力度不断加大，目前已形成吉木萨尔（新疆）、古龙（大庆）和济阳（胜利）三大国家级示范区，江苏油田苏北盆地也开启了页岩油开发进程。2022 年我国页岩油产量突破 300 万吨，是 2018 年的3.8 倍，页岩油在规模效益开发方面取得长足进展。

3. 海洋原油成为国内原油增产的主力军

海洋原油产量占全国原油产量的比重由 2012 年的 21.45% 稳步上涨到2022 年的 28.14%（见图 6），连续 4 年贡献全国原油增量的 60%，海上原油成为国内原油增产的主力军。渤海和南海东部是海洋石油上产的主要区域。2021 年渤海油田成为我国第一大原油生产基地，2022 年替代大庆油田成为第二大油气生产基地，渤海油田进入"油气并举"的新时代。2022 年南海东部油田年产油气突破 2000 万吨油当量，4 年增产 540 多万吨原油，增量占同期全国总增量的 1/3。

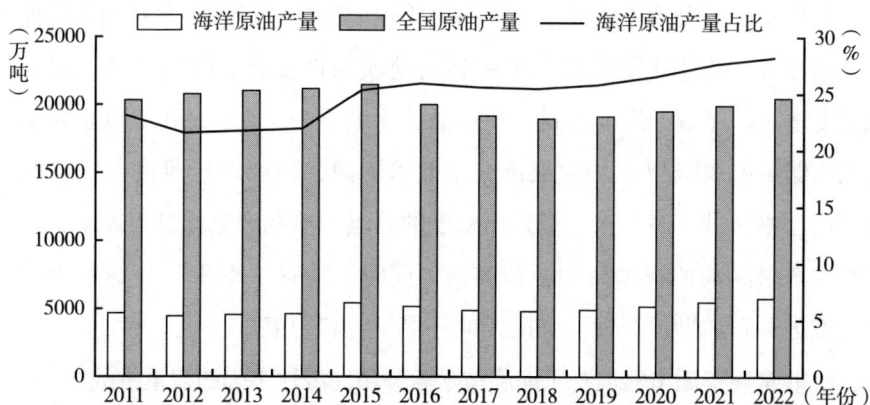

图 6　我国原油产量、海洋原油产量及占比

资料来源：根据 Rystad Energy 公布数据绘制。

4. 关键核心技术突破带动深水深层油气勘探开发

我国在复杂油气、非常规油气、深层油气和深水油气等勘探开发技术的研究和应用方面取得了很大成就。塔里木盆地顺北超深层油气田攻克复杂深层、超深层钻完井技术难关，具备了9000米复杂地层井工程设计、施工和工程技术服务能力，塔深5井完钻井深9017米，为国内首口超过9000米的特深井，刷新了亚洲陆上最深井纪录。深水深层勘探开发技术取得了重要突破，发现我国首个深水深层大气田宝岛21-1，探明地质储量超过500亿立方米。深水水下油气生产系统总体性能达到国际同等水平，2022年我国首个自主设计、自主研制的水下油气生产系统在我国南海东方1-1气田东南区乐东块成功使用，实现了水下油气生产系统关键国产化核心装备从"0"到"1"的突破。

（三）国内石油勘探与开发面临的问题与挑战

1. 常规石油勘探开发瓶颈难以突破

中国石油资源探明程度已接近35%，进入勘探中期，但主要含油气盆地，如松辽、渤海湾等常规油气资源探明程度已至高点，多数富油凹陷探明率已超50%，未来主要勘探对象将转向地质条件复杂、隐蔽的油气藏，勘探难度增大。随着开发的推进，资源品位不断下降，"十三五"以来新增石油探明储量中80%以上均为低渗、特低渗资源，稳产增产难度巨大。已开发油田已整体进入高含水、高采出程度的阶段，单井产量低且不断下探，提高开发效果面临的技术瓶颈亟待突破。同时，随着"双碳"目标的提出和深入推进，石油勘探开发面临巨大的环保压力和约束。

2. 非常规资源丰富但开采面临技术瓶颈和经济性不强的双重挑战

我国页岩油地质资源量远超常规油气资源，但开采难度大，重点建厂区域半数以上的资源埋深超过3500米，勘探起步晚、开采难度大、生态环境弱、研究程度低、压裂周期长、施工成本高，开发效果不及预期，实现大规模的商业性开采面临技术瓶颈和经济性不强的双重挑战。

3.油气勘探开发技术装备与国外尚有较大差距

我国油气勘探开发的重点发展方向主要包括非常规、深层和海洋油气，与国外相比，我国油气资源条件和勘探开发技术均仍有较大差距。非常规油气方面，"一趟钻"在速度、质量、成本、智能化和定向井、直井上的应用拓展等方面仍与国外有较大差距。深层油气方面，国内深层油气勘探开发高端技术较少，配套工艺欠缺，对国外技术引进依赖度高，在 3D 地震、叠前深度偏移成像、随钻测井、核磁共振等核心技术方面，在集成化、无线节点化和大数据化等数字化智能化应用方面，在深层油气形成机制、分布规律、深部流体流动机理、深部目标识别与预测、复杂地层条件优快钻井和复杂储层改造等科技攻关方面，国内外均存在明显差距。海洋油气方面，在海洋地质勘探领域，国外推出了使用海底泵的钻井技术，并试验成功双壁管反循环钻井技术，将来可发展有缆碳纤维复合材料双管连续管，实现不同水深的无隔水管钻井。石油装备方面，技术水平相对落后，制造质量尚待提高，产业集中度和专业化水平相对较低，石油装备制造企业多但规模小且区域分布分散，企业间缺乏有效合作，缺乏高端产品设计制造能力。

（四）石油行业"走出去"现状与挑战

1.石油行业"走出去"现状

石油资源分布的地域不均衡性决定了"走出去"是我国石油行业高质量发展的必要选择和重要组成部分。截至 2023 年 1 月底，我国在全球 74 个国家和地区运营着 166 个油气勘探开发项目，油气权益产量 341 万桶油当量/天。海外油气投资的主体仍是以"三桶油"为主的国有企业，其中，中石油海外油气资产规模最大，以陆上常规资源为主，中石化资产规模次之且以海域为主，中海油海陆并重且非常规油气资源比例逐步上升。

经过近 30 年的发展，我国已建立起五大油气合作区域，包括非洲、中东、中亚—俄罗斯、美洲和亚太地区。2022 年在国内油气增储上产坚实推进的同时，我国积极参与海外海域项目，在巴西深水等勘探开发领域连获多个突破，进一步夯实可持续发展的资源基础。当前，我国的油气对外合作仍处于重要战略机遇期，要进一步强化油气国际化运营，不断加大对海外油气市场的开发，坚持共建"一带一路"，在更大范围、更宽领域、更深层次上实现油气价值的国际化创造，构建多元化的国际能源供应结构。

2. 高质量推进"一带一路"能源伙伴关系建设

我国在"一带一路"沿线20多个国家投资建设了60多个油气合作项目，大幅推动了当地资源开发和经济建设。能源合作是共建"一带一路"的重要领域，在"一带一路"倡议近10年的引领下，我国能源国际合作特别是油气国际合作取得了累累硕果，已有相当一批重大油气合作项目在"一带一路"主要国家落地实施，油气投资政策和勘探开发技术交流频繁密切，合作的多边、双边机制得到发展和完善，沿线国家社会和经济发展得以积极促进，我国油气企业在全球市场的主导能力得以显著提升。已建成以勘探开发为核心，集工程服务、炼油化工、油品贸易于一体的上下游产业链，国际化水平不断提高，海外油气合作业务高质量发展雏形已现。近10年来，勘探成功梅罗油田等世界级巨型油田和10亿吨级油气田3个、毕尔玛等5亿吨级油气区（带）5个，建设投产中俄亚马尔液化天然气项目、中俄东线天然气管道、阿布扎比陆海项目等一批重点油气合作项目，累计为共建"一带一路"国家带来近2000亿美元的税收收入，员工本土化率超90%，为10余万人提供就业，在履行企业社会责任中投入超3亿美元，直接惠及300多万人。

3. 海外投资风险长期存在并愈加复杂

我国油气公司在获取海外油气资源的进程中面临诸多外部挑战，投资风险长期存在并愈加复杂。我国海外油气主要合作区所面临的潜在风险存在较大差异：乌克兰危机的持续使得美俄博弈愈演愈烈，中亚—俄罗斯地区安全隐性风险不断聚集；非洲地区安全形势长期严峻，"高风险项目"占比较大；中东地区风险指数上升，但合作机会增加，机遇与挑战并存；拉美地区经济衰退加剧社会动荡，左翼势力抬头，政局走向存在不确定性；亚太地区经济复苏乏力，部分国家安全形势恶化，地缘政治博弈加剧。

我国油气公司还面临更加艰巨的内部挑战。海外勘探区块合同数和面积急剧萎缩，给海外油气业务的可持续发展带来重大隐患。剩余权益可采储量和储采比较低，制约了我国油气公司的上产能力。油气资产结构不佳，油多气少，未来碳排放压力巨大。自然递减快，合同到期项目多，预计现有项目在2029年权益产量达峰，急需获取大量新项目和延期现有优势项目以维持产量。

三 我国石油贸易与储备高质量发展面临的形势与挑战

（一）我国石油贸易面临全球格局变化

1. 全球石油供需格局的深度演变

石油需求增速放缓。随着能效提高和能源强度的下降，石油需求与经济增长的正相关性将逐步下降。低碳发展的要求使得2060年前能源强度年均下降1.7%~1.9%，全球范围内的能效提高、新能源汽车对传统燃油车的快速替代、出行方式向绿色低碳转变等因素都促使石油需求增速持续放缓，2035年前后世界石油需求总量或将达峰。

新兴经济体和化工用油将支撑石油需求增长。发展中国家和新兴经济体是石油需求进一步增长的动力之源。2060年前亚太地区将支撑全球2/3的石油需求增量，非洲石油消费也将在全球石油需求增量中占有更高比重。交通用油需求增速将逐步下滑，或将在2030年达峰，但用油占比仍超50%，航空、航海、货运等领域的用油需求难以被其他能源替代。化工行业的用油需求将显著增长，这一现象在发展中国家和新兴经济体中表现得尤为明显，石油的化工原料属性愈加凸显，化工产业占全球石油新增需求的比重将在2050年接近50%。

北美石油供应能力大幅提升，中东地区仍是石油供应增长的最主要来源。页岩气革命推动了美国石油产量的稳步上升，美国石油产量全球占比从2011年的8.0%上涨至2022年的12.8%，全球主要评估机构认为美国石油产量将从2025年开始下降。短期内，开采技术的创新和地缘政治因素对世界原油供应影响显著，2030年前原油增量主要来自美洲特别是北美地区，中东地区只占1/6左右，但长期来看中东地区储量优势将凸显，成为原油增量来源的最主要地区。中东地区原油产量从 2030 年到 2050 年将增长 1.37 亿吨/年，超越北美成为全球原油供应量最大的地区。

2. 全球原油贸易格局的发展趋势

全球原油贸易东移趋势进一步加速。从需求看，在相当长的一段时间内，为满足自身经济高速发展的需求，亚太地区将成为全球石油需求增长的引擎；随着亚太地区炼化行业的扩张，该地区石油贸易总量将持续扩大，原油资源国都将努力提高对亚太地区的原油出口份额。从供给看，北美地区所辐射的大西洋西海岸原油和成品油供应完全能够实现自给，该地区原油和成品油进口量将减少、出口量将增加，全球原油贸易东移趋势将进一步加速。

全球石油贸易中的原油贸易占比有所下滑，原油贸易占比从 2002 年的 76.7% 震荡下跌至 2021 年的 62.7%，成品油贸易占比 2021 年上涨到 37.3%（见图 7）。中东产油国、亚太地区炼油强国在满足自身成品油需求的前提下仍有大量富余成品油用于出口，在全球成品油贸易中的话语权进一步提升，成品油在全球石油贸易中的占比有望进一步提升。

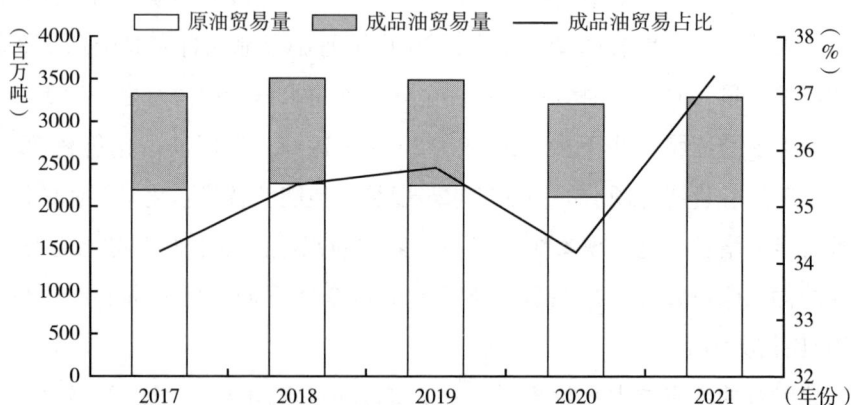

图 7　2017~2021 年全球石油贸易情况

资料来源：2018~2022 年《BP 世界能源统计年鉴》。

美元作为首要结算货币的地位面临挑战。部分产油国努力通过提高本币结算比例、多元化国家外汇储备和提速研发数字货币等多种渠道来减少对美元的依赖，如沙特积极与中国谈判使用人民币结算对华出口原油、俄罗斯与印度使用卢布和卢比进行原油贸易结算、法国等欧洲国家建立 INSTEX 结算系统等。美元在全球原油贸易结算体系中的主导地位仍将长期存在，但随着使用其他货币和结算系统的尝试越来越多，石油美元地位面临挑战。

地缘政治对石油贸易的负面影响加剧。近年来全球石油贸易量接连受到地缘政治动荡、贸易摩擦等多种负面因素影响而下滑。地缘政治动荡、制裁风险加大"劝退"了贸易商，伊朗、委内瑞拉的石油出口降至谷底，因政治摩擦引发的油价高位震荡导致全球通胀高企，全球石油需求受到抑制，石油贸易量不断下滑。

乌克兰危机深度改变了原油供需格局。欧洲降低对俄依赖，加大自中东、美洲等地区的原油进口，俄罗斯则提高对中国、印度等新兴经济体的原油出口，OPEC 和美国在全球原油贸易格局中的地位显著上升。美欧和俄罗斯的制裁和反制裁措施割裂了全球石油供需体系，贸易流向的转变或将促成两极体系或平行市场，如欧洲气价暴涨和印度原油折扣同时存在。制裁和反制裁措施冲击了石油定价体系，能源大国在贸易中采用本币结算，将成为保障交易安全的重要选择。制裁和反制裁措施改转了石油投资体系，国际石油公司在削减传统化石能源业务进行低碳转型的过程中将出现更频繁的波动和不确定性。

（二）我国石油贸易现状及面临的挑战

1. 我国石油对外依存度高

2022 年我国原油进口量 5.08 亿吨，同比降低 0.89%；原油进口金额 24350 亿元，同比增长 46.5%，增长比例高于国际原油价格同比上涨的比例（39.5%）。我国石油对外依存度达 71.25%，同比小幅下滑 0.8 个百分点。乌克兰危机下油气能源安全重要性凸显，全球清洁能源转型步伐阶段性放缓。2022 年我国油气消费增速大大放缓，油气进口规模下降，石油对外依存度虽然有所下降，但依然居高不下，依然面临严峻的境外油气供应安全形势与挑战。随着全球能源结构的低碳转型和我国减油增化战略的推进，炼化一体化项目不断增多，我国下游消费端对原油的需求增速将高于国内原油产量增速，原油对外依存度将长期保持高位。

2. 我国石油进口贸易动态特征

我国是全球第一大石油进口国，2022 年石油进口量比居第二名的美国高出约 253 万桶/天，差距相当于整个韩国的进口量（居世界第五名）。2021 年，我国原油进口量最大的 3 个国家分别是沙特阿拉伯（8779 万吨，4324 亿元，占比 18%）、俄罗斯（8625 万吨，3893 亿元，占比 17%）和伊拉克（5549 万吨，2608 亿元，占比 11%），排名第四到第十的国家依次是阿联酋、阿曼、科威特、马来西亚、安哥拉、巴西和哥伦比亚（见图 8）。

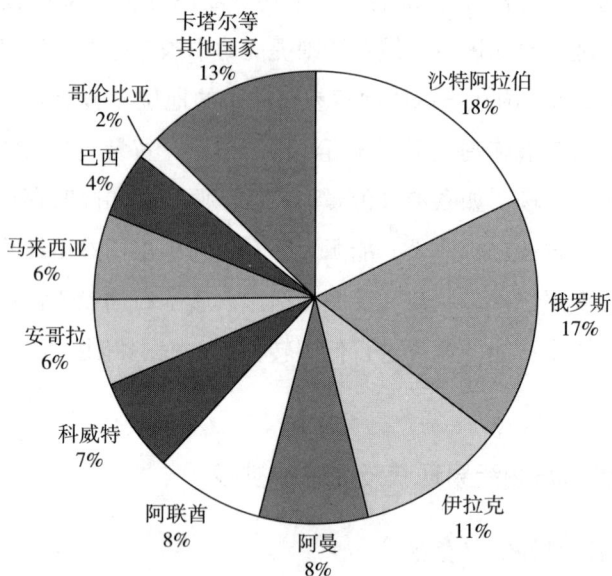

图 8　2021 年中国原油进口来源国占比分布

资料来源：《BP 世界能源统计年鉴 2022》。

我国积极构建稳定、多元的石油供应体系，通过共建"一带一路"、上合组织等布局保障运输路线安全，同时积极开发利用全球各地石油资源，海陆并进、多点布局。我国原油进口有中东、里海、非洲和南美四大主要来源地区，从沙特阿拉伯、俄罗斯、伊拉克、安哥拉、阿曼和巴西 6 个国家近五年进口的原油量合计占近五年我国原油总进口量的54%。2021年我国十大原油进口来源国减少了挪威、增加了哥伦比亚，前三大进口来源国沙特阿拉伯、俄罗斯和伊拉克的占比均有不同程度的上涨。中国与卡塔尔在能源方面的合作日益密切，2023年卡塔尔可能将挤入中国原油进口来源国前十。

3. 我国石油进口贸易面临的挑战

缺失定价话语权，面临进口价格上涨风险。作为全球最大的原油进口国，我国在原油进口贸易上长期缺失与需求相匹配的定价话语权，一直处于被动接受地区溢价的状态，需求越旺盛溢价越突出。受乌克兰危机持续发酵影响，全球原油供应在中短期将维持偏紧，油价大概率高位震荡，同时因制裁等因素造成的全球原油海运航程拉长推高了运费，我国原油外采势必面临较大涨价风险。

西方国家利用海运保赔保险垄断控制原油海运贸易。我国原油进口主要通过油轮海运，目前由我国船舶自主承运的进口原油比例不到50%，大部分由外轮承运，且海运必不可少的国际保赔保险环节长期被西方国家控制。近年来西方国家多次利用保赔保险手段，拒绝给多国油轮承保，成功控制了相关国家的油气贸易。我国海运保赔保险供给主体少、业务结构单一、经营水平低、市场竞争力弱、国际认同度和参与度低，随着中美博弈日趋激烈，我国海运面临的保险风险不容忽视，随之而来的海运进口原油稳定性面临极大挑战。

周边陆上石油通道输送能力难以充分利用。我国周边陆上共有8条油气进口管道，资源来源国家和地区均为俄罗斯、中亚和缅甸。管道进口油气稳定性和安全性高，但输送能力难以充分利用，3条原油管道输送量约5100万吨。加紧实施管道增输改造、尽快落实油气源保障、降低管道运行成本等都迫在眉睫。

（三）我国石油储备现状与挑战

1. 我国已初步建成以战略储备为主导的储备体系

完备的石油储备体系不仅能够有效保障能源安全，同时还可稳定市场预期、释放价格信号。目前，我国石油储备体系主要由政府投资建立，有两种主要模式：一是政府储备，采取国家石油储备基地收储和企业代储两种主要模式；二是由政府支持建设的企业储备。目前，我国石油储备以原油为主，以成品油为辅。

我国石油商业储备库主要由中石油、中石化、中海油等国有企业投资建设。商储项目的规划、选点与建设均由企业自定，资产和运营管理权也为企业所有，企业可根据生产需要，采取"借油还油"或"销售再购进"方式对储备进行更新串换运作。

此外，国家有关部门出台多项政策措施对相关企业的义务储备提出要求，但缺乏监管，也没有动用、处罚等相关规定，效果并不明显。

2. 我国石油储备面临的挑战

一是储备能力相对不足，石油储备规模与保障国家能源安全所需规模相比有较大差距。一方面，我国原油储备量与德国和日本等主要原油净进口国相比差距仍然较大；另一方面，从实际运行看，国家石油储备基地建设滞后，中石油、中石化等央企资金压力大、短期快速扩储困难、掣肘因素多。同时，从储备品种看，以原油储备为主，成品油储备规模小。

二是储备主体相对单一。目前储备主体仅为政府和大型央企，财政压力大、扩能困难。一方面，政府储备资金由财政负担，央企储备由企业建设，财政通过定向返还所得税、注入储备库建设资金和石油采购收储资金等方式支持石油储备，投入巨大；另一方面，民营企业进入石油储备领域困难多，一些拥有储备能力的企业没有原油进口资质和配额，无法开展储备。

三是储备动用机制不够完善，难以发挥调控作用。我国石油储备动用尚未完全形成制度化安排，无有效动用经验，更难以实现灵活运转，主动影响国际石油市场的策略也未涉及，战略石油储备的宏观调控作用难以发挥。

四 我国炼油与化工高质量发展面临的形势与挑战

（一）国际炼化产业发展现状及趋势

1. 国际炼化产业发展现状

2022 年全球炼油能力达到 51.5 亿吨，同比增长 0.6%，主要驱动力来自中国的炼厂投产。过去 10 年间（2012～2022 年），全球炼油产能保持稳步增长态势，年复合增长率为 0.57%，较 2002～2012 年 1.18% 的增速有所放缓。2022 年全球炼厂平均开工率为 70%，美国炼厂开工率最高，达到 89%，西欧及亚太地区炼厂开工率相对较低，分别为 78% 和 69%。整体来看，过去 10 年间全球炼化产能增速要高于需求增速，主要化工产品产能满足率均有所提升，其中乙烯产能满足率为 118%，丙烯产能满足率为 133%，对二甲苯产能满足率为 125%。

2. 国际炼化产业发展趋势

全球炼化产业呈现差异化发展态势。北美地区在页岩气革命后依靠丰富的轻烃资源，实现炼化产能大幅增长。2022 年美国炼油能力为 9 亿吨，2012～2022 年，北美炼油能力新增 2400 万吨/年，年均增幅 0.3%。北美乙烯产能新增近 1777 万吨/年，目前北美乙烯总产能已经达到 5150 万吨/年。得益于廉价原料，北美乙烯生产成本仅为 325 美元/吨，远低于东北亚地区（850 美元/吨）；中东地区拥有丰富的油气资源，与北美类似，近年来也在快速发展下游炼化产业，2022 年炼油产能达到 5.2 亿吨，较 2012 年上涨了 1.4 亿吨；乙烯产能达到 3500 万吨，较 2012 年上涨了 720 万吨。西欧和日本炼化产业起步较早，相对发达，但受制于资源禀赋及需求增速下滑，近年来其传统炼化产业发展速度放缓。其中，日本 2022 年炼油能力达到 1.7 亿吨，过去十年间净减少 5400 万吨/年；西欧 2022 年炼油能力达到 3.7 亿吨，过去十年间净减少 5479 万吨/年。虽然传统炼化产业增长缓慢，但是西欧和日本仍在高端材料领域重点布局，发展迅速，目前日本在电子化学品方面生产技术全球领先，西欧在工程塑料、农药化肥等方面均具有丰富技术积累。印度炼化产业近年来发展迅速，主要驱动力来自印度国内炼化产品消费能力的快速提升，2022 年印度炼油产能达 3.7 亿吨，较 2012 年提升 3450 万吨。整体来看，全球炼化产业增长主要集中在资源端及市场端，而传统炼化强区因缺少资源及市场的支撑，发展相对缓慢，转而发展高端材料产业。

（二）我国炼化产业发展现状

1. 炼化产业快速发展，主要化工产品自给率大幅提升

2012~2022 年，我国炼化产业快速发展，炼油能力累计增长近 2 亿吨/年，年复合增长率达到 3%，当前我国汽油、柴油自给率均已经超过 100%，化工产品自给率也均大幅提升。2022 年我国原油加工量为 6.8 亿吨，同比下降 0.2 亿吨，降幅为 2.9%。2022 年我国成品油整体自给率为 110%，其中，汽油自给率为 109%、柴油自给率为 107%、航空煤油自给率为 143%。近年来随着浙江石化、恒力石化等几套民营大炼化装置投产，主营炼厂在沉寂多年后再次纷纷扩能，我国化工品自给率大幅提升。2022 年，我国聚丙烯产能 3400 万吨，产量 2960 万吨，自给率高达 90%，较 2018 年上涨 7 个百分点。2022 年我国 PX 产能达到 3600 万吨，产量 2384 万吨，自给率达到 69%，较 2018 年上涨约 30 个百分点。

2. 绿色低碳浪潮不可阻挡，成品油需求峰值即将到来

受产业结构转型升级、石油替代产品快速发展等因素影响，我国成品油消费增速明显放缓。2010~2020 年，我国成品油消费量从 2.3 亿吨增长至 3.0 亿吨（国家统计局口径数据），年均增速为 2.7%，较 2000~2010 年平均增速降低 5.6 个百分点；其中，汽油消费增速明显放缓、柴油消费已经达峰。

汽油消费进入中低速增长区间。2016~2020 年，我国汽油消费量由 1.19 亿吨小幅升至 1.28 亿吨，不考虑 2020 年疫情导致的消费下滑影响，2016~2019 年年均增速也仅为 4.6%，低于 2000~2015 年 8.9% 的年均增速。汽油消费降速主要与乘用车销量及结构变化有关。一是政策推动小排量汽车销量增长快于其他车型，小排量汽车占比由"十二五"之初的69.4%提高至"十三五"中后期的76.4%；二是乘用车销量增速放缓，2016~2022年我国乘用车年均销量增速仅为1.9%，远低于2010~2015年13.1%的年均增速；三是新能源汽车渗透率快速提升，2022年我国新能源汽车销量达到653万辆，近5年年均增速高达74%，渗透率已经高达27%。

柴油消费已进入峰值平台期。柴油作为国民经济重要的生产资料，与制造业、采掘业、建筑业等传统行业生产活动密切相关。党的十八大以来，随着我国经济进入新常态，第二产业增速放缓，大气污染治理、"公转水"、"公转铁"等政策实施在一定程度上抑制了柴油消费。柴油消费已于2015年步入峰值平台期。柴油消费量由2016年的1.68亿吨降至2020年的1.43亿吨。

煤油消费仍处于高速增长期。2000~2020年，我国煤油消费量从870万吨增至3352万吨，年均增速高达7.0%。这主要与我国人均收入稳步提升、航空线路不断增加、商旅出行以及旅行意愿提升有关。未来航空煤油仍将是我国成品油需求的主要增长动力来源，预计到2035年我国航空煤油需求将超过5000万吨。

3. 化工用油仍有较大提升空间，高端化工材料需求增长较快

化工产品与人们日常生活息息相关，随着我国经济水平、人民生活水平进一步提升，我国化工产品需求也将持续增长。一方面，由于我国经济发展基本面长期向好的态势不变，预计"十四五"期间乙烯需求增速将达4.8%，丙烯需求增速将达3.7%。长期来看，石化产品需求增速将有所回落，但增长态势不会改变，石化产品将逐渐成为拉动石油消费增长的主要动力。另一方面，我国高端化工材料需求快速增长，预计"十四五"期间我国高端化工材料需求年复合增长率将高达7.3%，远超我国化工产品平均需求增速，也明显高于GDP增速。其中，高端聚烯烃需求年复合增长率将高达7.2%，高端合成橡胶需求年复合增长率将高达5.9%，高性能纤维需求年复合增长率将高达16.4%，工程塑料及特种工程塑料需求年复合增长率将高达5.3%，电子化学品需求年复合增长率将高达9.4%。

4. 数据将成核心生产要素，石化工业进入智能化时代

数字化和精准分析工具可以大幅改善石化工业的复杂和集成的生产流程，这将为石化工业发展带来卓越且深远的影响。目前我国石化工业数字化进程仍处于起步阶段，行业每天产生大量的数据，然而实际应用的数据尚不到1%，大量可捕捉的、有价值的数据被浪费掉。充分挖掘剩余99%数据的价值，打通从采购、生产到销售的各个环节，实现基于大数据分析的精准运营，将为石化工业带来巨大的经济价值。麦肯锡研究结果表明，数字化对于提升石化企业竞争优势作用明显，设计和工程成本可降低10%～30%，库存持有成本可减少20%～50%，市场投放时间可缩短20%～50%，质量成本可降低10%～20%，整体生产力可提高3%～5%。

（三）制约我国炼化产业高质量发展的问题

1. 炼油产能严重过剩，区域发展不均衡

我国炼油产能严重过剩，2022年我国总炼油能力达到9.3亿吨，但原油加工量仅为6.8亿吨，炼厂平均开工率为73%，远低于美国、日本、韩国。我国总炼油产能仍在增加，与此同时成品油需求增速逐年放缓，柴油需求已经达峰，汽油需求也将在2025年前后达峰。此外，我国炼化产业区域发展不均衡。环渤海地区石化产品产能占我国石化产品总产能的比重超30%，但需求仅为15%左右，大量成品油、化工品从华北地区运输至华东和华南地区，呈现明显的"北油南运"特征。

2. 高端产品短缺，核心技术受制于人

目前，我国高端聚烯烃、高性能纤维、高端合成橡胶、功能性膜材料等高端化工产品自给率仅为70%，部分高端产品能够实现生产但无法满足高端领域需求，部分高端产品目前尚未形成工业化生产能力。此外，由于技术限制，我国化工新材料产品大多处于产业价值链的中低端，产品质量和价格与国外相比存在较大差距，部分偏低端产品市场竞争较为激烈，产能饱和，出现部分品种结构性过剩的问题。而高端产品比例相对较低，下游需求旺盛，高端产品领域存在结构性短缺现象，仍主要依赖进口。

3.碳排放总量相对较高，减碳发展任重而道远

石化行业是国民经济的重要支柱产业，但其高能耗、高碳排放的特征同样显著。北京大学能源研究院发布的《中国石化行业碳达峰碳减排路径研究报告》显示，2021年，中国石化行业总的能源消耗约为1.95亿吨标准煤，总的二氧化碳排放量约为4.45亿吨，占中国当年二氧化碳排放总量的4%左右。从产品品类看，炼油和乙烯是二氧化碳排放量最大的品类，分别占总排放量的51.3%和23.4%。北京大学能源研究院预测，在基准情景下石化行业预计在2035年实现碳达峰，峰值碳排放量约为6亿吨。

（四）我国炼化产业高质量发展方向

1.减油增化发展

炼化产业应及时调整产品结构，增加高端化学品的产能，特别是"卡脖子"产品的产能。在提高产品附加值的同时，实现国产替代，保障材料自主可控。对于纯燃料型炼厂，支持其适度发展下游化工业务，减少低附加值产品外售；对于拥有润滑油生产装置的企业，支持其建设基础油、特种油基地，大力推进"油转特"；对于炼化一体化企业，根据各企业自身发展优势及市场需求，全力推进"油转化"。

2.深耕高端材料

当前，我国化工高端材料整体自给率在70%左右，亟须加大研发力度，着力重点发展。未来我国化工高端材料发展将主要集中在三个方向上：一是提升化工材料自身发展水平，重点加快国内空白品种的产业化，并提升国内已有品种的质量及稳定性；二是着力突破化工高端材料关键原料供应瓶颈，如高碳阿尔法烯烃等；三是延伸发展上游高端制品，并加强与终端市场的交流沟通协作，加快化工新材料在新应用领域的推广。

3.打造智慧炼厂

随着成品油需求峰值的快速到来，未来炼油和化工行业将面临更加残酷和激烈的竞争。炼化企业在强化炼化一体化、大型化、规模化发展，能源和资源多元化的同时，需更加重视信息化对炼化业务能力提升的作用。推动传

统产业数字化、网络化、智能化建设，运用新技术、新管理、新模式，加快炼化装置智慧化改造，全面提高产品技术、工艺装备水平、能效标准，实现价值链向高水平跃升，实现传统产业提质增效。此外，加快炼化物联网现场监控、共享服务等项目建设，研究探索工业机器人在危险区域作业、地下管线巡察等方面的应用，推进信息技术与生产经营管理深度融合，实现安全水平的提升。

4. 发展循环经济

发展循环经济是炼化行业绿色发展的必由之路，也是实现"双碳"目标的重要举措。炼油和化工生产需要消耗大量化石能源以提供动力、热能、电能、水蒸气等多种能源与原料。这个过程中有大量的能量以热能形式耗散，从而造成能源浪费。低温余热回收技术可以对生产过程中的低温余热进行梯级利用，从而提升能源利用效率。中高品位的余热可以用来发电，低品位余热则可以被用在供暖、制冷领域，成为热电厂、锅炉房和厂房供能的补充。此外，废塑料循环利用也是石化企业发展循环经济产业的重要方向。

传统油气巨头积极布局进军新能源产业，中石化积极打造"油气氢电非"综合能源服务商，重点布局氢能全产业链，有序推进光伏发电、生物质燃料（生物航煤、生物柴油）等业务发展，加快布局加氢站、充换电站等新能源配套设施建设。中石油提出构建"油、气、热、电、氢"五大能源平台，大力推进地热能、风能、太阳能等清洁能源对传统生产用能的替代。中海油利用海上作业优势，布局海上风电项目。此外，炼化企业发挥大化工平台优势，充分利用原料等优势，快速布局发展新能源产业链高端化工材料，中石化、东方盛虹、山东联泓等企业已经能够生产光伏级 EVA，中石化、万华化学等已布局发展光伏级 POE 材料，炼化企业已经成为新能源产业链中不可或缺的重要上游原材料供应商。

5. 加强品牌建设

加强石化标准体系建设，提高石化产品质量，提升石化产品服务能力，打造一批国际知名品牌，迈向全球价值链中高端，实现由中国产品向中国品牌的转变。一方面，瞄准世界石化产业发展方向，根据自身原料禀赋、加工特色、技术差异、下游需求等具体特点，差异化打造品牌产品，并通过商标、专利、管理等手段加以有效保护；另一方面，基于国内特有的产业背景、市场需求和研发基础，结合国际部分区域的典型需求，在炼油、石化、现代煤化工、特色材料等领域分别打造多个品牌，作为创新驱动产业升级的典型代表，带动石化工业技术体系形象的全面提升。

五　推进我国石油行业高质量发展的建议

（一）　持续推进增储上产保障能源安全

1. 加大油气资源勘探开发力度

要牢牢守住油气战略安全底线，以国内油气增产保供的确定性，来应对外部环境的不确定性。大力推动油气相关规划落地实施，以更大力度增加上游投资，助力保障经济运行和民生需求；大力推动海洋油气勘探开发取得新的突破性进展，提高海洋油气资源探明程度；大力推动页岩油、页岩气成为战略接续领域，坚定非常规油气发展方向，加快非常规资源开发；大力推动已探明油气资源高效利用，提高储量动用程度和采收率；大力推动油气科技自主创新，全力突破油气勘探开发系列关键技术；大力推动油气上游绿色发展，实施生产用能清洁替代，实现勘探开发与新能源的深度融合。

2. 深化石油行业体制机制改革

国内油气资源禀赋越来越差，勘探开发难度和成本都居高不下，建议进一步完善特别收益金制度，让企业设置更多专项资金用于突破"卡脖子"技术难题；加大对海洋油气和非常规油气勘探开发的政策支持力度，明确支持的期限、力度，给予鲜明的政策导向；进一步完善矿业权放开制度，鼓励外资、民企共同参与到油气勘探开发和技术攻关中；深入推进矿权流转，引导协调国内油气资源、人才、技术，有序推进未动用、难动用储量区块的见产、增产、稳产，复制推广成熟的矿权流转区块经营管理模式和运行机制；探索海洋油气与海洋风电等能源的协同开发，协调解决压覆探矿权纠纷，鼓励油气勘探开发技术向多能协同开发转化，优选合适区域进行协同开发的探索。

3.加强油气资源储备能力建设

建议通过政策鼓励推进油气企业建设油气库和商储基地，调动民营企业积极性，建立从国家到企业的多级油气储备机制，持续提升我国油气资源储备能力和运营效率。同时从体制机制层面加强油气储备安全管理，提升油气资源保障水平和关键时刻的应急响应能力。建议国家出具指导意见，系统科学地规划油气储备的品类、规模和区域，健全政府主导、企业共建、多元互补的储备机制，分级落实不同责任体的储备任务，完善油气储备市场调节机制，并加大中央、行业、地方对油气储备的综合监管力度。完善石油储备动用机制，提高石油储备参与市场调节的能力。建议充分利用轮换、竞拍等方式，在发挥国家战略石油储备能源安全"压舱石"作用的前提下，通过市场化手段进行储备释放与回补，以此对石油市场进行调节，实现国家石油储备的宏观调控功能。

（二）持续推进科技创新助力补链强链

1.加大科技投入，提升非常规油气资源勘探开发水平

我国深部油气资源潜力巨大，建议针对我国勘探开发重点领域中深层—超深层、非常规和深水—超深水等领域油气勘探开发的基础理论、关键技术方面的共性问题，建立国家级科研平台，构建政府引导、企业为主、"产学研"优势互补的关键科技攻关常态机制，着力突破制约油气增储上产的关键理论和技术瓶颈。优先构建致密/页岩油气和煤层气等非常规油气以及深水—超深水油气的关键勘探开发技术体系；提高储层改造和深水勘探技术的国产化程度；加强天然气水合物勘探开发的基础理论与核心技术研究；促进人工智能、云计算、大数据等新兴技术在油气行业转型升级中的应用；推动深部、精细化和绿色勘探等方面技术水平的全面提升。探索降低成本、推进规模化开发的技术突破和应用。

2.加强技术攻关，打造石油工业国之重器

我国油气技术装备攻关屡获重大突破，应继续高度重视新技术、新装备的持续研发，形成新一代适应深层、深水、非常规油气勘探开发的技术、装备与施工作业队伍能力。以科技创新和工程技术装备的发展，支撑我国油气勘探开发的高质量发展。加强对"卡脖子"装备和技术的基础研究，加强基础实验模拟方法、工程设计软件等方面的科研攻关。大力提升工程装备和技术自主创新能力，加快推进核心零部件及高端材料的自主研发。积极推动装备、设备及油气田数字化、智能化发展，高质量提升边际油气资源开发能力。

3.推进减油增化，大力发展化工高端材料

严控新增炼油产能，加快低效、落后产能退出。加速炼厂多能融合，将绿电、绿氢等融入传统加工过程，实现其对热能的直接替代。高度重视减油增化、减油增特、CCUS等新技术的研究和应用，以低成本、少投入、低排放、高效益为目标推动转型升级。同时，加强对化工新材料发展的顶层设计和规划布局，从国家层面统筹规划化工新材料发展，推出国家级化工新材料发展重大工程，培育一批领军企业，推动重点产业化项目建设，快速提升我国化工新材料规模，防范尖端化工新材料断供风险，为我国经济高质量发展提供关键材料保障。

（三）持续推进绿色发展助力低碳转型

推动源头绿色化、过程清洁化和废物资源化协同发展，大力推进节能减排。以源头绿色化管控和系统综合治理为手段，依托绿色生产工艺技术，大力实施清洁生产，促进"三废"协同控制与处置、废气与温室气体协同控制与处置，提高资源循环利用效率，降低生产过程中的碳排放；推动油气和新能源融合发展。推进陆上油气田风电和光伏发电集中式开发，支撑油气勘探开发清洁用能，加快实现燃料油气的替代；在油气矿区及周边地区，积极推进风电和光伏发电分布式开发，海上油气田通过接入海上风电，替代分散式燃气或燃油发电，形成海上风电与油气田区域电力系统互补供电模式，探索形成多能互补、融合发展新模式；加大 CCUS 技术开发力度，加强其在油田驱油、炼化低碳循环发展中的应用研究，争取实现原油生产和加工的零碳排放，助力"低碳""零碳"油气田建设，实现 CCUS 产业化发展。

（四）持续推进开放合作助力更高质量发展

加快构建以国内大循环为主体、国内国际双循环相互促进的新发展格局是推动石油行业高质量发展的"重头戏"。一方面要坚持对外开放，实现高质量"引进来"，向世界进一步开放国内油气资源勘探开发市场，放宽上游准入条件，大力调动国际公司、民营企业和其他投资主体的积极性，允许各方投资我国油气勘探开发行业。研究适应我国国情的新合同模式，完善各类税费制度，优化投资环境，大力加强知识产权保护，吸引国际资本和先进技术投资我国油气资源勘探开发。另一方面要坚持国际合作，高水平"走出去"，持续优化海外资产结构，稳油增气，走向深海；持续优化业务区域布局，降低高风险地区项目比例；持续推进开展"一带一路"工程项目，提高投资，完善合作模式，同时从降本增效、增强对国内企业的海外技术支持、不断提升国际化经营水平和发挥兄弟企业的整体协同优势等方面提升我国海外企业的核心竞争力。

（五）持续推进改革加快世界一流企业建设

推动加快世界一流企业建设。围绕"产品卓越、品牌卓著、创新领先、治理现代"的要求，扎实深入开展对标世界一流企业的价值创造行动，坚持创新引领和高质量发展，着眼全球竞争和高端发展，聚焦关键全力突破，分类施策梯次推进，集中精力做强做优主业，向改革创新要活力、要动力，以质量变革、效率变革、动力变革推动世界一流企业建设取得更大实效；深化国资国企改革，提升企业核心竞争力。围绕增强产业引领功能、提升科技创新力、提高安全支撑力、打造现代新国企以及营造公平竞争市场环境等，深入实施新一轮国企改革深化提升行动，坚定不移推动国有资本和国有企业做强、做优、做大，在建设现代化产业体系、构建新发展格局中发挥更大作用；持续推进组织变革。在能源转型加速、技术变革加快、油气价格波动的背景下，石油公司应深刻把握内外部形势变化，持续推进组织变革，更加强调一体化协同、平台化管理，强化更加扁平、更加敏捷和更加开放的新型组织模式建设，积极构建新型高效的组织体系，切实提升治理效能。

参考文献

［1］萧新桥：《新时代我国油气产业高质量发展路径》，https：//www.gmw.cn/
xueshu/2020-01/03/content_ 33452814.htm，2020 年 1 月 3 日。

［2］《能源转型持续推进 节能降耗成效显著——党的十八大以来经济社会发展成就系列报告之十四》，http：//www.stats.gov.cn/xxgk/jd/sjjd2020/202210/t20221008_ 1888971.html，2021 年 10 月 8 日。

［3］史丹、赵剑波、邓洲：《从三个层面理解高质量发展的内涵》，http：//paper. ce.cn/jjrb/html/2019-09/09/content_ 400395.htm，2019 年 9 月 9 日。

［4］中国石油和化学工业联合会化工新材料专委会：《中国化工新材料产业发展报告（2020）》，化学工业出版社，2021。

［5］王震、鲍春莉：《中国海洋能源发展报告》，石油工业出版社，2022。

［6］李寿生：《开创下一个未来：中国石油和化学工业 2030 年展望》，化学工业出版社，2018。

［7］白颐：《"十四五"我国石化和化工行业高质量发展分析》，《化学工业》2019年第 4 期。

［8］柯晓明、乞孟迪、吕晓东等：《"双碳"目标下中国炼化行业"十四五"发展新特点分析与展望》，《国际石油经济》2021 年第 5 期。

［9］安丰春、王建夫、王玮：《中国石油国内油气对外合作面临的挑战与对策建议》，《国际石油经济》2022 年第 9 期。

［10］胡文瑞、鲍敬伟：《石油行业发展趋势及中国对策研究》，《中国石油大学学报》（自然科学版）2018 年第 4 期。

［11］常毓文、李宏伟、邬峰等：《全球海域油气开发形势与展望》，《国际石油经济》2022 年第 3 期。

［12］窦立荣、温志新、王建君等：《2021 年世界油气勘探形势分析与思考》，《石

油勘探与开发》2022 年第 5 期。

［13］《BP 世 界 能 源 统 计 年 鉴 2022》，https：//www. bp. com. cn/content/dam/bp/country‐sites/zh＿ cn/china/home/reports/statistical‐review‐of‐world‐energy/2022/bp‐stats‐review‐2022‐full‐report＿ zh＿ resized. pdf，2022 年 9 月 28 日。

［14］戴宝华：《“双碳”目标约束下炼化产业转型发展思考》，《石油炼制与化工》2021 年第 10 期。

B.4
2023年天然气行业高质量发展报告

孙慧 杨雷*

摘　要： 近年来，中国天然气行业稳中有进。油气增储上产"七年行动计划"继续推进；天然气供应呈现"国产供应稳增长，进口总量首降低"的局面；基础设施不断完善，主干管道总里程逐年增长，LNG接收和再气化能力、储气能力均不断增强。天然气行业逐步向"X+1+X"的格局演进。当前，天然气供应安全出现新变化，价格在资源配置中的作用得到新强化，城镇燃气规模化发展进入新阶段，"顺价"成为天然气价格改革新热词，新能源成为油气公司新业务。天然气行业高质量发展需合理解决国产资源的供应潜力问题、天然气的发展方向问题、体制机制的深化改革问题。解决上述问题需要进一步增强国内天然气供给能力，夯实天然气行业发展底气；巩固多元进口与提高储气调峰能力相结合，提升天然气行业的韧性和灵活性；优化天然气发展方向，提升不同发展阶段天然气行业的适应能力；加快天然气市场化发展步伐，提升天然气市场活力。

关键词： 天然气　市场化　储气调峰

---

* 孙慧，博士，高级工程师，助理研究员，主要研究方向为天然气战略规划、政策制定和市场；杨雷，博士，研究员，北京大学能源研究院副院长，北京大学碳中和研究院副院长，主要研究方向为能源转型、能源改革和全球能源治理。

一 我国天然气行业现状

（一）行业发展情况

1. 天然气消费

2022 年，中国内地（不含港澳台）天然气表观消费量 $3663×10^8m^3$，同比下降 1.7%[1]，是 1982 年以来的首次下降。造成天然气消费量下降的主要原因有两个：一是经济增速放缓抑制了天然气需求的增长。受疫情等因素影响，国内经济增长放缓，全年 GDP 增速仅 3.0%[2]，低于上年的 8.4%。天然气消费与经济发展呈现正相关关系，受经济增速放缓影响，企业用能需求减弱，天然气消费增速下降。二是资源供应尤其是液化天然气（LNG）供应减少，制约了用气需求增长。在俄乌冲突等因素影响下，2022 年国际油价和天然气价格高位运行，我国天然气进口价格大幅上涨，涨幅超过了40%。其中，进口管道天然气边境均价 1.86 元/m^3，同比上涨 41.3%，进口 LNG 到岸均价 3.77 元/m^3，同比上涨 46.3%[3]。

从用气行业来看，居民用气、采暖用气等刚性需求保持增长，但工业燃料、天然气发电用气量均出现不同程度的下降。天然气的民生属性决定了用气人口和居民用气量的稳步增长，2022 年新增用气人口 2000 万~3000 万人。采暖用气由"煤改气"政策驱动型继续向市场主导型转变。2022 年，燃气采暖热水炉销售总量 255 万台，虽然同比下降 17.7%，但以冷凝式燃气

---

① 国家发展和改革委员会运行局：《2022 年 12 月份全国成品油、天然气运行快报》，https：//www. ndrc. gov. cn/fgsj/tjsj/jjyx/mdyqy/202301/t20230131_ 1348023_ ext. html? eqid = fb1a7e900 005065300000003645c574f。

② 国家统计局：《中华人民共和国 2022 年国民经济和社会发展统计公报》，https：//www. gov. cn/xinwen/2023-02/28/content_ 5743623. htm。

③ 余国、陆如泉：《2022 年国内外油气行业发展报告》，石油工业出版社，2023。

采暖热水炉为代表的高端产品销售总量却继续保持增长，增幅达 9.6%[①]，长江流域夏热冬冷地区已逐渐成为燃气采暖热水炉的主力销售区域。在全国经济增速放缓、电力消费增速下滑、煤炭供应充足、天然气价格相对较高等背景下，2022 年天然气发电装机容量虽然同比增长 5.4%，超过了 1.1×10^8 kW，但发电量却同比下降了 6%以上。

2. 天然气供应

2022 年，油气增储上产"七年行动计划"继续推进。"两深一非"领域勘探开发取得新进展，全年新增天然气（页岩气）探明地质储量超过 1.2 万亿 m^3[②]。深层方面，塔里木盆地 8000m 超深层油气勘探取得突破，落实了顺北和富东两个资源量超过亿吨级的油气富集区。其中，中石化"深地一号"顺北油气田成为国内首个以"深地工程"命名的项目，油气资源量超过 10 亿 t。深水方面，中海油在南海发现了首个深水深层大型整装气田宝岛 21-1，探明天然气地质储量超 500 亿 m^3。非常规方面，中石化在四川盆地綦江发现超千亿立方米的整装页岩气田，新增探明储量约 1500 亿 m^3。深层煤层气生产取得突破，中国石油在鄂尔多斯盆地东缘投产两口 3600m 深的深层煤层气气井，单井日产量超过 10 万 m^3。

2022 年天然气供应呈现"国产供应稳增长，进口总量首降低"的局面。国内天然气产量依旧保持较快增长态势。全年天然气（含页岩气、煤层气、煤制天然气）产量 2201.1×$10^8$$m^3$[③]，同比增速 6.0%，增量 125×$10^8$$m^3$，连续 6 年增量超过百亿 m^3。国外进口方面，根据海关总署数据，2022 年全年进口管道气 4581×10^4t，进口 LNG 6344×10^4t，合计全年共进口天然气 10925×10^4t。与上年总进口量 12128×10^4t 相比，减少 1203×10^4t，是我国自 2006 年进口天然气以来的首次下降，降幅接近 10%。其中，进口管道气和

① 中国城市燃气协会：《燃气采暖热水炉产品 2022 年度市场统计公告》，https://www.chinagas.org.cn/4639/202303/56394.html。

② 余国、陆如泉：《2022 年国内外油气行业发展报告》，石油工业出版社，2023。

③ 国家统计局：《中华人民共和国 2022 年国民经济和社会发展统计公报》，https://www.gov.cn/xinwen/2023-02/28/content_ 5743623.htm。

进口 LNG 表现差异较大。

3. 天然气基础设施

以管道为载体输送气态天然气是我国天然气运输的主流方式。近年来，我国天然气管网建设稳步推进，以西气东输系统、陕京系统、"川气东送"管道、西南管道等为骨架的全国性供气网络不断完善，供气能力不断提高。截至 2022 年底，中国天然气主干管道总里程达到 119000km，同比增加约 3000km，主要贡献来自中俄东线天然气管道南段泰安—泰兴段的投产、江苏滨海 LNG 外输管道的建成、福建天然气管网二期德化支线与西三线东段的联通、神木—安平煤层气管道的投产。

LNG 接收站兼具气源供应和储气调峰能力。近年来，我国 LNG 接收能力不断提高。截至 2022 年底，中国投产运行 LNG 接收站 24 座，接收能力达 9730×10^4t/a[①]，同比增加 600×10^4t/a。全年新投产沿海 LNG 接收站 1 座，为中海油盐城滨海 LNG 接收站，LNG 接收能力为 300×10^4t/a。投运应急调峰储运站 1 座，为浙江嘉兴（平湖）LNG 应急调峰储运站，LNG 接收能力为 100×10^4t/a。已建站扩建完工项目 1 个，为新疆广汇启东 LNG 接收站三期扩建项目，投产后 LNG 年接收能力由 300×10^4t/a 增加至 500×10^4t/a。

我国地下储气库建设加快推进。据不完全统计，2022 年全年新建投产储气库 6 座，扩容达产储气库 1 座。截至 2022 年底，全国在运行储气库（群）24 座，储气能力达 192×10^8m³，占国内表观天然气消费量的 5.2%，储气能力同比增加 12.3%[②]。

（二）天然气市场格局

我国天然气行业正在逐步向"X+1+X"的格局演进。在国内勘探开发环节，勘探开发市场主体已由 4 家企业增加至 40 家以上[③]。但从产量来看，仍然以中石油、中石化、中海油三家石油公司以及山西省省属国企延长石油

① 中国石油集团经济技术研究院：《2023 年 3 月中石油经研能源数据统计》，2023。
② 余国、陆如泉：《2022 年国内外油气行业发展报告》，石油工业出版社，2023。
③ 孙慧、杨雷、都兴恺：《中国天然气产业链优化的思路与建议》，《油气与新能源》2023 年第 1 期。

为主。根据各公司公布的上市业绩报告，2022年上述四家企业天然气产量合计约$1857×10^8m^3$[①]，占天然气总产量的比例达84%。

天然气进口环节，包括管道气和LNG两种。管道气进口企业目前共有中石油和新疆广汇两家，其中99%以上由中石油完成，从西北、东北和西南三个方向分别进口中亚、俄罗斯和缅甸的天然气。LNG进口已经基本实现国别多元化和主体多元化。根据海关总署公布的数据，2022年，我国的LNG进口国/贸易伙伴已经达到24个，较上年增加3个。在全球LNG贸易格局深刻变革的背景下，2022年我国LNG进口贸易格局也发生了变化。我国LNG进口份额超过10%的国家分别为澳大利亚、卡塔尔、马来西亚和俄罗斯，合计占比81.1%。与上年相比，澳大利亚仍稳居第一，卡塔尔和马来西亚均上升一个名次，分别居第二位和第三位，美国由第二位跌至第七位，俄罗斯则由第六位上升至第四位。从进口量来看，来自卡塔尔和俄罗斯的进口LNG同比增加，澳大利亚、马来西亚和美国同比减少。其中，澳大利亚减少$925×10^4t$，美国减少$689×10^4t$，降幅分别为30%和77%。从国内的进口主体看，近年来除3家石油公司外，目前已进入LNG采购领域的国内企业有20多家[②]，但由于2022年LNG现货价格始终处于高位，除3家石油公司之外其他企业的实际进口量锐减61.3%，为311万t，占进口LNG总量的4.9%，同比下降5.3个百分点[③]。

在天然气管道输送环节，国家级（跨省）管道主要隶属于国家管网集团。省级管道主体复杂，大多由省级管网公司经营。据不完全统计，中国内地31个省级行政区中有实质性业务的省级管网公司共涉及14个省份的19

① 中国石油天然气股份有限公司：《二零二二年度业绩公告（年度报告摘要）》，http：//www.petrochina.com.cn/petrochina/ndyjgb/202303/ede8905688a2469999c22970536c7ae4/files/fbf513280e324aef8ed4b5723024edd8.pdf。中国石油化工股份有限公司：《2022年生产经营数据》，http：//www.sinopec.com/listco/Resource/Pdf/2023011702.pdf。中国海洋石油有限公司：《中国海洋石油有限公司2022年年度报告》，https：//www.cnoocltd.com/module/download/down.jsp？i_ID=15337536&colID=3881。山西省人民政府国有资产监督管理委员会：《延长石油集团油气当量突破1700万吨刷新历史纪录》，http：//sxgz.shaanxi.gov.cn/newstyle/pub_newsshow.asp？id=2647634&chid=100069。
② 孙慧、杨雷、都兴恺：《中国天然气产业链优化的思路与建议》，《油气与新能源》2023年第1期。
③ 余国、陆如泉：《2022年国内外油气行业发展报告》，石油工业出版社，2023。

家公司，管道长度超过 $2×10^4$ km①。目前，国家管网集团持股 16 家省级管网公司，其中 10 家为控股。在省级管网融入国家管网方面，2022 年 11 月 1 日浙江省网运营管理权由浙江能源集团移交至国家管网集团，不仅实现了浙江省网与国家管网的融合，也实现了浙江南北"两张网"的合并。

在销售环节，中石油、中石化和中海油是销售市场的绝对主力，市场份额在 92%以上。其中，中石油是最大的天然气销售商，2022 年天然气销售量 2070.96×10^8m³②，占全国天然气表观消费量的 57%。由昆仑能源、港华智慧能源、中国燃气、华润燃气和新奥能源组成的五大跨区燃气公司仍然是天然气零售市场的主力，2022 年零售气量约 1270×10^8m³，约占天然气表观消费量的 35%。

二 天然气行业发展新趋势与新特点

（一）天然气供应安全出现新变化

在较长一段时间内，油气仍将是我国能源安全的关键所在。2018 年至今，我国天然气的进口依存度始终保持在 40%以上。确保进口天然气的稳定可持续仍然是我国能源安全的核心任务之一。乌克兰危机出现以来，欧美通过各种联合行动封堵俄罗斯油气出口，北溪天然气管道被炸毁。欧盟提出要力争在 2030 年前摆脱对俄罗斯能源的进口依赖，美欧达成协议在 2030 年前美国将每年向欧盟供应 LNG 约 500×10^8m³。未来美国将取代俄罗斯成为全球第一大天然气出口国。虽然俄罗斯"东向"能源战略加速，我国获取俄罗斯油气资源的窗口增加，但未来俄罗斯天然气资源的引进仍存在较大不确定性。

---

① 孙慧：《我国天然气产业结构分析与优化升级研究》，博士学位论文，中国地质大学，2018。
② 中国石油天然气股份有限公司：《二零二二年度业绩公告（年度报告摘要）》，http：//www. petrochina. com. cn/petrochina/ndyjgb/202303/ede8905688a2469999c22970536c7ae4/files/fbf513280e324aef8ed4b5723024edd8. pdf。

在新的世界油气版图重构过程中，若海上天然气资源更多流向欧洲，陆上俄气引进又受阻，那么我国的天然气供应中断风险和价格高企风险将会增加。与此同时，美国连同他国多方位封锁中国，频繁制造冲突事件，加剧我国周边地区紧张局势。我国天然气海外资源获取和运输的风险增加。

（二）价格在资源配置中的作用得到新强化

2022年，欧盟及其成员从供需两方面入手，采用多种手段应对俄罗斯天然气供应量大幅下降所带来的天然气供应问题。其中，利用价格信号、发挥市场作用是关键举措。一方面，在供应侧利用欧洲溢价，吸引全球LNG资源流向欧洲。2022年，欧洲成为全球天然气价格最高的地区，亚洲LNG现货价格指数JKM与荷兰产权转移设施TTF期货价格的价差（JKM-TTF）由传统的正值转为负值，2022年9月价差甚至达到了-25＄/MMBtu，长期以来的"亚洲溢价"被"欧洲溢价"取代。与此同时，欧洲LNG进口量同比大幅增加约$619×10^8 m^3$[①]。另一方面，在需求侧利用价格信号抑制需求增长。2022年欧盟先后出台了"Save Gas for A Safe Winter"（安全过冬节约天然气计划）、"A European Gas Demand Reduction Plan"（欧洲天然气需求减少计划）、"Proposal for A Council Regulation on Coordinated Demand Reduction Measures for Gas"（关于协调减少天然气需求的理事会条例）等政策，但在从政策转化为效果的过程中，价格成了主要的抓手。2022年，欧洲天然气消费量约$4800×10^8 m^3$，与上年的$5350×10^8 m^3$相比，减少约$550×10^8 m^3$。其中，工业领域消费量减少超37%。

在中国，2022年价格在资源配置中的决定性作用再一次得到了强化。近年来，我国天然气批发环节的销售价格和终端用气价格总体均呈现逐年上升趋势。从主要批发商来看，2022年中石油天然气销售平均实现价格

[①] 壳牌集团：《壳牌液化天然气（LNG）前景报告2023》，https：//www.shell.com.cn/zh_cn/promos/energy－and－innovation/shell－lng－outlook－2023/_jcr_content.stream/1679901206643/b5e41a6156ce1cb33371caf19c5117494a9279db/lng－outlook－2023－chinese－final.pdf。

2.684 元/m³,国内平均实现价格比上年同期上涨 27.6%[1]。从典型城镇燃气公司来看,昆仑能源平均购销气价格分别为 2.363 元/m³、2.865 元/m³,同比分别上涨 0.398 元/m³、0.418 元/m³[2];新奥能源平均购销气价格分别为 3.06 元/m³、3.59 元/m³,同比分别上涨 0.46 元/m³、0.44 元/m³[3];华润燃气平均购销气价格分别为 3.07 元/m³、3.52 元/m³,同比分别上涨 0.66 元/m³、0.59 元/m³[4]。用气成本的上涨叠加宏观经济的不景气对天然气需求的增长产生了明显的抑制效应,直接导致了工业燃料和发电领域天然气用气量的下降。其中,工业燃料全年用气 1533×10⁸m³,同比减少 45×10⁸m³[5]。

(三)城镇燃气规模化发展进入新阶段

2004 年"西气东输"一线投产后,城镇燃气市场开始快速发展。经过十年左右的时间,到"十二五"末期国内几乎没有空白市场,绝大部分地区的天然气经营权通过特许经营制度售出。此后,燃气行业开始进入兼并重组阶段,行业集中度逐渐提高。2021 年以来,燃气安全和气价上涨成为兼并重组的主要推动因素。一方面,2021 年湖北十堰"6·13"、辽宁沈阳"10·21"等燃气爆炸事故发生后,各地开展了燃气安全专项排查整治活动,对城燃企业进行大排查,通过召开听证会等方式取消了一批不符合条件的城燃企业的燃气特许经营权。燃气管道老化更新改造已成为城燃领域"十四五"重点任务之一,这对城镇燃气企业的资金实力提出了更高要求。另一方面,受国际气价高位等因素影响,城燃企业的购气价格在逐年上涨,

---

① 国家统计局:《中华人民共和国 2022 年国民经济和社会发展统计公报》,https://www.gov.cn/xinwen/2023-02/28/content_5743623.htm。

② 昆仑能源有限公司:《2022 年度报告》,http://media-kunlunenergy.todayir.com/2023032915071917612973Ol_tc.pdf。

③ 新奥能源控股有限公司:《2022 年全年业绩演示材料》,https://www.xinaogas.com/u/cms/www/202304/04091033ffqi.pdf。

④ 华润燃气控股有限公司:《华润燃气 2022 年年度业绩发布会》,https://www.crcgas.com/tzz/cwxx/gsys/2023gsys/202303/P020230331596199437983.pdf。

⑤ 沈鑫、周淑慧、吴春华:《中国天然气市场发展 2022 年回顾与 2023 年展望》,《国际石油经济》2023 年第 4 期。

终端售气普遍没有建立联动机制或者联动机制滞后，城燃企业的盈利能力整体在下降，部分中小企业生存困难。以新奥能源和华润燃气为例，2022年新奥能源天然气加权平均购销差价0.48元/m³，同比减少0.03元/m³，企业毛利率下降1.8个百分点①；华润燃气天然气加权平均购销差价0.45元/m³，同比减少0.07元/m³，企业销气溢利同比下滑16.5%②。

在上述背景下，各地以燃气安全专项整治为抓手，开始推动城镇燃气规模化、集团化整合。广东、浙江、河南、四川等地先后提出了"一盘棋、一张网、一体化""一城一企""一县一网""一城一网一企""一张网""城乡一体"等发展思路。其中，浙江省为典型代表。浙江省从2020年开始大力推进城镇燃气扁平化和规模化改革，先后印发《2020年浙江省能源领域体制改革工作要点》《关于推进全省城镇燃气体制改革的意见》等，要求各设区市牵头制定本行政区域城镇燃气扁平化和规模化改革方案。截至2022年12月，浙江省上报的有规模化改革任务的18个县（市、区）中，已有13个完成企业整合，4个签订整合框架协议（见表1），通过扁平化和规模化改革减少管道燃气企业22家，已签订框架协议企业10家③。为深化改革，2022年浙江省还印发了《浙江省深化城镇燃气改革三年行动方案（2023-2025）》，期望到2025年底前形成一批规模大、实力强、有担当的城镇燃气企业。

表1　浙江省城镇燃气扁平化和规模化改革进展（截至2022年底）

地市	县（市、区）	进展情况	整合目标
杭州市	临安区	完成企业整合	5家整合成1家
	建德市	完成企业整合	2家整合成1家
	淳安县	完成企业整合	2家整合成1家

① 新奥能源控股有限公司：《2022年全年业绩演示材料》，https://www.xinaogas.com/u/cms/www/202304/04091033ffqi.pdf。

② 华润燃气控股有限公司：《华润燃气2022年年度业绩发布会》，https://www.crcgas.com/tzz/cwxx/gsys/2023gsys/202303/P020230331596199437983.pdf。

③ 浙江省住房和城乡建设厅：《浙江省城镇燃气改革工作情况介绍》，https://jst.zj.gov.cn/art/2023/1/10/art_1569971_58931559.html。

续表

地市	县(市、区)	进展情况	整合目标
宁波市	宁波市区	完成企业整合	2家整合成1家
	象山县	已签订整合框架协议	2家整合成1家
温州市	温州市区(除洞头区)	完成企业整合	2家整合成1家
	乐清市	已签订整合框架协议	3家整合成1家
	瑞安市	完成企业整合	6家整合成2家
	文成县	完成企业整合	2家整合成1家
湖州市	德清县	完成企业整合	3家整合成2家
嘉兴市	海盐县	方案完成	3家整合成1家
	海宁市	完成企业整合	2家整合成1家
	嘉善县	完成企业整合	3家整合成2家
绍兴市	新昌县	已签订整合框架协议	3家整合成2家
台州市	台州市区	完成企业整合	3家整合成1家
	临海市	已签订整合框架协议	3家整合成1家
衢州市	江山市	完成企业整合	2家整合成1家
舟山市	岱山县	完成企业整合	2家整合成1家

资料来源：浙江省住房和城乡建设厅：《浙江省城镇燃气改革工作情况介绍》，https：//jst.zj.gov.cn/art/2023/1/10/art_1569971_58931559.html。

（四）"顺价"成为天然气价格改革新热词

当前的中国天然气价格体系可以用"多轨制"一词来概括，长输管道管输价格与包含管输价格在内的基准门站价格并存，批发环节政府规制与市场化定价并存，供应侧部分气源门站价格规制和需求侧居民用气门站价格规制并存，零售环节居民政府定价与非居民政府指导价并存。在"管住中间、放开两端"、推动天然气市场化发展的大趋势下，如何深化天然气价格改革，选择哪个环节作为下一步改革的切入点，哪个环节改革的代价最小，一直是我国天然气行业的决策难题。构建竞争性的市场交易结构是产生市场化价格的重要前提。

从目前看，通过天然气上下游价格联动，在零售环节实现所有用气行业的天然气顺价成为可能的突破口。城镇燃气企业认为其两头受压，购气成本逐年上涨但零售价格不能及时调整，企业盈利能力普遍下降。与此同时，政府对燃气安全水平和服务质量提出了更高要求，不管是老旧燃气管网改造还是智慧燃气建设，都需要燃气企业具备较强的资金实力。企业认为在现阶段建立健全上下游价格联动机制是切实可行的办法。实际上，上下游价格联动在我国并不是一个新概念，部分地方也已经出台并执行了相关的政策。以广州市为例，广州市 2015 年即建立了管道燃气价格动态调整机制，明确当全市平均购气成本波动超过 4% 且距上次调价时间达到或超过 6 个月时，可动态调整非居民用气价格①。总体来说，之前的联动主要集中在非居民用气领域，各地启动调价机制的频率、调价的触发条件、调价周期和调价幅度均有较大差异。

城镇燃气企业本次"顺价"的诉求主要是扩大顺价范围、降低顺价门槛、提高顺价频率。2023 年 3 月，中国城市燃气协会向国家发展改革委报送《关于支持城市燃气企业纾困解难持续健康发展的建议》，建议国家层面出台城市燃气终端销售定价指导方案，建立"综合采购成本+配气价格"的价格联动机制；居民气价调整实行季度联动，不设置调整条件、涨幅上下限；非居民气价调整实行月度联动。政府部门对"顺价"高度重视，国家层面已着手开展研究，少数省份已出台"顺价"新政，但从保民生、稳价格、促发展角度考虑多数省份还在观望，等待着国家层面政策的出台。2023 年 2 月，国家发展改革委价格司发文称，为完善天然气终端销售价格与采购成本联动机制，各地可就建立健全天然气上下游价格联动机制提出具体意见建议，包括如何确定综合采购成本，如何科学设置启动条件、调价周期和调价幅度等。2023 年 3 月，内蒙古自治区发展改革委同时启动居民和非居民天然气销售价格联动机制，列出了联动后的具体价格，但未明确联动机制的

---

① 广州市发展和改革委员会：《广州市关于实施非居民管道燃气价格动态调整的解读材料》，http：// fgw. gz. gov. cn/zfxxgk/zfxxgkml/zfxxgkml/bmwj/zcjd/shms/content/post_ 8191222. html，2022 年 4 月 15 日。

具体内容。湖南省发布《关于召开湖南省天然气上下游价格联动机制听证会的公告》（第二次），提出当气源采购平均成本波动幅度达到基准门站价格的5%时，应适时启动气价联动机制，天然气终端销售价格同步同向调整。原则上居民用气价格的联动上调幅度不超过第一档基准终端销售价格的10%，每年联动上调不超过 1 次；非居民气价联动原则上按照气源采购平均成本同步同额同向调整，每年联动上调不超过 4 次，下调次数不限。2023年 4 月，山东省印发《关于落实居民用气价格联动政策的通知》，要求各地联动调整居民用气价格，为保持当地居民价格稳定未疏导或未能全部疏导的，也可由当地政府补贴上浮差价。2023 年 5 月，贵州省印发《贵州省发展改革委关于联动调整居民用气价格及有关事项的通知》，联动调整了居民用气价格，将省级定价的贵阳市城区及与其共用同一配气管网区域居民的用气价格上调 0.15 元/m³①。

（五）新能源成为油气公司新业务

天然气与新能源融合发展是当前天然气行业热度最高的发展模式。石油公司油气田所在地大多风光资源富足，具备天然气与新能源融合发展的物理基础。2021 年 10 月，《国务院关于印发 2030 年前碳达峰行动方案的通知》首次提出要"大力推动天然气与多种能源融合发展"。2023 年 2 月，国家能源局印发《加快油气勘探开发与新能源融合发展行动方案（2023－2025年）》，首次明确了天然气与新能源融合发展的切入点，提出要依托油区及周边资源，大力推动油气勘探开发与新能源融合发展，初期以就地就近消纳为主，大力推进陆上油气矿区及周边地区风电和光伏发电，统筹推进海上风电与油气勘探开发，加快提升油气上游新能源开发利用和存储能力，积极推进绿色油气田示范建设。

在政策引导下，主要石油公司纷纷进军新能源领域。中石油正在从生产

---

① 《贵州省发展改革委关于联动调整居民用气价格及有关事项的通知》，https：//www. shang yexinzhi.com/article/7735927.html。

用能清洁替代和对外清洁供能两个方面积极推动油气资源和"风光热电氢"新能源融合发展，加快从传统油气企业向"油气热电氢"综合能源供应商转变。目前，风光发电装机规模累计超过 $140×10^4kW$ ，累计地热供暖面积达到 $2500×10^4m^2$ ，为 14 座冬奥会场馆供应氢气 $14×10^4kg$ ，运营充换电站 416 座，光伏站 542 座[①]。

中石化提出要积极向"油气氢电服"综合能源服务商转型。截至 2022 年末中石化已累计建成加氢站 98 座，合计加氢能力约 $45t/d$ ，是全球拥有加氢站最多的企业，累计建成分布式光伏发电项目 2452 座，装机容量 88MW，充电站 2171 座，换电站 128 座[②]。其中，氢能是中石化发展的重点，2022 年 9 月其发布了"氢能中长期发展战略"，提出要聚焦氢能交通和绿氢炼化两大领域，大力发展氢能一体化业务。目前，我国首个万吨级光伏发电直接制绿氢项目——新疆库车绿氢示范项目进展顺利，已于 2023 年 8 月投产。

中海油充分利用海洋优势，将深远海风电作为其新能源业务的主攻方向，积极推动油气业务与海上风电项目融合发展。2023 年 5 月，中海油首座离岸距离 100 公里以上、水深 100 米以上的"双百"深远海漂浮式风电平台——"海油观澜号"成功并入文昌油田群电网。

三 制约天然气行业高质量发展的主要问题

（一）国产资源供应潜力方面的问题

一方面，国产资源决定了天然气行业发展的规模和空间。乌克兰危机后，能源安全成为各国能源政策首要考虑的因素。由于近年来我国天

---

① 《中国石油天然气股份有限公司 2022 年度报告》，http://www.petrochina.com.cn/petrochina/ndbg/202304/91e473b97f48480e8d5def5d50832b32/files/9f537f50120c47ba8f811713ac0469a8.pdf。

② 《2022 年中国石化可持续发展报告》，http://www.sinopecgroup.com/group/Resource/Pdf/SustainReport2022.pdf。

然气进口依存度始终保持在 40% 以上，结合中美关系和世界油气版图重构，提升天然气安全度也成为未来我国天然气行业发展必须优先考虑的问题。立足国内发展天然气，合理控制天然气进口比例已经成为共识。同时，在极端情况下，国产资源是能源安全的"兜底保障"，更是天然气底线平衡的基石。

另一方面，国产资源是提高天然气市场竞争力的关键。作为一种可替代能源，价格竞争力弱始终与天然气发展一路同行。考虑天然气热值 8500 kcal/m³、燃气锅炉热效率 90%、煤炭热值 5500 kcal/kg、燃煤锅炉热效率 65%，则 2022 年中石油天然气销售平均实现价格 2.684 元/m³，相当于煤炭价格 1254 元/t。若用前述的昆仑能源、新奥能源和华润燃气 2022 年的平均售气价格计算，则分别相当于煤炭价格 1339 元/t、1678 元/t、1645 元/t。在发电领域，相对较高的天然气价格也是制约气电发展的主要因素。同样以 2022 年中石油天然气销售平均实现价格 2.684 元/m³ 计算，对应的气电上网电价需要超过 0.5 元/kWh 才能保证气电不亏损。可以说，目前天然气与煤电、风电、光伏发电相比均不具有经济竞争力。与新型储能可预见的成本下降相比，市场对天然气发电成本下降的期望值不高。

国产天然气的成本总体低于进口天然气，国产天然气成为天然气行业夯实发展底气、提升发展安全指数、提高市场竞争力的关键。若天然气的价格能降至 2.0 元/m³，则相当于煤炭价格 935 元/t，气电上网电价约 0.4 元/kWh。若天然气的价格能降至 1.5 元/m³，则相当于煤炭价格 700 元/t，气电上网电价约 0.3 元/kWh。

（二）天然气发展方向方面的问题

虽然天然气是公认的清洁能源，与煤炭相比在减少大气污染物排放、降低二氧化碳排放、提高能源利用效率等方面具有明显优势，但它仍然是含碳能源，与新能源相比仍然有二氧化碳排放。在积极稳妥推进碳达峰、碳中和的过程中，天然气在新型能源体系中能发挥什么作用？发展前景如何？这些问题备受社会各界关注。不同研究机构对天然气如何发展的观点也有较大差异。站在新的历史起点上，相关研究机构需要结合天然气自身能源特性，继续深入思考，进一步凝聚发展共识。

与此同时，随着社会经济稳定发展、新型城镇化建设加快推进，未来 10~15 年天然气快速发展的趋势不会改变，加快天然气产供储销体系建设、保持基础设施适度冗余仍然是行业发展的主要任务。在碳达峰、碳中和目标提出后，天然气如何满足国家的需要，尽可能降低碳排放也是必须考虑的问题。特别是考虑到天然气基础设施 25~40 年的折旧年限，在发展过程中还需要尽力避免基础设施投入的亏损，科学谋划基础设施的转型。

可以说，天然气行业的未来发展方向需要与国家大势、能源大势深入结合，需要处理好近期规模增长与远期降碳之间的协同关系，重点考虑三方面因素。一是与发展动能是否匹配。替代煤炭，融合新能源已经成为未来天然气发展的主要动力。因此，能有效体现增长动能的行业将得到较大发展。二是是否有利于采用二氧化碳捕获、利用与封存（CCUS）等技术。考虑到 CCUS 更有助于集中大规模减少碳排放，判断未来天然气利用应朝着提升集中利用程度的方向发展。三是适应不同发展阶段需要，有序调整天然气发展速度和发展方向。

（三）体制机制深化改革方面的问题

首先是上游体制改革如何深化，如何尽快将勘探开发市场主体增多的红利传导到天然气供应环节。解决这一问题的难点主要体现在三个方面。一是如何回应三家石油公司之外的主体，特别是省级能源公司、部分城镇燃气公司对勘探开发市场放开的渴望问题。部分城镇燃气公司认为上游公司已经实质性进入下游，但下游公司进入上游从事勘探开发的机会则相对较少，这使得它们在实际竞争中始终处于劣势。二是如何提升勘探开发市场新主体的见产能力。在通过制度建设减少炒作空间后，技术使用能力和技术创新能力将是决定勘探开发市场新主体转变为供应市场新主体的关键。三是如何平衡勘探开发放开与天然气保供之间的关系。可以预见当前及未来较长一段时间内，石油公司仍然是天然气增储上产、采暖季保供和极端情况下保供的主体，因此任何勘探开发政策都需要考虑如何保护石油公司的生产积极性。2019年《关于推进矿产资源管理改革若干事项的意见（试行）》提出探矿权5年到期后强制性核减面积25%。但石油公司对此持反对意见，认为"投入大、回报慢"的特性决定了能源从勘探开发到见产需要一定的时间，因此不能简单用5年时间来判断，认为该政策不利于完成增储上产"七年行动计划"。2023年5月《自然资源部关于深化矿产资源管理改革若干事项的意见（征求意见稿）》将探矿权5年到期后强制性核减面积比例降低为20%。可以看出，在当前的政策框架内，保供的优先级别更高。

其次是天然气价格改革如何进一步深化。在逐步构建竞争性市场交易结构的前提下，一是如何解决管输价格与基准门站价格并存的问题。2020年中央定价目录明确提出放开"具备竞争条件"省份天然气的门站价格。但哪些省份具备条件，"十四五"时期能否放开均未明确。二是在批发环节如何解决政府价格规制与市场化定价并存的问题。目前政府价格规制范围涉及供需两侧，供应侧包括国产陆上常规天然气和2014年底前投产的进口管道天然气门站价格，需求侧为居民用天然气门站价格。资源构成和居民用气比例直接决定了批发环节的购气成本，也成为各方博弈的关键。三是如何完善管输定价机制，提高管输路径和管容分配的透明度。四是如何实现干线管道和省级管网管输定价机制的有机统一，尽可能降低中间环节成本。五是在建立零售环节上下游价格联动机制过程中如何尽可能降低终端用能成本，提高终端用户的选择权。

四　天然气行业高质量发展相关建议

（一）进一步增强国内天然气供给能力，夯实天然气行业发展底气

一是加大科技创新投入力度。以深地天然气、深层页岩气、深海天然气、深层煤层气为重点，加大财政政策支持力度，加大关键核心技术攻关和

勘探开发投入力度。通过科技创新和技术突破,提高天然气峰值产量,延长稳产期,降低开采成本。

二是加大勘探开发区块投放力度。建议完善相关政策,对自然资源管理部门掌握的油气探矿权区块面积做出时效规定。如,石油公司探矿权到期后的核减面积从返回自然资源管理部门的第一天算起,需在规定时间(如6个月)内通过开展招拍挂再次投放市场。研究扩大油气矿业权竞争出让范围的可行性,如研究试点开展采矿权/探明储量转让的可行性。

三是努力提升勘探开发新进入主体的技术使用能力和技术创新能力。探索区块地质资料共享的可能。研究国有油气企业工程技术、工程建设和装备制造等油气服务业务专业化重组的可行性。加大对三大石油公司之外的民营油气服务公司的财税支持力度,鼓励多种主体进入油气服务领域。

(二)巩固多元进口与提高储气调峰能力相结合,提升天然气行业的韧性和灵活性

一是深入巩固多元进口战略,继续坚持多来源、多渠道进口天然气。特别是在乌克兰危机后,欧洲加大 LNG 接收站建设力度,俄罗斯天然气出口战略更多转向东方,我国沿海 LNG 的引进和接收站的建设速度可能低于预期,这时更需要合理平衡陆上管道气与沿海 LNG 的引进节奏。继续鼓励中国油气企业"走出去",鼓励它们积极寻求境外投资机会,打造境外天然气全产业链,拓展国际合作的深度和广度。积极参与全球天然气治理,利用好国际燃气联盟(IGU)、国际能源署(IEA)等在国际上有较大影响力的国际组织,推动全球天然气市场平稳运行。

二是继续加快天然气产供储销体系建设。适度超前推进基础设施建设,提高不同基础设施间的联通能力。继续加快地下储气库等调峰设施的建设,消除天然气自身的调峰压力,为天然气发挥调节性能源和灵活性电源作用夯实物理基础。推动生物天然气规模化发展,支持天然气水合物、煤制天然气等替代技术发展,提升天然气的接续能力。积极研究天然气掺氢储存运输等领域的发展。持续完善需求侧管理,提升可中断用户的多燃料转换能力。

（三）优化天然气发展方向，提升不同发展阶段天然气行业的适应能力

一是以油气勘探开发与新能源融合发展为突破口，引导并促进天然气与风电、光伏、氢能、生物天然气等多种能源融合发展，充分发挥天然气灵活易储、清洁低碳的能源特性。持续推动燃气轮机国产化研究，通过气电联营等方式创新天然气发电发展模式，尽可能提高天然气发电竞争力。

二是根据不同发展阶段需要，合理引导天然气行业发展。处理好天然气近期规模增长与远期降碳之间的协同关系，逐步提高天然气的集中利用水平，逐步缓解行业调峰用气需求。2040年前天然气行业应重点拓展气电和工业燃料两个领域，助力其实现减污降碳与产业升级的协调统一。2040年后结合碳中和技术进步，应重点减少工业燃料和城镇燃气两个用气相对分散领域的用气。

三是充分发挥油气企业先发优势，利用油气行业相对成熟的二氧化碳驱油技术优势，咸水层、枯竭油气藏、深海等二氧化碳封存空间优势，管道运输优势等，开展CCUS技术研发和试点示范，拓展天然气行业的二氧化碳排放空间。

（四）加快天然气市场化发展步伐，提升天然气市场活力

一是将价格改革与竞争性市场建设相结合，选择合适的省份或者区域，试点推动区域市场化。在试点区域内统筹考虑门站价格取消、管输价格机制完善、省级管网和国家管网融合、干线管道与省级管网价格机制协同等问题。在基础设施方面，将区域内干线管道与省级管网的所有权和运营权合二为一。在管输定价方面，过境天然气按照"区域运价率乘以路径长度"收取费用，路径长度可考虑采用实际路径长度、供需双方协商路径长度、多条路径长度的算术平均值等。区域内统筹干线管道与省级管网后可采用"邮票制"或"出入口"模式统一管输费。在气源价格方面，仅保留居民用气的门站价格管理，其余全部放开。在条件具备的地区，也可考虑放开居民用气价格，扩大改革成果。

　　二是进一步优化零售环节的配售气价格形成机制。以回应目前城镇燃气企业的"顺价"新诉求为契机，建立全国相对统一的上下游天然气价格联动机制，从非居民用气开始，逐步过渡到所有用气。加大对低收入群体的补贴力度，提高基本民生保障力度。进一步加强配气管网费用监管，研究进一步降低配气管网准许收益率的可行性。结合城镇燃气规模化、集团化整合发展步伐，适时鼓励推动配气管网运输与零售分开。鼓励城镇燃气企业推出多样化产品，提高终端用户的选择权，满足终端用户的多元化需求。

参考文献

［1］国家发展和改革委员会运行局：《2022 年 12 月份全国成品油、天然气运行快报》，https：//www.ndrc.gov.cn/fgsj/tjsj/jjyx/mdyqy/202301/t20230131_1348023_ext.html？eqid=fb1a7e90000506530000003645c574f。

［2］国家统计局：《中华人民共和国 2022 年国民经济和社会发展统计公报》，https：//www.gov.cn/xinwen/2023-02/28/content_5743623.htm。

［3］余国、陆如泉：《2022 年国内外油气行业发展报告》，石油工业出版社，2023。

［4］中国城市燃气协会：《燃气采暖热水炉产品 2022 年度市场统计公告》，https：//www.chinagas.org.cn/4639/202303/56394.html。

［5］孙慧：《我国天然气产业结构分析与优化升级研究》，博士学位论文，中国地质大学，2018。

［6］中国石油集团经济技术研究院：《2023 年 3 月中石油经研院能源数据统计》，2023。

［7］孙慧、杨雷、都兴恺：《中国天然气产业链优化的思路与建议》，《油气与新能源》2023 年第 1 期。

［8］中国石油天然气股份有限公司：《二零二二年度业绩公告（年度报告摘要）》，http：//www.petrochina.com.cn/petrochina/ndyjgb/202303/ede8905688a2469999c22970536c7ae4/files/fbf513280e324aef8ed4b5723024edd8.pdf。

［9］中国石油化工股份有限公司：《2022 年生产经营数据》，http：//www.sinopec.com/listco/Resource/Pdf/2023011702.pdf。

［10］中国海洋石油有限公司：《中国海洋石油有限公司 2022 年年度报告》，https：//www.cnoocltd.com/module/download/down.jsp？i_ID=15337536&colID=3881。

［11］山西省人民政府国有资产监督管理委员会：《延长石油集团油气当量突破

1700万吨刷新历史纪录》，http：//sxgz.shaanxi.gov.cn/newstyle/pub_ newsshow.asp？id＝2647634&chid＝100069。

［12］《浙江省天然气管网融入国家管网交接仪式举行》，http：//guandaobaohu china.com/htm/202211/2_ 3961.htm。

［13］壳牌集团：《壳牌液化天然气（LNG）前景报告2023》，https：//www.shell.com.cn/zh_ cn/promos/energy－and－innovation/shell－lng－outlook－2023/_ jcr_ content.stream/1679901206643/b5e41a6156ce1cb33371caf19c5117494a9279db/ln g－outlook－2023－chinese－final.pdf。

［14］昆仑能源有限公司：《2022年度报告》，http：//media－kunlunenergy.todayir.com/20230329150719176129730_ tc.pdf。

［15］新奥能源控股有限公司：《2022年全年业绩演示材料》，https：//www.xinaogas.com/u/cms/www/202304/04091033ffqi.pdf。

［16］华润燃气控股有限公司：《华润燃气2022年年度业绩发布会》，https：//www.crcgas.com/tzz/cwxx/gsys/2023gsys/202303/P020230331596199437983.pdf。

［17］沈鑫、周淑慧、吴春华：《中国天然气市场发展2022年回顾与2023年展望》，《国际石油经济》2023年第4期。

［18］浙江省住房和城乡建设厅：《浙江省城镇燃气改革工作情况介绍》，https：//jst.zj.gov.cn/art/2023/1/10/art_ 1569971_ 58931559.html。

［19］广州市发展和改革委员会：《广州市关于实施非居民管道燃气价格动态调整的解读材料》，http：//fgw.gz.gov.cn/zfxxgk/zfxxgkml/zfxxgkml/bmwj/zcjd/shms/content/post_ 8191222.html。

［20］《气价涨、利润降！城燃企业"两头承压"困境如何解》，https：//finance.eastmoney.com/a/202304062684383168.html。

［21］《天然气价格联动还差什么》，https：//www.163.com/dy/article/I27ETAVM05 508GA4.html。

［22］《天然气顺价机制亟待捋顺》，https：//baijiahao.baidu.com/s？id＝176140922 0831554879&wfr＝spider&for＝pc。

［23］湖南省发展和改革委员会：《关于召开湖南省天然气上下游价格联动机制听证会的公告（第二次）》，http：//fgw.hunan.gov.cn/fgw/xxgk_ 70899/gzdtf/gzdt/202303/t20230315_ 29274551.html。

［24］《天然气行业观察，梦想照进现实！请示国家发改委后，山东印发通知落实居民气价联动政策！》，https：//www.shangyexinzhi.com/article/7735927.html。

［25］《贵州省发展改革委关于联动调整居民用气价格及有关事项的通知》，https：//www.shangyexinzhi.com/article/7735927.html。

［26］《中国石油油气和新能源业务协同推进迈入快车道》，http：//news.cnpc.com.cn/system/2023/03/31/030097423.shtml。

［27］《中国石油天然气股份有限公司 2022 年度报告》，http：//www. petrochina. com. cn/petrochina/ndbg/202304/91e473b97f48480e8d5def5d50832b32/ files/9f537f50120c47ba8f811713ac0469a8. pdf。

［28］《2022 年中国石化可持续发展报告》，http：//www. sinopecgroup. com/group/ Resource/Pdf/SustainReport2022. pdf。

［29］《中国石化发布实施氢能中长期发展战略》，https：//baijiahao. baidu. com/s? id＝1743137867505174138&wfr＝spider&for＝pc。

［30］《直击股东大会丨中国海油：将加大油气勘探力度深远海风电成新能源业务主 攻方向》，https：//baijiahao. baidu. com/s? id＝1767500344299914192&wfr＝ spider&for＝pc。

［31］孙慧、杨雷、李雷等：《深化中国天然气市场改革的思考与建议》，《天然气 工业》2023 年第 2 期。

B.5
2023年煤电行业高质量发展报告

鲁　刚　吕梦璇　张富强*

摘　要： 我国能源资源禀赋以煤为主，在今后较长一个时期内，煤电仍将是保障电力供应和能源安全的重要基础。因此，坚持系统观念，研判我国煤电在能源电力高质量发展中的作用与地位，补短板、固优势，推动煤电行业健康可持续发展具有重要意义。首先，本文在分析我国煤电功能定位的基础上，进行了煤电行业国内外对比分析，表明我国已建成世界上规模最大的清洁高效煤电体系，常规污染物排放与能耗控制达到世界领先水平，大多数煤电机组正处于"青壮年"期。然而，我国煤电行业发展仍面临诸多严峻挑战，灵活调节能力与国际先进水平相比还有较大差距，与功能定位转变相适应的价格和市场机制尚不完善，碳排放总量大导致减碳压力大。为此，本文深入剖析了影响煤电行业健康发展的关键因素，包括政策预期、市场和价格机制、电煤供应和低碳脱碳技术等。在此基础上，提出了我国煤电行业未来发展重点及有关建议。

关键词： 煤电　电力供应　市场机制　低碳脱碳技术

---

* 鲁刚，博士，国网能源研究院能源战略与规划研究所所长，教授级高级工程师，主要研究方向为能源战略、电力规划、电力市场；吕梦璇，国网能源院能源战略与规划研究所研究员，主要研究方向为能源电力发展规划；张富强，博士，国网能源研究院能源战略与规划研究所主任工程师，主要研究方向为电力系统规划、生产模拟和新能源消纳。

我国煤电技术先进、运行稳定、单位造价低，既是电力电量供应主体，又是关键的调节支撑资源，在保障电力系统安全、稳定和经济运行方面发挥了重要作用。2022 年，我国煤电以 44% 的装机占比，生产了近六成的电量，承担了近七成的顶峰任务，是我国电力保供的"稳定器"和"压舱石"。然而，在推进实现"双碳"目标和煤炭价格高企等背景下，煤电行业发展面临减碳任务重、转型压力大、经营效益差、发电和投资意愿低等多重困局，成为当前电力转型矛盾的焦点，煤电行业发展质量关乎新型能源体系建设进程。因此，有必要从系统角度深入分析煤电在我国能源电力高质量发展中的作用与地位，开展国内外煤电行业优劣对比研究，研判影响我国煤电行业发展的关键因素。在此基础上，明确我国煤电行业未来发展重点，提出推动我国煤电行业健康发展的有关建议。

一 煤电在能源电力高质量发展中的作用与地位

（一）安全性：煤电是我国电力安全保供的"稳定器"和"压舱石"，对能源安全保障的作用愈加凸显

2021~2022 年，受地缘政治、极端天气等多重风险因素影响，我国部分地区出现电力短缺情况，这深刻体现了低碳转型过程中电力安全风险的复杂性与多样性。煤电能量密度大、出力可调节，具有保电力、保电量、保调节的"三保"作用，是我国电力保供的主体电源。与之相比，新能源发电虽然是绿色电能，但存在固有的随机性、间歇性特征，长时段大幅度波动给电力可靠供应带来风险，尚不能承担保供主体责任。特别是在积极防范"黑天鹅""灰犀牛"事件的背景下，我国以煤为主的资源禀赋结构决定了煤电具有独一无二的优势。当今及今后一段时间，煤电将继续发挥电力保供"稳定器"和"压舱石"作用。从电力（功率）保障作用看，2022 年煤电承担的高峰负荷占比达到 70% 左右，预计 2025 年、2030 年，62%、55% 以上的高峰负荷仍需由煤电承担。从电量保障作用看，煤电发电量占比将逐步由 2022 年的 58% 下

降至 2025 年的 56%、2030 年的 48%，煤电仍将是电量供应的主力军。

中长期来看，能源安全保障的重心和责任主体将逐步向电力系统转移。"双碳"目标下能源绿色低碳转型全面加速，我国将逐步改善油气对外依存度过高的局面。从能源供应侧看，发电将成为一次能源转换利用的主要方向；从能源消费侧看，电能将成为终端最主要的用能形式。因此，煤电在电力安全保供中的重要地位将逐步外溢至能源系统，在保障能源安全中起到举足轻重的作用。

（二）经济性：当今及今后一个时期，煤电可助力以较低的电力系统供应总成本推动中国式现代化建设

能源价格稳定对保障民生和经济平稳运行具有重大意义，我国高度重视民生和经济工作，全力以赴保供稳价。2021 年以来，国际能源供需形势复杂严峻，价格大幅上涨。与此形成鲜明对比的是，我国在同样面对国际市场冲击和应对极端天气考验的情况下，依靠制度优势和保供稳价组合拳，实现了能源价格总体稳定在合理区间。坚持能源价格经济可承受是推动能源电力转型发展、实现中国式现代化需要把握的重大原则之一，必须合理控制转型中的用能成本。

从常规电源成本来看，当前煤电成本约为 0.4 元/kWh[1]，低于气电（0.7 元/kWh），与核电基本相当（0.4 元/kWh），高于水电（0.3 元/kWh）[2]。与新能源相比，新能源平价上网不等于平价利用，新能源的大规模并网和消纳，将带来电力系统总体建设和运营成本的大幅上升，在考虑新能源系统成本[3]后，当前新能源利用成本约为 0.5 元/kWh，场站成本减少量难以对冲系统成本增加量。当今及今后一个时期，新能源利用成本与煤电相

---

[1]　考虑电煤价格在 600 元/t 左右。

[2]　孙启星、张超、李成仁等：《"碳达峰、碳中和"目标下的电力系统成本及价格水平预测》，《中国电力》2023 年第 1 期。

[3]　包括灵活性电源投资/改造成本和系统调节运行成本中抽蓄相关部分、大电网扩展及补强投资，以及接网与配网投资。

比仍不具备竞争力，保持一定规模的煤电装机对合理控制新能源系统成本及电力系统供应总成本具有重要作用。

（三）清洁性：煤电不仅持续提高自身节能减污降碳水平、服务新能源发展，未来还将有力支撑低碳燃料转换与碳循环经济发展

作为我国的基础性电源，煤电为支撑经济社会发展提供了坚强的电力保障，但煤电也曾是导致大气污染问题频发的重要因素。为推动煤电清洁高效发展，减少煤炭消耗和污染物排放、改善空气质量，我国先后印发实施《煤电节能减排升级与改造行动计划（2014—2020年）》和《全面实施燃煤电厂超低排放和节能改造工作方案》。经过多年努力，煤电节能减排工作已取得显著成效。截至2021年底，近10.3亿kW煤电机组实现超低排放，占全国煤电总装机容量的约93%。2021年，全国电力烟尘、二氧化硫、氮氧化物排放量分别约为12.3万t、54.7万t、86.2万t，合计153.2万t，比上年下降15.3%，而火电发电量比上年上升9.4%，实现了污染物排放与煤电发展脱钩。2021年，全国单位火电发电量烟尘、二氧化硫、氮氧化物排放量分别为$22mg/kW \cdot h$、$101mg/kW \cdot h$、$152mg/kW \cdot h$，分别比上年下降约$0.01g/kW \cdot h$、$0.15g/kW \cdot h$、$0.03g/kW \cdot h$，我国建立了世界上规模最大的清洁煤电体系。

近年来，煤电不仅实现了自身的清洁发展，还为服务电源结构清洁低碳转型做出了巨大贡献，未来还将有力支撑低碳燃料转换与碳循环经济发展。一方面，深入挖掘煤电调节支撑能力，使煤电逐步由主体性电源向提供可靠容量、调峰调频调压、转动惯量等辅助服务的系统调节性电源转型，保障大规模新能源接入电网后电力系统安全稳定运行。与新能源打捆输送，提高西部北部地区大规模新能源发电远距离输送的稳定性和效率效益，把更多发电空间让渡给清洁能源，为风电、光伏的高效利用和电力系统安全稳定运行提供坚强保障。另一方面，燃煤电厂掺烧生物质，可以助力电力系统实现负排放；煤电加装CCUS结合新能源制氢制甲醇等更多应用场景，通过电—氢—碳融合应用，形成电力流—碳流—化工产品流的融

合发展，形成长周期调节能力，更好促进新能源多元化消纳利用，助力循环经济和低碳经济发展。

二 我国煤电行业与国外相比的优势与不足

2022 年，我国煤电装机容量增速有所放缓，新增煤电装机容量 1465 万 kW，比上年减少 1524 万 kW。截至 2022 年底，煤电装机容量达 11.2 亿 kW，比上年增长 1.3%，增速比上年下降 1.5 个百分点；煤电装机容量占我国电源总装机容量的比重为 43.8%，比上年下降 2.9 个百分点。从发电量来看，2022 年，我国煤电发电量 50770 亿 kW·h，比上年增长 0.7%，占全国总发电量的 58.4%，比上年下降 1.6 个百分点。与国际煤电发展水平相比，我国煤电在清洁、高效、服役年限方面具有显著优势，但在灵活性、功能价值市场发现和降碳方面仍有较大差距。

（一）我国煤电行业与国外相比的优势

1. 清洁水平高，碳排放强度低

2011 年，我国火电厂污染物排放强度约为 5.34g/（kW·h），远高于同期美国、德国、日本及 OECD 国家的平均水平。为解决当时煤电行业发展与环境质量约束间的巨大矛盾，我国发布了新的《火电厂大气污染物排放标准》（GB13223—2011），代替 2003 版标准，收紧了污染物排放限值。到 2015 年，我国火电厂全面达到《火电厂大气污染物排放标准》（GB13223—2011）要求，污染物排放强度已降至 0.99g/kW·h，较 2011 年下降 81.5%，低于美国、德国及 OECD 国家平均水平，略高于日本。我国先后发布《煤电节能减排升级与改造行动计划（2014—2020 年）》《全面实施燃煤电厂超低排放和节能改造工作方案》，进一步提出超低排放改造要求（烟尘、二氧化硫、氮氧化物排放浓度分别不高于 10mg/m³、35mg/m³、50mg/m³）并逐步强化落实。2021 年，我国火电行业污染物排放强度约为 0.32g/kW·h，全面低于美国、德国、日本及 OECD 国家平均水平，达到世界领先水平。

在供电煤耗持续下降、电力结构不断优化的带动下，火电和煤电行业碳排放强度持续下降。2021年，全国单位火电发电量二氧化碳排放约为828g/kW·h，比上年降低0.5%。我国火电碳排放强度与OECD国家平均水平相比仍偏高，但单从煤电来看，其碳排放强度已达到世界领先水平[①]。

2.机组效率高，能耗水平低

近年来，电力行业深入推进煤电节能技术升级、能效管理等工作，机组效率和能耗水平持续向好。2021年我国煤电的度电煤耗大约为305g，位于世界先进国家行列，仅高于日本（294g/kW·h）和德国（299g/kW·h），明显优于美国（335g/kW·h）、英国（321g/kW·h）和韩国（325g/kW·h），大幅领先于俄罗斯（428g/kW·h）、南非（395g/kW·h）、印度（362g/kW·h）、澳大利亚（351g/kW·h）、印度尼西亚（351g/kW·h）等国家。其中，日本、德国供电煤耗较低的原因主要在于其煤电技术先进，电力市场化程度较高，能够充分合理调动其他系统调节资源，提高煤电机组运行效率。

2021年，为进一步降低煤电机组能耗，提高清洁高效水平，我国发布《全国煤电机组改造升级实施方案》，提出对供电煤耗在300g/kW·h以上的煤电机组，加快创造条件实施节能改造，对无法改造的机组逐步淘汰关停。当前，我国供电煤耗高于300g/kW·h的煤电机组占比约60%，主要为亚临界煤电机组，未来仍有较大节能提效潜力。

3.大多数煤电机组处于"青壮年"期

从煤电机组服役年限看，当前我国煤电机组平均服役年限约14年。其中，90%以上的煤电机组是2000年后投产的，40%以上的煤电机组投产年限在10年以内。从国际来看，发达国家50%的煤电机组平均服役年限在40年左右。其中，美国燃煤发电厂的平均使用年限为42年，有11%的发电厂运行年限超过60年；日本近50%的煤电机组服役年限为30~39年，25%的煤电机组服役年限超过40年，煤电机组平均服役年限为38年[②]。由此可

---

① 刘志强、赵毅、潘荔：《中外火电节能减排效率分析与比较》，《热力发电》2021年第3期。

② 王双童、杨希刚、常金旺：《国内外煤电机组服役年限现状研究》，《热力发电》2020年第9期。

见，相对于工业发达国家，我国的煤电机组服役年限较短，正处于"青壮年"期，未来还将发挥重要作用。

国外在20世纪80年代提出"寿命管理"概念，开展煤电机组状态和剩余寿命评估，保证机组在有效监督下安全运行，大幅增加了机组的服役年限。我国近年投产的煤电机组通过延寿和CCUS改造后，完全具备服务至2060年的条件。因此，有必要规范开展煤电机组寿命评估工作，用存量煤电机组延续运行来部分替代新建煤电机组，充分挖掘存量资产价值，大幅减少新建煤电投资规模。

（二）我国煤电行业与国外相比的不足

1."十三五"时期煤电灵活性改造进程相对滞后，调节能力与先进国家相比仍有较大提升空间

随着新能源发电渗透率逐步提高，其固有的随机性、波动性、间歇性将对灵活性电源规模及快速调节能力提出更高要求。受天然气价格高、供应紧张，以及抽水蓄能建设周期长等因素影响，2022年我国气电和抽水蓄能（灵活性电源）装机占比仅为6.3%，与发达国家灵活性电源占比为30.0%~50.0%的情况相比有明显差距（见表1）。因此，立足我国国情能情，作为主体电源的煤电承担起灵活调节电力系统的主要任务，充分挖掘并释放存量煤电的灵活调节潜力是必然选择。

表1 2022年主要国家灵活性电源装机及占比

单位：万kW，%

序号	国家	气电装机	抽水蓄能装机	电源总装机	灵活性电源装机占比
1	日本	10170	2764	34970	37.0
2	美国	55200	2286	123250	46.6
3	意大利	4720	769	11680	47.0
4	西班牙	3160	612	11010	34.3

资料来源：国网能源研究院有限公司。

受辅助服务市场机制不完善、灵活性改造加重煤电企业成本负担等因素影响，"十三五"期间全国煤电灵活性改造进程缓慢，滞后于国家规划目标。2016年，我国启动煤电灵活性改造试点工作，并在《电力发展"十三五"规划》中提出了"三北"地区煤电灵活性改造2.15亿kW的目标。但截至2020年底，"三北"地区实际完成煤电灵活性改造8241万kW，仅为目标改造量的38%。

为加快推进煤电灵活性改造，2021年国家发展改革委、国家能源局发布《关于开展全国煤电机组改造升级的通知》，要求存量煤电机组灵活性改造应改尽改，提出"十四五"期间完成2亿千瓦的改造目标。目前，我国煤电机组深调能力与国外先进国家相比仍有差距。从国际来看，丹麦和德国在煤电灵活性方面处于领先地位。从1995年开始，丹麦大力发展煤电灵活性改造，其火电机组以供热为主，供热期最低运行负荷可达15%~20%。德国供热机组/纯凝机组最低运行负荷达到约40%/25%。相比于丹麦和德国，当前我国煤电机组最低运行负荷仍偏高，还有较大灵活性提升空间。

2. 与煤电功能定位转变相适应的价格和市场机制尚不完善，煤电企业亏损严重

受大规模新能源并网等因素影响，"十二五"时期以来，我国煤电利用小时数进入了下降区间。"十二五"期间，煤电机组利用小时数自5400小时逐步下降至4400小时，比同期的美国和欧盟低600小时左右。"十三五"前中期，煤电机组利用小时数进一步下降至4200小时左右，创1964年以来的年度最低值。此后，煤电机组利用小时数在4500小时的水平上波动。

实际上，煤电功能定位转变必然伴随着煤电机组利用小时数的逐步下降。随着新能源渗透率的持续提高，煤电电量空间减少，煤电逐步向灵活性电源转变，这要求煤电机组进一步降低最小技术出力，使得发电效率和设备利用率下降。从国际来看，丹麦、德国不仅在可再生能源方面走在前列，同时也是煤电转型发展先驱。当丹麦、德国风光发电量占比分别达到20%、15%左右时，煤电机组利用小时数开始下行。2010~2014年，丹麦风光发电量占比由20%提高至40%以上，其热电联产机组利用小时数随之由3000小

时左右下降至 2000 小时以下，其后呈上下波动态势。2014~2020 年，德国风光发电量占比由 15% 提高至 30% 以上，其煤电机组利用小时数随之由 5000 小时以上下降至 3000 小时以下。

尽管丹麦、德国煤电机组利用小时数大幅下行，但其成熟的电力现货市场机制和反映实时供需形势的电价体系为获取机组收益提供了坚实保障。然而，我国与煤电使命和功能定位转变相适应的价格与市场机制还不完善。从价格来看，我国煤炭生产、销售已高度市场化，同时国际煤炭价格波动很容易向国内传导，而煤电受政策电价限制，发电成本无法实现完全疏导。从市场来看，我国辅助服务市场尚不完善，电力市场机制主要考虑电量竞争，容量市场还未建立，容量补偿机制还处于探索起步阶段，支撑煤电功能定位转变和装机适度增长的投资回报机制尚未建立。2021 年以来，电煤价格持续高位运行，煤电上网电价上浮有限，导致煤电企业出现大面积的严重利润亏损。2021 年五大发电集团煤电业务利润总额为 -1414 亿元，比上年减少 1637 亿元。

3. 煤电行业碳排放占比高，碳减排任务重、时间紧

从总量上看，我国二氧化碳排放总量约 110 亿吨，其中，化石能源燃烧的二氧化碳排放量约为 98 亿吨。到 2030 年（碳达峰）前，二氧化碳排放量还将有一定增长；到 2060 年（碳中和），减排量需超过 100 亿吨，压力巨大。从时间上看，虽然我国碳中和承诺时间略晚于其他国家，但从碳达峰到碳中和时间只有约 30 年，仅为主要国家从碳达峰到碳中和的平均时间的一半。

目前，我国发电和供热行业二氧化碳排放量占全国二氧化碳排放总量的比重超过 40%，二者是全国二氧化碳排放的重点行业，其排放源主要是煤电。据测算，2021 年我国煤电行业碳排放量达 35 亿吨，占全国二氧化碳排放总量的约 32%。并且，受煤电发电量尚未达峰影响，未来一段时间内，煤电行业碳排放量还将继续增长。此外，煤电厂作为集中排放源，其减排力度还被寄予厚望。总的来看，煤电行业碳排放量大、减排任务重，面临严峻的降碳压力。

三 影响我国煤电行业高质量发展的关键因素

（一）导向明确且可操作性强的政策意见

近年来，煤电利用小时数总体呈下滑趋势。随着发电空间持续压缩，煤电已由提供电力电量的主体电源向电力电量并重的支撑性和调节性电源转变。在这一过程中，应坚持先立后破、保障安全的原则，出台导向鲜明、操作性强的煤电发展政策意见，凝聚各界对煤电发展的共识。

然而，目前相关部门出台的具体政策一致性不强，煤电行业发展导向政策缺乏统筹。中央"双碳"工作指导意见、国务院碳达峰行动方案对煤炭、煤电发展已有明确要求，但相关部门出台的具体政策一致性、可操作性不强。例如，有关政策相继提出要"合理建设煤电""严控煤电项目"，让地方政府和煤电企业不知道"是否该建、应建多少"。此外，煤电现行收益和电价政策还是以传统电力系统中的电量收益、目录电价为主，导致在新定位新要求下煤电贡献和回报水平存在矛盾冲突，煤电可持续发展面临挑战。

为推动煤炭与煤电、可再生能源协同发展，国家在推动煤电联营基础上进一步提出推动煤电与可再生能源发电联营。我国早在20世纪80年代便有煤电联营的实践，最初目的在于建设坑口电厂，延伸煤炭企业产业链，推动煤电联合发展。经过几十年的发展，我国已形成煤电一体化运行、专业化子公司等多种煤电联营模式，在改善企业经营状况、增强系统保供能力和调峰能力等方面取得了一定成效。未来，煤电联营发展前景受煤炭碳达峰的影响，存在一定不确定性。煤电与可再生能源发电联营，通过可再生能源发电收益补偿煤电企业，一定程度上能够缓解煤电企业的经营压力、提高其投资积极性、保障电力供应安全，但目前联营模式仍在探索之中。综合来看，煤电与可再生能源发电联营仅对煤电企业有阶段性利好，对煤炭企业和可再生能源开发企业缺乏吸引力，难以从根本上解决煤电企业经营困境。

（二）系统完善的市场和价格机制

功能决定价值，价值发现决定电价。为科学充分地反映煤电提供电能量、电力调峰、容量支撑、应急备用等多重功能的重要价值，应坚持系统观念，结合我国电力市场化改革方向与电力低碳转型需要，构建涵盖电力现货、容量、辅助服务等不同交易品种的完整市场体系，完善电力价格机制，强化电力价格对不同品质电力的反映能力，并通过市场和价格机制推动煤电功能作用的充分发挥，提高煤电企业收益预期。

然而，目前我国电力市场不完善，客观上导致煤电的多重功能尚未得到有效体现。辅助服务市场机制尚不完善，存在市场规模小、品种不够丰富、费用分摊机制不尽合理等问题。我国现行辅助服务品种主要集中在调峰、调频上，针对转动惯量、爬坡等保障电力系统运行安全的新型辅助服务品种，仍缺乏需求评估、能力监测、执行考核、交易和分摊等方面的配套技术管理体系。煤电有偿辅助服务费用分摊主要采用发电侧单边补偿机制，补偿成本由发电侧"零和博弈"承担，由发电企业、市场化用户共同分摊的辅助服务分摊机制尚未建立。同时，辅助服务市场独立于电能量市场，其效率和服务价值难以充分体现。在容量市场方面，我国尚未建立容量市场，容量补偿机制还处于探索起步阶段，难以支撑煤电功能定位转变和装机适度增长。

（三）充足且价格适宜的电煤供应

对于煤电来说，缺少电煤意味着"无米下锅"，并且燃料成本中发电成本占比达到70%左右。因此，电煤供应量和电煤价格走势是影响煤电出力的关键因素，并直接决定了煤电企业经营状况。然而，2021年以来，我国煤炭价格经历大幅上涨后虽有所回落，但仍在高位运行，严重制约煤电发电能力和积极性，甚至引发电力供需紧张。

具体来看，2021年，我国煤炭市场供需开始出现紧张态势，动力煤价格剧烈波动。按时间大致可划分为保供稳价期、短缺涨价期、保供落价期三个阶段：2021年1月至3月中旬，电煤价格先涨后跌；2021年3月中旬至

10 月中旬，电煤价格持续"非理性"上涨，10 月秦皇岛港 5500kcal 动力煤价格达到 2550 元/t，是年初的 4.5 倍；2021 年 10 月中下旬至 12 月，在政府、企业等各方努力下，电煤价格大幅回落，秦皇岛港 5500kcal 动力煤价格回落至千元以下。2021 年我国煤炭供需紧张的原因主要有两个。一是受环保、政策调控等因素影响，2021 年 3~9 月，全国原煤产量同比下降 0.8%，同期，火力发电量同比增长 9.9%，导致煤炭供需失衡。二是中长期合同覆盖面不足导致煤价"压舱石"作用难以有效发挥。2021 年，我国电煤中长期合同量只占到电煤消费总量的 60% 左右，电厂需要在市场上购买大量现货，市场上出现了哄抬物价、资本炒作等行为，煤炭价格被推高。

进入 2022 年，受俄乌冲突等事件影响，国际市场煤炭供应紧张、价格大幅上涨，推动国内煤炭价格继续上行。2022 年 3 月，秦皇岛港 5500kcal 动力煤价格突破 1600 元/t。2022 年 5 月以来，能源保供稳价政策有力推进，我国煤炭产量持续增加，在煤炭价格调控监管系列措施的综合作用下，煤炭价格基本稳定但仍处高位。其中，秦皇岛港 5500kcal 动力煤价格维持在千元左右，相当于 2021 年初的 2 倍左右。

（四）先进经济的低碳脱碳技术

为应对气候变化，发展和储备碳捕集、利用和封存（CCUS）技术是在我国以煤为主的能源结构下，有效控制中长期二氧化碳排放的重要技术选择。结合 CCUS 技术将煤电机组改造为"近零脱碳机组"，能够为电力系统保留更多调节支撑资源。随着 CCUS 技术的逐渐部署，中远期煤电将演化为 CCUS 电力电量型机组、常态化调峰机组、应急备用机组三类角色。其中，加装 CCUS 的煤电机组利用小时数约 2400 小时，在实现低碳电量供给的同时适当兼顾 CCUS 设备利用率，其余煤电机组部分作为日常调峰电源，配合新能源运行，部分转为应急备用电源，仅在冬季负荷高峰等极端时段开启。

目前，CCUS 技术的应用主要受成本、能耗、安全性和可靠性等因素影响。以我国煤电为例，在现有技术条件下，使用 CCUS 技术的成本在 500~1000 元/t CO_2，每度电增加成本 0.26~0.4 元，能耗水平增加 14%~25%。因此，CCUS 技术作为煤电清洁发展的重要技术选择，近中期要加快突破与应用，鼓励高效低成本碳捕集技术研发，推进低成本、大规模、全流程 CCUS 项目示范。

四 我国煤电未来发展重点

（一）抓紧新建一批高质量煤电项目

立足以煤为主的基本国情，算清电力转型发展在安全、低碳、经济、高效多目标间平衡的大账、总账、长远账，坚持先立后破，科学合理发展先进清洁煤电[1]。推动落实一批煤电项目并加快建设，确保按期有序投产，提高电力供应保障能力，保持系统安全稳定运行所必需的合理裕度。

加快省内自用支撑煤电建设。坚持"就地平衡、就近平衡"原则，根据电力需求增长、其他常规电源建设进度等情况，综合考虑电力保供、电网安全、系统调节要求，在有需要的省（区）新增一批清洁煤电，保障电力安全供应。在大型风光基地周边，同步配套建设清洁高效先进节能的支撑性煤电，推动煤电和新能源优化组合，促进新能源开发外送，为经济社会发展提供坚强电力保障。新建煤电机组应为能耗水平低、排放指标优、调节能力强、数字化水平高的绿色智慧煤电项目。在机组选型时不宜一味追求高参数和大容量，而应兼顾灵活、高效和低碳目标，关注出力调节的灵活性和低负荷下的经济性，以便在新型电力系统中更好发挥灵活调节作用。

（二）大力推动煤电行业"三改联动"

我国煤电蕴含着丰富的节能降耗、灵活调节和供热潜力。我国供电煤耗高于 300g/（kW·h）的煤电机组占比近六成，推动煤电机组节能降耗是提高能源利用效率的重要手段。不同灵活性改造技术路线下，煤电增加单位千

---

[1] 王志轩：《"双碳"目标下煤电产业科学发展的思考》，《中国煤炭》2022 年第 9 期；国家电力投资集团有限公司、中国国际经济交流中心：《中国碳达峰碳中和进展报告（2022）》，社会科学文献出版社，2022。

瓦调峰容量的成本在500~1500元，低于抽水蓄能、气电、新型储能等其他系统调节手段，是最经济的灵活调节资源。煤电热电联产还是我国集中供热的主要热源，随着能效要求不断提高，供热改造和工业余热余压综合利用需求将进一步提高。因此，要大力推动煤电行业"三改联动"，实现煤电清洁、高效、灵活、低碳、智能化高质量发展。

一是以安全为底线，因地制宜深入论证改造路线和改造目标的适应性，实现安全、灵活、效率和低碳多目标统筹优化。推动"三改联动"过程中，不应片面追求深度调节、超高效率或极低排放等单一目标，"一刀切"地进行盲目改造，而应以功能和目的确定改造参数，重视宽负荷范围运行可能导致的污染物控制难度增大、设备疲劳损伤以及发电效率损失等问题，系统推进机组安全、灵活、高效和低碳运行。

二是完善政策和市场机制，提升收益预期和积极性。优化完善财政、金融、价格等支持政策，通过设立专项资金、加大信贷支持等方式，推动煤电机组改造升级稳步实施。完善辅助服务补偿和市场机制，充分考虑煤电机组改造后运维成本、燃料成本增加的问题，按照"补偿成本、合理收益"的原则，根据不同地区辅助服务需求，因地制宜制定差异化补偿或分摊标准，推动以市场竞争方式确定辅助服务提供主体并形成交易价格。

三是出台统一标准，确保改造后机组性能达标。尽快出台完善煤电改造升级技术规范和考核标准体系，建立改造后机组涉网性能第三方测试与评价机制，确保机组安全稳定运行。综合考虑区域电力热力负荷、碳排放约束、改造成本、运行收益等因素，合理确定各地区、分类型煤电机组改造升级的技术路线。

四是合理把握节奏，稳妥有序实施改造升级。加强规划引导，结合新能源发展布局和消纳情况，有序安排煤电灵活性改造项目规模和布局，做好电源、电网检修计划统筹，推动"一停多用"，提升整体改造效能，同时避免短期内改造"过热"增加电力保供压力。对于调节需求大、收益机制健全地区的煤电机组，鼓励其"一改到位"至最高标准，避免二次改造。

（三）统筹推进到期煤电机组高效利用

我国存量煤电机组规模庞大、技术先进。2001～2010年，年均新增煤电装机规模达到6000万kW左右。如果考虑煤电机组30年的设计寿命，全国煤电机组将进入大规模退役期，预计2021～2030年将有超过1亿kW煤电机组退役，2031～2050年将有约9亿千瓦煤电机组退役。其中，大部分退役机组技术先进，环保性能优越。相比美国及欧盟等国家和地区近半数机组超过40年的服役年限，我国到期煤电机组还较年轻，具备进一步发挥基础保障性和系统调节性作用的条件。中长期来看，为支撑能源转型和新型电力系统建设，系统也需要一定规模的煤电装机作为兜底保障电源。因此，需要加快推动到期煤电机组延寿、转应急备用等，提高到期煤电机组高效利用水平。

做好统筹规划，提前安排到期煤电机组高效利用计划和策略。系统摸排全国即将到期煤电机组清单，考虑设备运行状态、资产负债率、盈利能力及其对电力保供的支撑作用，综合评估机组存续和利用价值，科学制订到期煤电机组利用计划，做好到期煤电机组利用策略与碳达峰碳中和行动方案、能源电力规划、煤电"三改联动"规划等的有效衔接。

推动到期煤电机组延寿运行。一是抓紧出台煤电机组寿命评价和延寿运行管理办法，明确寿命评估和延寿运行工作的原则目标、范围内容、工作流程和各责任主体的权利义务。二是制定并完善煤电机组延寿运行的技术规范和考核标准体系，明确煤电机组延寿运行的改造、评估和监管细则，确保机组安全稳定运行。

推动关停煤电机组转应急备用。一是优先选择在电力保供形势严峻、煤电机组到期规模较大、煤电整体经营情况较差的区域开展煤电转应急备用，研究相关机组应急启动预案、燃料及其他材料储备方案，满足电网应急调度要求。二是强化科技创新，注重转应急备用机组在及时响应能力和安全可靠性方面的适应性改造，加强变工况条件下机组能耗降低、负荷跟随、污染物和二氧化碳排放控制等技术攻关。

（四）加快推动"煤电+CCUS"技术突破

确立 CCUS 技术发展的战略定位，加快出台促进 CCUS 技术创新升级和产业化规模化发展的相关政策。将 CCUS 技术列入国家重大低碳技术范畴，明确 CCUS 技术的发展重点和关键环节，制定 CCUS 技术发展路线图和中长期发展规划。推动绿色金融产品创新，通过绿色债券、碳排放权期货等产品有效引导社会资本对 CCUS 技术的投资。

加强产业链上下游企业协同攻关，加快推动 CCUS 技术装备的研发与规模化应用，在工程实践中促进技术升级与成本下降。集成产学研多方资源，搭建实验室研究和大规模工业示范之间的桥梁，超前规划布局运输、封存等基础设施建设，推动联合攻关和大规模全流程的 CCUS 技术示范工程建设，争取尽早实现 CCUS 技术在电力系统中的规模化应用。探索 CCUS 技术标准和规范体系，加强 CCUS 技术信息集成与资源共享。力争到 2030 年我国全流程 CCUS 技术成本（按 250 公里运输计）达到 310~770 元/tCO_2，到 2060 年逐步降至 140~410 元/tCO_2，折合度电成本分别增加 0.13~0.20 元、0.06~0.11 元。届时，煤电脱碳运行的经济竞争力明显增强。

五 促进我国煤电健康发展的有关建议

一是研究出台关于煤炭和煤电发展的战略指导意见。从战略高度谋划保障煤炭这一重要初级产品的供应，凝聚各界对煤炭发展的共识，出台鲜明的煤电发展指导意见，提升行业、企业对煤炭和煤电发展的信心。

二是营造保障煤电生存和平稳转型的政策环境。探索市场、财税、金融的多方面政策支撑，加强宏观调控，切实缓解煤电企业经营压力；结合煤电企业经营状况，适当增加一揽子财税金融政策实施力度、范围并延长期限。制定延寿、转调相机、转应急备用等到期煤电机组高效利用实施方案，明确规模和时序，给予煤电转型改造专项资金支持。

三是完善与新时期煤电使命相适应的电价和市场机制。近期来看，从电力保供角度出发，推进辅助服务补偿标准提高、交易价格浮动上限调整、容量成本回收机制建设等。中长期来看，结合煤电功能定位转变，建立健全反映煤电等电源调节和支撑价值的电价机制和市场体系，推动中长期市场、现货市场、辅助服务市场和容量市场有机衔接。

四是持续做好电煤保供稳价工作，完善煤炭供应预警体系及协同联动机制。打好国家煤炭稳价保供政策"组合拳"，全力确保煤价运行在合理区间，扩大煤炭长协覆盖面，提高煤炭长协履约率，加快形成规范签约、诚信履约的长效机制，督促各地严格落实煤电交易价格上浮20%的政策，保障煤电企业合理收益。加强电煤供需市场动态监测和分析研判，健全电煤价格异常波动预警与响应机制，参考煤电企业盈亏平衡对应的临界电煤价格，对电煤价格科学设定预警区间。建立由有关部门、地方政府、煤炭企业、运输企业、发电企业和电网企业多方组成的协同联动机制，制定完善煤炭供应专项预警应急预案，根据电煤价格高低实施分级预警。

参考文献

［1］孙启星、张超、李成仁等：《"碳达峰、碳中和"目标下的电力系统成本及价格水平预测》，《中国电力》2023年第1期。

［2］《煤电节能减排升级与改造行动计划（2014—2020年）》，https：//www. gov. cn/gongbao/content/2015/content_ 2818468. htm。

［3］《关于印发〈全面实施燃煤电厂超低排放和节能改造工作方案〉的通知》，https：//www. mee. gov. cn/gkml/hbb/bwj/201512/t20151215_ 319170. htm。

［4］刘志强、赵毅、潘荔：《中外火电节能减排效率分析与比较》，《热力发电》2021年第3期。

［5］王双童、杨希刚、常金旺：《国内外煤电机组服役年限现状研究》，《热力发电》2020年第9期。

［6］王志轩：《"双碳"目标下煤电产业科学发展的思考》，《中国煤炭》2022年第9期。

［7］国家电力投资集团有限公司、中国国际经济交流中心：《中国碳达峰碳中和进展报告（2022）》，社会科学文献出版社，2022。

B.6
2023年核能高质量发展报告

中核战略规划研究总院课题组*

摘　要： 党的十八大以来，我国核能事业实现跨越式发展，取得了一系列令人瞩目的成就。我国核电技术实现由二代向自主三代的全面跨越，先进核能技术研发示范取得重要突破，自主化、国产化水平稳步提高，核能产业链保障能力全面提升，我国已经全面跻身世界核电大国行列。新时代，我国核能高质量发展瞄准更高的安全性、更强的创新引领性。面向未来，我国核能将保持积极安全有序的发展节奏，保持每年8~10台核电机组的核准开工节奏，装机规模将进一步加快扩大，未来可能会超过法国，跃居世界第二。

关键词： 核能　科技创新　核电技术

一　我国核能发展现状

我国核能产业进入积极、安全、有序发展的新阶段。2021年是"十

* 执笔人：白云生，中核战略规划研究总院院长、党委副书记、研究员，主要研究方向为核能战略规划、核工业体制、科技创新；张明，中核战略规划研究总院院长助理、正高级工程师，主要研究方向为核能战略规划、核工业体制、核能发展、企业改革；陈超，中核战略规划研究总院战略研究所所长、正高级工程师，主要研究方向为核能产业发展；陆浩然，中核战略规划研究总院战略研究所副所长、研究员，主要研究方向为核能战略规划、政策法规、出口管制、碳中和、核能多用途利用；李林蔚，中核战略规划研究总院副研究员，主要研究方向为核能战略规划、核燃料产业。

四五"的开局之年，政府工作报告明确提出"在确保安全的前提下积极有序发展核电"，这是近十年来，政府工作报告在提及发展核电时首次用"积极有序"一词来进行表述。《中共中央　国务院关于完整准确全面贯彻新发展理念做好碳达峰碳中和工作的意见》和《国务院关于印发2030年前碳达峰行动方案的通知》都明确指出要积极安全有序发展核电。党的二十大报告和国家"十四五"规划都提出"积极安全有序发展核电"。"积极"意味着核电在推动能源革命中的战略地位得到确认，将成为电力系统安全运行、低碳电能稳定供给与多能源互补综合利用的强力支撑；"安全"是核电的生命线，是核电积极有序发展的前提和基础；"有序"意味着充分利用现有产业能力，科学确定核电站布局和开发时序，保持合理建设节奏，稳步提高核电在我国能源电力结构中的比重。"十四五"期间，我国核能发展取得了较大进展，截至2022年底，我国商运核电机组数为55台，总装机容量5699.3万千瓦，在建核电机组22台，总装机容量2520.1万千瓦，在建规模继续保持世界领先，在运在建核电装机容量居全球第二。

（一）核能已成为我国应对气候变化、保障能源安全的重要选项

核电运行稳定可靠、换料周期长，可大规模替代化石能源作为基荷电源，是新增非化石能源中最具竞争力的能源品种，是我国兑现减排承诺，实现碳达峰、碳中和目标的必然选择。在"双碳"目标下，风电、光伏等新能源电力装机容量快速增长、大规模上网，电力系统转动惯量持续下降，调频、调压能力不足；且风电、光伏等新能源具有较强的波动性和间歇性，电网实时功率平衡的难度进一步增大。随着能源电力系统清洁低碳化转型加快以及煤电的逐步退出，核电作为"零碳"能源体系的基荷电源，其支撑电网消纳高比例新能源的作用愈发凸显，核电与风光等新能源协同发展的局面正加快形成。

近年来，我国核电发电量持续增长（见图1），为保障电力供应安全和推动节能减排做出了重要贡献。核电是对环境影响极小的清洁能源，核电机组正常运行期间不排放二氧化硫（SO_2）、二氧化碳（CO_2）、颗粒物（PM）

等大气污染物，流出物中的放射性物质对周围居民的辐射照射一般都远低于当地的自然本底水平。一座百万千瓦电功率的核电厂和燃煤电厂相比，每年可以减少二氧化碳排放 600 多万吨。由此可见，核能是减排效应较大的能源之一。与燃煤发电相比，2022 年我国核电机组发电相当于减少燃烧标准煤11812.47 万吨，减少排放二氧化碳 30948.67 万吨、二氧化硫 100.41 万吨、氮氧化物 87.41 万吨[①]。2022 年我国部分省（区）核电机组发电相对燃煤发电减排情况见表1。

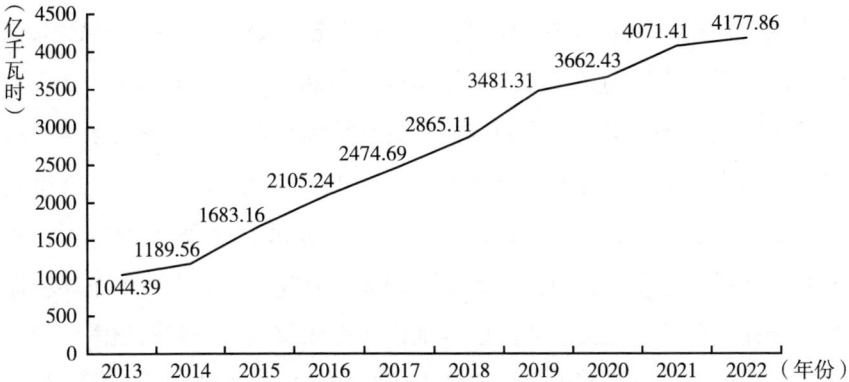

图 1　2013~2022 年我国核电发电量情况

资料来源：《中国核能发展报告 2023》。

表 1　2022 年我国部分省（区）核电机组发电相对燃煤发电减排情况

单位：万吨

省（区）	标准煤	二氧化碳	二氧化硫	氮氧化物
浙江	2059.40	5395.63	17.50	15.24
广东	3270.43	8568.52	27.80	24.20
江苏	1480.06	3877.76	12.58	10.95
辽宁	1275.13	3340.84	10.84	9.44

---

① 国家能源局 2023 年 1 月 18 日发布的信息显示，2022 年我国火电供电煤耗（6000 千瓦及以上电厂）为 301.5 克标准煤/千瓦时。减排计算方法来源于国家统计局网站，按照工业锅炉每燃烧一吨标准煤产生二氧化碳 2620 千克、二氧化硫 8.5 千克、氮氧化物 7.4 千克计算。

续表

省（区）	标准煤	二氧化碳	二氧化硫	氮氧化物
福建	2350.50	6158.32	19.98	17.39
山东	582.09	1525.07	4.95	4.31
海南	294.87	772.56	2.51	2.18
广西	499.99	1309.96	4.25	3.70

资料来源：中国核能行业协会。

核能综合利用有助于推动能源绿色低碳发展战略实施，对改善能源结构、实现"双碳"目标具有积极意义。除传统的核能发电外，核能综合利用的内涵广泛，应用场景多样，可用于区域供暖、工业供热（冷）、海水淡化、核能制氢、同位素生产等领域，且具有持续性强、供能形式多样等特殊优势。2022年12月，我国首个核能工业供热项目在浙江海盐正式建成投用，为多家工业用热企业提供能源替代，年工业供热约28.8万吉焦，相当于节约标准煤约1万吨，减排二氧化碳约2.4万吨，这对当地生态环境保护和节能降耗有着重要意义。我国已分别依托海阳核电厂、秦山核电厂建设并投运了核能供暖项目，其中，秦山核电厂完成我国南方地区首个核能供暖示范工程（一期），供暖面积46万平方米，为浙江海盐县近4000户居民供暖；海阳核电厂供暖面积达到450万平方米，为山东海阳市20万居民供暖，助力海阳城区成为国内首个全部实现核能供暖的城市。

（二）核电安全运行业绩全球领先

2022年，我国55台商运核电机组装机容量占全国发电装机容量的2.22%，核电机组总发电量4177.86亿千瓦时，占全国发电量的4.98%，相比2021年增加102.63亿千瓦时，同比上涨了2.52%；累计上网电量3917.90亿千瓦时，相比2021年增加93.57亿千瓦时，同比上涨了2.45%；2022年全年核电设备利用小时数7547.70小时，比2021年减少230.15小时，同比下降了2.96%；平均机组能力因子91.67%，比2021年减少0.6个百分点，同比下降了0.65%。

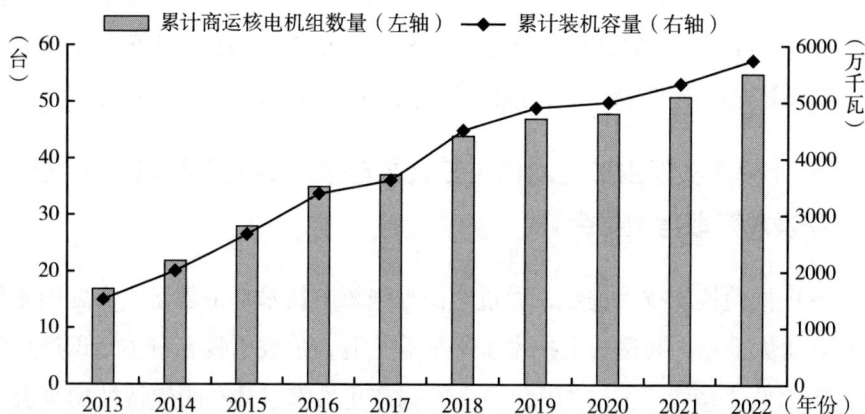

图 2　2013~2022 年我国累计商运核电机组数量及装机容量

资料来源：《中国核能发展报告 2023》。

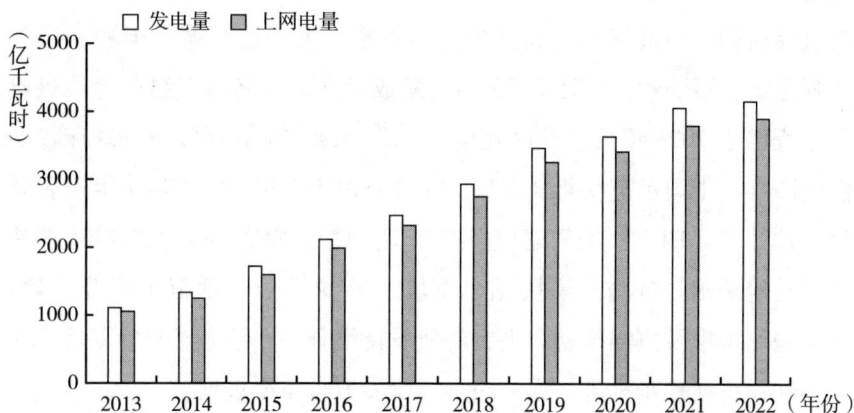

图 3　2013~2022 年我国核电运行机组发电量和上网电量

资料来源：《中国核能发展报告 2023》。

安全第一是我国核电发展始终坚持的方针，我国核电生产运行保持着良好的安全业绩，从未发生国际核事件分级（INES）二级及以上的运行事件，根据世界核电运营者协会（WANO）发布的 2022 年业绩指标数据，我国核电厂满足 WANO 综合指数计算条件的 51 台机组中，有 37 台机组 WANO 综合指数达到满分 100 分，占我国核电机组总数的 72.55%，占世界满分机组总数的

50.00%，有 38 台机组的 WANO 综合指数超过世界机组先进值 98.80（1/4 位值），占比 74.51%，WANO 综合指数平均值为 98.21。与世界主要核电国家相比，我国核电机组 WANO 综合指数满分机组数量和平均值均列首位。

（三）率先实现由二代向自主三代核电技术的全面跨越，先进核能技术研发示范取得重要突破

有序推动核能技术进步，通过全面加强核电技术自主创新，实施国家核电科技重大专项，我国核电技术水平显著提升，形成了具有自主知识产权的三代压水堆"华龙一号""国和一号"国产化品牌，具有四代特征的高温气冷堆、快堆，以及小型模块化反应堆等先进核电技术。

2022 年以来，"华龙一号"国内外首堆相继投入商运，实现批量化、规模化建设，标志着我国真正自主掌握了三代核电技术，商业化核电技术水平跻身世界前列。与此同时，大型先进压水堆重大科技专项"国和一号"示范工程建设进展顺利，预计 2023 年底建成投产。石岛湾高温气冷堆核电站示范工程已于 2021 年成功并网发电，成为全球首个并网发电的球床模块式高温气冷堆。中国示范快堆 1、2 号机组分别于 2017 年、2020 年先后开工建设，预计"十四五"期间建成投产，将为使用 MOX 燃料的钠冷商业快堆的发展奠定基础。多功能模块化小型堆"玲龙一号"示范工程开工建设，陆上小型压水堆及海洋核动力平台的研发持续开展；液态燃料钍基熔盐实验堆工程建设正在稳步推进，铅基快堆等研发取得重要进展。

在聚变堆研发方面，世界首个全超导大型托卡马克装置东方超环（EAST）不断刷新在 1 亿度超高温度下运行时间的纪录，新一代"人造太阳"装置——中国环流器二号 M（HL-2M）装置建成并实现首次放电。2022 年 10 月 19 日，HL-2M 科学研究取得突破性进展，等离子体电流突破 100 万安培，创造了我国可控核聚变装置运行新纪录，这标志着我国核聚变研发距离聚变点火条件又近了一步，跻身国际第一方阵，该突破为我国开展堆芯级等离子体实验研究奠定了坚实基础，是我国核聚变能开发进程中的重要里程碑。

（四）自主化、国产化水平稳步提高，核能产业链保障能力全面提升

有序提升产业配套能力，通过自主研发和国产化攻关，我国全面掌握了反应堆压力容器、蒸汽发生器、保护控制系统和核级焊材、核级密封件等关键设备、材料制造技术，形成了每年 10 台（套）左右的百万千瓦级压水堆主设备制造能力，自主三代核电机组综合国产化率已在 90% 以上，核心技术、重大装备已不受国外制约。2022 年，"国和一号"示范工程 1 号机组 4 台湿绕组电机主泵、首台屏蔽泵完工交付；"华龙一号"堆型核岛主设备、常规岛主设备形成批量化制造能力。2022 年国内核电主设备累计交付 53 台（套），维持在高位水平。

核电工程建设管理水平和施工建造能力持续提升，全球三代核电技术 AP1000 首堆、EPR 首堆相继在我国建成投产，成为全球典范，工程建造技术水平保持国际领先，具备了同时建造 40 余台核电机组的工程施工能力。

在核燃料循环领域，铀矿勘查技术水平持续提升，第三代先进采铀技术在北方砂岩型铀矿山获得应用，具备了万吨级铀纯化转化能力，铀浓缩离心机实现了升级换代，核燃料加工制造能力满足国内各种堆型需要，具备 AFA3G、VVER 等压水堆、重水堆以及高温气冷堆等前沿堆型核燃料元件生产能力，自主 CF3 燃料组件完成批量化制造，N36 锆合金包壳材料实现批量化应用，MOX 燃料元件、耐事故燃料元件、环形燃料元件研发有序开展，乏燃料后处理科研工作积极推进，中低放废物区域处置稳步推进，集中共享处置取得突破，高放废物地质处置地下实验室项目开工建设。2022 年，我国核燃料产业保持生产运行稳定，供应能力进一步提升，保障能力进一步增强。

（五）核能国际合作持续深化，核电"走出去"成果丰硕

核能国际合作持续深化。有序推动国际市场开发，中俄核能合作不断拓展，中俄核能合作田湾核电站和徐大堡核电站项目 2 台机组投产、4 台机组开工建设。中法核能合作继续深化，除台山核电项目 2 台机组投产外，中法

还开展了大型商用乏燃料后处理厂项目和英国新建核电项目等相关合作事宜。核能产业链国际合作持续推进，投资建成纳米比亚湖山矿、控股纳米比亚罗辛矿，进一步提升了我国核电铀资源的保障能力；中哈合作建设的哈萨克斯坦 200 吨 AFA-3G 压水堆核燃料组件厂建成投产。

核电"走出去"成果丰硕。我国自主三代核电技术"华龙一号"机组出口取得重要进展，其中，巴基斯坦 K2、K3 项目已建成投产，C5 项目延付协议完成页签，巴基斯坦政府已原则同意将 C5 项目纳入其国家战略项目。签署《中国和巴基斯坦和平利用核能合作协定》，积极推动后续巴基斯坦 4 台"华龙一号"机组合作。同时，"华龙一号"英国通用设计审查（GDA）工作已于 2021 年全部完成。此外，我国企业还积极推进与南非、土耳其、约旦、保加利亚、捷克等国家新建核电项目的投资合作。

（六）人才队伍建设不断加强，核能发展环境不断完善

人才队伍建设不断加强。我国大力实施人才兴业战略，通过推行高端人才市场化引进工程，优化各类人才培养机制，形成了一支实力雄厚的核能人才队伍，为我国核电、核燃料循环、核技术应用等领域的科技创新与产业发展提供了保障。我国核能人才队伍规模不断扩大，人才队伍质量不断提升，人才培养工作体系化、制度化和标准化进一步增强，人才发展的体制机制持续优化。近年来，中国科学院院士王大中获国家最高科学技术奖。中国核潜艇首任总设计师彭士禄院士被追授"时代楷模"称号。

我国统筹核能行业管理、核安全监管工作，持续推进核能行业治理体系和治理能力现代化，核能国际合作持续深化，核能发展环境不断完善。核安全领域的顶层法律——《中华人民共和国核安全法》于 2017 年发布，自 2018 年 1 月 1 日起正式实施；核领域基础性法律——《中华人民共和国原子能法（征求意见稿）》已公开征求社会意见。我国相继颁布实施《中华人民共和国核安全法》《中华人民共和国放射性污染防治法》，发布我国首部《中国的核安全》白皮书。核损害赔偿法、放射性废物管理法、核电管理条例、核安保条例、乏燃料管理条例等立法研究工作深入推进。涉核宣传

与公众沟通不断深入，"中国核科学日"设立已进入立法程序，加强核科技知识普及与公众沟通，组织开展"走进北山""中国人造太阳""一堆一器""公众开放日"等活动，主动发声、正面引导，防范与化解"涉核邻避"效应。

二 发展形势

（一）国际方面

1. 净零排放承诺让各国重新开始关注核电发展

在全球应对气候变化行动中，能源结构绿色低碳转型是最重要的措施。在气候危机与能源危机叠加的困境中，具有清洁低碳、稳定高效优势的核能正在重新受到世界各国的重视。2022年，欧洲议会投票通过了《欧盟可持续金融分类目录》，其中将核能归类为绿色能源，对核能投资限度有所放开，将在全球范围内掀起一波核能建设的浪潮。传统核能大国坚定发展核电的信心。美国拜登政府表示，美国国内94座核反应堆是实现"美国2050年前达到净零碳排放"目标的重要支撑；2022年通过的《通胀削减法案》提出，美国将向气候变化和能源安全领域投资3690亿美元，其中包括采取税收抵免、增加额外信贷等多种激励措施推动美国核能行业发展。法国政府宣布重振核电计划以应对全球变暖，明确核能是法国能源和脱碳政策的核心，并计划在2050年前新建6～14座反应堆，同时支持在运核反应堆延寿运行。部分弃核国家重启核电计划。韩国重新将核能纳入主要能源清单，承诺加大核电产业投资力度，计划到2030年将核电在电力结构中的比重提升至33%。德国暂缓去核以填补能源缺口，推迟关停原定年内退役的3座核电站。日本为确保能源供给、加强应对气候变化的能力，积极推动国内核电站重启，计划到2030年重启27座反应堆，将核能在能源结构中的份额提高到22%。另外，东欧、中东、东南亚和南美洲的一些非传统核电国家和无核电国家，如波兰、土耳其、亚美尼亚、沙特阿拉伯、印度尼西亚、巴西、阿根廷等30

多个国家也都提出了各自的核电建设计划。

2. 俄乌冲突背景下核能作用进一步凸显

俄乌冲突加剧全球经济危机，全球供应链紧张加剧，市场巨幅波动，原油、天然气价格上涨，引发全球能源供应危机。各国不得不重新审视本国能源安全战略，愈发重视立足于国内的多元化的能源供给，核能成为最佳选择之一。特别是欧盟国家，通过加速可再生能源开发、多元化能源供应、提高能耗等措施降低外部能源依赖。核能凭借其自身特性，成为保障国家能源安全、摆脱化石能源依赖的重要选项，在应对能源危机中的战略地位进一步凸显，发展核能成为国际社会的重要共识。2022 年国际能源署（IEA）在其报告《核电与能源安全转型》中指出，为实现净零排放和能源独立的双重目标，未来三十年全球核电容量需要翻一番。英国发布新的《英国能源安全战略》，拟到 2030 年新建 8 座核反应堆，到 2050 年将核电容量增加两倍，为英国提供 25%的电力。

3. 世界主要核电国家重视科技创新

随着核能在实现碳中和过程中的作用得到重视，各核电大国纷纷加大了对核能科技创新的投入，积极抢占先进核能技术战略制高点。美国积极研发先进核能系统，加大对新一代先进反应堆技术的研发投入，推进小型模块化反应堆和微堆的商业应用。美国能源部近年来分别从示范工程、技术预研、概念探索三个层级支持多种先进堆型研发，如 NuScale 小堆、Xe-100 高温气冷堆、Natrium 钠冷快堆等。俄罗斯始终坚持先进核能技术研发，加快构建"热堆闭合燃料循环+快堆闭合燃料循环"的新型"二元核能体系"，力争实现核能可持续发展。根据俄罗斯发布的《2035 年前能源战略草案》，俄罗斯在钠冷快堆 BN-600 和 BN-800 商运的基础上，将加快对新一代铅冷快堆技术的研发。世界主要核电国家普遍将小堆技术视为未来核能发展的一个重要技术制高点，大力支持本国企业开展相关技术研发，迄今已推出 70 多种小堆设计。美国能源部宣布在"先进反应堆示范计划"下为 10 种小堆研发提供资助，多家美国核电企业积极布局全球核电小堆市场。法国电力公司（EDF）积极推动的 NUWARD 模块化小堆设计成为欧洲联合监管评审的试点案例，这有助于提升其满足各国监管取证要求和未来市场需求的能力。此外，俄罗斯、英国、加拿大、阿根廷、韩国、日本等国也均大力推动本国小堆研发计划。在聚变研究方面，美国在核聚变研究领域获得重大突破，采用惯性约束核聚变的"国家点火装置"首次实现了聚变能量超过射入的激光能量的"能量增益"，成为惯性约束聚变领域的最新进展。英国带有高温超导磁体的球形托卡马克装置 ST40 实现受控核聚变必须满足的 1 亿摄氏度等离子体温度。2022 年欧洲联合环状反应堆、中国环流器 HL-2M 等大型磁约束聚变装置也在关键指标上取得了新的进展。此外，全球还涌现出许多有助于实现聚变堆小型化的新技术方案，聚变燃料的研究范围也得到进一步拓展。美国政府在 2022 年 3 月举办的首届聚变峰会上提出，聚变能商业化应用研究已达到一个重要节点，未来十年将是聚变能发展的关键时期。

4. 核能综合利用维度与广度加速拓展

核能综合利用前景广阔，科研创新正蓬勃开展。欧美等国家和地区充分利用技术优势，积极探索核能综合利用，在更广泛领域支撑低碳转型。根据国际原子能机构《国家核电概况》，在全球 32 个国家总计 442 台在运核电机组中，有 11 个国家的 69 台机组实现了区域供暖、工业供热、海水淡化等其中一项或两项的综合利用。2022 年 7 月，经合组织核能机构发布报告《超越电力：核能热电联产的经济性》，该报告指出利用现有核电厂或未来的新建核电厂进行热电联产具有广阔的市场前景。芬兰、法国、斯洛文尼亚等国纷纷开展核能供暖项目。在核能制氢方面，欧美等国家也加速布局。2022 年，布鲁姆能源公司与西屋电气公司签订合作意向书，共同开发针对核能领域的大规模高温电解制氢的综合化方案。随后，又与爱达荷州国家实验室合作完成 500 小时满负荷高温电解制氢测试。法国将发挥其核能优势，大力发展核能供电制氢，预计将在 2023 年投入 34 亿欧元发展核能制氢，助力法国走在新兴颠覆性技术的前沿，并同时实现能源转型。许多技术开发商正在开展模块化小堆研发，目标用途包括海水淡化、制氢、工艺热供应等核能综合利用。

（二）国内方面

1. 积极安全有序发展核电的战略定位更加明确

党的二十大报告指出，加快规划建设新型能源体系，统筹水电开发和生态保护，积极安全有序发展核电，加强能源产供储销体系建设，确保能源安全。2022 年 3 月国家发展改革委、国家能源局印发了《"十四五"现代能源体系规划》，要求到 2035 年，我国非化石能源消费比重在 2030 年达到 25%的基础上进一步大幅提高，这为核电的发展提供了有利的政策环境。2022年我国核准了 5 个核电项目、10 个核电机组，是近 14 年以来最多的一年。2022 年，田湾核电站实现向工业园区供汽，海阳、秦山、红沿河核电基地实现向周边居民供暖，核能与石化耦合项目落地茂名，我国核能多用途利用领域不断拓展，核能在我国能源清洁低碳转型中发挥了越来越大的作用。

2. 核能清洁低碳、安全高效作用凸显

如何保障能源供应安全已成为世界主要经济体迫切需要解决的问题，而核能对保障国家能源供应安全的价值也越来越得到重视。作为世界最大的能源消费国，我国能源发展面临的首要问题始终是如何有效保障国家能源安全、有力保障国家经济社会发展。2021 年 10 月，习近平总书记在视察胜利油田时强调"要发展实体经济，能源的饭碗必须端在自己手里"[1]。随着我国经济社会发展，能源消费总量还将持续增长，只有国家能源安全得到充分保障，我们才能真正掌握未来发展的主动权。2021 年下半年以来，国内电力、煤炭供需持续偏紧，部分时段区域性供应紧张风险凸显，国内多地出现"拉闸限电"情况，给经济正常运行和居民生活带来影响。核电行业充分发挥核电运行稳定可靠的比较优势，在确保安全的前提下度电必争、多发满发，2022 年全年国内核电发电量同比增长 2.52%，核电机组平均利用小时数达到 7547.7 小时，充分展现出核电在保障能源电力供应安全中的重要价值。

---

[1] 《深刻感悟思想伟力 坚决端牢能源饭碗》，《人民日报》2022 年 11 月 1 日，第 9 版。

3. 我国高度重视核能科技创新

我国高度重视核能科技创新。《"十四五"能源领域科技创新规划》专门将"安全高效核能技术"列为重点任务，围绕三代核电关键技术优化、新一代先进核能系统关键核心技术攻关、核能全产业链上下游可持续发展等方面布局一系列集中攻关和示范试验任务。在全球核能科技创新竞争激烈的背景下，我国着力推动核工业关键核心技术攻关，在反应堆、核燃料循环、核技术应用等领域布局一批重大科研项目，加强新技术、新材料、新工艺的研发应用，加快推动核工业数字化、智能化建设。扎实推进基础研究，实施核工业基础研究十年行动，建设一批先进研究堆和高水平大科学装置，加快提升原始创新能力。以战略性先进核能系统研发为落脚点，加快实施"一体化闭式循环快堆核能系统"等战略牵引性重大科技工程，推动先进核能技术"型谱化、系列化"发展，加快实现核科技自立自强，不断缩小与国际先进水平的差距。

三 面临的挑战

（一）核能空间布局不均衡

我国核电站多分布于沿海省份，内陆省份基荷电源出力不足，电力供需失衡。尤其是 2021 年，受电煤供应紧张、电力消费需求较快增长以及部分地区加强能耗"双控"等多重因素叠加影响，全国超过 20 个省份采取了"拉闸限电"措施。风电、光伏发电波动性大，电网安全面临严峻挑战。我国电源结构中风光等新能源装机占比已从 2012 年的 6% 提升至 2022 年的 24%，但调节电源占比不足 6%，在气候波动较大情况下，现有技术无法同时保障电力供应与电网安全。2021 年 9 月下旬，东北三省风电出力不足装机容量的 10%，加之作为基荷能源的煤电出力不足，电力供应缺口扩大至严重级别，在有序用电、频率调整措施用尽的情况下，为保证电网安全，采取了"拉闸限电"措施。新能源电力出力不稳也是英国伦敦、美国加州等国外地区多次大规模停电事故的主因。

核电是我国内陆地区未来能源电力清洁低碳、规模发展的战略选择。一是电力供需平衡吃紧。预计2025年，华中电网最大电力缺口将达3300万千瓦。二是中部地区一次能源资源有限。可开发水电资源已基本开发完毕，风、光等资源有限，且品质处于全国中下游水平，一次能源支撑经济发展动力不足。三是内陆核电或将成为今后扎实做好"六稳"、全面落实"六保"的重要举措。四是电力系统运行存在安全风险。华中电网是我国西电东输的枢纽，迫切需要提高稳定的本地基荷电源比重。五是内陆地区高耗能产业的用能需求，可以由核能来满足。

（二）自主创新能力有待提升

我国核电产业部分关键设备、材料自主化程度不高，存在对外依赖现象，无法满足核电产业高质量发展的需求。部分关键材料、零部件和软件存在受制于人的风险。一方面我国核电部分设备的零部件、焊材等依赖进口，国内不具备制造能力。例如，主泵的双向推力轴承、主泵高压冷却器盘管质量不稳定，主泵泵体、泵壳部件产能有限。另一方面，由于核电材料技术要求严、质量要求高、需求量小、认证程序复杂等，国内相关厂商的研发积极性不高，研发投入少。技术储备不足，有待提高质量稳定性。国内制造厂在关键零部件及设备上存在成品率不高、关键工艺不稳定等问题，供货质量和进度难以保障。自主核电标准国际认可度不高。我国核电标准一定程度上存在着国际标准、国内标准、第三国标准规范混用的情况，尚未形成完善的配套体系。我国安全标准主要是采用美国ASME和法国RCC两套标准，基本是翻译过来的，照搬美国和法国的标准，没有形成自己的标准。设备供货企业迫切希望有一套自主的制造标准，统一国内各业主的技术要求；设备采购方也希望有一套自主的标准体系，降低同一设备在不同项目中的管理成本，缩短设备供货周期。

（三）经济性有待提升

一是三代成熟核电技术的经济性未能充分释放，与其他新能源技术相比尚有较大的差距。目前，三代核电技术市场竞争能力有待提高，需要进一步优化技术，提升经济性。随着技术的快速发展，新能源发电成本快速下降。核电由于高安全指标的要求，造价较高，经济性不高。

二是过分追求核电技术的更新换代或新技术的应用，可能造成经济性下降。核电机型越成熟，建设过程中需要研究验证的费用越少，遇到未曾发生和经历的问题越少，发生差错、事故、变更的事件越少，需付出的不可预见费用越少。通过设计与设备的标准化、系列化，可节省研制、开发费用，降低设备制造成本，简化安全审批手续，缩短建设周期。

（四）核能发电量占比较低

根据 IAEA 统计，截至 2021 年底，全球在运核电机组 442 台，总装机容量 39417.7 万千瓦，分布在全球 32 个国家和地区。2021 年，全球核电发电量为 2800.3 太瓦时，占全球总发电量的 9.8%。其中，在各个国家电力结构中，法国核电占比最大，达到 69%。我国核电发电量为 407.5 太瓦时，位居世界第二，仅次于美国，但是核电在我国电力结构中的占比仅为 5%，在全球 32 个有核电的国家中，我国核电占比仅排在第 27 位。当前我国核能发电量占全国累计发电量的比重远低于世界发达国家水平（OECD，18%），甚至低于世界平均水平（10%），我国现有核电装机规模与实现碳达峰、碳中和目标所需的规模还不匹配。

（五）我国核能"走出去"面临围追堵截

美国对我国核电"走出去"实施长臂遏制。美国还联合第三国开展核能出口计划，与韩国组建联合体，推进中东能源"马歇尔计划"，遏制我国核电项目落地中东。近几年，美国在发布一系列核能新政后，采取固守并拓展盟国市场、加大对核电新兴市场的支持力度等策略，对我国多个目标市场尤其是东欧和非洲市场发起攻势，试图挤压我国核电"走出去"的空间。

我国与俄罗斯核电"走出去"的差距正在拉大。目前俄罗斯有 36 台海外核电机组订单，订单量约占全球海外核电市场的 70%。而我国目前在外开发的核电项目中只有巴基斯坦 C-5 项目已签署商务合同，其他如在阿根廷、保加利亚、沙特阿拉伯等国家的项目仍在洽谈中，面临一定的不确定性。

四　核能高质量发展指标

习近平总书记在我国核工业创建六十周年之际，做出重要批示，强调核工业"要坚持安全发展、创新发展，坚持和平利用核能，全面提升核工业的核心竞争力，续写我国核工业新的辉煌篇章"[①]。这是新时代核能高质量发展的根本遵循，更是未来核能产业在更高起点上推动高质量发展要实现的根本目标，"十四五"及中长期衡量核能高质量发展的主要指标体现为更高的安全性、更强的创新引领性、更高的经济性和更强的产业链韧性。

（一）更高的安全性

核电固有安全与本质安全性强、核电建设标准高、核电安全运行技术与管理水平高、核安全监管能力强、中长期发展战略引领与刚性约束度高、核安全文化意识强、公众对核电项目参与度高、核领域立法与技术标准完善程度高等特征。

坚持底线思维，确保我国核电产业实现更高安全水平的发展。未来，我国核电发展要形成与碳达峰、碳中和目标相匹配的装机规模，以及沿海内陆均衡发展的空间布局，统筹好发展和安全的关系。鉴于核安全的特殊性、专业性、长期性和复杂性，我国关键重要核设施的建设运营应由专业化、有经验和资质的单位集中承担，加强核安全集中统一管理，更加有效地管控核安全风险。中美长期战略博弈表明，我国核电技术必须自主可控，具备完全掌握自主知识产权的核电技术，以及全套核电装备的自主生产能力，是我国核电产业安全发展的必然要求，更是大国长期博弈的重要基础。面向"十四

[①] 《习近平就我国核工业创建 60 周年作出重要指示　李克强作出批示》，https：//www.gov.cn/xinwen/2015-01/15/content_ 2804674. htm。

五"时期及中长期，建议批量化核准以"华龙一号"为代表的成熟的自主三代核电机组，基于 2060 年全年全国用电量 14 万亿千瓦时的情景需求，按照我国核电发电量占比 18% 的情景测算，我国核电装机规模约 3.4 亿千瓦（百万千瓦机组，核电全年利用 7500 小时）。基于此，2035 年之前，建议每年核电机组核准数量不低于 8 台；2035 年后，每年核准数量不低于 6 台。聚焦确保核安全的核损害赔偿、放射性废物管理、乏燃料等领域，加快制定核损害赔偿法、放射性废物管理法、乏燃料管理条例等专门配套法律，体现核大国担当与责任，尽早填补保障核安全的多项专门法律空白。

（二）更强的创新引领性

核电更强的创新引领性主要体现在科研创新投入高、核燃料利用率高、核电经济性高、在新型电力系统中对风光等新能源消纳的支撑作用强、对电网安全稳定运行贡献高、由核电向核能综合利用（清洁供暖、工业供汽、海水淡化、制氢、制冷、同位素生产等）转变的维度广、核电前沿技术的引领度高、全球核电尖端人才多等方面。

坚持创新引领，驱动我国核电产业在更高科技水平上实现内涵型发展。积极推进核电技术创新发展，通过对"华龙一号"和"国和一号"机组的持续改进和优化，在确保安全的前提下提升其经济性，推动其向型谱化、标准化、系列化方向发展，加强革新型小堆技术的研发，加快推进核电关键设备和重要原材料的国产化替代。通过技术改造与升级，推动一批核能多用途示范项目在清洁供暖、工业供汽、核能制氢、海水淡化以及与传统化石能源耦合发展等领域的落地。加强核电基础技术研究，坚持我国核能发展"热堆—快堆—聚变堆"三步走战略，积极推进钠冷快堆、超高温气冷堆、钍基熔盐堆等四代堆与聚变堆的研发进程，开展先进核燃料、乏燃料后处理、放射性废物处理等研究，推动"一体化闭式循环先进快堆核能系统"列入国家重大科技专项。聚焦基础性、前瞻性、原始性领域，加快核领域国家实验室建设，为我国核能科技自立自强提供强力的战略支撑。

（三）更高的经济性

增强市场主体意识，主动适应市场化改革需要，促进核能产业链转型升级及降本增效，不断提高核能产业的市场竞争力。

统筹考虑核电产业链各环节全过程降本增效，通过应用简化理念、数字化设计体系、标准化设计、可靠性设计、安全评审国际范式降低设计研发成本；通过推动设计制造一体化、设备国产化、标准化牵引装备制造提高产品质量，提升制造效能；通过应用模块化理念、设计简化减少管道焊缝、应用开顶施工等技术减少成本，缩短工期；通过提高燃料可利用率，应用在线监测、智能诊断等技术减少备品备件，实现电站高效运营；实现核电自身安全与经济的协调发展，提高市场竞争力。持续优化三代核电经济性、先进性和适应性。合理控制自主三代核电工程造价，三代核电工程造价（建成价约16000元/千瓦）目前明显高于二代核电工程造价（建成价约13000元/千瓦）；核电电价成本中，投资成本占比最大，管控投资将对提高经济效益有事半功倍的效果。保持安全稳定可持续的核电发展节奏，保持合理的建设规模，使得批量化建设的三代核电每千瓦建成价在15000元左右，核电上网标杆电价在每千瓦时0.4元左右，具备市场竞争的比较优势。

（四）更强的产业链韧性

核燃料为核能发展提供了重要技术和物质基础。核燃料产业是高科技产业，是多种科学的综合体现，其上一个环节的产品是下一个环节的原料，各环节生产能力、生产周期相互匹配，才具有较高的可靠性和经济性。

立足于满足我国核能发展全寿期天然铀需求，在国内铀资源开发方面，一是加大勘查力度摸清家底；二是以铀为先解决矿权重叠问题；三是开放合作，共同受益。在海外铀资源开发方面，一是以各种方式加大资源项目并购，从参与初级勘探入手获取铀资源；二是在非洲实施铀矿大基地开发战略；三是国家加强全方位政策支持。建立天然铀产品储备体系，形成国家储备、企业集团储备和核电企业储备互相衔接、互为支撑的流通使用机制；不断完善核燃料保障供应体系，推进后处理能力建设与放射性废物管理工作，不断提升我国核能产业链韧性。

五　未来展望

（一）核能将保持积极安全有序的发展节奏

随着国家"双碳"目标的持续推进、能源安全战略的深化落实，核能将持续积极安全有序发展。预计"十四五"期间，我国将保持每年 8～10 台核电机组的核准开工节奏，核电装机规模将进一步扩大，发电量将大幅增加。从在运核电装机规模来看，我国即将超过法国，跃居世界第二；从在运在建核电装机规模总和来看，我国将在"十四五"期间超越美国，成为世界第一。根据"十四五"规划和 2035 远景目标纲要，到 2025 年，我国在运核电装机规模将达到 7000 万千瓦，到 2035 年，我国核电在总发电量中的占比将达到 10%，相比 2021 年翻倍，我国核电装机规模在 2035 年前将大幅扩大。当前国内权威机构普遍将核能作为我国实现低碳转型发展的必要选项，综合各机构的预测，为适应我国实现碳中和目标的发展要求，支撑我国清洁低碳能源体系和新型电力系统的建设，预计到 2060 年，核能发电量在我国电力结构中的占比需要达到 20% 左右，与当前 OECD 国家的平均水平相当。

（二）核科技创新将进一步赋能核能产业的高质量发展

我国核能产业将通过加大核科技创新投入力度、加强基础研发和原始创新，在高科技前沿实现产业内涵式高质量发展。自主三代压水堆核电技术将持续改进优化，进一步提升安全性和经济性，形成改进优化的机型系列。高温气冷堆、钠冷快堆有望通过技术创新实现示范项目的推广，并拓展应用场景。铅冷快堆、熔盐堆等先进核能技术的基础科研工作将进一步得到落实，逐步由概念走向科研示范。聚变技术将持续取得新的突破。天然铀勘查采冶技术、纯化转化技术将向绿色、低碳、智能、高效方向发展，新型核燃料元件的安全性、高效性、长寿期等指标水平有望进一步提升，满足先进核能技术的发展需求。燃料循环后段的科技创新将不断加强，绿色化、数字化、智能化技术将推进核能产业全线升级。

（三）核能多用途利用将步入提档加速期

核能多用途利用将为我国能源体系的清洁低碳转型提供关键驱动力。在山东海阳与浙江海盐一北一南两个核能供暖项目正式投运、辽宁红沿河核能供暖项目进入实质性推进阶段的基础上，更多的核电站开始开展核能供暖应用。随着我国首个工业用途核能供汽工程在江苏田湾开工建设，核能综合利用领域将进一步拓展，商用核电机组正向综合供能领域持续纵深推进。未来我国将充分发挥模块化小型堆、高温气冷堆、低温供热堆、海上浮动堆等的优势，紧密结合用户侧综合能源消费需求，建立集发电、供热（供冷）、制氢、海水淡化等于一体的多能互补、多能联供的区域综合能源系统，实现对石化、钢铁等高耗能、高碳排行业的清洁供能。

（四）因地制宜优化空间布局将推动我国核电均衡发展

未来核电建设将更加注重与电网布局和区域经济发展相适应，更好地支撑适合我国国情的新型电力系统建设。我国将充分利用现有沿海核电厂址资源，积极安全有序推进项目开发，并通过厂址扩建、复用煤电退役厂址等方式增加厂址资源储备。华中地区电力需求将持续增长，但华中地区基荷电源比重偏低，电力供需矛盾将进一步加大，预计在条件成熟时，前期工作开展充分的核电厂址将开工建设。西部清洁能源输出省份亦将开展在新能源大基地周边布局核电的可行性论证，为支撑风光等新能源的清洁上网做好准备。届时，我国核能从沿海到内陆、从东部到中西部的空间布局将更加均衡。

（五）我国核能将发挥更大的作用

在多发满发、支撑消纳、稳定经济方面，我国核能将扮演更重要的角色。在极端天气频发、储能技术瓶颈有待突破的背景下，核电机组将充分发挥自身清洁低碳、稳定高效的优势，在更多承担电网基本负荷的同时，有效支撑高比例新能源上网消纳，形成核电与风光电互为补充、协同发展的格局，保障电网安全稳定运行，加快构建新型能源体系。另外，为了解决当前我国经济运行面临的总需求不足等突出问题，我国将布局建设一批核电项目，利用核能项目投资规模大、产业链条长的特点，有效拉动投资、扩大内需、保障就业，促进国民经济平稳运行，推动我国经济社会高质量发展。

（六）我国核能发展的政策环境将进一步优化

我国核领域的"基本法"——原子能法有望在"十四五"期间出台，该法律的出台将为我国核能事业发展提供根本支撑。放射性废物管理法、核损害赔偿法、核电管理条例等法律法规的立法进程将加速，这些法律法规将为核能全产业发展、核能技术创新和核能国际合作与规范等提供有力指引。技术标准将更加完善，将促进核电设计的固化优化，规范核能产业链质量要求，保障部件、设备、仪控系统等安全可靠。我国核能标准与国际标准接轨程度有望持续提高，核能国际交流与合作将走深走实。在"积极安全有序发展核电"的方针下，广东、广西、福建、海南、江苏、浙江、山东、辽宁等地方政府，均将核电发展列为2022年的重点工作，未来，支撑核能高质量发展的政策环境将更加有利。

参考文献

［1］荆春宁、高力、马佳鹏等：《"碳达峰、碳中和"背景下能源发展趋势与核能

定位研判》,《核科学与工程》2022 年第 1 期。

［2］李林蔚、朱博、刘秀：《核能在我国清洁低碳能源系统中的战略定位研究》,
《产业与科技论坛》2022 年第 15 期。

［3］邱建刚：《积极推动我国核电产业高质量发展战略思考》,《中国核电》2021 年
第 3 期。

［4］饶宏、李立涅、郭晓斌等：《我国能源技术革命形势及方向分析》,《中国工程
科学》2018 年第 3 期。

［5］伍浩松、李晨曦：《美拟加速推进聚变能商业化进程》,《国外核新闻》2022 年
第 5 期。

［6］伍浩松、李晨曦：《核能热电联产的经济性》,《国外核新闻》2022 年第 8 期。

［7］张廷克：《核能：从研发原子弹到跻身核电大国》,《中国经济周刊》2021 年第
12 期。

B.7
2023年太阳能发电行业
高质量发展报告

赵晓丽　吴丽丽[*]

摘　要： 太阳能发电行业高质量发展不仅对于我国能源转型具有重大的支撑意义，而且是能源行业高质量发展的重要内容之一。本文将太阳能发电细分为光伏发电、光热发电和薄膜太阳能发电三个方面，基于各行业的发展现状，分析其面临的机遇和挑战，针对未来发展可能存在的问题，提出政策建议。研究发现：中国的太阳能发电行业装机规模持续上升，增长率保持在较高水平，应用场景逐渐丰富，产业链竞争力逐渐增强。未来，太阳能发电行业将面临能源转型、优惠政策、节能降碳、科技创新、数字化转型等方面的发展机遇，同时，也面临关键技术堵点尚存、金属原材料价格高、投资成本高、建设用地受限等问题。为了实现太阳能发电行业高质量发展，需要从金属原材料供给、绿色金融、关键核心技术创新、数字化转型、国际贸易等多个方面给予政策支持。

关键词： 光伏发电　光热发电　薄膜太阳能发电

---

* 赵晓丽，博士，中国石油大学经济管理学院副院长，教授，主要研究方向为能源经济管理、能源系统结构转型；吴丽丽，博士，中国石油大学（北京）经济管理学院副教授，主要研究方向为应用经济学、能源经济管理。

一 中国太阳能发电行业发展现状

（一）中国光伏发电行业发展现状

1. 光伏发电行业发展阶段

中国光伏发电行业主要经历了四个发展阶段，分别是产业萌芽期、快速成长期、剧烈调整期和成熟期。产业萌芽期是指 2005 年以前的发展阶段，该阶段是光伏发展的起步阶段，产业规模化水平较低。2006~2010 年属于快速成长期，2006 年《中华人民共和国可再生能源法》正式施行，标志着中国光伏发电行业进入了快速发展时期。2010 年光伏装机量增长幅度超过100%，中国光伏产业迅速扩张并占领市场，装机量首次迈上千兆瓦的台阶。2011~2018 年，中国光伏发电产业进入剧烈调整期。2011 年 11 月，美国商务部针对中国光伏产品的"双反"调查正式进入立案程序；2012 年 11 月，欧盟正式启动对华光伏产品反补贴调查，宣布对中国进口的光伏产品加征关税，光伏发电产业发展陷入低谷。之后，中国又颁布了相关政策鼓励光伏发

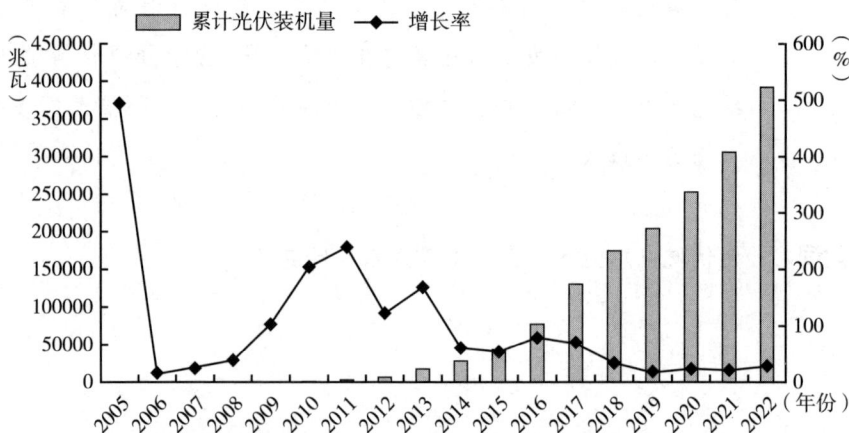

图 1 2005~2022 年中国累计光伏装机量及增长率

资料来源：国际可再生能源机构。

电产业发展，并开始重视光伏发电产业的高质量发展。① 2019 年至今为光伏发电产业的成熟期，经历过阵痛之后，中国逐渐成为世界太阳能发电领域的龙头。②

2. 集中式光伏发电发展特征

中国集中式光伏的建设技术已经比较成熟，成本较低，目前处于全球优势地位。据国家能源局数据，2022 年中国集中式光伏累计并网容量为 23442 万千瓦，而分布式光伏累计并网容量为 15762 万千瓦，集中式光伏累计并网容量为分布式光伏的近 1.5 倍。由于中西部地区地理面积广阔、太阳光照资源丰富，2022 年新增集中式光伏并网容量占比较高的主要是西藏、青海、贵州、湖北等中西部地区省（区）（见图 2），中西部地区集中式光伏累计并网容量占比也高于全国平均水平（59.79%），集中式光伏目前仍为中西部地区光伏发展的主流。

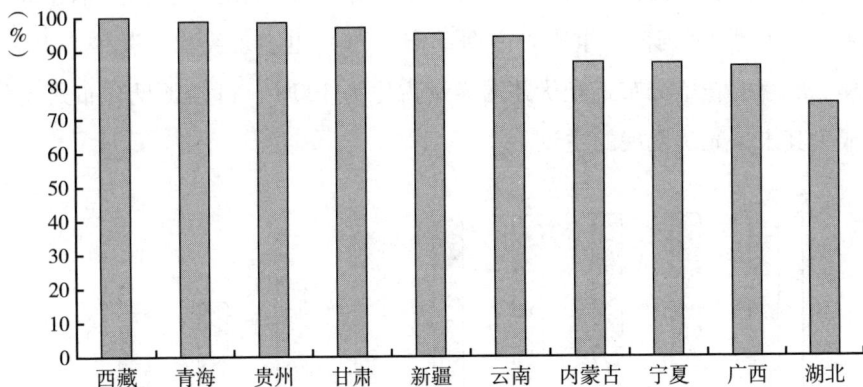

图 2　2022 年新增集中式光伏并网容量占比居前十的省（区）

资料来源：国家能源局。

---

① 鞠传江：《光伏产业全球绝对领先——中国光伏产业步入高质量发展期》，https://column. chinadaily. com. cn/a/201912/24/WS5e01aa3da31099ab995f35b5. html，2019 年 12 月 24 日。

② 鞠传江：《光伏产业全球绝对领先——中国光伏产业步入高质量发展期》，https://column. chinadaily. com. cn/a/201912/24/WS5e01aa3da31099ab995f35b5. html，2019 年 12 月 24 日。

据国家能源局资料，2022 年以沙漠、戈壁、荒漠地区为重点的大型风电光伏基地建设进展顺利，第一批 9705 万千瓦项目已全面开工，部分已建成投产。第一批项目主要分布在内蒙古、青海、甘肃、宁夏、陕西、新疆 6 省（区）和新疆生产建设兵团，可以预计未来中西部沙漠、戈壁、荒漠地区将继续探索"板上发电、板下种植、板间养殖"的新产业模式，集中式光伏将为沙漠、戈壁、荒漠地区的治理添砖加瓦。

3. 分布式光伏发电发展特征

自 2014 年政府政策倾向于发展分布式光伏以来，分布式光伏电站取得了快速发展，国内需求应用端市场开始逐渐转向分布式光伏电站，分布式光伏装机量、发电量增长迅速，重回风口。据国家能源局数据，2022 年分布式光伏发展势头更加强劲，约占全部新增光伏发电并网容量的 58.48%。

未来光伏发电集中式与分布式并举发展趋势明显。如图 3 所示，新增分布式光伏并网容量占比较高的主要是土地资源较少的北京、上海、福建等东部省（市），同时河南、重庆等中西部省（市）也表现突出。其中，上海、福建、北京的新增分布式光伏并网容量占比为 100%，可以预见分布式光伏将成为其未来光伏发展的主流。

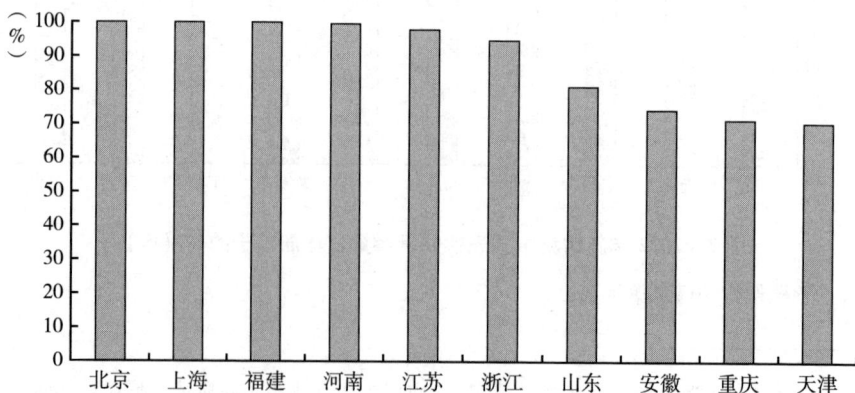

图 3 2022 年新增分布式光伏并网容量占比前十的省（市）

资料来源：国家能源局。

4. 海上光伏发电发展特征

在国家政策驱动下，东部沿海各省份积极响应党中央推动实现"双碳"目标的号召，陆续着手重点发展海洋光伏产业，据国家海洋技术中心数据，截至 2022 年 5 月，中国实际确权的海上光伏项目为 28 个，其中，江苏 18 个、山东 4 个、浙江 3 个、辽宁 2 个、广东 1 个，累计确权面积共 1658.33 公顷，其中浙江省确权面积最大，为 770.89 公顷。目前海上光伏电站分为桩基固定式和漂浮式两大类，其中漂浮式海上光伏电站是应用的主流方向。据伍德麦肯兹数据，2022 年，全球漂浮式海上光伏市场的总规模预计接近 4GWdc，同比增长 150%，尽管基数不大，但预计其在未来十年的年复合增长率将达到 15%，全球累计装机容量预计将超过 58GWdc。伍德麦肯兹预测中国将在未来五年内成为海上漂浮式光伏装机容量的"领头羊"，可见中国漂浮式海上光伏产业未来发展潜力巨大。

5. 中国光伏发电行业的国际竞争力

（1）中国光伏产业链发展完善，但产业链协同发展程度仍需提高

中国光伏产业具有从上游高纯晶硅生产、中游高效太阳能电池片生产到终端光伏电站建设与运营的全产业链体系，且规模不断扩大，成为全球光伏产业中坚力量。

光伏产业链上游环节主要包括硅料、硅片的生产，呈现规模扩大、产业整合继续的特点。全球多晶硅产能产量快速增长，中国多晶硅产量占全球的比重也逐年上涨。据工信部数据，2022 年，我国光伏产业链各个环节的产量均创下历史新高。全国的多晶硅、硅片、电池、组件产量已分别达到 82.7 万 t、357GW、318GW、288.7GW，同比增长均超过 55%。这些产品产量的增长推动整个行业的总产值突破了 1.4 万亿元人民币。

在光伏产业链中，光伏电站的建设和运营属于下游领域。光伏电站可以分为集中式和分布式两种形式。集中式光伏电站发电量一般直接上网，分布式光伏电站侧重于用户自发自用、多余电量上网，通过配电系统进行平衡。据国际可再生能源机构数据，2022 年中国并网光伏电站装机量为 39.20 万 MW，占全球的比重为 37.68%，稳居世界第一，并网光伏电站装机量是美

国的 3 倍之多。

据中国有色金属协会统计，2022 年以来，多晶硅价格整体呈现上行态势，年底价格才出现回落。硅料产能建设周期较长，难以匹配硅片、电池片及组件产能扩张速度，导致硅料出现阶段性供给不足的问题。硅料价格上涨导致电池片、组件行业的利润空间受到挤压，终端组件采购需求和电站建设速度被放缓。虽然产业链不同环节的供需失衡问题可以通过市场机制来加以缓解，但由于资本的逐利性，下游企业会因为缺少资金投入及优势企业的协助，无法拓展盈利空间，造成光伏产业链协同发展程度不高的局面。

（2）"光伏+"应用场景拓宽，光伏行业多维度发展加速

2022 年 1 月，工信部等五部门联合发布《智能光伏行业创新发展行动计划（2021—2025 年）》，提出到 2025 年光伏行业智能化水平显著提升，产业创新取得突破；2022 年 5 月，交通运输部发布《关于推动交通运输领域新型基础设施建设的指导意见》，鼓励在服务区、边坡等公路沿线合理布局光伏发电设施，与市网等并网供电；2022 年 7 月住建部发布《城乡建设领域碳达峰实施方案》，提出推进太阳能光伏一体化建设。工信部、交通运输部、住建部等多部门共同行动，推动光伏的多样化应用、智能化发展，使光伏行业迎来新的增长机遇，中国光伏行业的转型发展走在世界前沿。

在太阳能资源优越，政策驱动发展，光伏建筑一体化具有方便获取、经济性好的特性等因素的推动下，我国光伏与建筑携手步入全新发展阶段，产业链整合加速。光伏与建筑结合的方式可以分为 BAPV（结合式）与 BIPV（集成式），目前大多数光伏建筑一体化采用的是 BAPV。而 BIPV 是 BAPV 的升级版，兼具发电和夯实建筑结构的作用，能够满足建筑美学等要求，近年来发展迅猛，备受关注。据中国光伏行业协会光电建筑专委会数据，2020 年中国 BIPV 装机容量已达 709MW，约占全球 BIPV 总装机容量的七成，但 BIPV 在光伏整体的装机容量中占比仍然较低，BAPV、BIPV 目前呈并行发展态势。

（3）光伏发电产业上游高能耗问题有待解决，组件回收再利用成为关注焦点

光伏发电产业上游硅料生产中，由于晶硅提纯需要高温，会消耗大

量的电能，因此硅料生产成为光伏发电过程中能耗最大的环节。虽然随着产业快速扩张、规模化发展与技术进步，国内晶硅企业攻坚克难、节能降耗，行业技术经济指标不断提升，但是由于光伏产品产量增速远高于单位产品能耗下降速度，预计到 2025 年全行业能源消耗总量将比 2020 年增长 102.89%[①]，硅料生产的高能耗问题仍需要依托技术手段来解决，以实现绿色生产。

工信部等六部门于 2022 年 8 月发布《关于推动能源电子产业发展的指导意见（征求意见稿）》，其中要求推动光伏组件回收利用技术研发及产业化应用。中国是组件生产大国，可预期未来中国的寿命期满后退役晶硅光伏组件数量将急剧增加，对废弃组件的处理将成为关注重点。光伏组件材料（包含玻璃、硅、银、铜、铝等物质）的回收再利用，可以有效缓解生态环境压力、降低光伏全产业链能耗指标。而目前第一批组件大规模报废时间还未到，存在回收技术标准体系未建立、回收技术未投入实践、回收利用的经济效益不确定等问题。

（4）光伏硅片大型化、单晶化、薄片化成为趋势，N 型电池技术成为发展方向

2018 年后，硅片制造业迅速发展，G1、M6、M10、G12 等大型硅片开始大规模使用。随着硅片制造成本不断下降，效率提升成为关注焦点。据中国光伏协会数据，2021 年单晶硅片市场占比 94.5%，处于绝对优势地位，未来转换效率更高的单晶硅片将逐步占据市场，尤其是具备更高转换效率极限值的 N 型单晶硅片将会占据主导地位。同时，薄硅片有利于降低硅材损耗和单硅片耗硅量，2021 年，多晶硅片平均厚度仅为 178 微米，而 P 型、TOPCon-N 型、HJT-N 型单晶硅片平均厚度仅分别为 170 微米、165 微米、150 微米[②]，硅片薄片化趋势明显。

---

① 杨俊峰、李博洋、霍婧等：《"十四五"中国光伏行业绿色低碳发展关键问题分析》，《有色金属（冶炼部分）》2021 年第 12 期。

② 任泽平：《光伏将是未来最大绿电来源》，https://news.solarbe.com/202212/10/362950.html，2022 年 12 月 11 日。

光伏电池历经多个发展阶段，提高光电转换效率、降低光学和电学损失率是迭代发展的关键。据工信部数据，2022 年，TOPCon 电池开始大规模生产，并且平均转换效率达到了 24.5%。同时，HJT 电池的生产速度也有所加快，其中，硅异质结太阳能电池创造了 26.81% 的世界转换效率新纪录，以TOPCon、HJT 为代表的 N 型电池技术逐渐成为行业下一代晶硅电池主流发展方向。钙钛矿电池技术也逐步成熟，钙钛矿及叠层电池研发及中试取得新突破，钙钛矿电池与 BIPV 市场融合发展有望成为钙钛矿电池发展的突破口。

6. 影响光伏发电行业高质量发展的关键问题

（1）核心技术亟待突破

虽然近年来中国在光伏技术创新方面进步巨大，但在高端新能源材料领域，部分关键材料的核心技术还没有取得突破，对外依存度较高，国产化率较低。

跟踪支架：国内跟踪支架市场起步较晚，相关供应商的项目经验和设计能力不足，渗透率也明显低于全球平均水平。光伏跟踪支架目前仍然是国外垄断的行业，据伍德麦肯兹数据，2021 年中国企业只有中信博与帷盛科技挤进全球跟踪支架市场占有率前十，且二者市场份额之和仅有 7%。

低温银浆：高温银浆是光伏银浆市场的主要产品，中国高温银浆突破国外技术垄断，逐步国产化。然而供 HIT 电池使用的低温银浆国产化程度仍然较低，依赖进口。尽管国内已有企业涉足低温银浆领域，但市场规模较小，又受到日本厂商原材料的限制，产能不足。

芯片：中国的芯片发展被"卡脖子"已久，芯片是逆变器核心部件，主要有 IGBT 器件、IC 半导体两种。2021 年和 2022 年芯片缺货涨价，进而导致逆变器价格随之上涨，对逆变器生产商造成了不利影响。

胶膜：胶膜在光伏组件中能够将光伏玻璃、电池片、背板粘在一起，同时起到保护电池片、隔绝空气的作用，成本较低，企业研发意愿较弱。目前 EVA 胶膜是光伏胶膜市场的主要产品，中国仅斯尔邦、联泓新科、宁波台塑能生产光伏级 EVA 胶膜，且产能较小；全球 POE 胶膜产能基本被国外企业垄断，中国 POE 胶膜依赖进口。

（2）光伏发电行业尚未完全实现数字化转型

光伏与数字化的深度融合，可以使企业迅速掌握市场最新动态，将能源产、供、销一体化。由于数字化成本高、光伏企业数字化能力不强、数字化人才匮乏等，大多数企业不具备实现全产业链数字化转型的能力，依然采用传统管理模式，导致生产效率不高。同时，光伏电站后期运行仍存在智能系统不够稳定、光伏微网建设尚未普及等问题，光伏企业向数字化转型困难重重。

（3）国际贸易摩擦不断加剧

我国光伏发电行业国际竞争力不断增强，但其面临的贸易保护形势也越来越严峻，形式越来越多样化。[1]印度于 2022 年 3 月对原产于或进口自中国的除透明背板之外的太阳能涂氟背板征收为期 5 年的反倾销税；2022 年 2 月，美国实施了紧急进口限制措施，对光伏组件采取了额外的关税措施，并将对来自中国的进口产品的关税征收期限延长了 4 年。光伏发电领域的国际贸易摩擦会影响中国光伏企业出口，进而影响中国整体光伏发电行业的发展。同时，欧美国家光伏发电行业基础较好，通过贸易壁垒可以在一定程度上保护其自身光伏企业的发展，但也可能会挤占中国企业的市场份额。

（二）中国光热发电行业发展现状

1. 光热发电项目技术分类、发展定位

太阳能光热发电一般由聚光、集热、储热、发电等环节组成。光热发电技术根据聚光集热方式的不同，可以分为四种类型：槽式、塔式、碟式和线性菲涅尔式。与光伏发电不同的是，光热发电对太阳辐照的要求更高。一般

---

[1] 王青、江华、张天宇等：《2022 年上半年中国光伏产业发展现状及面临的问题分析》，《太阳能》2022 年第 10 期。

根据地表总辐射值（GHI）来确定光伏发电站选址，根据直接辐照强度（DNI）确定某地区是否适合建设光热电站，只有直射光照才可以满足光热发电的要求。虽然某些地方适合建造光伏电站，但并不意味着这些地方也适合建造光热电站。

光热发电因其技术特点而具备传统同步电源的特征，可为电力系统提供有效的转动惯量和无功功率，兼具频率稳定和电压支撑作用，表现出输出稳定、调节性强、电网友好等优点。[①] 光热发电是一种理想的可与其他间歇性能源结合使用的发电技术。[②] 在一些不适合抽水蓄能但风光资源丰富的地区，集发电与储能于一体的光热电站可以提供调峰能力，提高风电、光伏的灵活性。在大型风光基地配备光热设施，有利于解决"弃风弃光"的问题，使电网有能力容纳更多的光电、风电，进而推动构建以新能源为主体的新型电力系统。

2. 中国光热发电的发展现状及国际竞争力

2012 年是中国光热发电装机容量增长的起点，中国成立了试验性小型示范性项目，产业链逐渐完整。2017 年之后中国太阳能光热发电保持较高增速，进入商业化示范阶段。与美国、墨西哥以及印度等国家相比，中国光热发电技术起步较晚，但追赶速度快。为攻克关键技术装备，形成完整产业链和系统集成能力，2016 年国家公布了首批 20 个太阳能热发电示范项目建设名单，同时出台了一系列促进光热电站发展的电价补贴政策，标志着中国进入太阳能光热发电"元年"[③]。截至 2022 年底，首批示范项目中有 9 个成功并网发电，形成了完全国产化的产业链（见表 1）。通过不断消缺，这些太阳能热发电示范项目的性能和发电量正在逐步提升。

---

① Pitz-Paal R., "Concentrating Solar Power", *Future Energy*, 2020.
② 杨昆、孙磊、房超运等：《促进新能源消纳的混合发电系统》，《中国电力》2022 年第 2 期。
③ 杜尔顺、张宁、康重庆等：《太阳能光热发电并网运行及优化规划研究综述与展望》，《中国电机工程学报》2016 年第 1 期。

表1 截至2022年底已成功并网发电的太阳能热发电示范项目情况

项目名称	储热时长（小时）	初投资（亿元）	设计年发电量（亿度）	占地面积（平方公里）	并网时间	可享电价（元/千瓦时）
中广核德令哈50MW槽式项目	9	17	1.975	2.46	2018年6月	1.15
首航高科敦煌100MW塔式项目	11	30	3.9	7.8	2018年12月	1.15
青海中控德令哈50MW塔式项目	7	10.88	1.46	2.47	2018年12月	1.15
中电建青海共和50MW塔式项目	6	12.22	1.569	2.12	2019年9月	1.10
中能建哈密50MW塔式项目	13	16.4	1.983	4.4	2019年12月	1.15
兰州大成敦煌50MW线菲项目	15	16.88	2.14	3.186	2019年12月	1.10
乌拉特中旗100MW槽式项目	10	28.67	3.92	4.867	2020年1月	1.10
鲁能格尔木多能互补50MW塔式项目	12	19.86	1.6	4.267	2019年9月	—
玉门鑫能50MW塔式项目	9	17.9	2.16	3.69	2021年12月	—

资料来源：国家光热联盟。

根据国际可再生能源机构统计的数据，中国光热装机容量呈增长趋势，如图4所示，截至2022年底中国光热发电装机容量占全球的8.34%。[1] 随着2018年底青海中控德令哈50MW塔式项目并网发电，中国光热发电发展进入快车道。光热电站主要分布在新疆、内蒙古、青海、甘肃、西藏等西部五省（区），潜在的发电能力为42000太瓦时/年。[2]

---

[1] 国家太阳能光热产业技术创新战略联盟：《中国太阳能热发电行业蓝皮书2022》，2023。

[2] Gosens, Jorrit, Alina Gilmanova, and Johan Lilliestam, "Windows of Opportunity for Catching up in Formative Clean - tech Sectors and the Rise of China in Concentrated Solar Power", *Environmental innovation and societal transitions*, 39, 2021.

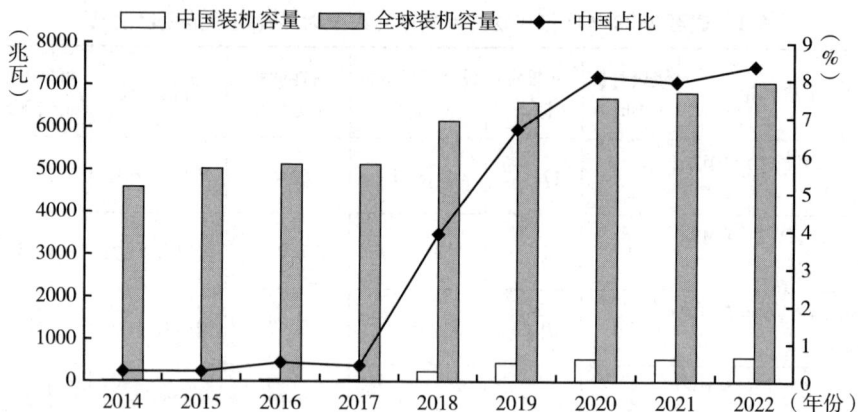

图 4　2014~2022 年全球中国光热发电装机容量情况

资料来源：国家太阳能光热产业技术创新战略联盟。

2022 年 8 月，青海中控德令哈光热电站完整年度累计实际发电量为
1.58 亿千瓦时，达到年设计发电量（1.46 亿千瓦时）的 108%，成为全球
首个年度实际发电量超过年设计发电量的塔式熔盐储能光热电站，验证了塔
式光热发电项目完全可以在中国西北高海拔、低温、多风沙的恶劣环境下建
成并成功运行。

目前全国各省（区、市）均已明确新能源配储要求。2022 年新疆第二
批 20 个市场化并网新能源项目中，有 13 个储热型光热发电项目被作为需电
网消纳项目，均采用"光伏+储热型光热发电"的配置方案，光伏装机总规
模为 1215 万千瓦，光热总装机规模高达 135 万千瓦，配储比例在 11%左右。
这些项目利用光热发电来平衡电力供需，通过有机整合和集成多种能源的互
补性，解决因风光发电波动而导致的电力消纳问题，从而推动了可再生能源
的高比例应用。① 每个新的光热发电项目都会带来技术进步和成本的进一步
下降，中国光热发电项目在国外逐渐增加除国家政策推动外，还因为国内一
系列的示范项目取得了巨大的成功。值得一提的是，近年来全球范围内建设

① 王轶辰：《光热发电将如何破局》，《经济日报》2021 年 2 月 20 日，第 6 版。

的太阳能光热发电项目，承包商和供应商均有中国企业的身影。这说明中国光热发电的部分技术已处于国际先进水平，有足够的国际竞争力。

（三）中国薄膜太阳能发电行业发展现状

薄膜太阳能电池是一种利用光伏薄膜将太阳能转化为电能的设备。与传统的硅基太阳能电池不同，其通过在基板表面上涂覆一层厚度不超过 20 微米的光伏薄膜，并在这层薄膜中制作 PN 结（或 PIN 结）来将太阳能转换为电能。[1] 当前，光伏市场上的薄膜太阳能电池主要有三类：硅基类（非晶硅、微晶硅等）薄膜太阳能电池、化合物类（碲化镉、铜铟镓硒、钙钛矿等）薄膜太阳能电池以及有机质类薄膜太阳能电池。相较于传统的晶硅太阳能电池，薄膜太阳能电池的优势主要集中在以下几个方面。第一，薄膜光吸收系数大，薄膜太阳能电池在厚度上的优势远超传统晶硅电池。薄膜太阳能电池的厚度仅 1 微米左右，而传统的晶硅电池厚度为 180 微米左右。因此薄膜电池的光吸收材料用料更节省，并且随着效率提高仍有较大的摊薄空间。例如，铜铟镓硒太阳能电池的薄膜用料为 0.1 克/瓦，碲化镉太阳能电池的薄膜用料为 0.2 克/瓦，而晶硅太阳能电池的硅损耗仍达 3.5 克/瓦以上。第二，灵活性强，电池组件的透光率可调节，尺寸可定制，颜色图案可变化。第三，适用性好，即使在清晨、傍晚、积雪、雾霾等弱光条件下也能有效吸收光照。第四，热斑效应小，在城市等复杂环境下的适应性更强。[2] 中研普华研究院在《2022-2027 年中国光伏薄膜电池行业市场全面分析及发展趋势调研报告》中指出，2022 年国内薄膜太阳能电池的产能约为 1.6GW，预计到 2025 年国内产能有望超过 20GW。

目前，我国已经成功实现产业化的薄膜太阳能电池包括非晶硅薄膜电池、碲化镉薄膜电池和铜铟镓硒薄膜电池，而具备全球竞争力的薄膜太阳能电池只有碲化镉薄膜电池与铜铟镓硒薄膜电池。其中，碲化镉薄膜电池为主

---

① 杨鸿飞：《理想启航：薄膜发电显风流》，《广东经济》2016 年第 3 期。
② 《薄膜光伏电池行业研究》，https://mp.weixin.qq.com/s/wlIO0c1u3WnBdQSs FFZSOQ，2021 年 12 月 31 日。

流的薄膜太阳能电池，铜铟镓硒薄膜电池为唯一产业化的柔性薄膜电池，两种电池在转化率（量产转化率为13%~19%）和稳定性上更具优势。

近年来，薄膜太阳能电池在实际生活中的应用日趋广泛。在交通领域，北京大兴国际机场被誉为"绿色新国门"，其机场停车楼屋顶采用领先的薄膜光伏发电系统，铺设2万块光伏薄膜组件，每年可节省约300万度电量。[①] 2020年2月，凯盛集团在安徽蚌埠建设了国内首个10.08MW光伏建筑一体化项目，为绿色低碳产业园区建设提供了示范。2022年2月，纤纳光电全球首个钙钛矿集中式光伏电站一期开工，装机容量为12MW。于2023年4月投产的浙江宁波中广核新能源东方电缆5MW/10MWh未来工厂综合智慧能源项目，计划在厂区屋顶采用薄膜光伏技术实现太阳能光伏发电。[②]

二 中国太阳能发电行业的发展机遇及前景

（一）中国光伏发电发展的机遇

1. 光伏发电领域的科技创新持续推进

"十四五"规划提出，要以国家战略性需求为导向，促进创新体系的优化组合，并加快建设以国家实验室为引领的战略科技力量。聚焦包括现代能源系统在内的多个重大创新领域，组建一批国家实验室。在国家鼓励机制的推动下，2020年12月1日国家能源局将"二代异质结太阳能电池生产装备"等26个技术装备列入第一批能源领域首台（套）重大技术装备项目清单。随着中国新基建的持续发力，"光伏+"应用场景也得到不断延伸，"光伏+5G""光伏+大数据中心""光伏+充电桩"等模式已由设想变为现实。此外，受益于云计算、物联网、区块链、人工智能等数字化产业的发展，光

---

① 《进入持续发展期的"光伏＋交通"系列》，https：//mp. weixin. qq. com/s/SjH2Bmz3 - iasNuc4P2PLSg，2023年1月28日。

② 中国光伏行业协会：《〈"光储融合"新型储能项目应用案例集〉节选（七）》，https：// mp. weixin. qq. com/s/ufRIdzhnIFOF6ADhafvjLA，2023年3月8日。

伏产业在智能制造、智能发电、智能运维、智慧能源、智能电网建设等领域实现升级，这也为该产业的高质量发展提供了强劲动力。①

2. 鼓励新能源发展的政策不断出台

在国家层面，2022年9月13日，国家发展改革委等在《关于促进光伏产业链健康发展有关事项的通知》中指出，鼓励多晶硅生产企业直接消纳光伏等绿电进行生产制造，支持通过微电网、源网荷储、新能源自备电站等形式就近就地消纳绿电。2022年12月26日国家能源局针对集中式光伏电站发布了《光伏电站开发建设管理办法》，该办法涵盖了行业涉及的各类主体的职责要求，也覆盖了光伏电站各阶段的全生命周期管理要求，并重点就"政府怎么管""企业怎么干""电网怎么接""运行怎么办"四个方面指明方向。

在地方层面，2022年9月1日广西壮族自治区发展改革委等在《加快广西农村能源转型发展助力乡村振兴的实施方案》中指出，要大力推进农村地区"光伏+"模式，多样化建设集中式光伏发电项目，推动建设一批农光互补、牧光互补、渔光互补光伏电站以及"生态修复+光伏"电站。2022年9月13日，宁夏回族自治区人民政府印发《宁夏回族自治区能源发展"十四五"规划》。规划指出将秉持"集中开发和分布开发并举、扩大外送和就地消纳相结合"的原则，推动沙漠、戈壁、荒漠、采煤沉陷区大型集中式光伏开发，力争2025年光伏发电装机规模在3250万千瓦以上。2022年10月13日，安徽省合肥市在《合肥市进一步促进光伏产业高质量发展若干政策实施细则》中明确了对"光伏+5G""光伏+制氢"等"光伏+"创新应用项目的激励措施：择优给予投资主体不超过0.2元/瓦的一次性补贴，同一企业最高不超过20万元。

3. 全球能源危机利好光伏发电行业

在全球能源危机背景下，国际能源署于2022年12月6日发布《2022

---

① 李明：《光伏发电在新型电力系统中的挑战与机遇》，https://mp.weixin.qq.com/s/IjrEEFq_4AOoYMbIyMvhPA，2022年12月20日。

年可再生能源分析和2027年预测》，指出全球能源危机推动可再生能源呈现出前所未有的发展势头。出于对俄乌冲突引发的能源安全的担忧，各国加快发展以太阳能和风能为主的可再生能源，以降低价格大幅攀升的进口化石燃料引发的风险。据估计，2022～2027年，全球可再生能源装机容量将增长2400GW，该增量和过去20年的总量一样多。

4. "整县推进"及"光伏扶贫"等政策有力地促进了分布式光伏发电的发展

2021年，国家能源局综合司印发了《关于报送整县（市、区）屋顶分布式光伏开发试点方案的通知》，要求分布式光伏"宜建尽建""应接尽接"。国家能源局于2021年启动了整县屋顶分布式光伏开发试点工作，将全国31个省（区、市）和新疆生产建设兵团的676个县（包括部分国家乡村振兴重点帮扶县）列为屋顶分布式光伏开发试点。2022年7月，国家住房和城乡建设部与国家发展改革委出台《城乡建设领域碳达峰实施方案》，提出到2025年，新建公共机关建筑、新建厂房屋顶光伏覆盖率力争达到50%。国家能源局数据显示，2022年光伏发电新增上网容量为8740.8万千瓦，其中，分布式光伏为5111.4万千瓦；累计并网容量39204万千瓦，其中，分布式光伏为15762万千瓦，分布式光伏发展势头强劲。分布式光伏发电政策的实施得到了政府的大力支持，中国政府正在努力推广分布式光伏发电技术，并将其应用于各个领域。2021年，国家能源局、农业农村部、国家乡村振兴局联合印发了《加快农村能源转型发展助力乡村振兴的实施意见》，其中提出建设分布式风电和光伏发电。同年12月，国家乡村振兴局会同全国工商联印发《"万企兴万村"行动倾斜支持国家乡村振兴重点帮扶县专项工作方案》，提出动员引导更多民营企业参与重点帮扶县乡村建设、分布式清洁能源等设施建设。

5. 碳排放"双控"目标下，高耗能企业纷纷在厂区投资分布式光伏发电

在"双碳"目标指导下，优化能源结构和发展绿色低碳能源已经成为全社会的共识。在此形势下，高耗能产业不能持续使用污染环境的传统能源，急需转型升级，采用更加低碳环保的方式开展生产。例如，精工能源集团投资绍兴滨海新城科创苑分布式光伏发电项目，实现了并网发电、转型升

级、绿色环保，具有独特意义和参考价值。位于江西九江经济技术开发区的九江小学八里湖校区光伏发电项目的建成，对太阳能发电在学校等公共机构的应用推广具有示范带动作用。由此可见，碳排放"双控"目标下，高耗能企业转型必须考虑新能源的可持续发展。在这种情况下，分布式光伏发电将为企业带来更多的益处，企业转型升级也将为分布式光伏发电发展带来新机遇。

6. 数字化助力分布式光伏发电的发展

国务院印发《"十四五"数字经济发展规划》，提出要推进云计算和网络技术的协同发展，以及算法和网络技术的融合。同时，加快建设一个全国一体化的大数据中心系统，实现算力、算法、数据和应用资源的协同。数字化与智能化的变革也将为电力产业发展赋能。数字经济的发展，电力和算力的融合，将极大地推动新型电力系统的建设，为行业增添新的成长动力。光伏产业的初始投资成本实际上是由光伏电站生命周期的成本来决定的，而数字化可以提高效率，通过物联网和大数据来支撑光伏电站智能维护管理，可以提高光伏电站生命周期，进而降低成本，促进分布式光伏发电产业的发展。例如，国网甘肃数字化事业部基于企业级实时量测中心完成分布式光伏全景监测场景建设工作，实现了光伏流在数字空间的实时监控、预测和分级告警功能。分布式光伏全景监测场景依托企业级实时量测中心、云平台等数字底座进行构建，全面汇集了营销、用采等多项光伏核心数据，实现了配网台区下光伏用户功率预测及分布式变压器反向重过载状态实时监控和预警分析，大幅提升了配电网光伏出力消纳的可观测、可调控能力，对支撑公司新型电力系统建设落地具有重要意义。

（二）中国光热发电和薄膜太阳能发电面临的机遇

1. 中国光热发电面临的机遇

中国政府近年颁布了一系列政策支持光热发电的发展。2015 年《关于组织太阳能热发电示范项目建设的通知》宣布将组织一批太阳能热发电示范项目建设。次年《关于太阳能热发电标杆上网电价政策的通知》发布，核定太阳能热发电示范项目标杆上网电价为每千瓦时 1.15 元，并鼓励地方政府有关部门对该行业制定优惠措施，随即国家能源局公布了示范项目名单。为了推动光热行业降本增效，也因为可再生能源的补贴缺口巨大，2020年《关于促进非水可再生能源发电健康发展的若干意见》明确新增的光热项目不再纳入中央财政补贴范围。随着示范项目的成功，此项技术的调峰能力逐渐得到体现。国家能源局于 2022 年发布了一系列关于"十四五"期间能源领域的规划，其中明确指出在风光资源丰富的西北地区，光热发电将被视为一个重要的调峰电源，与光伏发电、风电配套发展，推进大型风光基地建设。集中攻关光热发电的关键技术，使发电成本明显下降。

2. 中国薄膜太阳能发电面临的机遇

中国工程院院士彭寿指出，"基于我国建筑耗能和碳排放占终端用能及碳排放比重巨大，让建筑参与太阳能发电，建筑和光伏的有机结合是发展重点"[1]。可以看到，近年来光伏建筑一体化发展势头迅猛。所谓光伏建筑一体化，就是一种将光伏产品集成到建筑上的技术，这种技术致力于打造可持续发电的绿色低碳建筑。从国家到地方，都在大力推动光伏建筑一体化的发展。2022 年 3 月，住建部印发的《"十四五"建筑节能与绿色建筑发展规划》明确指出，到 2025 年，城镇新建建筑全面建成绿色建筑，为城乡建设领域 2030 年前碳达峰奠定坚实基础。2021 年 7 月，安徽省发布《安徽省光伏产业发展行动计划（2021-2023 年）》，提出要加快推动凯盛光伏铜铟镓硒薄膜太阳能电池组件等重点项目的建设。总之，在碳达峰、碳中和的背景下，适用性强、稳定性高的薄膜太阳能电池，在推进绿色低碳建筑发展的过程中将发挥重要作用。

（三）中国太阳能发电的前景

1. 光伏发电未来发展前景

为实现净零碳排放目标，太阳能光伏将成为未来全球主要电力来源

①《中国工程院院士、凯盛科技集团董事长彭寿：太阳能事业就是玻璃的事业！》，https：//mp. weixin. qq. com/s/MUaO1gLNMvqf7I1x4NaxFQ，2021 年 6 月 5 日。

之一。国际上，美国能源部成立太阳能技术办公室（SETO），目标是加快太阳能技术的开发和部署，以实现脱碳目标。2018年，印度尼西亚政府发布了屋顶光伏太阳能系统政策，允许个人使用太阳能光伏系统为自己供应电力，并将剩余电力输出至国家电网，以抵消其正常电力消费。[①] 2020年起，意大利政府为新的光伏住宅电站提供5年内110%的税收减免优惠。[②]

实现国际能源和气候目标需要太阳能光伏以前所未有的规模扩张。未来十年，全球电力系统每年要增加两倍以上的太阳能光伏发电容量，才能实现国际能源署提出的到2050年实现净零排放的目标。[③] 《"十四五"可再生能源发展规划》指出，"十四五"期间中国太阳能发电量将实现翻倍。

国际能源署在《2021年世界能源展望》报告中将光伏发展预测分为三种情景：较保守的既定政策情景，即基于目前已实施及已宣布的政策进行预测；中性的已宣布承诺情景，即假定所有国家已宣布的净零承诺将全面按时实现；较激进的净零排放情景，即全球范围内要在2050年之前实现净零排放。既定政策情景下，全球光伏发电量从2020年的约821太瓦时上升到2050年的超过12000太瓦时。而净零排放情景下2050年的光伏发电量是前者的两倍多，超过27000太瓦时（见图5）。

根据现有的政策进行推测，2050年中国光伏发电量将接近4000太瓦时。若根据"2030年碳达峰，2060年碳中和"目标实现情景进行推测，中国2050年光伏发电量将达到5441.98太瓦时（见图6）。其中，"已宣布承诺情景"是指基于世界各国政府做出的所有气候承诺预测中国光伏发电量的情景。

---

① Setyawati D. , "Analysis of Perceptions towards the Rooftop Photovoltaic Solar System Policy in Indonesia", *Energy Policy*, 144, 2020.

② D'Adamo I. , Gastaldi M. , and Morone P. , "The Post COVID-19 Green Recovery in Practice：Assessing the Profitability of A Policy Proposal on Residential Photovoltaic Plants", *Energy Policy*, 147, 2020,

③ IEA, "Net Zero by 2050", https：//www.iea.org/reports/net-zero-by-2050, 2021.

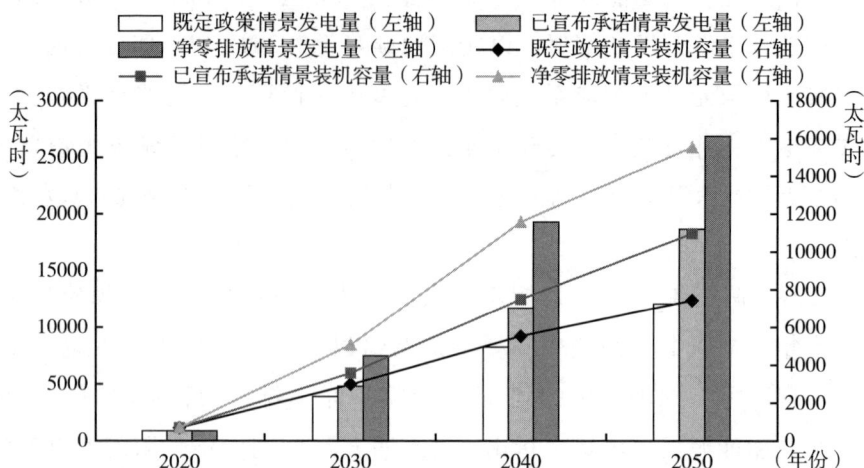

图5　三种情景下全球光伏发电量、装机容量预测

资料来源：国际能源署。

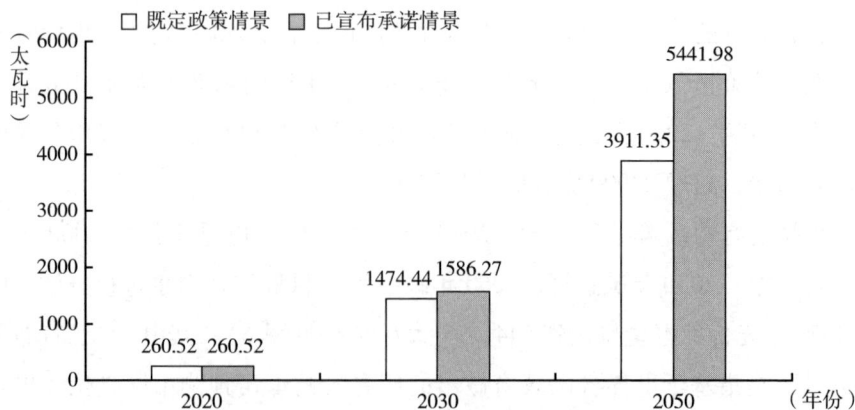

图6　两种情景下中国光伏发电量预测

资料来源：国际能源署。

分布式光伏将是未来光伏发电领域的主力军，国家能源局网站信息显示，分布式光伏发电装机容量预计未来将持续增加，具体如表2所示。

表2 2022~2025年预计新增分布式光伏发电装机容量

年份	2022	2023	2024	2025
累计装机容量总计(吉瓦)	140	185	231	283
预计新增装机容量(吉瓦)	33	44	46	52

资料来源：国家能源局。

由于功率密度低，未来光伏的大规模发展将受到土地可利用面积及相应地形的限制，因此美国、欧洲等地区将海上光伏作为解决方案。[1] 中国已经开展了近海地区海上光伏项目的探索[2]，并成为世界上最大的漂浮式海上光伏发电厂建设市场。理论上，中国海上光伏装机规模可超过7000万千瓦，发电量、安全性等也得到了认可；政策上，山东等地将出台具体政策，为"十四五"期间漂浮式海上光伏项目提供补贴。[3] 光伏走向近海甚至深海，对关键技术（如可以对抗恶劣环境的轻型防水防腐材料、太阳能电池板等）提出了更高的要求。

2. 光热发电和薄膜太阳能发电未来发展的前景

据国际能源署估计，到2050年，全球高达11%的发电量可能来自光热。光热发电作为新兴的发电技术，能够利用太阳能发电，同时具有短时储热能力，且只产生极低水平的温室气体排放。这些特性使光热发电成为需要清洁、灵活、可靠电源的地区的一项有发展前景的技术，因此，光热发电很有可能成为减缓气候变化的关键。

在国家大力推动光伏建筑一体化发展的背景下，薄膜太阳能电池市场迎来商机。预计到2025年，国内建筑光伏屋顶装机量将达到237.42吉瓦，建筑光伏立面累计装机量将达到10.63吉瓦，薄膜太阳能电池市场有望在未来

---

[1] Wang J., Lund P. D., "Review of Recent Offshore Photovoltaics Development", *Energies*, 15 (20), 2022.

[2] Wu Y., Li L., Song Z., et al., "Risk Assessment on Offshore Photovoltaic Power Generation Projects in China Based on a Fuzzy Analysis Framework", *Journal of Cleaner Production*, 215, 2019.

[3] 董梓童：《海上光伏迈向"深蓝"》，《中国能源报》2022年6月13日。

实现大规模扩容。① 同时，应借助技术创新与规模经济，实现薄膜太阳能电池效率的提升以及成本的下降。

三 中国太阳能发电行业发展中存在的问题及挑战

（一）中国太阳能光伏发电中存在的问题及挑战

1. 对稀有金属锑、镓、硒等需求增长导致原材料价格的上升

光伏发电是一种利用半导体界面的光生伏特效应，将光能直接转化为电能的技术，其关键元件就是太阳能电池，其中有许多稀有金属起到关键作用。例如属于稀散金属的铟，它具有质软、延展性好和导电性强等特点，可被压成极薄的金属片。在光伏异质结电池中，铟主要是用来制作异质结电池的 ITO 靶材。异质结电池技术的逐步成熟，或将拉动铟的需求快速增长。此外，晶体硅电池的电极制备还需要消耗银、碲、镓等稀有金属。以银为例，据世界白银协会统计，全球光伏用银已于 2019 年突破 116GW 大关，并在此后保持 12.5% 的年均增速。可见，随着能源革命的推进，稀有金属的重要性越发凸显。

放眼全球，国际能源署在《2020 年世界能源展望》报告中提出，太阳能光伏正成为"新的电力供应之王，并有望大幅扩张"。该机构称，从 2020年到 2030 年，由于 130 多个国家的政策支持、成熟的技术和低融资成本，太阳能光伏平均每年增长 13%。世界加快发展低碳经济的计划增加了对关键矿物和金属可靠供应的需求，而这些矿物和金属对确保这一行业平稳发展至关重要。随着全球能源转型和中国"双碳"目标的推进，中国新能源相关装备产量实现快速增长。机械工业信息研究院副院长石勇指出，中国未来每年新能源装备制造业增加值将达到万亿元以上，产业规模将达到 4 万亿元

---

① 《一文了解 BIPV（地方政策、补贴、参与企业）》，https：//mp.weixin.qq.com/s/CchRZ9 Dvap9NJgzBelVIbQ，2022 年 12 月 20 日。

以上。作为能源大省的内蒙古，更是在其印发的《内蒙古自治区新能源装备制造业高质量发展实施方案（2021–2025年）》中明确了力争"新能源装备制造业产值达到1000亿元以上"的目标。如此一来，势必会导致中国对稀有金属的需求不断增加。与此同时，稀有金属在地壳中储量较少的事实也不容忽视。例如，铟在地壳中的含量约为十万分之一且较为分散，仅在其他金属中作为杂质存在。可以预见，未来稀有金属或将出现供给不足，进而带来下游产品生产成本的攀升。

2. 光伏发电的消纳问题

近年来，中国光伏产业发展迅速、成效显著，已经走在了世界光伏产业发展的前列。然而，中国光伏产业发展也面临"弃光"问题。据全国新能源消纳监测预警中心发布的2019~2021年《四季度全国新能源电力消纳评估分析》，2019~2021年，中国全年"弃光"电量依次为45.7亿千瓦时、52.6亿千瓦时和67.8亿千瓦时。未来光伏发电大规模发展进程中，如何解决"弃光"问题依然是一个挑战。大规模集中式光伏的消纳主要面临以下三个挑战：一是全球气候变化、气象数据匮乏、前期评估失准等，导致对沙漠、戈壁、荒漠等大规模风光新能源基地资源开发潜力的评估存在较大偏差[1]；二是大规模集中式光伏发电地区（比如西北地区）与电力负荷中心所处地区（比如东南沿海地区）相距较远，光伏发电的输出面临挑战；三是中国的电力系统中天然气发电等灵活性电源缺乏，大规模增长的光伏发电（也包括风电）具有波动性，为保障电力供应稳定，可能会产生"弃光弃风"现象。

3. 投资成本增加

光伏发电具有间歇性以及不连续性，对电网冲击较大，为应对这一挑战，各地正在积极推动扩展光（"光伏+"）系统的使用，其中包括光伏和各种储能单元的组合。这些储能单元采用不同的技术，例如物理储能（水

---

[1] 国际能源研究中心：《如何破解集中式风光发电消纳难题》，https://mp.weixin.qq.com/s/StL2yOynJNqehAkWc_vQOA，2022年6月19日。

电)、电化学储能(电池)和化学储能(氢)技术。2020年3月24日,内蒙古自治区能源局印发《内蒙古自治区2020年光伏发电项目竞争配置工作方案》,明确2020年内蒙古新增的光伏发电消纳空间全部通过竞争性配置的方式组织申报,重点支持在荒漠地区、采煤沉陷区、煤矿露天矿排土场建设光伏电站,优先支持"光伏+储能"项目建设,光伏电站储能容量不低于5%、储能时长在1小时以上。2020年以来全国已有内蒙古、湖北、山东等20余个省(区、市)发布了可再生能源项目建设配套的储能容量要求,一般在10%~20%。未来随着光伏发电规模的继续扩大,配套储能建设势在必行。然而,非技术成本占比的持续升高也在较大程度上提高了光伏发电的投资成本。

4. 集中式光伏电站建设用地面临挑战

2022年6月,自然资源部、国家林草局、国家能源局联合印发的《关于支持光伏发电产业发展规范用地用林用草管理有关工作的通知》(征求意见稿)指出:对于利用农用地建设复合光伏发电项目的,不得占用耕地和林地;使用农用地的面积不能超过项目总用地面积的50%。目前光伏发电项目占用土地面积较大,光伏电站建设用地面临挑战,可能会造成用地资源稀缺、土地被高价转租等问题,进而导致光伏电站的非技术成本因用地问题而被提高,同时增加用地的风险。[①] 通过光伏建筑一体化、边坡公路搭建等方式,减小光伏用地面积,或将光伏用地转移至土地资源富裕的荒漠、海洋等区域,是光伏未来发展的重点方向。

5. 分布式光伏发电建设规模小,运行成本高

分布式光伏发电的成本主要取决于弃光率和屋顶区域利用成本。由于电网的外送能力不足和发电并网系统的调节能力不足,光能无法得到有效利用,弃光限电率增加。分布式光伏一般比较分散,只通过工作人员监管,很难及时发现并解决故障问题。为保障光伏电站的正常运行,需要建设具备故

[①] D'Adamo I., Gastaldi M., and Morone P., "The Post COVID-19 Green Recovery in Practice: Assessing the Profitability of A Policy Proposal on Residential Photovoltaic Plants", *Energy Policy*, 147, 2020.

障诊断技术的分布式综合管理平台，建设过程中需要大量投资。屋顶区域利用成本高，在分布式光伏大规模推广前，建设规模较小，同时屋顶分布式光伏发电电价不会超过当地平均电价，收益无法弥补生产与运营成本。同时分布式光伏发电需要并网，并网发电对建设成本和运营成本的要求较高。随着光伏发电系统的装机容量增加，变电站变压器出现故障的风险将会增大，从而导致大面积停电的概率提高，新建或维修的成本都可能增加，最终光伏发电的成本也会升高。总的来说，屋顶弃光率较高、建设分散、规模小、并网发电难等问题导致分布式光伏面临高额运行成本。

（二）中国太阳能光热发电中存在的问题及挑战

政策补贴对光热发电的作用非常重要。2005～2015年，国际上光热发电行业主要在美国和西班牙迎来发展浪潮，两国建设了约4500兆瓦的光热发电项目。但由于国家补贴政策的终止以及光伏行业竞争等一系列因素影响，两国光热开发进入停滞期，一直没有新增光热装机。2016年至今，光热发电开始在新兴经济体国家大范围发展，如中国、南非、印度、摩洛哥和一些中东、北非国家[1]，但目前仅有中国和摩洛哥对光热发电有政策补贴。[2] 我国国家重点研发计划中有关太阳能光热发电的项目有4项获得立项。[3]

由于光热发电在中国起步较晚，整个产业处于初级发展阶段，边际成本较高。根据国际可再生能源署2021年的数据，光热发电的综合成本为0.492元/千瓦时，依旧远高于光伏发电。设备成本和建设成本是光热发电成本的主要构成部分，提高性能的主要途径是提升热电转换的效率。

---

[1] Gosens, Jorrit, Alina Gilmanova, and Johan Lilliestam, "Windows of Opportunity for Catching up in Formative Clean - tech Sectors and the Rise of China in Concentrated Solar Power", *Environmental innovation and societal transitions*, 39, 2021.

[2] Lilliestam, Johan, et al., "The Near-to Mid-term Outlook for Concentrating Solar Power: Mostly Cloudy, Chance of Sun", *Energy Sources, Part B: Economics, Planning, and Policy*, 16, 2021.

[3] 国家太阳能光热产业技术创新战略联盟：《中国太阳能热发电行业蓝皮书2022》，2023。

（三）中国薄膜太阳能发电中存在的问题及挑战

目前，薄膜太阳能电池的发展主要面临以下四个方面的挑战：第一，部分核心技术的发展仍不成熟，一些实验室的薄膜太阳能电池技术不适合大规模量产，这将对薄膜太阳能电池的商业化带来挑战。第二，如何利用稀有金属（碲、铟等）更高效地生产，如何回收利用有毒金属（碲化镉），这些问题不容忽视①。第三，与传统的晶硅太阳能电池相比，薄膜太阳能电池还不具备价格优势，晶硅太阳能电池仍占据市场主导地位。② 碲化镉薄膜太阳能电池是薄膜太阳能电池中最主流的一类，其成本超过 2 元/瓦，而目前晶硅太阳能电池的生产成本仅为 1.5~2 元/瓦。第四，在实现光伏建筑一体化的过程中，要兼顾建筑设计的合理性以及薄膜太阳能电池发电的高效性存在着一定的难度。既要保证建筑的稳固性、防水性等，也要考虑在复杂的城市环境中如何实现与当地太阳辐射相适应的太阳能组件的最佳铺设角度。③

四 促进中国太阳能发电行业高质量发展的政策建议

（一）促进太阳能发电行业与稀有金属资源产业、储能产业等的协同发展

太阳能发电规模快速扩大的过程中，稀有金属需求也会增大，因此，需要在确定太阳能发电与稀有金属资源相互作用关系的基础上，通过考虑时间和空间两个方面，建立太阳能发电产业和金属资源产业之间协同发展的机制，以确保太阳能发电产业对稀有金属不断增长的需求得到满足。同时，由于光伏发电具有较强的波动性和不稳定性，光伏发电在大规模发展过程中需要注重与氢储能、电化学储能等储能产业发展的协同。可通过光伏发电企业

① 张传军、褚君浩：《薄膜太阳能电池研究进展和挑战》，《中国电机工程学报》2019 年第 9 期。
② 姚金楠：《BIPV 激活薄膜电池市场》，《中国能源报》2022 年 7 月 18 日，第 11 版。
③ 张双双、赵超亮、郑直：《薄膜光伏与建筑集成化研究进展》，《化工新型材料》2021 年第 10 期。

和储能企业共享储能等方式实现储能产业发展中的成本分担和利益共享。此外，太阳能发电产业在发展过程中还应该注重自身与风电产业发展的互补性特征，以及太阳能发电产业内部的光伏发电产业、光热发电产业等的互补性特征，注重促进多产业协同发展机制和政策体系的构建。

（二）提升太阳能发电关键环节的技术创新水平，进一步降低发电成本

目前，中国光热发电和薄膜太阳能发电的成本都比较高，需要进一步提高关键领域的技术创新水平，降低成本。有文献根据国际能源署给出的发电成本计算得出：太阳能热发电站系统效率每提升1%，相当于初投资降低5%～7%，提高太阳能热发电的发电效率、增加年净发电量、提高电站设备的国产化率、降低电站初期投资费用是降低太阳能热发电成本的重要途径。[①] 还应通过国家项目的资金支持，促进相关光热发电尖端技术研发，如长时热储能技术、光热电高效转换技术等，减少太阳能关键部件，如玻璃镜、聚光器等生产线对国外的技术依赖。有文献指出，技术进步可使太阳能热发电系统（塔式）能量效率提升12%～27%，技术进步对太阳能热发电成本降低的贡献率约为42%、对规模化的贡献率约为37%、对批量生产的贡献率约为21%。规模化发展可使电站总投资整体下降18.42%～27.56%，储能时长增加导致的发电量增长，也会使综合度电成本下降。[②] 此外，还可以通过缩小项目规模来让光热发电技术变得更易实施，推进该技术快速发展。[③] 因此，可以出台相关政策鼓励相关企业探索小型光热技术，如绿色建筑、锅炉改造以及农业大棚供暖改造的广泛应用，通过大范围的技术使用来培养成熟度高、稳定性强的产业链。

---

① 杨圣春、项棵林、杨帆：《中国太阳能热发电产业现状与展望》，《中外能源》2017年第6期。

② 国家太阳能光热产业技术创新战略联盟：《中国太阳能热发电行业蓝皮书2021》，2022。国家太阳能光热产业技术创新战略联盟：《中国太阳能热发电行业蓝皮书2022》，2023。

③ 《光热电站并非越大越好 小型光热电站或更具市场竞争力?》，https://guangfu.bjx.com.cn/news/20191118/1021569.shtml，2019年11月18日。

（三）促进太阳能发电与数字化的深度融合

得益于数字技术的发展，能源系统正在进行数字化转型，供需两侧信息传递及时性增强，电力负荷的主动响应性增强，能源系统可实现实时有效调控；在光伏发电技术等可再生能源发电技术和先进数字技术成熟应用的基础上，能源"产消者"（生产者和消费者身份的统一）逐渐从虚拟走向现实。数字化技术的发展无疑将大大推动光伏发电和光伏利用的信息传递、供需平衡，推动太阳能发电与风电等其他不同类型能源供应和利用之间的协同。因此，促进太阳能发电与数字化的深度融合将有利于太阳能发电的高质量发展。

（四）通过绿色金融等优惠政策，降低太阳能发电企业投资成本

目前，光热发电和薄膜太阳能发电成本依然较高，地方政府应给予光热发电企业和薄膜太阳能发电企业相应的政策支持，如免除土地财产税、帮助企业获得价格合理的贷款等。对于发电成本更高的薄膜太阳能发电企业，应该给予更加优惠的激励政策。比如，深圳市政府办公厅于 2022 年 12 月 21 日发布了《深圳市促进绿色低碳产业高质量发展的若干措施》，其中鼓励建设薄膜光伏示范项目，并对这些示范项目按照发电量提供 0.4 元/千瓦时的补贴。虽然随着技术进步，光伏发电成本快速下降，但是，目前许多省份针对光伏发电企业投资在配备储能等方面所提出的要求，增加了光伏发电的投资成本。因此，需要借助绿色贷款、绿色债券等绿色金融方面的优惠政策，降低太阳能发电企业投资成本，促进其可持续、高质量发展。

（五）促进太阳能发电产业链国内外市场的双循环，实现高质量发展目标

在当今国际贸易保护主义抬头、光伏产品的国际贸易摩擦不断加大的背景下，应从增强太阳能发电产业链的上、中、下游系统性和协调性角度出发，制定相关激励政策，在继续稳定或扩大海外市场的同时，注重促进国内太阳能发电产业链的内循环；通过补贴和税收等调控手段实现太阳能发电产

业链不同环节的利益获取适当均衡，通过推动全产业链优化和国内外两个市场两种资源的有效配置，实现太阳能发电产业的高质量发展。

参考文献

［1］ Setyawati D. , "Analysis of Perceptions towards the Rooftop Photovoltaic Solar System Policy in Indonesia", *Energy Policy*, 144, 2020.

［2］ D'Adamo I. , Gastaldi M. , and Morone P. , "The Post COVID-19 Green Recovery in Practice: Assessing the Profitability of a Policy Proposal on Residential Photovoltaic Plants", *Energy Policy*, 147, 2020,

［3］ IEA, " An Energy Sector Roadmap to Carbon Neutrality in China", https://www. iea. org/reports/an – energy – sector – roadmap – to – carbon – neutrality – in – china, 2021.

［4］ IEA, "Net Zero by 2050", https://www. iea. org/reports/net – zero – by – 2050, 2021.

［5］ IEA, "Global Energy and Climate Model", https://www. iea. org/reports/global-energy-and-climate-model, 2022.

［6］ IRENA, " Renewable Energy Statistics 2022", 2023.

［7］ IRENA, "Renewable Power Generation Costs in 2021", 2022.

［8］ Wang J. , Lund P. D. , "Review of Recent Offshore Photovoltaics Development", *Energies*, 15（20）, 2022.

［9］ Lilliestam, Johan, et al. , "The Near-to Mid-term Outlook for Concentrating Solar Power: Mostly Cloudy, Chance of Sun ", *Energy Sources*, *Part B: Economics*, *Planning, and Policy* , 16, 2021.

［10］ Gosens, Jorrit, Alina Gilmanova, and Johan Lilliestam, "Windows of Opportunity for Catching up in Formative Clean-tech Sectors and the Rise of China in Concentrated Solar Power", *Environmental innovation and societal transitions*, 39, 2021.

［11］ Pitz-Paal R. , "Concentrating Solar Power", *Future Energy*, 2020.

［12］ Wu Y. , Li L. , Song Z. , et al. , "Risk Assessment on Offshore Photovoltaic Power Generation Projects in China Based on a Fuzzy Analysis Framework", *Journal of Cleaner Production*, 215, 2019.

［13］《薄膜光伏电池行业研究》, https://mp. weixin. qq. com/s/wlIO0c1u3WnBdQSsFF ZSOQ。

［14］ 曹磊、袁天驰：《"双碳"目标下光伏建筑一体化发展现状及前景分析》，《智能建筑电气技术》2022 年第 4 期。

［15］ 董梓童：《海上光伏迈向"深蓝"》，《中国能源报》2022 年 6 月 13 日。

［16］ 杜尔顺、张宁、康重庆等：《太阳能光热发电并网运行及优化规划研究综述与展望》，《中国电机工程学报》2016 年第 1 期。

［17］《一文了解 BIPV（地方政策、补贴、参与企业）》，https：//mp. weixin. qq. com/s/Cc hRZ9Dvap9NJgzBelVIbQ。

［18］《进入持续发展期的"光伏+交通"系列》，https：//mp. weixin. qq. com/s/SjH2Bmz3-iasNuc4P2PLSg。

［19］《中国工程院院士、凯盛科技集团董事长彭寿：太阳能事业就是玻璃的事业！》，https：//mp. weixin. qq. com/s/MUaO1gLNMvqf7I1x4NaxFQ。

［20］ 国际能源研究中心：《如何破解集中式风光发电消纳难题》，https：//mp. weixin. qq. com/s/StL2yOynJNqehAkWc_ vQ0A。

［21］ 国家太阳能光热产业技术创新战略联盟：《中国太阳能热发电行业蓝皮书 2021》，2022。

［22］ 国家太阳能光热产业技术创新战略联盟：《中国太阳能热发电行业蓝皮书 2022》，2023。

［23］ 韩春瑶：《戈壁滩上的光伏产业》，《人民日报》2022 年 8 月 2 日，第 7 版。

［24］ 鞠传江：《光伏产业全球绝对领先——中国光伏产业步入高质量发展期》，https：//column. chinadaily. com. cn/a/201912/24/WS5e01aa3da31099ab995f35b5. html。

［25］ 李明：《光伏发电在新型电力系统中的挑战与机遇》，https：//mp. weixin. qq. com/s/IjrEEFq_ 4AOoYMbIyMvhPA。

［26］ 任泽平：《光伏将是未来最大绿电来源》，https：//news. solarbe. com/202212/10/362950. html。

［27］ 荣翔、邓林龙、张美林：《薄膜太阳能电池的进展和展望》，《材料导报》2018 年第 S2 期。

［28］《光热电站并非越大越好　小型光热电站或更具市场竞争力?》，https：//guangfu. bjx. com. cn/news/20191118/1021569. shtml。

［29］ 王青、江华、张天宇等：《2022 年上半年中国光伏产业发展现状及面临的问题分析》，《太阳能》2022 年第 10 期。

［30］ 王轶辰：《光热发电将如何破局》，《经济日报》2021 年 2 月 20 日，第 6 版。

［31］ 杨鸿飞：《理想启航：薄膜发电显风流》，《广东经济》2016 年第 3 期。

［32］ 杨俊峰、李博洋、霍婧等：《"十四五"中国光伏行业绿色低碳发展关键问题分析》，《有色金属（冶炼部分）》2021 年第 12 期。

［33］ 杨昆、孙磊、房超运等：《促进新能源消纳的混合发电系统》，《中国电力》

2022 年第 2 期。

[34] 杨圣春、项棵林、杨帆：《中国太阳能热发电产业现状与展望》，《中外能源》
2017 年第 6 期。

[35] 姚金楠：《BIPV 激活薄膜电池市场》，《中国能源报》2022 年 7 月 18 日，第 11 版。

[36] 张传军、褚君浩：《薄膜太阳电池研究进展和挑战》，《中国电机工程学报》
2019 年第 9 期。

[37] 张芳、邹俊：《"双碳"目标下中国光伏产业高质量发展的难点与对策》，《西
昌学院学报》（社会科学版）2022 年第 2 期。

[38] 张双双、赵超亮、郑直：《薄膜光伏与建筑集成化研究进展》，《化工新型材
料》2021 年第 10 期。

[39] 中国光伏行业协会：《〈"光储融合"新型储能项目应用案例集〉节选
（七）》，https：//mp. weixin. qq. com/s/ufRIdzhnIFOF6ADhafvjLA。

[40] 《用制造业解决能源问题？光伏迎"大时代"》，https://baijiahao. baidu. com/s？
id＝1750894485643085835&wfr＝spider&for＝pc。

[41] 《2022 年薄膜电池技术发展应用与产能空间分析》，https：//m. chinairn. com/news/
20220930/122206756. shtml。

［致谢：参与本文写作的还有中国石油大学（北京）经济管理学院博士
研究生于萌萌、硕士研究生罗钰星和本科生王佳艺。在此，对他们的工作一
并表示感谢。］

B.8
2023年风电行业高质量发展报告

秦海岩　于贵勇　张云霞*

摘　要： "十四五"时期是我国加快能源绿色低碳转型、有效缓解气候变化、提高能源安全保障能力、促进低碳经济增长的关键时期。2020年，我国承诺二氧化碳排放力争于2030年前达到峰值，努力争取2060年前实现碳中和。风电等可再生能源已经成为我国能源产业未来着力发展的重要方向，是推进能源革命、构建新型电力系统、实现"双碳"目标的主力军。党的十八大以来，在工信部、国家能源局等部门的推动下，我国风电产业国际竞争实力不断增强。回顾中国风电产业发展历程，中国风电产业规模从无到有、技术从弱到强，目前，中国风电已经具备了成熟的产业链和技术研发能力，在全球风电行业中居领先地位。与此同时，中国风电产业发展还面临着大基地消纳不足、外送通道建设滞后、分散式风电电网接入难、土地限制、海上风电产业链不够精细化、深远海管理办法尚未出台等问题。为促使风电产业高质量发展，保障风电产业规模的不断扩大，需进一步从政策、技术、产业协同等多方面引导鼓励产业持续稳定健康发展，推动构建以新能源为主体的新型电力系统，助力"双碳"目标早日实现。

关键词： 陆上风电　海上风电　大基地消纳　外送通道

---

* 秦海岩，中国可再生能源学会风能专业委员会秘书长，世界风能协会（WWEA）副主席，北京鉴衡认证中心（CGC）主任，主要研究方向为风能产业战略规划、技术发展与策略；于贵勇，中国可再生能源学会风能专业委员会产业研究部主任，主要研究方向为风电产业经济评价、市场分析与政策；张云霞，中国可再生能源学会风能专业委员会产业研究员，主要研究方向为风电产业链发展与发展规划。

一 中国风电行业的发展形势与基础

在全球能源转型的大背景下，为进一步加快能源转型、推动能源革命，践行应对气候变化的承诺，各国陆续制定了相应的能源发展规划。风电作为一种清洁可靠的可再生能源，其价值随着能源、环境及气候变化问题日益凸显，因风电发展有助于缓解气候变化、提高能源利用效率、促进低碳经济增长等而备受关注。自习近平总书记提出中国碳达峰和碳中和目标后，风电等可再生能源进一步明确成为我国能源产业发展的主导力量。风电产业的高质量发展势必将成为落实中国碳减排目标的有力抓手，同时也能为能源绿色低碳安全发展、能源生产和消费革命提供关键支撑。

（一）中国风电行业的发展形势

1.中国风电行业当前面临的国内外形势

（1）国际层面。各国能源安全以及通胀问题加剧。2022年，在地缘冲突、气候变化、汇率波动等多种因素影响下，全球能源安全问题不断凸显。根据 IEA《2022年世界能源展望》报告，气候变化导致风能、水力、太阳能等可再生能源减产，全球能源市场面临着极大的压力。2022年俄乌冲突进一步加剧了石油、天然气、电力等能源价格的上涨，上游资源价格上涨带来通胀，使得中下游企业生产成本高企，利润承压。因此，可再生能源需求持续增长。目前，复杂动荡的国际形势加速演进、地缘政治形势持续紧张，一定程度上对中国可再生能源产业"走出去"造成冲击，对全球可再生能源供应链产生影响。

（2）国内层面。与国外相比，中国的能源供需保持相对稳定。过去七年，我国的能源生产总量持续增长，2022年已达到44.1亿吨标准煤。[①] 尽

---

① 《国家能源局关于印发〈2022年能源工作指导意见〉的通知》，http://www.gov.cn/zheng ce/zhengceku/2022-03/29/content_ 5682278. htm。

管全球能源产量还不能完全满足能源消费的需求，但是我国的能源自给率正逐年提升，目前在80%以上，整体态势良好。随着我国碳达峰、碳中和目标的提出，可再生能源发展将进一步提速。在"双碳"目标的指导下，各地加大对风电、光伏等可再生能源的规划和开发力度，目前，31个省（区、市）均发布了"十四五"可再生能源规划目标，预计"十四五"期间可再生能源新增装机规模将超过8.3亿千瓦。

2. 中国风电行业在全球风电行业中的突出地位

（1）市场规模。根据GWEC数据，2022年全球风电新增装机容量为77.6吉瓦，其中，全球陆上风电新增装机容量达68.8吉瓦，海上风电新增装机容量达8.8吉瓦。截至2022年底，全球风电累计装机容量达到906吉瓦，同比增长9%。从全球各国风电新增装机容量来看，美国风电新增装机容量有所下降，陆上风电新增装机容量仅为8.6吉瓦，占全球市场的11%；欧洲市场表现良好，陆上风电新增装机容量16.7吉瓦，占比提高到22%；中国以52%的新增装机市场份额仍居全球第一。[①] 到2022年，我国风电新增装机容量连续14年、累计装机容量连续13年稳居全球首位；在全球市场份额方面，我国新增装机市场份额由2012年的不到30%提升到2022年的52%，中国风电持续领跑全球。

（2）技术水平。历经几十年的发展，中国风电已经具备了成熟的产业链和技术研发能力。从合资合作、技术引进、联合开发、自主研发到全球领先，风电技术从弱到强，实现了技术水平的不断进步，在国际风电技术发展方面位于前列。同时，中国已成为全球最大的风电装备制造基地。中国在大兆瓦级风电机组研发上不断创新，目前正在研发20兆瓦级的海上风电机组，在长叶片、高塔架应用等方面也处于国际领先水平，在新技术应用如风电制氢、Power to X等领域不断探索，推动风电产业技术持续进步，助力风电产业高质量发展。

（3）成本情况。根据国际可再生能源署（IRENA）发布的《2021年可

---

① GWEC, Global Wind Report 2023, 2023.

再生能源发电成本》报告，2021年新增陆上风电项目的全球加权平均发电成本（LCOE）同比下降15%，约0.033美元/千瓦时；海上风电项目全球加权平均LCOE同比下降13%，约0.075美元/千瓦时，风电成本持续下降。2010~2021年，中国陆上风电项目加权平均LCOE由2010年的0.083美元/千瓦时，降至2021年的0.028美元/千瓦时，下降了约66%（见表1）；海上风电项目加权平均LOCE由2010年的0.178美元/千瓦时，降至2021年的0.079美元/千瓦时，下降了约56%（见表2）。

近年来，中国风电成本和价格在全球范围内实现了迅速下降，直接促进了风电市场的扩大和在全球装机容量的快速增长。

表1　2010~2021年部分国家和地区陆上风电项目加权平均LCOE情况

单位：美元/千瓦时，%

地区/国家	2010年加权平均LCOE	2021年加权平均LCOE	同比下降
非洲	0.097	0.049	49.5
欧亚大陆	0.128	0.045	64.8
欧洲	0.130	0.042	67.7
北美洲	0.103	0.031	69.9
大洋洲	0.129	0.032	75.2
其他亚太地区	0.148	0.048	67.6
其他南美洲	0.105	0.050	52.4
巴西	0.109	0.024	78.0
中国	0.083	0.028	66.3
印度	0.090	0.030	66.7

资料来源：IRENA。

表2　2010~2021年部分国家海上风电项目加权平均LCOE情况

单位：美元/千瓦时，%

国家	2010年加权平均LCOE	2021年加权平均LCOE	同比下降
中国	0.178	0.079	55.62
日本	0.187	0.196	-4.81

续表

国家	2010 年加权平均 LCOE	2021 年加权平均 LCOE	同比下降
韩国	—	0.180	—
比利时	0.226	0.083	63.27
丹麦	0.108	0.041	62.04
德国	0.179	0.081	54.75
荷兰	—	0.059	—
英国	0.210	0.054	74.29

资料来源：IRENA。

（4）出口情况。当前我国自主研发的风电机组已经遍布全球五大洲的40多个国家和地区，其中主要出口国家分别为越南、澳大利亚、印度、美国、哈萨克斯坦、巴基斯坦、南非等。近两年东南亚国家成为我国风电机组主要出口国，越南和印度分别在 2021 年和 2022 年位居我国风电机组新增出口额之首。除了风电机组，中国制造的叶片、齿轮箱、发电机、塔架等风机供应链上的关键部件也陆续出口到美洲、非洲、欧洲、澳洲及东南亚的一些国家和地区。大金等中国风电企业通过不同方式积极布局境外市场，不断扩大与共建"一带一路"国家的合作，与共建"一带一路"国家共同投资开发建设陆上、海上风电项目，彰显中资企业在国际竞争中的强大实力，让可负担、可靠、可持续的绿色能源惠及全球。

（二）中国风电行业的发展基础

1. 风电产业规模持续扩大，推动新能源产业有序发展

截至 2022 年底，我国风电装机规模累计超过 3.96 亿千瓦，其中陆上风电装机规模突破 3.6 亿千瓦，海上风电装机规模超过 3000 万千瓦，分散式风电累计装机规模约 1344 万千瓦，同比增长 34.9%。2022 年，全国风电平均利用小时数为 2259 小时，全年风电发电量约 7599 亿千瓦时[①]，累计发电

---

① GWEC, Global Wind Report 2023, 2023.

量同比增长 16.5%，占全社会用电量的 8.8%，风电已成为我国仅次于火电、水电的第三大电源。中国风电已经进入了高质量发展阶段，有序推动着新能源产业发展，为能源绿色转型提供了强大支撑。

2. 风电装备技术水平持续提升，助力建设装备强国

随着风电技术的持续进步与技术储备的不断丰富，我国的整机及关键零部件自主研发能力不断提升，陆上最大单机容量在 8 兆瓦以上，5 兆瓦及以上容量单机成为主流机型；海上风机容量在 18 兆瓦以上，6 兆瓦及以上容量单机成为主流机型；主轴轴承实现 16 兆瓦自主研发，其中，陆上 5 兆瓦以下轴承已经实现国产化，5 兆瓦以上轴承主要依赖于进口；大功率齿轮箱和百米级叶片等部件技术持续突破，叶片最长达 126 米。我国风电装备制造能力持续提升。

3. 风电产业链不断完善，支撑产业高质量发展

在政策的支持下，我国风电产业实现了从完全依赖进口到联合研发、自主研发，再到产业全面发展的转变，同时从上游原材料到运输安装环节，配套企业也逐渐发展起来。目前，我国已经形成了成熟完善的风电全产业链。除主轴轴承外，风电产业链已基本实现国产化，大兆瓦主轴轴承的国产化进程正在加快，偏航变桨轴承已全部国产化。大功率齿轮箱和百米级叶片等部件技术持续突破，支撑着产业高质量发展。

二 中国风电行业发展现状

（一）中国风电产业的演进进程

中国对风电技术的探索始于 20 世纪 50 年代后期。[①] 最早的商业化并网风力发电始于 1986 年的山东荣成马兰风电场，该风电场装有 3 台维斯塔斯 55 千瓦的风电机组。20 世纪 90 年代初，中国开始以技贸合作的形式，通过

---

① 贺德馨、施鹏飞：《风电中国三十年》，中央文献出版社，2010。

"乘风计划""双加工程""国债项目"的培育，引进国际上主流厂家风电设备，建设并网风力发电场；通过不断吸收风电机组技术，逐步进行风电机组国产化生产，并在2006年《中华人民共和国可再生能源法》实施后开始大规模发展风电，中国风电新增和累计装机容量分别于2009年和2010年升至世界首位[①]，成为全球风电装机容量第一大国。2010年至今，中国每年稳居风电装机容量全球第一。

风电产业经过30多年的发展，经历了5个发展阶段：技术应用探索阶段、技术示范推广阶段、规模化开发准备阶段、规模化开发阶段和高比例发展阶段（见表3）。从装机规模来看，中国风电装机规模从1992年的6000千瓦

表3　中国风电技术发展历程

时间	1984年及以前	1985~1997年	1998~2005年	2006~2020年	2021年及以后
发展阶段	技术应用探索阶段	技术示范推广阶段	规模化开发准备阶段	规模化开发阶段	高比例发展阶段
发展特点	中国风电产业在此阶段多开展离网式小型风力发电机组的研究和试验；并网风力发电技术的研究探索取得一定进步	1986年我国首个示范风电场在山东荣成建成；到1997年底全国已建成18个风电场，百千瓦级国产化风力发电机组研制取得了积极成果	到2004年底已建成43个风电场，并网风电装机容量达到76.4万千瓦，跻身世界10强，设备供应体系雏形显现	2006年《中华人民共和国可再生能源法》颁布，风电开始进入规模化发展阶段，2014年底累计并网装机容量接近1亿千瓦；形成了涵盖关键零部件的生产体系	随着国家碳达峰碳中和目标的提出，以风电、光伏为代表的可再生能源成为实现此目标的关键领域，中国风电产业进入了规模不断扩大、实现高比例发展的新阶段

资料来源：中国可再生能源学会风能专业委员会（CWEA）。

---

① 李俊峰、施鹏飞、高虎：《中国风电发展报告2010》，海南出版社，2010。李俊峰等编著《风光无限：中国风电发展报告2011》，https://www.greenpeace.org.cn/china/Global/china/publications/campaigns/climate-energy/2011/windpower-briefing-2011.pdf，2011。

扩大到2022年的3.96亿千瓦,累计装机规模扩大了6万多倍;从政策规划来看,我国陆续出台了《国家发展改革委关于印发风电特许权项目前期工作管理办法及有关技术规定的通知》《国家发展改革委关于完善风力发电上网电价政策的通知》等多项风电政策,全面支撑风电产业的有序健康发展;从国际合作来看,我国通过技术合作、技术引进、国际交流等多种形式推动了风电产业的发展。总体来看,风电产业基础的形成、国家政策的支持、市场的发展和国际风能技术的合作和交流,共同促进了中国风力发电技术的发展和成熟。

(二)风电产业现状分析

1. 风资源概况

风力发电利用的是近地层大气运动产生的动能,近地层大气运动取决于低层大气运动与地形的作用。因此,风能资源属于自然禀赋,与气候背景和自然地理条件有关;而可利用的风能资源不仅与自然禀赋有关,还与风能的开发利用技术有关。随着风能资源评估技术的发展,我们对风能资源分布和储量的认识会越来越准确;随着风能开发技术的不断进步,越来越多的风能资源将得到利用。

按照"土地利用类型"中水田和旱地的土地可利用率为100%,且以距离城镇和农村居民点500米内不可开发为边界条件测算,目前我国140米高度的风能资源技术可开发量为110亿千瓦。离岸200公里范围内近海和深远海风能资源技术可开发量约22.5亿千瓦,离岸22公里范围内近海风能资源技术可开发量仅占11%,约2.5亿千瓦,大部分海上风力发电资源在深远海区域。[1]

(1)"三北"地区(华北、西北、东北地区)

"三北"地区风能资源储量巨大,13个省(区、市)140米高度陆上风能资源技术可开发量达67.96亿千瓦(见图1)。截至2022年底"三北"地

---

[1] Yang Wang, Qingchen Chao and Lin Zhao , et al. , "Assessment of Wind and Photovoltaic Power Potential in China", *Carbon Neutrality*, 1, 2022.

区风电累计并网容量 2.37 亿千瓦, 占风能资源技术可开发量的 3.5%, 风电开发潜力巨大。

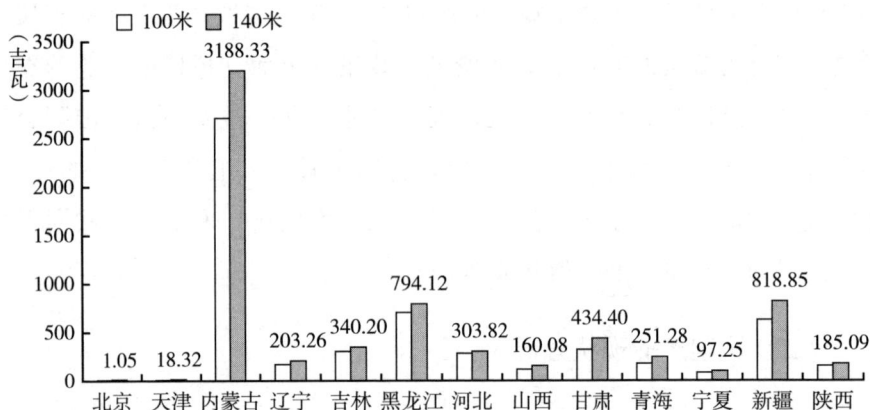

图 1　"三北"地区各省(区、市)在不同高度的风能资源技术可开发量

资料来源: 国家气候中心。

(2) 中东南部地区 (中南、华东、西南地区)

中东南部地区 18 个省 (区、市) 在 140 米高度的风能资源技术可开发量约 33.7 亿千瓦 (见图 2)。截至 2022 年底中东南部地区风电累计并网容量 1.3 亿千瓦, 仅利用了不到 4%, 资源利用潜力巨大。

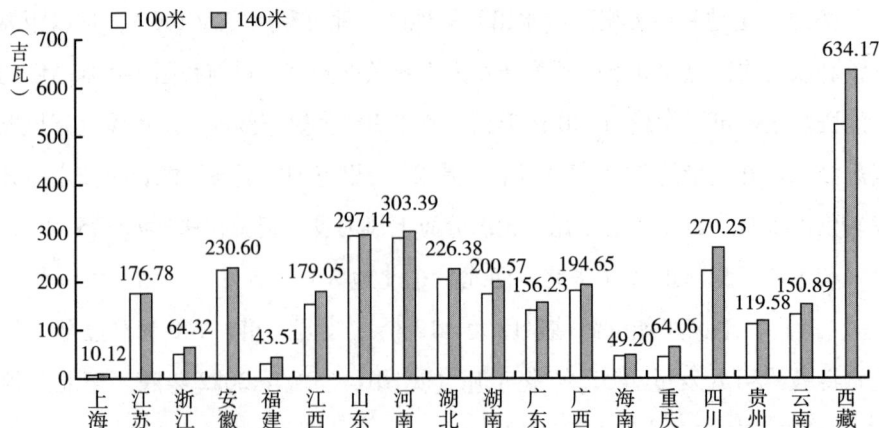

图 2　中东南部地区 18 个省(区、市)在不同高度的风能资源技术可开发量

资料来源: 国家气候中心。

2. 风电发展现状

风电装机持续规模化发展。2022年，全国（除港、澳、台地区外）风电新增装机11098台，新增装机容量约4983万千瓦，同比下降10.9%（见图3）；其中，陆上风电新增装机容量4467.2万千瓦，海上风电新增装机容量515.7万千瓦。截至2022年底，风电累计装机超过18万台，累计装机容量超3.9亿千瓦，同比增长14.4%，风电产业持续保持有序规模化发展。

图3　2012～2022年中国风电新增和累计装机容量

资料来源：中国可再生能源学会风能专业委员会（CWEA）。

分散式风电：2022年中国分散式风电新增装机容量347.7万千瓦（见图4），同比下降56.7%，主要分布在河南、山西、内蒙古、陕西、湖南等22个省（区、市）。其中，2022年河南分散式风电新增装机容量最高，达80万千瓦，占全国分散式风电新增装机容量的23.0%；其次分别为山西（18.3%）、内蒙古（15.8%）、陕西（15.7%）、湖南（6.2%），排在前五的省（区、市）合计占比达到79.0%。截至2022年底，中国分散式风电累计装机容量1344万千瓦，同比增长34.9%，分布在28个省（区、市），比2021年增加了1个省（区、市）；其中，河南省分散式风电累计装机容量最高，达到395.8万千瓦，其次分别为陕西（15.5%）、山西（11.5%）、内蒙古（10.2%）、新疆（3.6%），排在前五的省（区、市）合计占比达到70.2%。

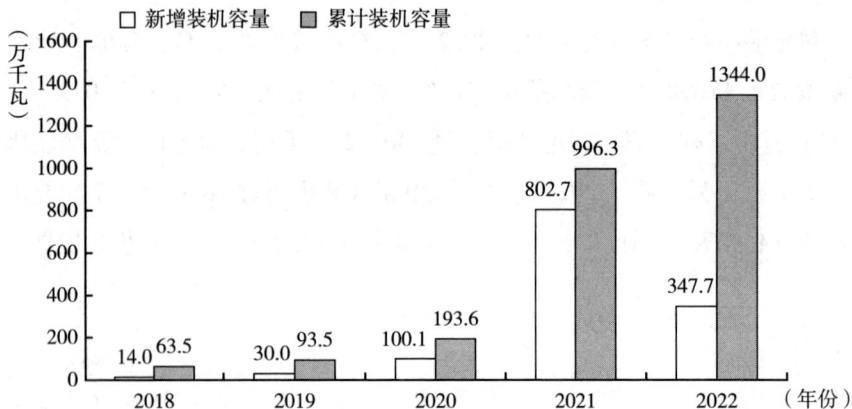

图 4　2018~2022 年中国分散式风电新增和累计装机容量

资料来源：中国可再生能源学会风能专业委员会（CWEA）。

海上风电：2022 年海上风电市场由 2021 年的"抢装潮"回归平稳，单从装机数据上看 2022 年表现不佳，但整体的市场发展趋势没有改变，前景十分乐观。2022 年中国海上风电新增装机容量约 516 万千瓦（见图 5），新增机组台数达到 695 台，海上风电新增装机容量同比下降 64.4%。其中，山东海上风电新增装机容量达 204.7 万千瓦，占全国海上风电新增装机容量的 39.7%；广东新增 178.2 万千瓦（34.5%），福建新增 75 万千瓦（14.5%），浙江新增 57.8 万千瓦（11.2%）。截至 2022 年底，中国海上风电累计装机容量达到 3051 万千瓦，机组台数达到 5932 台。其中，江苏海上风电累计装机容量最大，超过千万千瓦，达 1180.5 万千瓦，占全部海上风电累计装机容量的 38.7%；其次分别为广东（26.3%）、福建（10.0%）、山东（8.8%）、浙江（8.1%）、辽宁（3.5%）、上海（3.2%）；河北和天津海上风电累计装机容量占比合计约为 1.4%。

风电产业布局不断优化。截至 2022 年底，全国六大区域风电累计装机容量达到 3.96 亿千瓦，其中，华北地区累计装机容量 1.1 亿千瓦，占比 27.8%；西北地区累计装机容量 8739 万千瓦，占比 22.1%；华东地区累计装机容量 7262 万千瓦，占比 18.3%。2022 年，全国六大区域的风电新增装

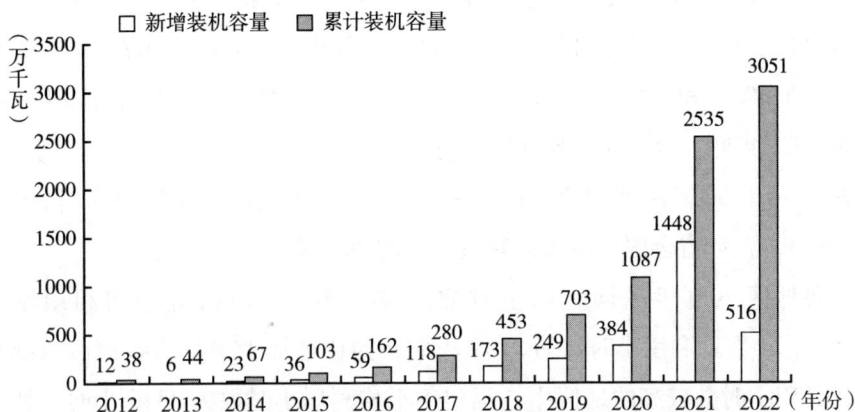

图5 2012~2022年中国海上风电新增和累计装机容量

机容量占比分别为华北 33.6%、西北 19.2%、东北 12.8%、华东 13.6%、中南 15.1%、西南 5.7%。其中，"三北"地区新增装机容量占比为 66%，中东南部地区新增装机容量占比达到 34%。随着风电大基地的不断装机并网，与 2021 年相比，2022 年 "三北"地区新增装机容量占比上升 21 个百分点（见图 6）。

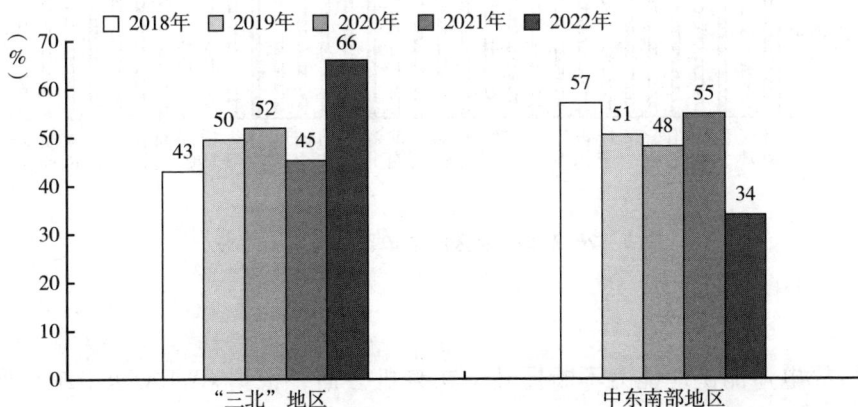

图6 2018~2022年"三北"和中东南部地区新增装机容量占比

资料来源：中国可再生能源学会风能专业委员会（CWEA）。

各省（区、市）装机容量：2022 年，全国风电新增装机容量排在前五的省（区、市）分别为内蒙古（25.2%）、甘肃（9.1%）、山东（7.5%）、新疆（6.3%）和吉林（5.9%），合计占全国风电新增装机容量的 54.0%。截至 2022 年底，全国风电累计装机容量排名前五的省（区、市）分别为内蒙古（14.0%）、河北（7.4%）、新疆（7.1%）、山东（6.3%）和山西（5.9%），合计占全国风电累计装机容量的 40.7%。

各地区风电年平均利用小时数：2022 年，全国风电平均利用率为96.8%，年平均利用小时数为 2259 小时，同比增加 14%。从各地区情况来看，利用小时数较高的地区中，福建年平均利用小时数为 3346 小时，西藏年平均利用小时数为 3095 小时，蒙东地区年平均利用小时数为 2725 小时（见图 7），相比 2021 年均有大幅提高。

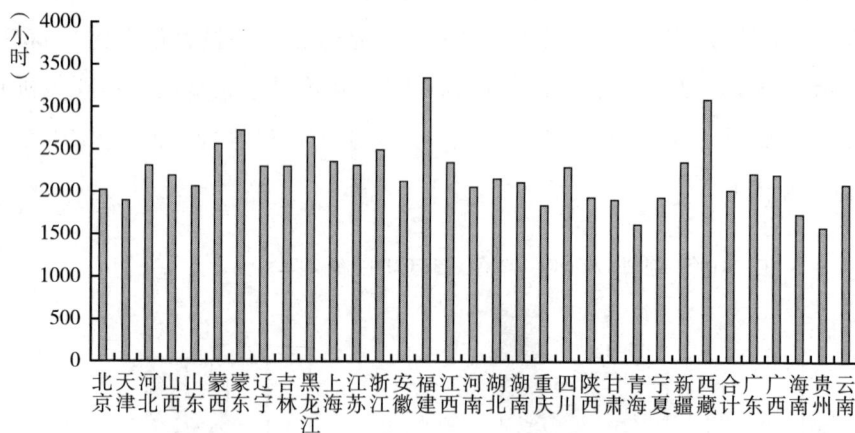

图 7　2022 年各地区风电年平均利用小时数

资料来源：中电联。

风电产能供应能力不断提升。在整机方面，根据 CWEA 初步统计数据，包括金风科技、明阳智能、远景能源、浙江运达、联合动力在内的几家国内头部整机制造企业，整体产能已经达到 5000 万千瓦/年。根据需求情况，整机企业可以快速完成基地新建、厂房扩建、人员培训上岗，制造线单班也可扩展为双班甚至三班，从而进一步释放产能，保障产品交付。在零部件方面，国内叶片供应商的生产能力已经达到15000套/年，以4MW容量计算，可折算年供应装机容量6000万千瓦。目前国内主要厂商均已拥有对应单机容量5~8MW的83~90米长度叶片的生产能力。国内齿轮箱供应商2021年全行业可供应12000套左右，按照套均4MW/5MW容量折算方式计算，可满足4800万千瓦/6000万千瓦（非直驱机型）供应装机容量需求。发电机、铸件和变流器等零部件年产能按3MW容量折算可满足6000万~7500万千瓦供应装机容量需求（见表4）。

表4　风电产业链各环节年产能及供应装机容量

产业链环节	年产能	折算方式	供应装机容量(万千瓦)
整机	5000万千瓦/年		5000~6000
叶片	15000套/年	以4MW容量折算	6000
齿轮箱	12000套/年	以4MW/5MW容量折算	4800/6000
主轴承	15700套/年	以4MW/5MW容量折算	6280/7850
发电机、铸件和变流器	20000~25000套/年	以3MW容量折算	6000~7500

资料来源：中国可再生能源学会风能专业委员会（CWEA）。

3. 面临的问题

（1）"三北"地区：送出和消纳问题依然突出

当前，我国新能源发展进入新时期新阶段，风电年新增装机容量5000万千瓦左右成为常态。"三北"地区风资源条件好，是陆上风电发展的重要支点和主战场。以沙漠、戈壁、荒漠地区为重点的大型风电光伏基地建设进展顺利。目前第一批规模近1亿千瓦的沙漠、戈壁、荒漠大型风电光伏基地项目已全面开工，第二批规模4000多万千瓦的项目已颁布，第三批项目正在谋划中；与此同时，"三北"地区还面临着部分地区外送通道建设滞后、当地消纳能力不足等问题。

消纳情况：根据全国新能源消纳监测预警中心公布的新能源并网消纳情况，2022年全国风电年度弃风率平均达到3.2%。其中，蒙东地区弃风率最高，达到10%，其次为青海（7.3%）、蒙西（7.1%）、甘肃（6.2%）、吉林（4.8%）、新疆（4.6%）等；贵州、广东、云南和江西等地区的弃风率在0.1%~0.3%（见图8），"弃风"问题主要集中在"三北"地区。

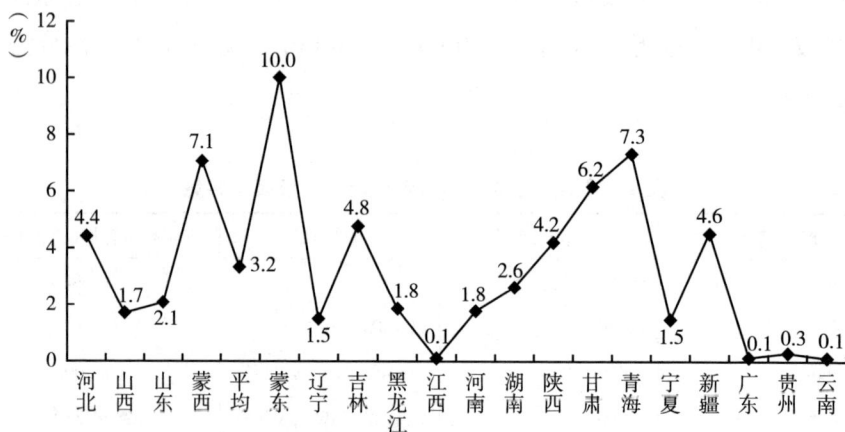

图8　2022年各地区风电弃风率

资料来源：全国新能源消纳监测预警中心。

外送通道：目前第一、二批大型风电光伏基地项目已经加快建设，但大型特高压交直流送出工程因涉及千亿元级别的投资，并且受受端电网安全稳定、电力市场容量和规则、用地审批等诸多因素影响，项目核准和建设流程往往较长。截至2022年底，已建成的特高压项目有8个，共含37条外送路线；其中20条直流特高压外送路线，17条交流特高压外送路线，总投资额约6700亿元。同时，在建特高压项目有4个，共17条外送路线，其中9条直流特高压外送路线、8条交流特高压外送路线，预计投运时间为2023~2025年（见表5）。

表5　截至2022年已经确定规划的特高压项目

具体项目	路线	电压等级	长度(千米)	投资额(亿元)	预计投运时间
直流特高压					
四直四交	金上-湖北	±800kV	1784	334	2024年
	陇东-山东	±800kV	938	207	2025年
	哈密-重庆	±800kV	2300	300	2024年
	宁夏-湖南	±800kV	1619	—	2024年
五直一交	藏东南-粤港澳	±800kV	—	—	2024年
	甘肃-浙江	±800kV	—	—	2025年
	陕西-河南	±800kV	—	—	2025年
	陕西-安徽	±800kV	509	—	2025年
	蒙西-京津冀	±660kV	—	—	2025年
交流特高压					
—	驻马店-武汉	1000kV	287	34	2023年
—	福州-厦门	1000kV	238	71	2023年
四直四交	武汉-南昌	1000kV	926	91	2023年
	张北-胜利	1000kV	140	—	2024年
	川渝特高压	1000kV	658	288	2025年
	黄石特高压	1000kV	—	22	2025年
五直一交	大同-怀来				2025年
	天津北-天津南	1000kV	—	—	

资料来源：中国可再生能源学会风能专业委员会（CWEA）。

（2）中东南部地区：土地和并网等问题仍待解决

随着我国低风速区域风电新增装机容量占比逐年上涨，陆上风电不断向中东南部地区转移。中东南部地区风电产业具备就地开发、就地利用的优势特点，将成为实现"电从身边来"、带动乡村振兴的关键抓手。目前来看，制约中东南部地区风电发展的主要问题有土地使用及空间、并网接入、审批流程、生态环境等方面的问题。

土地使用及空间问题。一方面，按照现有政策，一般风电建设项目无法利用基本农田。目前，中东南部地区绝大部分平原是永久基本农田，以致大部分风能资源无法得到开发利用。另一方面，缺乏对土地空间的认识，很多地区被误认为没有分散式风电土地开发空间，严重限制了中东南部地区风电的发展。

并网接入难的问题。分散式风电一直面临着电网接入难的问题，如办理周期长、接入侧细则不清晰、并网接入条件严格且协调复杂等。同时，目前分散式风电电网接入的政策支持力度不足，对于电网接入点的最小负荷等信息难以获取，增加了项目获取和判断难度，影响投资者决策。

审批流程复杂的问题。分散式风电项目审批手续烦琐，安装两三台风机的审批手续与集中式风电项目开发审批流程基本相同，申请过程涉及土地、环保、水保等方面的多个支持性文件和多个政府主管部门，审批周期长，费用较高，一定程度上抑制了企业参与的积极性，制约着部分省份分散式风电的发展。

生态环境影响的问题。目前风力发电对周围生态环境的影响越来越得到广泛关注，然而风电运营对鸟类、噪声、生物多样性以及气候的影响还缺乏科学论证，风电对生态环境影响的程度难以得到科学评估。

（3）海上风电：向深远海发展仍面临挑战

海上风电技术及产业链还不够精细化，部分沿海省份还无法实现平价；同时，关于深远海的海域管理机制还处于政策真空期，海上风电向深远海发展仍面临挑战。

技术方面。随着海上风电逐步向深远海发展，海上风电项目对海上风电场建设、技术创新、施工安装、电力输送、风场监测等的要求大大提高，需要进一步加快对深远海新技术的研究和示范，尤其是对锁风轮状态下的叶片稳定性、柔直技术的经济性、创新融合方式（海上风电制氢、海上风电+海洋牧场、Power to X 和能源岛）的可行性等多方面不断进行探索，推动海上风电向深远海发展。

经济性问题。深远海海上风电项目经济性较弱。沿海省份的近海风电项目平均度电成本已经下降到 0.33 元/千瓦时左右，除部分地区外其他地区基本已经实现平价。但随着海上风电项目向深远海发展，深远海项目的经济性还不太乐观，未来在技术进步和政策的引导下，经济性将逐步增强。

海域管理机制：现阶段的海域权属管理机制适用于领海（内水，领海基线向陆地一侧至海岸线的海域）海上风电项目开发，不适用于领海外（12海里以外海域）海上风电开发。领海外缘线以外海域属于专属经济区，而现有的海域功能区划、核准及用海审批未明确责任主体，尤其是12海里以外的远海，使用、审批手续尚未明确，属于政策真空区。

三 中国风电产业链发展概况

（一）中国风电产业链的成熟度

截至目前，我国已经形成了一个涵盖风电开发建设、设备制造、技术研发、检测认证、金融保险等配套服务的完善的产业链体系。我国生产的风力发电机、齿轮箱等关键零部件占全球市场的份额为60%~70%。同时，大兆瓦主轴轴承的国产化进程正在加快，偏航变桨轴承已全部国产化；大功率齿轮箱和百米级叶片等部件技术持续突破，甚至超过国际水平。

总体来看，在装备制造方面，中国风电机组研发能力不断提升，设计水平持续进步，叶片、齿轮箱、发电机、变流器等关键零部件的技术工艺也在不断创新，使得大型化、定制化、智能化和电网友好型的风电技术更具有经济性。在风电运输安装运维方面，为满足中国大型风电设备陆上和海上运输与安装的要求，我国开发出了专用于陆上大型风电叶片运输的举升车，以及专用于潮间带和近海海域运输、安装施工的坐底式风电安装船，为中国陆上和海上风电场开发建设起到有力保障作用。

1. 风电机组

风电机组大型化、定制化和智能化开发。我国风电技术创新能力不断增强，风电机组单机容量不断增大，最大单机容量从MW级发展到10MW级以上。目前，海上单机容量为16MW和18MW的风电机组已经下线；陆上单机容量为8MW的风电机组已经完成吊装，单机容量为10MW的机型已经发布。当前国外市场吊装的样机最大单机容量为15MW，陆上为6~7MW，中国风电机组引领全球大型化潮流。

2. 风机叶片

从 99 米、102 米、103 米、107 米、110 米、115.5 米、118 米、123 米到现在的 126 米，风机叶片长度不断刷新纪录，现已全球领先。目前，5MW 级及以上单机容量的陆上风电机组，配套的叶片长度在 90 米以上；2022 年新吊装的风电机组中风轮直径已经超过 190 米；10MW 级海上风电机组配套的叶片长度突破 100 米，最长达到 126 米。风机叶片迎来"大"时代。

3. 轴承

大兆瓦主轴轴承正在加紧研制。陆上 5MW 及以下风电机组主轴轴承方面，洛轴、瓦轴、新强联、轴研所等企业的产品已获批量应用；5~7MW 风电机组主轴轴承已有产品下线及小批量应用，预计 2023 年实现批量应用。海上风电机组主轴轴承方面，洛轴 16MW 主轴轴承已于 2022 年 9 月 15 日下线；新强联 12MW 主轴轴承已经下线；轴研所 10MW 主轴轴承已下线，另有 7MW 主轴轴承已小批量应用；天马等企业也在研发大功率海上风电机组主轴轴承。预计 2024 年海上风电机组主轴轴承将实现批量应用。针对齿轮箱轴承，瓦轴、洛轴已研制出全套产品，天马也已开展研制工作，但已有产品均基本处于台架试验和挂机试验阶段，仅行星轮轴承已批量供货。但我国轴承产品性能尚未得到有效验证，且在设计制造、原材料、质量一致性、可靠性等方面的不确定性较大。

4. 变流器

针对制约变流器产能的 IGBT 模块，国内技术投入加大。2022 年，国内多个企业加入 IGBT 的生产行列，如中芯国际、时代电气等积极扩产，实现 IGBT 大批量应用。南车株洲所已建成国内首条、世界第二条 8 英寸 IGBT 专业芯片生产线，配套年产 100 万只 IGBT；时代电气建成 IGBT 二期芯片生产线并投产，目前产能处于爬坡阶段。另外，思达半导体也有少量产品供应，赛金、鸿威半导体也已开始进行工厂验证，FPGA、DSP、PLC 模块等国内产品基本进入自研或试用阶段。应用三电平技术的大功率风电变流器已经得到广泛使用。

5. 其他关键部件

关键部件技术创新取得重要突破。分段式叶片、分瓣式电机、分瓣式塔筒、混合塔筒、桁架塔筒等技术被不断提出并逐步实现商业化应用。陆上桁架式塔架在节约土地利用面积、塔筒减重等方面优势明显。以漂浮式为代表的海上风电前沿技术研发持续加强，并成功实现样机安装。高性能替代材料的研发与应用、陆上和海上工程装备的专业化研发及多能融合创新等技术不断涌现。

风电智能生产基地建设加快，智能化生产技术应用初见成效。国内风电行业第一条总装脉动式柔性生产线落成，线上配置了工业机器人、数字化拧紧等先进的自动化设备，形成了工序平衡和快速反应的脉动式生产模式，大幅提升了风电主机的自动化和柔性化生产能力。

（二）中国风电产业链关键环节的短板

过去 20 年，通过全面技术创新，我国风电发电效率提高了 35% ~ 40%。在技术创新、规模效应的双重推动下，我国风电设备价格降低了 80% 以上，风电场开发单位千瓦造价降低了近 60%，发电性能和可靠性进一步提高。但与此同时，我国风电行业仍有少量零部件元器件尚未完全国产化，尤其是大尺寸轴承以及与芯片类的零部件元器件，如变流器和变桨系统中使用的 IGBT/IGCT 半导体功率器件及核心控制芯片，主控系统中的 PLC 控制单元，还有基础机械制造类的高承载及高性能轴承，包括风电机组主轴轴承、齿轮箱轴承、发电机高速轴轴承等国产化程度低。另外还有一些用于设计研发类的工程分析软件国产化程度也较低。中国风电设备国产化还需要向纵深发展，推动从大部件到核心器件、从实物产品到设计软件工具、从机械机电产品到智能化器件与电力电子器件的设计技术提升及生产技术成熟。

我国风电产业链关键环节的短板主要体现在以下几方面。

1. 设计研发等基础技术

一方面，风能领域应用的风电机组整机设计仿真软件、有限元分析软件、CAD 软件、数值计算软件以及风电场开发设计软件等，几乎 100% 依赖国外企业。其中，整机设计仿真软件主要来自挪威 DNV 等，有限元分析软件主要由美国 Ansys、MSC 以及法国达索提供，CAD 软件主要来自法国 Solidworks 和美国 Autodesk 等，风资源评估和风电场设计软件主要来自丹麦 WAsP、法国美迪和挪威 WindSim 等，海洋工程软件主要来自美国 Bentley 等。目前，国内已开展相关软件研究，但尚未达到商业软件层面。另一方面，风电机组的额定容量提升越发快速，叶片的尺寸也相应不断增加，超长叶片产品的轻量化、可靠性、安全性、效率和经济性等问题越发凸显，但国内主要依赖国外设计技术，对大型柔性叶片的气弹稳定性机理认识不足，缺乏基于气弹耦合效应的大型叶片高效、低载、轻量化设计技术，急需国家科技计划对相关基础理论研究进行滚动性支持，为叶片制造企业提供公共技术支撑，并通过叶片产品的研制及应用，对相关基础技术研发提供验证和发展指引。

2. 关键部件技术

关键部件技术的短板主要在于关键轴承、变流器和控制器等方面。

关键轴承：中国 5MW 以上大兆瓦风电机组主轴轴承 60% 依赖进口，产品主要由瑞典 SKF、德国 FAG 和 IMO、美国 TIMKEN 以及日本 NTN 等国际厂商供应，国内企业尚未实现批量应用。齿轮箱轴承、发电机轴承与主轴轴承相比，国产化程度更低，特别是齿轮箱轴承相关技术与国际水平相差较大。国产化程度低的原因主要有：一是风电轴承技术含量高、应用条件恶劣、可靠性要求高，国内轴承行业研究滞后于国外，短时间技术无法全面取得突破；二是中国风电轴承除轴承设计、制造技术、试验技术等与国外相比差距大外，其他配套的技术也发展滞后，如 5MW 以上主轴轴承材料近两三年才取得突破，在没有取得突破之前，中国轴承企业只能用价格高的渗碳钢制造主轴轴承。目前来看，国内企业正在加紧开发和推出相关产品，但仍处于样机或小批量试用阶段，其性能、可靠性、寿命等尚待实际应用验证。同时，我国缺少风电轴承相关的公共试验平台，难以实现对产品性能的加速测试验证，难以支撑产品设计的快速迭代。

变流器：目前变流器中 IGBT、FPGA、DSP 等电子器件模块的对外依存度较高。国内风电机组变流器 70% 的 IGBT 模块由德国英飞凌、日本富士、瑞士 ABB 等国外企业提供，我国 IGBT 模块相关单位在设计制造、模块封装、封装测试等产业核心技术上，与日本和德国等国家的企业相比仍有明显差距。FPGA、DSP 模块国产产品与进口产品存在较大性能差距，FPGA、DSP 模块仍主要由美国英特尔、德州仪器等供应商提供。

控制器：目前控制器的 PLC 模块 100% 由国外企业供应，供应主体包括德国西门子、倍福以及奥地利巴赫曼等。目前中国台湾地区台达已实现批量生产，国内其他地区也有厂家在进行风电机组控制器试用，但性能与国际进口产品存在较大差异。

3. 关键原材料

关键原材料的短板主要在于叶片原材料以及润滑剂产品方面。

叶片原材料：随着叶片越来越长，碳纤维在叶片中的应用也越来越广泛。目前碳纤维供应商主要是美国卓尔泰克、德国 SGL 和萨泰克斯以及日本东丽。国内已有碳纤维生产商，但其产品质量、良品率、产量和成本等暂时无法满足行业需要。另外，叶片的特种芯材——巴沙木主要进口自中南美洲，综合考虑成本、质量等因素，国内短期无法填补特种芯材缺口。

润滑剂产品：目前风电机组运行过程中应用的润滑油、润滑脂约 95% 由国外企业提供，主要供应商包括芬兰 SHELL、美国 MOBIL、德国 FUCHS 等，尤其是基础油和添加剂主要依赖进口，国内长城、昆仑等基本没有相关产品。

4. 测试验证平台

目前美国 Clemson 大学、丹麦 LORC 海上可再生能源中心等均建有风电机组地面测试平台，最高可达 25MW，并提供公共测试服务。国内鉴衡认证已建成150 米级叶片全尺寸结构力学测试系统并提供公共测试服务，金风将建成 16MW风电机组测试验证平台，但尚没有风电机组整机及齿轮箱等关键部件的大型公共测试验证平台。我国风电行业经过 10 多年的高速发展，相关技术基本实现从引进、跟跑到并跑的转变，同时也进入了"新技术"的"无人区"。随着风电机组的快速大型化，风电机组及关键部件等的现有设计方法、理论和工具适用性面临巨大挑战，国内类似测试能力的欠缺，制约了风电技术的创新发展。

四 中国风电产业发展前景及趋势

（一）风电产业发展规划

1. 近期规划

根据各省（区、市）"十四五"期间的风电装机规划，"十四五"末期全国风电装机容量预计将超过5.80亿千瓦，2023~2025年的风电装机容量约为2.15亿千瓦（见表6），即平均每年约7200万千瓦的新增装机容量。

表6 各省（区、市）"十四五"规划风电装机容量

单位：万千瓦

序号	省（区、市）	2022年风电累计装机容量	"十四五"末期风电装机容量目标	2023~2025年风电装机容量
1	内蒙古	4548	8900	4352
2	新疆	2614	4000	1386
3	宁夏	1457	1750	293
4	陕西	1164	2000	836
5	甘肃	2073	3853	1780
6	青海	972	1643	671
7	河北	2797	4300	1503
8	辽宁	1173	1981	808
9	吉林	1143	2200	1057
10	黑龙江	943	1686	743
11	江苏	2254	2800	546
12	浙江	423	641	218
13	江西	555	700	145
14	山东	2302	2500	198
15	河南	1903	2518	615
16	广东	1357	2565	1208
17	湖北	778	1000	222
18	四川	598	1000	402

序号	省(区、市)	2022年风电累计装机容量	"十四五"末期风电装机容量目标	2023~2025年风电装机容量
19	云南	912	1774	862
20	贵州	592	1080	488
21	西藏	3	—	
22	海南	29	229	200
23	天津	145	200	55
24	北京	24	30	6
25	湖南	900	1200	300
26	广西	946	2453	1507
27	山西	2318	3000	682
28	福建	742	900	158
29	安徽	590	800	210
30	重庆	182	200	18
31	上海	107	180	73
	总计	36544	58083	21542

资料来源：根据各省（区、市）公开规划内容整理。

在陆上风电方面，2023~2025年三年规划装机容量约1.7亿千瓦，平均每年5600万~6000万千瓦，到2025年陆上风电装机规模将达到4.8亿~5亿千瓦。

在海上风电方面，11个沿海省市"十四五"期间风电规划新增装机容量超过5000万千瓦（见表7），预计未来三年海上风电规划装机容量约4500万千瓦，每年将有1200万~1500万千瓦的装机规模，到2025年海上风电装机规模将达到0.75亿~1亿千瓦。

表7 "十四五"期间沿海11省市海上风电规划装机容量

单位：万千瓦

省(市)	"十四五"期间规划新增装机容量	"十四五"期间开工规模
江苏	909	1212
浙江	500	996

续表

省（市）	"十四五"期间规划新增装机容量	"十四五"期间开工规模
福建	410	1030
广东	1700	1700
山东	800	1000
上海	30	180
辽宁	50	405
广西	300	500
海南	200	1100
天津	90	90
河北	300	400
合计	5289	8613

资料来源：根据各省公开规划内容整理。

2. 中远期规划

2022 年，国家发展改革委、国家能源局发布了《关于促进新时代新能源高质量发展的实施方案》，方案中明确到 2030 年风电、太阳能发电总装机容量达到 12 亿千瓦以上。2022 年底的风电、光伏累计装机容量分别为 3.6 亿千瓦和 3.9 亿千瓦左右，基本相当，按此粗略估算 2030 年的 12 亿千瓦总装机容量目标中风电、光伏发电（太阳能发电中光热发电、薄膜太阳能发电占比较低）比例应大致为 1：1，即风电装机容量将达到 6 亿千瓦左右。

根据目前各省（区、市）"十四五"规划风电装机容量，"十四五"末期全国风电装机容量预计将超过 5.8 亿千瓦，按照此发展速度估算，2030 年风电装机容量很可能超过 6 亿千瓦。根据中国工程院的预测，2030 年我国光伏发电和风电装机规模将达 18 亿千瓦，若按照风电、光伏发电装机容量 1：1 的比例计算，2030 年风电装机容量大致为 9 亿千瓦。

3. 远期规划

2060 年是碳中和目标的计划达成年份，根据全球能源互联网发展合作组织发布的《中国 2030 年能源电力发展规划研究及 2060 年展望》，2060 年，中国清洁能源装机容量 77 亿千瓦，占我国电源总装机容量的 96%，其中风电和光伏发电装机容量分别约25亿千瓦和38亿千瓦，装机容量之和占我国电源总装机容量的78.6%，成为新型电力系统的发电主体。根据《风能北京宣言》，2025年后，中国风电年均新增装机容量应不低于6000万千瓦，到2030年至少达到8亿千瓦，到2060年至少达到30亿千瓦。

（二）风电产业发展趋势

1.技术发展趋势

（1）机组大型化是风电技术发展的必然趋势

风电机组单机容量提升可以降低项目建设成本和运维成本，更大的风轮直径可以实现发电效率的提升。但风电机组体积、重量的增加也给运输、安装、维护等各环节带来更多的挑战，需要进一步的技术创新，主要体现在以下三点。

一是采用新的传动链技术。主流的双馈技术方案与直驱技术方案的本质区别在于有无齿轮箱，其中双馈型风机叶轮通过增速齿轮箱与发电机转子相连，采用齿轮箱将风轮转速升高，提高发动机的效率，仅有转差功率经过变频器，因此所需变频器容量小，成本低价格低，但因涉及使用多级齿轮箱，且存在励磁消耗，可靠性和发电效率均不及直驱型风机；直驱型风机不采用齿轮箱，增加磁极对数，叶轮直接带动发电机转子旋转，并采用全功率变流器并网。直驱技术方案更易保障可靠性，发电效率高，但系统体积、重量更大，尤其在风电机组大型化发展的趋势下，运输和安装的难度越来越大。在这样的背景下，中速永磁半直驱技术成为继双馈、直驱技术后的第三种主流技术，采用"中速齿轮箱+中速永磁同步发电机+全功率变频"技术路线，叶轮使用中速齿轮箱与永磁同步发电机转子连接，通过全功率变流器并网。与直驱技术相比，中速永磁半直驱技术增加了中速齿轮箱，发电机转子转速比永磁直驱高，可以减少永磁同步发电机转子磁极对数，有利于减小发电机的体积和质量；与双馈技术相比，中速齿轮箱避免了使用多级齿轮箱导致故障率偏高的问题，可靠性更强，总体上综合了直驱与双馈技术的优势。近年来，市场上采用中速永磁半直驱技术方案的企业越来越多。

二是新材料的运用。叶片是风电机组的关键部件，随着风机朝大型化发展，叶片的直径越来越大，传统的玻璃纤维复合材料已经难以在满足叶片大型化需求的同时满足高强度和轻量化的要求，而碳纤维复合材料比玻璃纤维复合材料具有更低的密度、更高的强度，可以突破玻璃纤维复合材料的性能极限，保证风电叶片在增加长度的同时降低重量、提升强度。未来新型的碳纤维复合材料在叶片中的使用比例将得到逐步的增加，预期大丝束碳纤维可实现叶片最多减重30%，这对于叶片长度突破150米和更高级别至关重要。

三是运输安装技术的创新。运输与吊装是限制风电机组大型化的主要因素，目前运输高度5米、长度100米的部件，已经触及常规运输条件的极限，超过此规格，运输成本将非线性地增加。对于塔筒、叶片等关键部件，分段式将是解决上述问题的重要方向。同时机舱的模块化的发展趋势也会使吊装和维护取得新的突破。

（2）实现电网支撑是构建新型电力系统的关键

随着可再生能源大基地的开发，"大基地建设，特高压外送"的方式将加速形成特有的高比例风电系统，该系统面临高压直流短时故障暂态过电压导致风电大规模脱网的挑战。目前风电站已普遍具备接受 AGC/AVC 统一调度的能力，但不具备根据机端频率和电压信号进行自主调节的能力，未来需要风电机组通过虚拟同步机技术以及配置储能等方案，实现由"被动适应电网"到"主动支撑电网"的转型升级，为构建高比例可再生能源的新型电力系统提供关键支撑。

（3）退役风电机组的有效处置是行业绿色低碳发展的必然选择

随着"双碳"目标的推进，除了装机规模的快速增长，存量机组的合理回收也是行业面临的新问题，粗放的退役报废方式会造成极大的资源浪费，如果在处理过程中风电机组没有得到妥善处置也有可能会对环境造成不利影响。相对而言，风电机组的合理回收利用也会创造巨大的环保价值和经济价值。根据统计数据，到2025年全国约有1800台风电机组服役期满，到2030年这一数据将激增至34000台。目前我国对退役风电机组零部件的处理机制还不够完善，存在规模小、经济效益低、发展动力不足等问题，相关标准还不够完善，仍旧处于探索和实验阶段。环保、高效的回收综合利用技术将是未来行业需要重点突破的关键技术。

2. 成本下降趋势

（1）陆上风电

在陆上风电方面，基于资源情况将开发区域分为西北、东北、中东部和南方山地四个主要区域，设项目收益率为8%，可按照不同地区的平均年发电小时数进行成本预估。整体来看，除西北地区外，陆上风电2030年平均全生命周期平准化度电成本（LCOE）将比2022年下降30%左右。

西北地区：预计到2030年西北地区陆上风电项目平准化度电成本比2022年下降10%左右。2022年西北地区陆上风电项目造价成本3900~4300元/千瓦，平准化度电成本在0.111~0.123元/千瓦时；预计到2025年陆上风电项目造价成本在3400~3800元/千瓦，平准化度电成本在0.099~0.107元/千瓦时；预计到2030年陆上风电项目造价成本在3000~3500元/千瓦，平准化度电成本在0.099~0.101元/千瓦时，成本下降10%左右。

东北地区：预计到2030年东北地区陆上风电项目平准化度电成本比2022年下降30%左右。2022年东北地区陆上风电项目造价成本在4800~5300元/千瓦，平准化度电成本在0.175~0.210元/千瓦时；预计到2025年陆上风电项目造价成本在4400~4900元/千瓦，平准化度电成本在0.154~0.171元/千瓦时；预计到2030年陆上风电项目造价成本在4000~4500元/千瓦，平准化度电成本在0.135~0.149元/千瓦时。

中东部地区：预计到2030年中东部地区陆上风电项目平准化度电成本比2022年下降28%左右。2022年中东部地区陆上风电项目造价成本在4800~5500元/千瓦，平准化度电成本在0.223~0.250元/千瓦时；预计到2025年陆上风电项目造价成本在4400~5000元/千瓦，平准化度电成本在0.184~0.205元/千瓦时；预计到2030年陆上风电项目造价成本在4000~4500元/千瓦，平准化度电成本在0.162~0.178元/千瓦时。

南方山地：预计到2030年南方山地地区陆上风电项目平准化度电成本比2022年下降30%左右。2022年南方山地地区陆上风电项目造价成本在

5500~6000 元/千瓦，平准化度电成本在 0.275~0.299 元/千瓦时；预计到 2025 年陆上风电项目造价成本在 5200~5700 元/千瓦，平准化度电成本在 0.226~0.246 元/千瓦时；预计到 2030 年陆上风电项目造价成本在 5000~5500 元/千瓦，平准化度电成本在 0.195~0.213 元/千瓦时（见表8）。

表8　2025~2030 年我国四个主要区域陆上风电项目平准化度电成本测算情况

区域	陆上	2022 年	2025 年	2030 年
西北地区	项目容量(万千瓦)	20	20	20
	项目收益率(%)	8	8	8
	发电小时数(小时)	3500	3500	3500
	项目造价成本(元/千瓦)	3900~4300	3400~3800	3000~3500
	平准化度电成本(元/千瓦时)	0.111~0.123	0.099~0.107	0.099~0.101
东北地区	项目容量(万千瓦)	20	20	20
	项目收益率(%)	8	8	8
	发电小时数(小时)	2800	2900	3000
	项目造价成本(元/千瓦)	4800~5300	4400~4900	4000~4500
	平准化度电成本(元/千瓦时)	0.175~0.210	0.154~0.171	0.135~0.149
中东部	项目容量(万千瓦)	20	20	20
	项目收益率(%)	8	8	8
	发电小时数(小时)	2200	2400	2500
	项目造价成本(元/千瓦)	4800~5500	4400~5000	4000~4500
	平准化度电成本(元/千瓦时)	0.223~0.250	0.184~0.205	0.162~0.178
南方山地	项目容量(万千瓦)	20	20	20
	项目收益率(%)	8	8	8
	发电小时数(小时)	2000	2300	2500
	项目造价成本(元/千瓦)	5500~6000	5200~5700	5000~5500
	平准化度电成本(元/千瓦时)	0.275~0.299	0.226~0.246	0.195~0.213

资料来源：中国可再生能源学会风能专业委员会（CWEA）。

（2）海上风电

在海上风电方面，根据项目区域分布，假设基本边界条件：当前项目容量为50万~60万千瓦，年发电小时数2800~3500小时，离岸距离为20~60公里，水深为5~50米，运维成本占比2.5%。随着海上风电逐渐向深远海发展，假设

2025 年、2030 年项目容量为 100 万千瓦，年发电小时数 2900～3650 小时，到 2025 年离岸距离 30～80 公里，水深为 5～60 米，到 2030 年离岸距离 30～150 公里，水深为 5～80 米；海上风电项目收益率都按 6% 估算（见表 9）。

表 9　2025 年和 2030 年海上风电 LCOE 测算边界条件

参数	当前水平	2025 年	2030 年
项目容量(万千瓦)	50～60	100	100
项目收益率(%)	6	6	6
年发电小时数(小时)	2800～3500	2900～3650	2900～3650
项目造价(元/千瓦)	11500～14000	10500～12500	9500～11500
离岸距离(公里)	20～60	30～80	30～150
水深(米)	5～50	5～60	5～80
运维成本占比(%)	2.5	2.4	2.3

资料来源：中国可再生能源学会风能专业委员会（CWEA）。

结合上述边界条件，对我国海上风电项目 LCOE 变化趋势进行估算（见表 10）。2022 年我国海上风电项目 LCOE 已经下降到 0.31～0.34 元/千瓦时，造价水平为 11500～13500 元/千瓦；预计到 2025 年，我国海上风电项目 LCOE 将下降至 0.27～0.30 元/千瓦时，造价水平为 10500～12500 元/千瓦；到 2030 年我国海上风电项目 LCOE 下降至 0.23～0.27 元/千瓦时，比 2022 年下降 20%～25%。

表 10　2025 年和 2030 年我国海上风电项目 LCOE 变化

项目	2022 年	2025 年	2030 年
造价水平(元/千瓦)	11500～13500	10500～12500	9500～11500 元
LOCE(元/千瓦时)	0.31～0.34	0.27～0.30	0.23～0.27

资料来源：中国可再生能源学会风能专业委员会（CWEA）。

3. 未来发展重点

在项目开发上，未来大基地与分散式开发方式并举，海上风电将持续向深远海方向发展。在陆上风电方面，推动分散式风电发展，由于分散式风电地理位置分布接近负荷中心，不需要远距离特高压输电，有利于风电就近消纳，有助于"弃风"问题的解决。因此，开展"千乡万村驭风行动"，将风电开发与乡村振兴结合起来，让利于民，为实现乡村振兴、提高村集体收入、实现共同富裕开辟了一条新路径。在海上风电方面，相较于近海，深远海域具有风资源条件更优、开发潜力更大、限制因素更少的优势。在技术上，漂浮式风电技术应用加速，中国海装自主研发的 6.2MW 漂浮式风电机组"扶摇号"完成总装，并在水深 65 米的海域进行示范应用；中海油"海油观澜号"7.25MW 漂浮式机组下线，将在距离岸边 136 千米的 120 米深水处运行。未来随着技术的不断成熟，我国海上风电有望向 100 米水深海域不断发展。

在发展模式上，风电与储能、氢能等的融合利用将是未来行业发展的新重点。氢能同时拥有能源与工业原料属性，下游应用广。通过电解水制氢将风电与氢能利用耦合，用"绿氢"替代化石能源生产的"灰氢"，借助 P2X 技术，在拓展可再生能源电力消纳场景的同时可助力航运、航空、工业等电力难以触及的部门实现深度脱碳，与电能替代形成互补格局；氢储能（"电—氢—电"转换）可以实现其他储能技术难以完成的"跨地区+大规模季节性"电力存储，有效支撑高比例可再生能源电力并网消纳；风电与电化学储能、抽水蓄能、压缩空气等主流储能技术结合，实现发电侧多能互补，平抑电力供需矛盾，是推动能源转型和碳中和的关键支撑。

五　总结建议

（一）中国风电行业面临的问题

"十四五"和"十五五"时期是我国加快能源绿色低碳转型、落实应对气候变化国家自主贡献目标的攻坚，也是我国推动实现碳达峰、碳中和目标的关键时期。风电行业面对前所未有的历史机遇，应该通过有序规划、技术创新来突破行业发展难点，实现未来跨越式的高质量发展。随着装机规模的快速增长，风电行业也面临着一些发展中的问题。

在风电项目开发和国土资源环境协调发展上，具体问题主要体现在三个方面。一是国土空间用途规划没有新能源建设用地专项类别，缺乏顶层政策支持；二是复合用地政策不明确，新能源开发受限，主要体现在风电建设项目无法利用基本农田上，而中东南部区域绝大部分平原是永久基本农田，以致大部分风能资源无法得到开发利用。三是部门之间土地性质认定不统一，多部门"分头管理"，导致企业用地申请审批困难，影响项目开发进展。

在海域利用方面，现行的政策、管理办法未针对深远海海上风电的特殊性设置专门的管理要求，存在政策真空区。从海风资源角度看，由于近海资源有限，绝大部分有开发潜力的资源位于深远海区域，因此建立健全深远海海上风电管理体系，出台适用于深远海区域海上风电建设的管理办法是海上风电发展的迫切需求。

在生态环保方面，现有生态环保政策对可再生能源项目的生态效益认识不足，很多地方只看到项目开发的生态环境影响，却忽视了项目带来的绿色环保贡献。事实上，通过前期规划、科学施工和后期修复，完全可以解决可再生能源项目引发的生态环保问题。

在高比例风电的消纳上，具体问题主要体现在两个方面。一是灵活性资源的配置方面。我国天然气资源禀赋不足，而抽水蓄能的建设受地理条件限制很大，目前以磷酸铁锂为代表的电化学储能技术发展迅速，成本已低至1.2元/瓦时，同时具有转换效率高、响应速度快、配置灵活的特点和良好的发展潜力，目前全国超过20个省份都发布了风电、光伏按一定容量比例和时长配置储能的要求，其中超过90%的储能是电化学储能。但风电配储在实施过程中存在诸多问题。首先，储能系统实际利用率较低，存在资源浪费。根据中电联的统计数据，全国配套储能的年平均利用率只有6%，主要原因是固定比例的配置规则不符合实际需求，尤其一些消纳良好的地区，实际上不需要大规模的储能；其次，配置储能增加了风电项目本身的盈利压力，尤其在平价上网、项目经济性承压的关键时期，且这部分成本缺乏明确的市场化回收渠道。二是风电与其他综合能源的融合发展层面。氢能被认为是实现多领域深度脱碳，同时解决大规模可再生能源电力消纳问题的终极方案，但目前绿氢制取技术、氢能储运技术、氢燃料电池和氢燃气轮机、P2X等关键技术还处于产业化探索阶段，成本高昂，离商业化应用还有较大差距。

（二）中国风电行业的发展建议

（1）在风电项目开发与国土资源环境的协调发展方面，有以下发展建议。

一是在编制国土空间规划时，增加可再生能源建设用地专项规划，为可再生能源大规模开发预留足够国土空间，保障可再生能源发展用地需求。

二是结合实际情况制定和完善新能源复合项目用地认定标准，允许可再生能源项目建设以"先占后补"的形式利用基本农田，落实占补平衡责任。

三是由国家来统一规划统筹海上风电用海问题，明确深远海区域的开发边界条件，建立与军事、渔业、交通等用途之间的协调规划机制，出台专属经济区海域海上风电建设管理办法。

（2）在高比例风电的消纳方面，有以下发展建议。

一是完善电力市场规则，明确各地辅助服务、容量补偿市场等相关机制及交易结算规则，鼓励独立储能发展模式，明确新能源在电力系统调节方面的边界和责任。

二是推进氢能综合利用创新技术的示范应用，完善价值评估体系和方法，同时深入研究海外氢能与可再生能源融合发展方面的成功经验和思路，为构建产业融合发展的支持性政策体系提供有效支持。

三是积极拓展本地可再生能源电力消纳渠道，推进高载能产业向西部地区转移，引入电解铝企业、数据中心等，在降低高载能企业发展成本的同时，实现当地产业的绿色升级；同时可通过 Power to X 技术，将西北部过剩的绿色电力转化为具有经济优势的氢、甲烷、氨等低碳气体或液体燃料，在拓展可再生能源电力消纳途径的同时促进交通、化工等行业的低碳转型。

参考文献

［1］Yang Wang，Qingchen Chao and Lin Zhao ，et al.，"Assessment of Wind and Photovoltaic Power Potential in China"，*Carbon Neutrality*，1，2022.

［2］GWEC，Global Wind Report 2023，2023.

［3］《国家能源局关于印发〈2022 年能源工作指导意见〉的通知》，http：//www. gov. cn/zhengce/zhengceku/2022-03/29/content_ 5682278. htm。

［4］贺德馨、施鹏飞：《风电中国三十年》，中央文献出版社，2010。

［5］李俊峰、施鹏飞、高虎：《中国风电发展报告 2010》，海南出版社，2010。

［6］李俊峰等编著《风光无限：中国风电发展报告 2011》，https：// www. green peace. org. cn/china/Global/china/publications/campaigns/climate-energy/2011/windpow er-briefing-2011. pdf，2011。

［7］《国家发展改革委关于印发风电特许权项目前期工作管理办法及有关技术规定的通知》，http：//www. nea. gov. cn/2011-11/21/c_ 131260341. htm，2022 年 11 月 21 日。

［8］《国家发展改革委关于完善风力发电上网电价政策的通知》，https：//www. ndrc. gov. cn/xxgk/zcfb/tz/200907/t20090727_ 965206，2009 年 7 月 20 日。

［9］全球能源互联网发展合作组织：《中国 2030 年能源电力发展规划研究及 2060 年展望》，2021。

B.9
2023年氢能行业发展报告

国华能源投资有限公司课题组 *

摘　要： 面对碳中和目标的深远影响以及俄乌冲突下的国际地缘政治风险，发展氢能成为能源低碳转型和保障能源安全的重要路径，氢能产业与技术发展提速。"十四五"时期以来，产业方面，传统工业用氢推动氢气需求稳步增长，低碳清洁氢项目快速部署，燃料电池、绿氨和氢冶金受到关注；技术方面，我国已初步掌握了氢能全产业链"制—运—加—用—服"等关键核心技术，但是核心技术国际竞争力仍明显不足，PEM电解水制氢技术、透平膨胀机、纯氢管道运输、氢品质检测与全周期管控、氢冶金与掺氢/燃氢轮机等超过60%的氢能细分领域技术尚处于"跟跑"阶段，"卡脖子"风险转向原材料和基础工艺；标准方面，氢能标准体系尚不健全，新增标准以引进国际标准然后内部转化的模式为主。为适应高质量发展要求，我国应产研并举，探索"风光氢储"及综合利用一体化区域示范，实现局部规模化，以氢能示范应用等重大工程为牵引，推动实施氢能重点研发专项，破难点、补短板、强弱项，提升氢能技术细分领域的核心竞争力，增强标准化治理效能，力争到"十四五"期末使我国氢能技术水

---

* 执笔人：刘玮，博士，国华能源投资有限公司党委副书记、董事、总经理，高级工程师，主要研究方向为新能源与氢能、公司产业投资、科技与数字化；万燕鸣，博士，中国氢能联盟研究院总经理，主要研究方向为氢能政策与产业、行业服务基础设施；熊亚林，博士，国华能源投资有限公司科技发展部主管，主要研究方向为氢能全产业链行业、技术与标准、新能源技术；张岩，博士，中国氢能联盟研究院产业研究部主任，主要研究方向为氢能行业；董斌琦，国华能源投资有限公司科技发展部总经理，高级工程师，主要研究方向为新能源与氢能政策、产业、技术与专利。

平进入国际先进行列。

关键词： 氢能　全产业链　标准体系

一　氢能产业发展现状与趋势

（一）全球达成减碳共识，占全球 GDP80％的37个国家已制定了全面的国家氢能战略

全球已有 136 个国家提出了"碳中和"承诺，这些国家覆盖了全球88％的二氧化碳排放、90％的 GDP 和 85％的人口。随着全球碳中和科技革命、产业变革的蓬勃兴起，氢能等新兴能源技术以前所未有的速度加快迭代。此外，国际政治经济格局进入动荡变革期，能源多元化和清洁化步伐加快，这为推动氢能发展提供了重要战略机遇。

全球氢能产业发展强劲，2020 年和 2021 年发布氢能战略的国家和地区分别达 11 个和 12 个（见图 1）。截至 2021 年 12 月，全球前十大经济体均已发布或即将发布氢能战略。

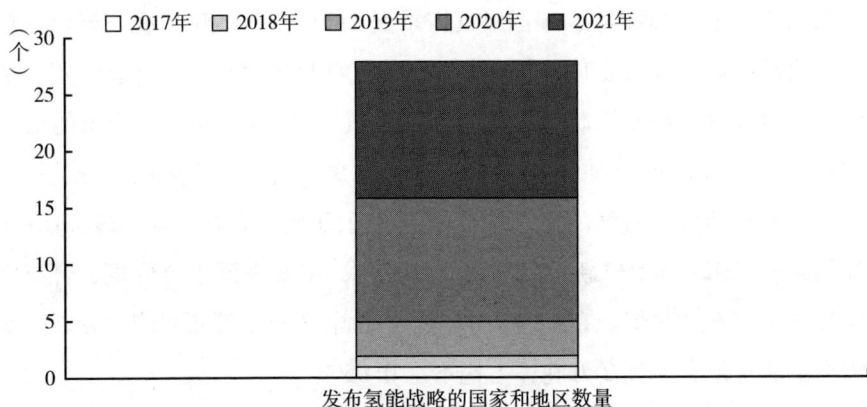

图 1　全球发布氢能战略的国家和地区统计情况

以麦肯锡、国际氢能委员会、国际能源署（IEA）和国际可再生能源机构（IRENA）等为代表的国际组织，纷纷开展了氢能在碳中和能源系统中潜在作用的研究分析。麦肯锡和国际氢能委员会预测 2050 年氢能将在终端能源体系中占比 18%，减少 60 亿吨二氧化碳排放，创造超过 2.5 万亿美元的市场价值。IEA 与 IRENA 在净零排放路线图中预测 2050 年氢能将在终端能源体系中占比超过 10%。尽管不同机构对氢能应用潜力和应用领域的预测结果差异较大，但是氢及氢基燃料在重型交通、重工业、电网平衡等难以电气化的领域中的重要作用得到了充分的肯定。根据 IEA 的预测，2050 年使用的低碳氢中，30% 是氢基燃料的形式（包括氨以及合成的液体和气体）。

（二）氢气需求量稳步增长5%，传统工业用氢推动氢气需求稳步增长

2021 年，全球氢气需求量 12400 万吨，较 2020 年增加 5%。其中 7360 万吨用于合成氨与石油精炼，近 2000 万吨用于合成甲醇与钢铁生产。中国是世界第二大炼油产能国。中国的合成氨和甲醇的产能占全球总产能的约 30%，这使得中国成为全球氢气需求量最大的国家，中国氢气消费量占全球氢气总消费量的约 30%。美国是全球第二大氢气消费国，中东氢气消费量位居全球第三，氢气消费量各占约 13%。欧洲紧随其后，消费量占比约 8.5%。

如图 2 所示，2021 年，中国氢气需求量约为 3500 万吨，这一统计数据包含了钢铁冶炼厂煤炭焦化与氯碱电解制氯气和烧碱过程产生并就地用于热电联产的氢气量。由专用制氢设备制取的氢气约 2800 万吨。合成氨的氢气需求量最大，约 1180 万吨，较 2020 年增加约 9%，占比 33.7%；合成甲醇、煤化工与石油精炼对氢气的需求量分别为 950 万吨和 850 万吨，较 2020 年增加约 4%。2021 年氢气新增需求量 160 万吨，主要来源于合成氨、合成甲醇和煤化工与石油精炼。在交通、重工业、发电和建筑等新兴应用领域，氢气需求量非常低，不到 2 万吨，占比不足 0.05%。

从氢气生产原料来看，当前制氢原料几乎全部来自化石燃料。如图 3 所示，国外制氢原料以天然气为主，占比高达 62%；中国制氢原料以煤炭为

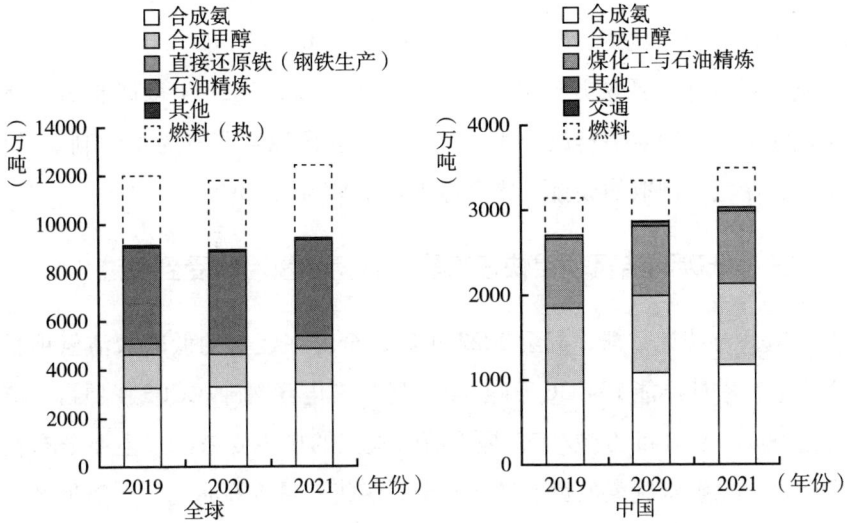

图2 2019~2021年全球和中国氢气需求量

资料来源：国际能源署（IEA）。

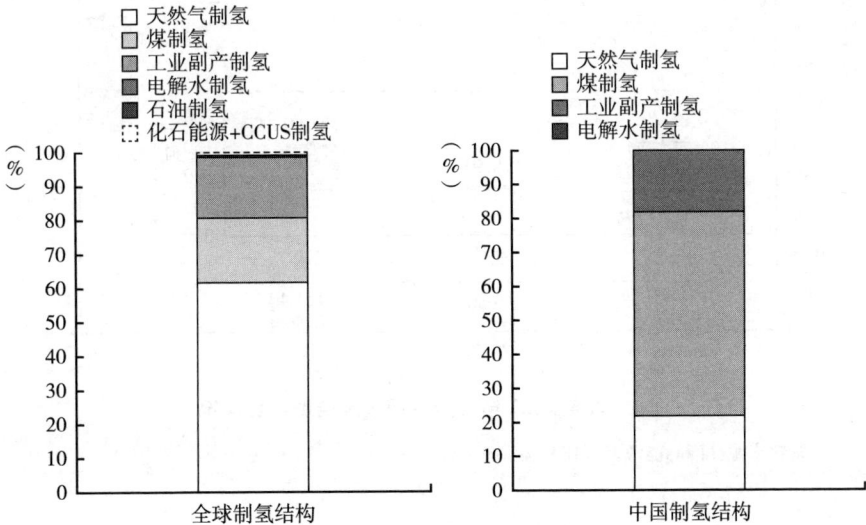

图3 2021年全球和中国制氢结构

资料来源：国际能源署（IEA）。

主，煤制氢占比60%，天然气制氢占比22%，工业副产（焦炉煤气、氯碱副产气等）制氢占比约18%，电解水制氢不足0.04%。

氢气碳足迹主要取决于用于制氢的一次能源，2021年全球制氢碳排放约9亿吨，中国制氢碳排放约4亿吨。由于我国以煤制氢为主的制氢结构，平均每公斤氢气制取的碳排放比全球平均水平高约33%。

（三）低碳清洁氢项目快速部署，绿氨和氢冶金受到关注

根据IEA统计数据，截至2022年底，全球在运营的低碳清洁氢项目超过260个，累计产能154.36万吨/年。其中"化石燃料+CCUS"项目产能占比超过95%，约145万吨/年，是当前低碳氢的最主要来源，主要分布在美国和欧洲；电解水制氢项目超过240个，装机容量610兆瓦，产能近8.2万吨/年，主要分布在欧洲和中国；还有极少量的生物质制氢项目，产能仅0.4万吨/年，主要分布在美国（见图4）。

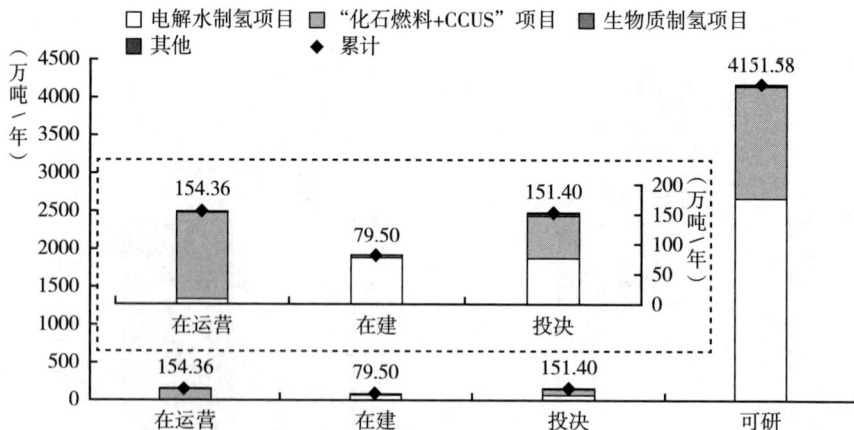

图4　截至2022年底全球低碳清洁氢项目情况

资料来源：国际能源署（IEA）。

目前低碳清洁氢的量还较少，但是在建和计划在建的低碳清洁氢项目以惊人的速度显著增加。据不完全统计，全球在建和计划在建的低碳清洁氢项目产能超过4000万吨/年，这些项目以电解水制氢项目为主，占比约65%。

电解水制氢系统的装机容量正在迅速扩大，预计到2030年装机规模可达170吉瓦，其中处于在建与投决阶段的项目160个，约8吉瓦，大部分项目处于可研阶段（见图5）。从单体项目规模来看，在运营的项目平均规模仅3兆瓦，在建项目的平均规模超过58兆瓦，可研阶段的项目平均规模将达到400兆瓦。处于在建与投决阶段的项目中，有15个项目超过100兆瓦，累计7.73吉瓦，超过总量的80%，亚洲和欧洲成为引领者。亚洲以中国和沙特阿拉伯表现最为强劲，二者装机容量占比近60%（见图6）。中国以内蒙古、新疆和宁夏等西北地区大规模可再生能源制氢示范项目为抓手，推动产业规模化发展。欧洲以2.89吉瓦的规模紧随其后。

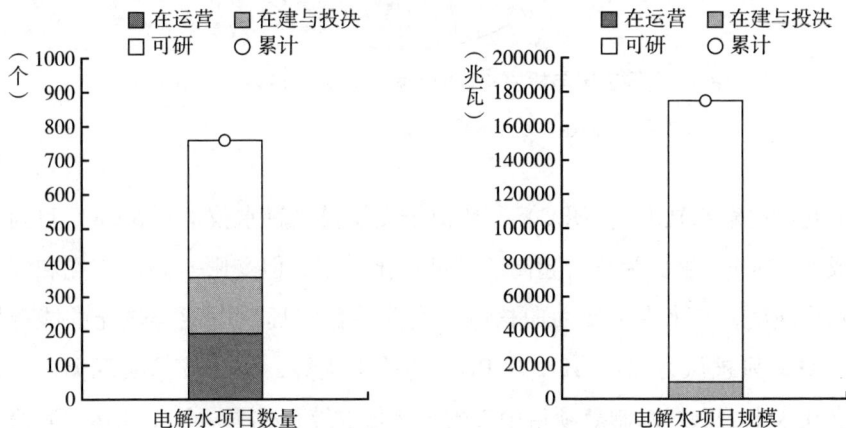

图5 全球电解水制氢项目统计

资料来源：国际能源署（IEA）。

从电解水制氢技术来看，随着单体项目制氢规模的扩增，新项目选择碱性电解水技术（ALK）的比例要高于质子交换膜电解水技术（PEM）。现阶段，PEM在单体规模、能耗、资本投入成本与原材料供应链成熟度上与ALK相比存在巨大差距，因此PEM在大规模项目建设中不占优势。从技术发展趋势上看，随着PEM的进步，未来ALK与PEM在设备投资成本和稳态制氢能耗的性能指标上将逐渐趋同，而PEM凭借其在电流密度、响应灵活性和波动制氢效率上的优势，有望在电解水制氢场景中获得竞争优势。固

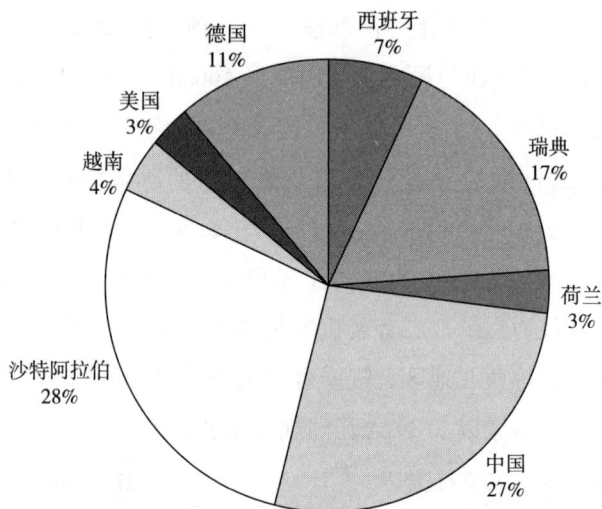

图6　各国在建与投决阶段的电解水制氢项目装机容量占比

资料来源：国际能源署（IEA）。

体氧化物电解水技术（SOEC）与阴离子交换膜电解水技术（AEM）目前尚不成熟。SOEC被认为具有超高的能量转化效率，但受限于高温工况和缓慢的响应速度，未来将主要面向核电这类能够稳定提供电能与热能的能源场景。AEM则被认为兼具ALK与PEM的技术优势，如果技术实现突破，可能会在未来的电解水制氢项目中表现出最低的综合成本。处于在运营阶段和在建与投决阶段的电解水制氢项目不同技术占比如图7所示。

从绿氢的终端应用领域来看，绿氨和氢冶金成为热点。氢能现阶段发展的核心问题在下游应用上而不在上游制取上，以燃料电池为代表的新兴交通应用领域需求规模小，难以支撑绿氢产业的规模化发展与消纳。各国将绿氢应用回归传统工业领域，中国基于自身以煤、油气为主的能源消费结构，表现出绿氢与煤化工、石油化工、交通重卡等多元耦合的产业发展特点，中石化新疆库车项目年产能2万吨的电解水制氢供应中国石化塔河炼化，替代现有天然气制氢，内蒙古绿氢项目和国家能源集团宁夏项目耦合煤制烯烃、煤制油等煤化工产业，打造碳减排示范区。欧洲在"脱碳"和俄乌冲突叠加的双重影响下，通过氢能在钢铁与合成氨领域的应用，减少对天然气的依

在运营阶段

在建与投决阶段

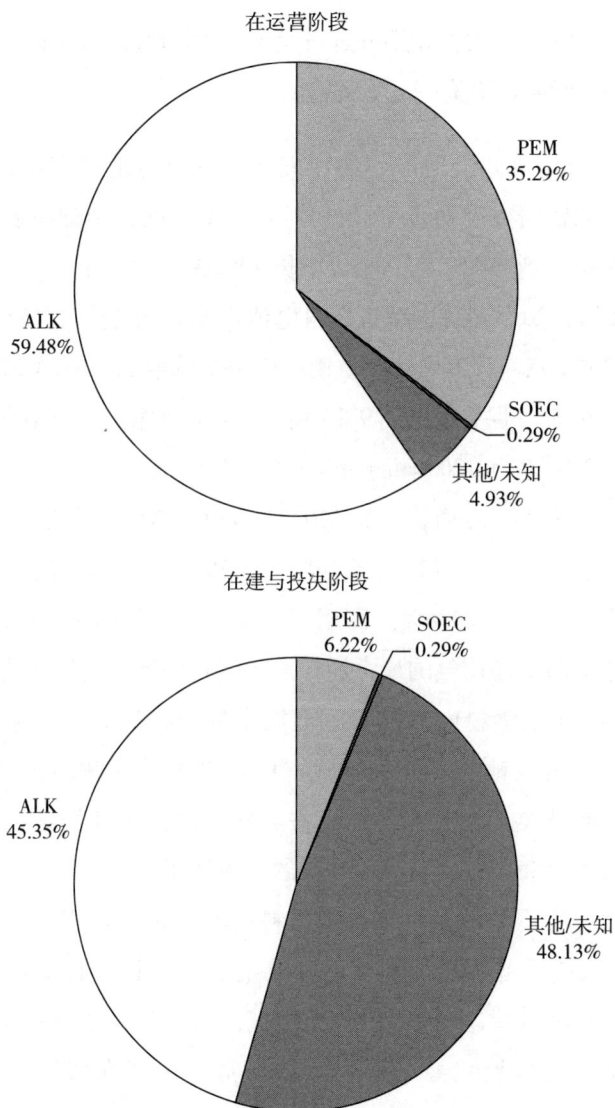

图 7　电解水制氢项目不同技术占比情况

资料来源：国际能源署（IEA）。

赖，保障能源供应安全。欧洲新建项目中，70%用于氢冶金，21%用于合成氨。沙特阿拉伯旨在成为全球氢供应国，从而实现其低碳能源出口多元化。沙特阿拉伯目前在建制氢项目规模2.2吉兆瓦，其中95%用于合成氨。

（四）以燃料电池为代表的新兴交通应用领域加速推进，中国加氢基础设施建设水平全球第一

2021 年，全球道路交通应用快速发展，燃料电池汽车推广持续加速。根据中国氢能联盟研究院初步统计，截至 2021 年底，全球主要国家燃料电池汽车总保有量达到 49354 辆，同比增长 49.5%。

分国别来看，2021 年韩国销售燃料电池汽车 8498 辆，保有量达到 19205 辆。美国燃料电池汽车保有量 12272 辆，位居全球第二。中国 2021 年燃料电池汽车销量 1586 辆，保有量达到 9315 辆，位居全球第三。日本和德国燃料电池汽车分别以 7302 辆和 1260 辆的保有量紧随其后。

从车型看，乘用车方面，丰田 MIRAI 和现代 NEXO 保有量约占全球燃料电池汽车保有量的 81.5%，由于韩国本土市场的发力，现代 NEXO 的全球销量超过丰田 MIRAI 24.5%。商用车方面，以中国为主导的重卡表现亮眼，成为全球道路交通用氢的最大增长点。随着中国以商用车为主要应用场景的加速渗透，5 个燃料电池汽车示范城市群获批启动，示范节奏不断加快，持续推动燃料电池汽车在中远途、中重型商用车领域的产业化应用。2021 年中国燃料电池重卡销量激增，占燃料电池汽车新增销量的 73%，成为推动氢燃料电池商用车销量高速增长的有力抓手。

非道路交通应用领域，第一批氢燃料电池列车已经在德国运行，全球100 多个航运试点示范项目计划使用氢气及氢基燃料，其中 41% 使用氢燃料，主要用于小型或短途船舶，36% 使用氨，还有 23% 使用甲醇。

加氢基础设施日趋完善。截至 2021 年底，全球在营加氢站数量达到 659 座，同比增长 42.1%。其中，中国累计建成运营加氢站 255 座，同比增长 99.2%，其中在营 183 座，待运营 69 座，暂停 3 座，加氢站覆盖的省份及地区（含港、澳、台）扩展至 27 个；韩国在营加氢站 80 座，相较 2021 年增加 24 座；日本在营加氢站 157 座，相较 2020 年增加 20 座；美国在营加氢站 49 座，相较 2020 年增加 8 座；德国在营加氢站 92 座，相较 2020 年增加 1 座。

（五）建筑、发电等领域示范稳步推进，技术示范验证与标准制定取得显著进展

目前，氢气在建筑和发电领域的消费需求量几乎可以忽略不计，但在技术示范验证和标准制定方面取得了显著进展。

建筑领域。全球主要形成了以欧洲为代表的天然气掺氢路线和以日本为代表的燃料电池热电联产路线。截至 2022 年底，全球在运营的天然气掺氢项目约 25 个，每年约 3100 吨氢气进入天然气管网，超过 85% 的天然气掺氢项目位于欧洲。在掺氢比例方面，2022 年英国 HyDeploy 项目完成了 668 处住宅、1 所小学、1 座教堂和几家企业的测试，已证明掺混高达 20% 的氢气不会对现有天然气基础设施和相关设备造成影响和带来风险。在掺氢相关标准方面，为确保掺氢锅炉的安全稳定运行，欧洲于 2022 年 2 月发布了 UNI/TS 11854 标准，涵盖了掺混 20% 的氢气的锅炉，为锅炉制造商提供了参考标准。此外，英国、荷兰、西班牙等也在计划开展 100% 纯氢在建筑中的应用。

在燃料电池热电联产（CHP）方面，日本是全球燃料电池热电联产技术与产业部署的引领者。截至 2021 年，日本已安装超 46.5 万套家用燃料电池热电联供设备，欧洲已推广超过 1 万套该设备。

氢发电领域。尽管目前氢在电力领域的渗透率极低，但是燃料电池、燃气轮机，甚至燃煤掺氨发电技术都已经陆续在产业中获得示范与验证。美国在固定式燃料电池技术方面全球领先；韩国和日本先后示范了掺氢比例高达 95% 的 45 兆瓦燃气轮机技术和 1 兆瓦使用 100% 氢气的燃氢轮机技术；中国成功开发燃煤锅炉混氨燃烧技术，混氨燃烧比例最高达到 35%；日本在研究开发 100% 纯氨发电技术。据不完全统计，正在开发的相关发电项目预计到 2030 年发电装机容量可达 3500 兆瓦，其中 85% 的项目采用的是掺氢燃气轮机技术，燃料电池和燃煤掺氨发电技术分别占 10% 和 6% 左右。从长远来看，氢和氨应用于发电领域可以为电网提供灵活性，支撑大规模可再生能源部署，但是我们也能在各国氢能产业战略部署中看到，氢在发电与电网平衡中的应用潜力和规模有限。

（六）全球氢贸易刚刚起步，以绿氨作为载体是出口的重要路径

随着氢能战略的陆续发布，不少国家已经制定了雄心勃勃的绿氢目标，国际合作日趋活跃，多国签订了合作备忘录、合作协议等，从技术和氢气贸易具体示范项目等方面探索战略落地。在这些国家中，德国、日本和荷兰一直是最活跃的潜在进口国。德国拨款9亿欧元用于支持氢气进口。荷兰的鹿特丹港正在成为欧洲的氢气贸易中心，鹿特丹港已与澳大利亚、巴西、加拿大、智利、摩洛哥、葡萄牙、西班牙、南非、阿联酋等多个国家签订了氢气贸易路线框架协议，预计到2030年，鹿特丹港可每年向欧洲西北部供应460万吨氢气。相关资源国争抢全球氢气出口市场，沙特阿拉伯计划到2030年出口400万吨氢气；俄罗斯计划2035年出口200万~700万吨氢气、2050年出口790万~3340万吨；澳大利亚拟到2030年成为有国际影响力的氢气出口国。

远程氢气供应链技术成为氢气贸易的关键。日本已开展了液氢技术和有机液体储运氢技术示范，德国接收首批13吨阿联酋的蓝氢合成氨。氢气液化和储存技术在美国、欧洲和日韩相对比较成熟，全球液氢产能约500吨/天，但是用于远洋运输液氢的船舶尚未实现商业化。如图8所示，合成氨成为氢出口的主要载体路线，氢合成氨技术是商业上十分成熟的技术，相比于氢，氨是贸易更成熟的化工品，拥有工厂制备、储存、运输和使用等完整的商业供应链体系，其市场遍布世界各地，全球出口量约占总产量的10%，拥有专用的港口、船舶、仓库等发达的运输基础设施。据不完全统计，正在开发的用于出口的氢项目，大多数已经确定采用合成氨载体路线。

二　我国氢能科技发展评估

（一）国家重点专项研发布局

中国支持氢能和燃料电池发展的历史可以追溯到20世纪50年代早期。20世纪80年代以来，我国陆续通过多项国家级研发项目，加速氢能技术的

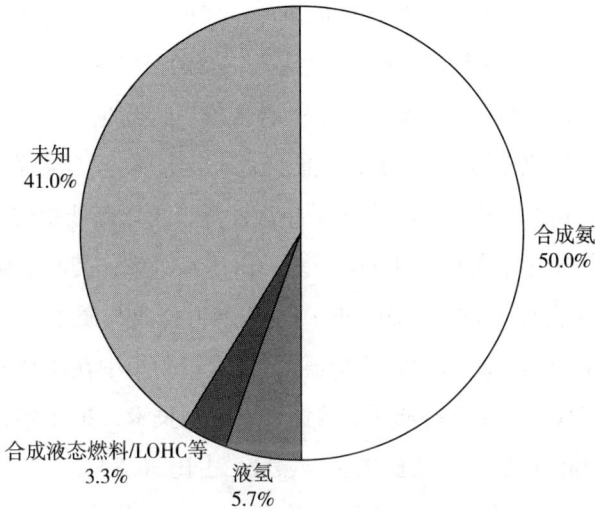

图8 全球出口氢项目不同载体路线占比情况

资料来源：国际能源署（IEA）。

开发和商业化。截至 2021 年底，中国在氢能相关研究、开发和示范项目上的研发支出超过 20 亿元人民币。

涉氢国家重点专项对氢的支持重点先后发生了三次转变，2016~2017 年，涉氢国家专项聚焦以燃料电池为代表的新能源汽车领域，FCEVs 被列为关键技术之一，氢燃料电池汽车被视为"三纵"研发布局的重要一环，"新能源汽车"国家重点专项支持了 7 个车用燃料电池电堆及燃料电池系统相关项目。2018 年开始，氢被视为重要的能源载体，围绕氢能和燃料电池展开的技术研发得到重视，"可再生能源与氢能技术"国家重点专项支持了 27 个氢能研发项目，布局方向涵盖了制氢、储氢、燃料电池部件以及电堆与系统、氢燃料电池车等，促进了整个氢能产业链的发展与进步。"十四五"开局之年，氢能开始被视为未来国家能源体系的重要组成部分、用能终端实现绿色低碳转型的重要载体、战略性新兴产业和未来产业的重点发展方向，氢能的重要性得到了空前的认可，氢能项目开始成为独立的重点专项，仅 2021 年和 2022 年，"氢能技术"国家重点专项便支持了 42 个氢能项目，超过"十三五"期间涉氢项目数的总和，支持的经费是"十三五"期间的 2 倍。

氢能专项的总体目标是以推动能源革命、建设能源强国等为牵引，系统布局氢能全产业链技术，覆盖从制氢、储运氢、加氢、燃料电池、氢安全到前沿交叉六大技术方向，贯通"基础研究、共性关键、示范应用"三个层次，进行全链条设计、一体化布局，推动我国氢能技术研发水平进入国际先进行列。

截至2021年底，累计启动了48项指南任务（不含新能源汽车专项涉氢项目）。其中，燃料电池技术方向支持最多，占比43.8%；其次是储运氢和制氢技术方向，分别占比22.9%和14.6%；氢基燃料合成与质子交换膜等技术的前沿交叉方向占比6.3%。2018~2020年，技术布局集中在燃料电池领域，占比31.3%~51.7%，主要支持质子交换膜燃料电池技术。2021年，技术布局逐步转向以制氢和储运氢为主的氢供应链领域，占比36.8%。

值得关注的是，在"十四五"国家重点专项组织实施中，为进一步鼓励青年科学家在科技创新中发挥更大作用，培养、锻炼一批未来的领军科学家，我国启动了青年科学家项目。2021年，共性关键技术研究项目继续增长，同比增长62.5%。

（二）氢能专项技术布局分析

制氢技术路线与布局。电解水制氢技术是制氢环节主要技术布局方向，攻关方向由成熟度较高的ALK转向成熟度相对较低的PEM与SOE。2021年，制氢技术布局围绕"低成本PEM关键材料制备技术""高效大功率碱水电解槽技术"等展开。

储运氢技术路线与布局。呈现气态、液态和固体储运技术多元化发展特点。攻关方向从车载、管束车小规模储运氢技术转向固定式大规模存储与移动式大规模运输技术。规模化储运氢技术以液氢储运和纯氢/掺氢管道技术路线为主；固态与液态载体储氢技术作为基础研究技术正在开展攻关。

加氢技术路线与布局趋势。加氢技术主要有高压气态加氢与液氢加氢技术。攻关方向由成熟度较高的高压气态加氢技术转向液氢加氢技术，2021年，加氢技术布局围绕"气氢与液氢容器"等展开。

燃料电池技术路线与布局。以PEMFC与SOFC技术路线为主，其中

PEMFC 占据绝对主导地位。PEMFC 由交通应用场景技术攻关转向发电供能应用场景攻关，技术发展趋向于"大功率"。此外，非铂催化剂与直接氨燃料电池技术作为基础前瞻技术正在开展研究。

前沿交叉技术路线与布局。氢能应用场景拓展至合成甲醇、合成氨等氢基燃料、掺氢/氨燃烧器、氢气内燃机发电等。在发电与供热领域，掺氨成了技术研究热点。

氢安全技术路线与布局。目前着重围绕储氢容器与加氢站开展研究，主要涉及车载气瓶服役检测监测与诊断评估技术、气氢与液氢容器及管件泄漏、燃烧与爆炸行为分析和材质要求、加氢关键部件安全性能测试技术等。

此外，通过"氢能出行"和"氢进万家"专题，还开展了全链条技术研究与应用示范。

（三）氢能全产业链技术评估

我国通过牵头组织"新能源汽车""可再生能源与氢能技术""氢能技术"三个重点专项，对氢能和燃料电池技术开展从基础科学到共性关键技术、示范应用全链条的一体化布局，已初步掌握了高效电解水制氢、先进制氢技术，高能量密度高压储运氢、固态储运氢、加氢站及安全评价技术，重载长途燃料电池商用车动力系统、燃料电池发电、长寿命电堆及关键组件、分布式热电联供系统技术，膜电极、空压机、循环泵、氢气纯化、低铂催化剂技术等关键核心技术。

按氢能全产业链"制—储—运—加—用—服"类别，主要技术可分为制氢、氢储运、氢加注、燃料电池、前沿交叉、氢安全与品质管控六大技术大类；同时技术大类又可分为多项技术子类与细分技术（见图10）。

技术发展格局方面，我国基本上处于"并跑"和"跟跑"阶段。细分技术中，2 项技术（占比 3.6%）处于"领跑"阶段；19 项技术（占比 34.5%）处于"并跑"阶段；34 项技术（占比 61.8%）处于"跟跑"阶段。"领跑"技术平均领先 2.5 年，处于"跟跑"和"并跑"阶段的技术平均落后 3.6 年。

技术发展阶段方面，我国正处于工程化向产业化快速推进阶段。其中，35/70MPa车载三型瓶、质子交换膜燃料电池系统与电堆等15项技术（占比27.3%）处于产业化阶段，PEM、35/70MPa车载四型瓶、透平膨胀机、质子交换膜与燃煤掺氨混燃技术等28项技术（占比50.9%）处于中试阶段，SOE、AEM、光解水技术、地质储氢、直接氨燃料电池等12项技术（占比21.8%）尚处于实验阶段。

技术竞争格局方面，我国与国际领先水平的差距正在缩小。其中，35/70MPa车载三型瓶与空压机等5项技术（占比9.1%）差距快速缩小，膜分离与天然气掺氢等28项技术（占比50.9%）的差距缓慢缩小，氢品质检测与全周期管控技术、掺氢/燃氢轮机技术等7项技术（占比12.7%）与国际领先水平之间的差距还在拉大。

创新主体方面，国内技术领军人物与研发机构主要位于高校，技术转化能力亟待进一步提升，国内氢能领军企业在局部领域存在成本优势与一定的技术领先优势，但核心竞争力有待加强。

总体来看，我国氢能技术发展水平近几年显著提升，但是核心技术国际竞争力仍明显不足，标准与检测体系尚不健全，"卡脖子"风险转向原材料和基础工艺。我国应以氢能及燃料电池汽车示范应用等重大工程为牵引，推动实施氢能重点研发专项，破难点、补短板、强弱项，贯通基础前瞻、共性关键、工程应用和检测评估环节，力争到2025年实现我国氢能技术水平进入国际先进行列。

三 我国氢能标准体系建设

标准对经济、社会发展起着巨大作用。宏观上，技术标准是市场经济体制的有机组成部分，能够推动产业结构调整和产业升级；微观上，技术标准是企业生存和发展的基本条件，也是企业在激烈的市场竞争中保持竞争力的有效手段。氢能标准化工作对于推动氢能技术的开发研究、推广应用具有重要意义。

氢能技术的发展对氢能标准化工作带来了严峻挑战。传统的先发展技术再开展标准化工作的模式已经不能适应具有发展速度快、技术更新快、产品周期短等特点的氢能产业的发展需求。为了适应氢能产业发展需求，充分发挥标准对氢能产业发展的支撑作用，氢能标准化工作应与技术发展并行，甚至应具备一定的超前性。

（一）国内外氢能标准体系概况

1. 国内情况

国内氢能相关国家标准的制修订工作主要由 5 个标准化技术委员会牵头展开：全国燃料电池及液流电池标准化技术委员会（SAC/TC 342）、全国氢能标准化技术委员会（SAC/TC 309）、全国汽车标准化技术委员会（SAC/TC 114）、全国气瓶标准化技术委员会（SAC/TC 31）与全国气体标准化技术委员会（SAC/TC206）。截至 2021 年底，现行有效氢能相关国家标准共计101 项，涉及基础与管理、氢质量、氢安全、氢工程建设、氢制备与提纯、氢储运与加注、氢能应用、氢相关检测 8 个子体系（见图9）。其中，基础与管理方面的标准 4 项、氢质量方面的标准 6 项、氢安全方面的标准 19 项、氢工程建设方面的标准 2 项、氢制备与提纯方面的标准 9 项、氢储运与加注方面的标准 10 项、氢能应用方面的标准 14 项、氢相关检测方面的标准 37 项（见图 10）。

2. 国际情况

标准作为国际交往的技术语言和国际贸易的技术依据，在保障产品质量、提高市场信任度、促进商业流通、推动经济发展、维护公平竞争等方面发挥着重要作用。氢能是涉及脱碳、高端制造等多领域的技术集中性行业，发达国家和地区（如美国、欧盟、日本等）重视氢能技术规范和标准的制定以及其与技术的同步协调发展工作，同时也非常注重国际合作并极力将本国氢能技术规范和标准国际化。整体来看，发达国家的标准体系已日趋完善，同时，国家间的技术联盟已对某些标准的制定形成了垄断，如美、日试图垄断燃料电池国际标准的制定工作。

		1.1 名词术语方面的标准
	1.基础与管理	1.2 图形符号方面的标准
		1.3 产品和设备分类与命名方面的标准
		2.1 气态氢质量方面的标准
	2.氢质量	2.2 液态氢质量方面的标准
		2.3 氢衍生物质量方面的标准
		3.1 氢制备和安全方面的标准
	3.氢安全	3.2 氢储运、加注安全方面的标准
		3.3 氢能应用安全方面的标准
		3.4 氢试验及操作安全方面的标准
		4.1 设计方面的标准
		4.2 技术条件方面的标准
	4.氢工程建设	4.3 试验方法方面的标准
氢能技术标准体系		4.4 安装调试方面的标准
		4.5 运行维护方面的标准
		4.6 工程验收方面的标准
		5.1 化石燃料制氢方面的标准
		5.2 水制氢方面的标准
	5.氢制备与提纯	5.3 可再生能源制氢方面的标准
		5.4 核能制氢方面的标准
		5.5 氢提纯方面的标准
		5.6 制氢设备及附件方面的标准
		6.1 氢储运方面的标准
	6.氢储运与加注	6.2 氢运输方面的标准
		6.3 氢加注方面的标准
		6.4 氢储运、加注设备及附件方面的标准
		7.1 氢直燃应用方面的标准
		7.2 氢燃料电池应用方面的标准
	7.氢能应用	7.3 氢能应用效益评价方面的标准
		7.4 氢能应用设备及附件方面的标准
		7.5 氢能其他应用方面的标准
		8.1 氢质量检测方面的标准
		8.2 氢检测设备方面的标准
	8.氢相关检测	8.3 氢应用检测方面的标准
		8.4 氢储运、加注检测方面的标准
		8.5 氢安全检测方面的标准
		8.6 氢工程建设检测方面的标准

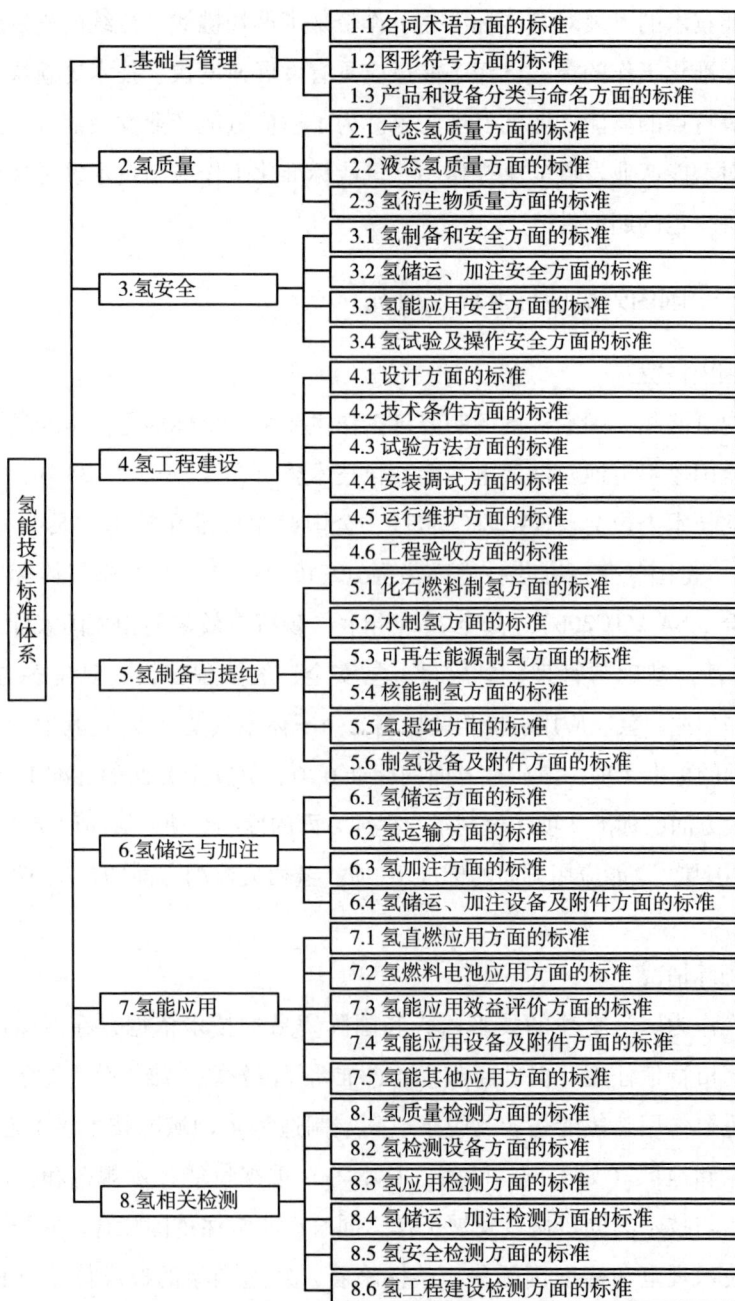

图 9　我国氢能技术标准体系

资料来源：笔者整理。

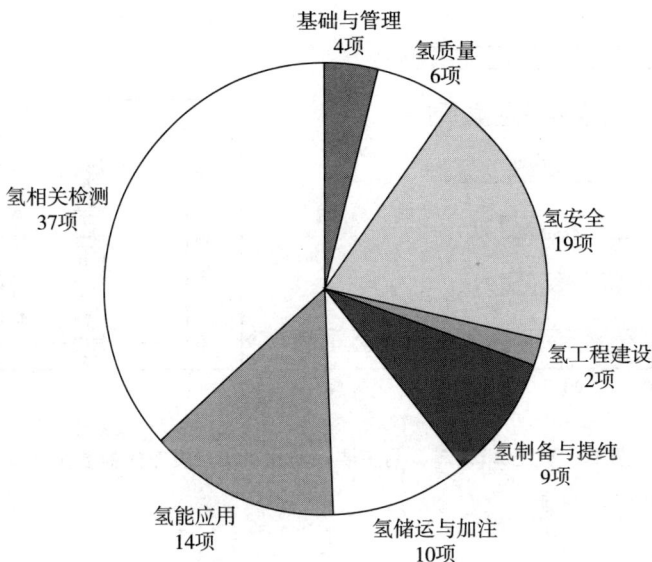

图10 2021年我国氢能相关国家标准分布情况

资料来源：笔者整理。

据统计分析，相关国际组织与国家标准组织氢能标准化建设明显提速。截至2022年2月，国际标准化组织（ISO）已发布现行国际标准55项，正在制定/修订20项；国际电工委员会（IEC）已发布现行国际标准29项，正在制定/修订15项。国家与地区标准方面，欧盟标准委员会（CEN）已发布氢能现行标准29项，美国标准协会（ANSI）已发布氢能现行标准36项，日本工业标准协会（JISC）已发布氢能现行标准38项，韩国标准协会（KSA）已发布氢能现行标准40项（见图11）。

具体而言，ISO标准以氢储运与加注方面的标准为主；IEC标准主要为燃料电池和燃料电池应用标准；ANSI标准中氢加注相关标准数量较多；CEN氢能产业链各环节标准发展均衡，标准体系基本建立；JISC标准以燃料电池应用和检测标准为主。

（二）我国氢能标准体系存在的问题

2008年以来，我国氢能领域相关标准化技术委员会积极开展氢能技术

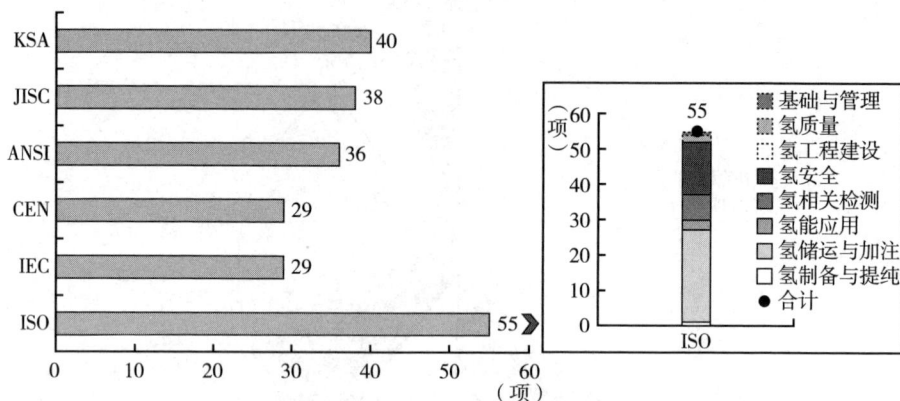

图11 截至 2022 年 2 月主要标准化机构已发布的标准情况

资料来源：笔者整理。

标准化工作，已初步建立了氢能技术标准体系，相关标准基本覆盖了产业链各环节，但仍无法满足产业快速发展的需求，我国氢能标准体系还存在以下问题。

1. 氢能技术标准体系有待健全

从全球来看，氢能技术标准体系整体处于初级阶段，还未完全覆盖氢能全产业链，比如压缩机、液氢泵、纯氢管道等领域。我国新兴氢能领域新增标准以先引进国际标准然后内部转化的模式为主，这主要是由于我国在氢能领域技术积淀不足，国际标准话语权较弱。我国氢能相关标准建立滞后于国际标准，比如 ISO 已经逐渐开展了产业链中加氢机关键技术装备的性能检测标准，氢气品质的测试标准、氢/天然气混合燃料系统部件试验方法等标准的制定，而我国这方面的标准还处于空白状态。

建议通过相关标准化技术委员会和中国氢能联盟等社会团体组织产学研用各方力量，广泛开展氢能国家标准、行业标准、团体标准、地方标准、企业标准的研究和制修订工作，逐步健全我国氢能技术标准体系。

2. 以评价为指引的质量基础支撑体系急需建立

氢能产业的健康有序发展，离不开有效的质量安全体系。目前我国在氢能领域尚未建立系统全面的标准、计量、检测和认证体系，支撑氢能产业发展的质量基础还很薄弱，产业链中关键技术装备缺乏检测标准与手段。同时，关键技术装备的性能评价缺乏有效引导，测试标准的建立不够系统和有序。《国家市场监督管理总局关于进一步深化改革促进检验检测行业做优做强的指导意见》《国务院办公厅关于完善科技成果评价机制的指导意见》等政策要求细化具体领域评价技术标准和规范，支持提升战略性新兴产业检验检测认证支撑能力，健全质量控制体系。

应加快建立技术领域性能评价体系，通过关键技术指标评价，引导我国技术攻关方向，在此基础上建立涵盖标准、计量、检测和合格评定的质量基础体系。

3. 技术创新与标准不同步

氢能产业发展速度快，技术和产品更新速度快。一方面，目前已有的相关标准技术指标与测试方法的适用性已大打折扣，无法反映我国氢能现阶段技术水平。另一方面，相关研究机构、企业的标准化意识有待进一步提高，建议推动氢能领域科技创新与标准化"三同步"，即技术研究与标准研究同步、科技成果转化与标准制定同步、科技成果产业化与标准实施同步，加快推动将先进技术转化成标准。

四 相关建议

（一）加强战略引导，研究出台我国氢能技术攻关路线图

通过研究欧、美、日等国家和地区的氢能产业战略定位、产业发展路线与技术攻关路线，结合我国能源生产、消费和技术创新情况，尽快明确我国氢能定位，并出台具体的氢能技术战略、阶段性发展目标与发展策略。在此研究基础上，进一步梳理全产业链关键技术与技术差距情况，聚焦国家重大科技前沿问题和国家重大需求，突出目标和任务导向，制定氢能全周期技术攻关路线图。发挥新型举国体制集中力量办大事的优势，强化协同合作，加

强各种创新主体的有效互动合作，促进氢能科技创新与经济社会发展的良性互动。建立推动氢能关键技术攻关与核心装备自主化的长效机制，统筹推进氢能与燃料电池产业高水平发展。

（二）推进技术革命，提升氢能技术细分领域的核心竞争力

稳步提高科技投入强度是建设科技强国的最直接驱动力，建议加大氢能及燃料电池技术研发资金投入，从国家在氢能领域的急迫需要和长远需求出发，发挥重大科技项目牵引作用，设立并实施高效电解水制氢、低成本储运氢、氢气压缩与加氢技术、质子交换膜燃料电池、固体氧化物燃料电池、可再生能源制氢与工业部门深度脱碳交叉应用技术等一批具有前瞻性、战略性的重大科技专项，布局氢能源与燃料电池领域国家重点实验室，协同攻关掌握氢能关键核心技术，力争在更多领域实现由"跟跑"变为"并跑"，甚至"领跑"。

（三）增强标准化治理效能，提升氢能质量与装备技术的检测、认证等基础服务能力

我国氢能全产业链体系发展处于起步阶段，还存在诸多问题，这些问题对处于产业化早期的氢能产业运行效率和规模应用带来不小的挑战。在此背景下，我国迫切需要从全产业链视角推动完善氢能标准检测体系，促进技术装备迭代更新，以支持氢能产业发展形成新格局。根据国家创新驱动发展战略，支持先进氢能技术研发和推广应用，建议借鉴光伏发电"领跑者"计划，启动氢能"领跑者"计划。通过实施"领跑者"计划，增强标准化治理效能，加快构建推动氢能核心技术迭代更新的标准体系，完善并提升氢能装备技术的检测、认证、应用等基础服务能力，助力我国氢能领域技术装备从"跟跑"到"并跑"再到"领跑"，加快氢能技术的商业化进程。

（四）探索"风光氢储"及综合利用一体化区域示范，实现局部规模化效益

高成本是制约氢能产业化发展的关键因素，技术进步和规模化可带来氢

能全周期成本快速下降。美国能源部在战略路线图中提到，聚焦区域清洁氢能中心建设，实现大规模的清洁氢生产和就近的终端使用，建设关键基础设施，推动规模化发展，促进市场起步。建议立足国内各地资源禀赋，以燃料电池汽车示范城市群、"氢进万家"等重大示范应用为牵引，支持相关地区积极开展"风光氢储"及化工、交通、发电、供能等多领域综合利用一体化区域示范，依托工程示范项目开展关键技术研究，构建区域化氢能生态与全周期氢技术与大规模实证平台，带动全产业链技术进步与产业规模化、商业化发展，以点带面推动形成具有完全自主知识产权的氢能关键技术。

（五）立足全球资源，全面加强国际合作

科学研究的全球化已成基本趋势，要瞄准国际一流水准，坚持氢能研发领域开放合作创新。依托既有基础，充分利用全球创新资源，在非核心领域深层次开展国际科技合作与交流，探索合作新模式，引领我国氢能及燃料电池、先进储能技术创新水平整体提升。为确保中国氢能行业和产品的兼容性，我国应建立与国际接轨的知识产权保护和运营体系，主动在标准制定、产品认证、安全体系方面加强国际合作，积极与 ISO、IEC 等机构共同推进国际标准的制定和采用。

参考文献

［1］U. S. Department of Energy，"DOE National Clean Hydrogen Strategy and Roadmap（draft）"，2022.

［2］International Energy Agency，"Net Zero by 2050：A Roadmap for the Global Energy Sector"，2021.

［3］International Energy Agency，"Global Hydrogen Review 2022"，2022.

［4］International Renewable Energy Agency，"Global Hydrogen Trade to Meet the 1.5°C Climate Goal"，2022.

［5］Wei Liu，Yanming Wan and Yalin Xiong，"Green Hydrogen Standard in China：Standard and Evaluation of Low-carbon Hydrogen，Clean Hydrogen and Renewable

Hydrogen", *International Journal of Hydrogen Energy*, 47（58），2022.

［6］国家发展改革委、国家能源局：《氢能产业发展中长期规划（2021-2035年）》，http：//zfxxgk. nea. gov. cn/1310525630_ 16479984022991n. pdf。

［7］刘玮、万燕鸣、熊亚林等：《碳中和目标下电解水制氢关键技术及价格平准化分析》，《电工技术学报》2022年第11期。

［8］刘玮、万燕鸣、熊亚林等：《"双碳"目标下我国低碳清洁氢能进展与展望》，《储能科学与技术》2022年第2期。

［9］刘玮、万燕鸣、熊亚林等：《中国氢能源及燃料电池产业发展报告2020》，人民日报出版社，2021。

B.10
2023年储能行业高质量发展报告

陈刚 周迪[*]

摘　要： 在"双碳"战略目标下，以风电、光伏为代表的清洁能源是能源转型发展的重要力量。近年来，随着我国风电、光伏发电量的快速增长，局部地区和时段的新能源消纳问题依然突出，风电和光伏发电的随机性、波动性、间歇性特征给电网系统带来冲击，对系统调节能力建设提出更高要求，制约着我国电力系统的高质量发展。在构建新型电力系统、不断提升风电和光伏发电装机规模的背景下，储能技术的大规模应用是平抑发电侧波动、保障电网安全，进而提升电力系统可靠性的必由之路。抽水蓄能起步早、技术成熟，在全球范围内仍是最主要的储能技术，但其占地面积大、建设周期长、初始投资额大等问题突出。近年来以电化学储能为代表的新型储能发展迅猛，在电源侧、电网侧和用户侧均有应用场景。随着系统成本的逐渐下降，新型储能目前已经具有一定经济性。在政策支持下，新型储能参与电力辅助服务市场，使其经济性得到强化。未来有望通过完善新型储能技术标准体系、完善辅助服务市场价格机制、建立新型储能技术示范项目的后评价机制、优化新能源项目配储方式等措施来进一步提高新型储能的市场化水平。

关键词： 新能源发电　新型储能　电力辅助服务

---

* 陈刚，博士，东方证券股份有限公司证券研究所所长，主要研究方向为科技与新能源；周迪，东方证券股份有限公司资深分析师，主要研究方向为电力与新能源。

一　储能行业发展背景

（一）先立后破、通盘谋划，坚定实现"双碳"目标

2020 年 9 月，习近平主席在第七十五届联合国大会一般性辩论上的讲话指出，"中国将提高国家自主贡献力度，采取更加有力的政策和措施，二氧化碳排放力争于 2030 年前达到峰值，努力争取 2060 年前实现碳中和"[①]。

据中国碳核算数据库（CEADs）数据，2019 年我国按照 IPCC 部门法核算的二氧化碳排放总量约 97.95 亿吨，其中电力、蒸汽和热水供应行业直接产生的二氧化碳排放量约 46.42 亿吨，占比高达 47.4%，为最主要的碳排放来源。能源行业将是我国最终实现"双碳"目标的关键领域。由于在 IPCC 部门法中，各行业碳排放总量由能源相关排放量以及过程相关排放量两部分组成，因此能源行业的碳减排不仅可以降低电力、蒸汽和热水供应行业的直接碳排放量，而且可以通过能源相关排放量间接降低其他行业的碳排放量，助力全社会向低碳转型。

国家高度重视能源行业的低碳、清洁转型工作，近年来在国家级政策文件中多次提出相关论述。2022 年政府工作报告为当前阶段的碳中和相关工作定下总体基调，提出要推动能源革命，确保能源供应，立足资源禀赋，坚持先立后破、通盘谋划，推进能源低碳转型。2022 年 3 月发布的《"十四五"现代能源体系规划》提出了"十四五"时期现代能源体系建设的主要目标，包括单位 GDP 二氧化碳排放五年累计下降 18%。

从发电行业内部来看，不同电源在发电时的碳排放强度具有很大差异。联合国欧洲经济委员会统计数据显示，火力发电的碳排放强度明显高于风电、光伏发电等。燃煤发电的全生命周期排放量比太阳能发电高 37 倍，比

---

① 《习近平在第七十五届联合国大会一般性辩论上的讲话（全文）》，https：//baijiahao.baidu.com/s？id=1678595656103445127&wfr=spider&for=pc。

风力发电高 110 倍；即使是高效的气电，其全生命周期的碳排放量也是太阳能发电的 14 倍以及风力发电的 43 倍左右。

我国富煤贫油少气的资源禀赋决定了当前的电力结构以煤电为基础。在我国实现"双碳"目标的过程中，可再生能源发电逐步替代煤电是必经之路，如在《"十四五"现代能源体系规划》中便提出到 2025 年，非化石能源消费比重提高到 20% 左右，非化石能源发电量比重达到 39% 左右。我国特殊的资源禀赋决定了以煤电为代表的传统能源的真正退出仍需要较长时间。在传统能源退出以及实现我国能源行业低碳转型的过程中，如何保障能源安全成为当前阶段的重要课题。在坚定实现"双碳"目标的前提下，存量方面，煤电为主的传统能源仍是我国电力供应的"压舱石"，同时可再生能源发电装机占比快速上升的新型电力系统也将继续扮演不可或缺的"稳定器"的角色。而增量方面则将主要依靠高速增长的风电、光伏发电等可再生能源发电装机。

（二）风电、光伏：能源安全及"双碳"目标下快速发展

为了实现"双碳"目标，2021 年 9 月 22 日印发的《中共中央 国务院关于完整准确全面贯彻新发展理念做好碳达峰碳中和工作的意见》提出，到 2030 年风电、太阳能发电总装机容量达到 12 亿千瓦以上。

根据国家能源局公布的全国电力工业统计数据，截至 2022 年末，全国风电、光伏发电累计装机规模合计达到 758 吉瓦，距 2030 年 12 亿千瓦的目标仍有近 450 吉瓦的缺口。其中风电和光伏发电累计装机规模分别达到 365.4 吉瓦和 392.6 吉瓦（见图 1），同比增长 11.3% 和 28.1%。风电、光伏发电累计装机规模在全部装机规模中的占比达到 29.6%，较 2021 年底上升 2.9 个百分点。

新增装机方面，2022 年全国风电、光伏发电合计新增装机规模 123.0 吉瓦，在新增装机规模中的占比达到 67.0%（见图 2）。其中风电新增装机规模 36.9 吉瓦，较 2021 年新增装机规模同比下降 21.3%，这主要是因为 2020 年"抢装"挤占了 2021 年部分空间，以及受疫情影响风机排产和交付滞后；2022 年全国光伏发电新增装机 86.1 吉瓦，同比大幅增长 62.0%。

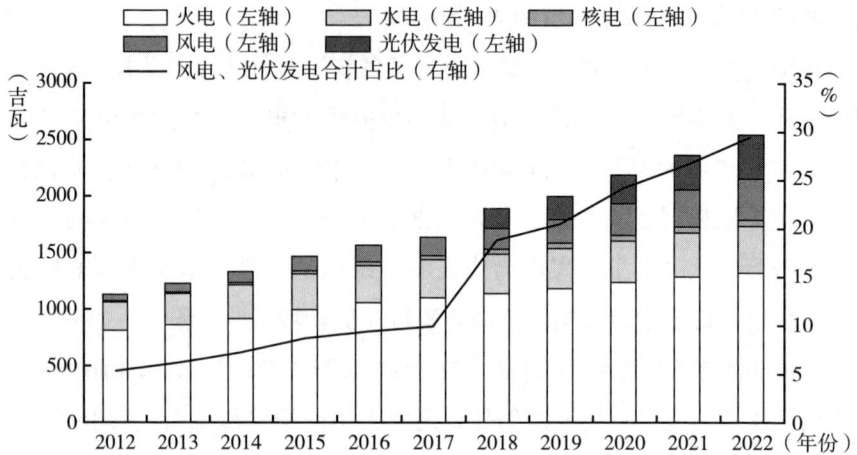

图1 2012～2022年我国电源装机结构情况

资料来源：国家能源局。

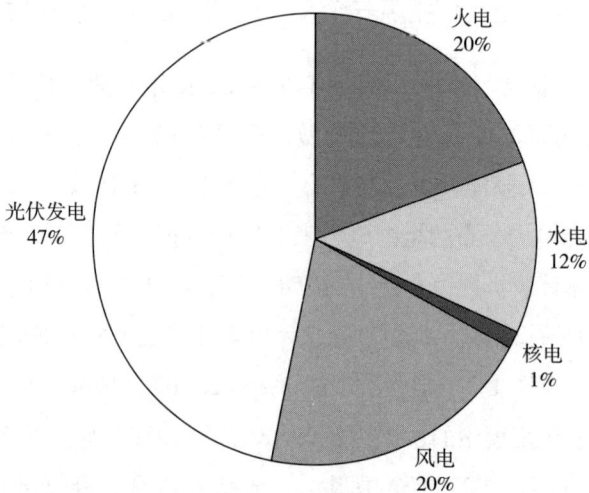

图2 2022年我国电源新增装机结构

资料来源：国家能源局。

发电量方面，根据国家能源局印发的《2022 年能源工作指导意见》，2022 年能源工作主要目标之一是风电、光伏发电量占全社会用电量的比重达到 12.2% 左右。2022 年全国风电、光伏发电合计发电量达到 8922.3 亿千瓦时（见图 3），在全社会用电量中的占比达到 10.3%。

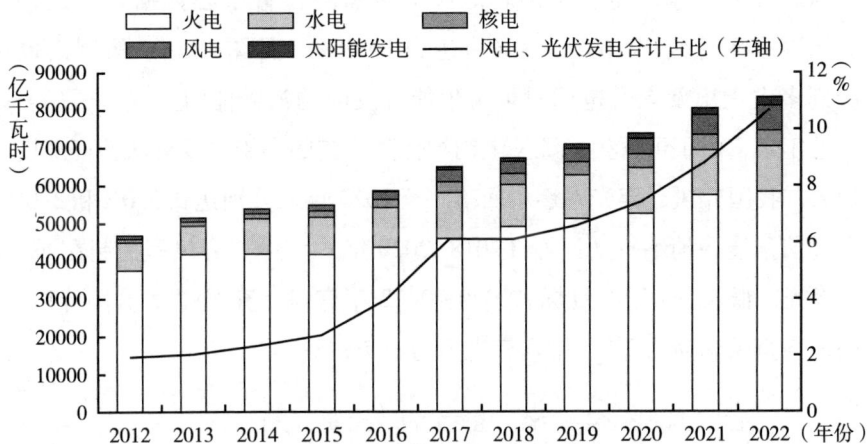

图 3　2012～2022 年我国分电源发电量结构情况

资料来源：国家能源局、国家统计局。

（三）风电、光伏发电等清洁能源消纳制约电力系统高质量发展

以风电、光伏发电为代表的清洁低碳能源是我国能源转型发展过程中新增装机容量的主要来源。在新能源装机容量和发电量快速增长的同时，我国电网对于新能源发电的消纳问题凸显，已成为制约我国电力系统高质量发展的核心问题之一。

一方面，受制于自然环境的波动和变化，风电和光伏发电等新能源发电具有波动性、间歇性、随机性等特点，新能源发电量占比的快速提升可能会严重冲击电网的稳定性。季节性的影响也明显限制了风电、光伏发电的利用时长。国家能源局公布的全国电力工业统计数据显示，2022 年 1～11 月核电、火电、水电平均利用小时数分别为 6900、3978、3217 小时，而风电、光伏发电平均利用小时数受自然资源限制，显著小于上述三种常规电源，分别仅为2008、1260小时。

另一方面，风电、光伏发电产能主要集中在我国西北地区，该地区人口相对较少且分散，工业用电需求小，新能源发电消纳能力有限，导致弃风、弃光现象严重。全国新能源消纳监测预警中心数据显示，2016年我国弃风率达到17.6%，弃光率达到10.0%（见图4）。政策层面也从各级别多次提出要提升电网对可再生能源发电的消纳能力。

近年来，由于可再生能源发电消纳保障措施的实施以及灵活性资源投入的加大，我国弃风、弃光率逐步回落，至2020年末分别达到3.0%和2.0%，达到《清洁能源消纳行动计划（2018-2020年）》中"弃风率控制在5%左右，弃光率低于5%"的目标。2020~2022年弃风、弃光率基本保持稳定，我国平均弃风率为3.2%、平均弃光率为1.7%。

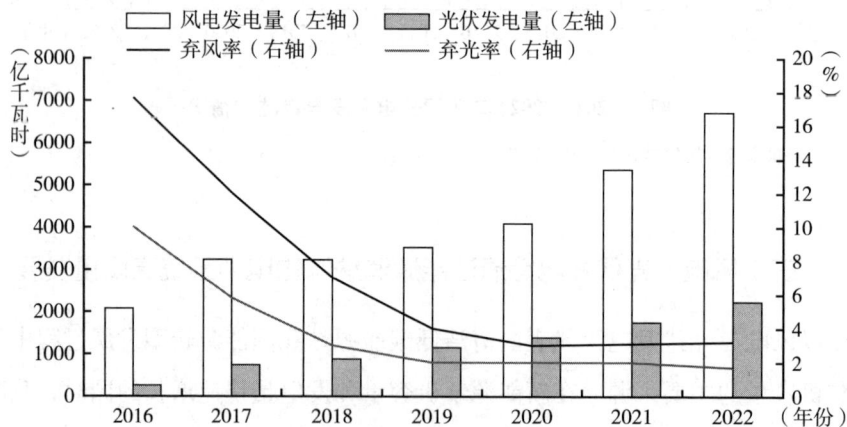

图4 2016~2022年我国风电、光伏发电量及弃风、弃光率

资料来源：国家统计局、全国新能源消纳监测预警中心。

储能技术可以将发电高峰期无法即时消纳的风电、光伏发电暂时存储，而后在用电高峰时段释放。在构建新型电力系统、风光电装机规模不断提升的背景下，储能技术的大规模应用是平抑发电侧波动、保障电网安全，进而提升电力系统可靠性的必由之路。

二　储能技术路线及应用场景

（一）储能技术路线

1. 抽水蓄能

抽水蓄能利用负荷低谷时的电能将水抽至高处，负荷高峰时期再利用水的势能发电，可用于调峰、调频、调相、稳定电压、事故备用等。该技术最为成熟、综合效益高，因此目前装机规模最大。抽水蓄能具备可靠、经济和使用寿命长等特点，是解决新能源发电消纳问题最为成熟的手段，因此是我国最主要的储能方式。可靠性方面，抽水蓄能装机容量大，通常达 GW 级别，且相比其他储能技术可持续放电时间更长、调节范围更广。经济性方面，根据文山电力公司公告引用的数据，抽水蓄能的能源转化效率达 75%~83%、度电成本 0.21~0.25 元/千瓦时，成本优势较为明显，具有较强经济性。寿命周期方面，抽水蓄能设备整体寿命周期可达 40 年，相比其他储能方式优势明显。

由于商业化应用较早、与传统电力系统应用场景的结合程度较高，抽水蓄能在中国和全世界范围内的储能占比都超过 90.0%，但是该占比在逐年下降。中关村储能产业技术联盟数据显示，截至 2022 年底，全球已投运储能项目累计装机容量达到 237.2 吉瓦，同比增长 15.0%，其中抽水蓄能装机容量占比 79.3%，该占比首次降至 80% 以下（见图 5）。

分地区来看，美国抽水蓄能起步较早，20 世纪 70~80 年代建设了大量抽水蓄能电站，装机容量从 1960 年的 0.2 吉瓦增长到 2020 年的 22.9 吉瓦，年复合增速 8.22%。但是随着美国对抽水蓄能电站的环境监管日益严格，项目的审批和建设时间长达 10 年左右，不确定性高，回收周期长，不被投资方看好，2000 年以后几乎没有新电站建成。根据美国能源部列示的储能项目统计，截至 2020 年 12 月，美国投运的抽水蓄能装机容量占累计储能装机容量的 92%。

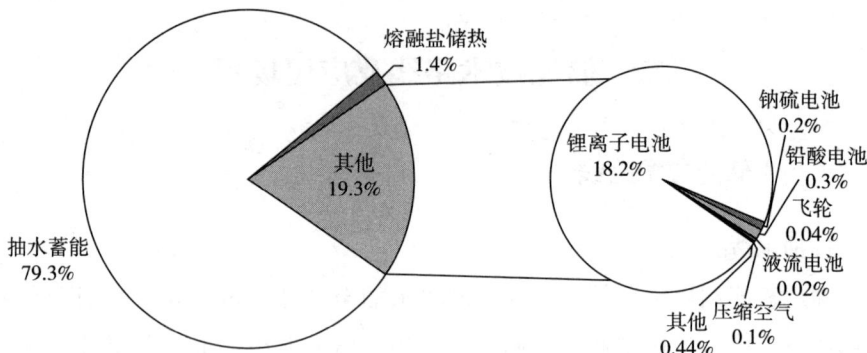

图 5　2022 年全球在运营储能技术路线分布

资料来源：中关村储能技术产业联盟（CNESA）。

　　根据 DataEuropa 统计，截至 2020 年，欧洲抽水蓄能累计装机容量达到 48.38 吉瓦，占欧洲储能市场的 94%。意大利和德国抽水蓄能累计装机容量分别为 7.33 吉瓦和 7.02 吉瓦，分别占欧洲抽水蓄能市场的 15.15% 和 14.51%。此外，奥地利、西班牙、法国、英国抽水蓄能发展也居于前列。根据欧盟的预测，未来抽水蓄能仍会有所增长，到 2050 年德国将拥有最大的抽水蓄能市场，西班牙将紧随其后，成为欧洲第二大抽水蓄能市场。英国、瑞士等也会有较为亮眼的增长。到 2030 年欧洲抽水蓄能将较当前水平增加 15 吉瓦，到 2050 年将增加 50 吉瓦。

　　截至 2022 年底，我国已投运的储能项目累计装机规模达到 59.8 吉瓦，同比增长 38%，装机规模占全球的 25%。其中抽水蓄能的装机规模达到 46.1 吉瓦，占比达到 77.1%，与上年相比下降 9 个百分点。

　　2. 新型储能

　　新型储能是除抽水蓄能以外的新型储能技术，主要包括锂离子电池、液流电池、飞轮、压缩空气等。

　　抽水蓄能虽然技术成熟、容量大，在储能发展早期占据主要地位，但存在几个较为明显的劣势。一是建设受地理位置限制，且面临长距离输电的问题；二是抽水蓄能电站初始投资额大；三是建设周期长，从项目审批到建设完成需 5~10 年的时间；四是响应时间长，与新能源发电消纳的匹配性较差。这些因素使得抽水蓄能难以在短期内扩大装机规模，以满足电力系统对储能的需求，因此近年来在新增的储能市场中以电化学储能为代表的新型储能规模和占比快速提升。2013~2022 年，全球新型储能累计装机规模从 0.7 吉瓦增长至 45.7 吉瓦，年复合增速达到 59.1%；2022 年全球新型储能新增装机规模 20.4 吉瓦，占 2013~2022 年总新增规模的 66%（见图 6）。

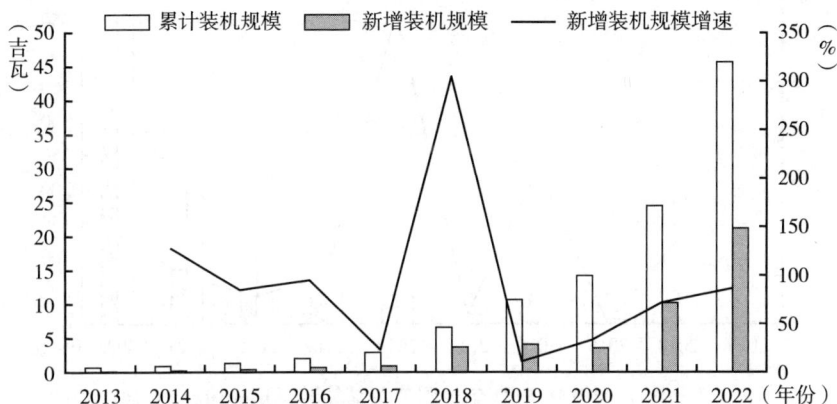

图 6　2013~2022 年全球新型储能装机规模情况

资料来源：中关村储能产业技术联盟（CNESA）。

美国方面，根据 Woodmac 统计，2020 年美国电化学储能新增装机容量 1.1 吉瓦/2.6 吉瓦时，同比增长 207%，累计装机容量 2.7 吉瓦/5.8 吉瓦时。电化学储能主要包括镍基电池、锂离子电池、铅酸电池、钠硫电池、液流电池储能等。其中，镍基电池和铅酸电池较早应用于储能，但受限于其本身性能，正逐渐被替代。根据 EIA 统计，电化学储能占据了目前美国储能新增市场的 90% 以上，其中锂离子电池储能占据电化学储能的 90% 以上。

欧洲方面，根据 EASE 统计，截至 2020 年，欧洲电化学储能累计装机容量达 5.3 吉瓦时，同比增长 45%；新增装机约 3 吉瓦时。就 2020 年欧洲电化学储能新增装机容量来看，德国和英国占据欧洲电化学储能市场的主导地位。根据 BNEF 统计，德国新增装机容量 626 兆瓦/1.1 吉瓦时，同比增加 36%，占据欧洲新增市场的 52%；英国新增装机容量 294

兆瓦/399 吉瓦时，同比下降 29%，占据欧洲新增市场的 24%；意大利、法国等国的电化学储能市场也在快速增长。

中国方面，2013~2022 年，我国新型储能累计装机规模从 0.1 吉瓦增长至 13.1 吉瓦；2022 年新型储能新增装机规模 7.4 吉瓦，在当年储能新增装机规模中的占比达到 45%（见图 7）。

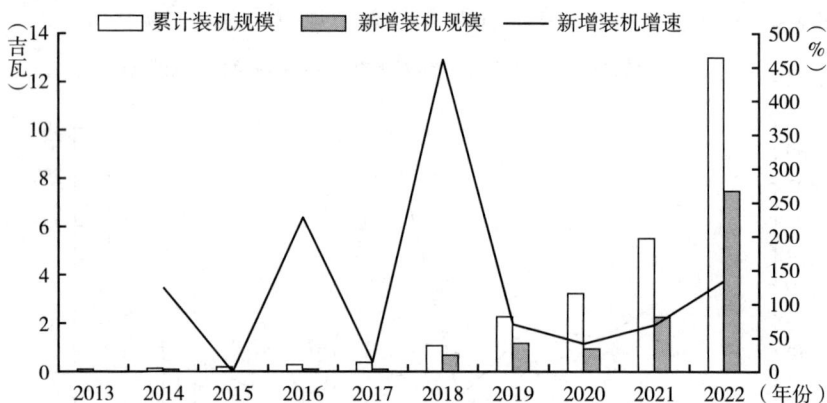

图 7　2013~2022 年中国新型储能装机规模情况

资料来源：中关村储能产业技术联盟（CNESA）。

新型储能技术种类多样，按照储存的能量种类进行分类，主要可以分为机械储能、热储能、电化学储能、电磁储能和氢储能五大类。如表 1 所示，不同的储能技术具有不同的性能特征，适用于不同场景。

表 1　部分新型储能技术的优、劣势及主要应用场景

技术分类	储能方式	优势	劣势	主要应用场景
机械储能	压缩空气	技术成熟 储能容量大	初期投资大 泄漏 安全问题 选址限制	电力系统调峰调频、不间断电源系统
	飞轮储能	储能容量大 无污染 占地面积小 技术成熟	噪音问题 安全问题 单位储能成本高	不间断电源系统

续表

技术分类	储能方式	优势	劣势	主要应用场景
电化学储能	锂离子电池	能量和功率密度高 能量转化效率高 应答时间短	造价相对较高	电力系统储能电站、航空航天、动力电池车、电子设备、微电网等
	铅酸电池	成本低 技术成熟	重金属污染 使用寿命短 能量和功率密度低 维护成本高	通信系统、动力电池车、微电网
	钠硫电池	能量和功率密度高 能量转化效率高	造价相对较高 技术尚不成熟	不常用
	液流电池	循环次数多 能量转换效率高	能量密度低	配合分布式电源、以偏远地区应用为主
	镍氢电池	技术成熟	能量和功率密度低 成本高 NiCd 剧毒	动力电池汽车、电子设备
电磁储能	超级电容器	使用寿命长 能量转换效率高	安全问题 有毒和腐蚀性的原材料	军用领域、不间断供电、轨道交通
	超导储能	使用寿命长 功率密度大 能量转换效率高	成本高 能量密度低 制冷耗能高	不常用

资料来源：何颖源、陈翔中、刘勇等：《储能的度电成本和里程成本分析》,《电工电能新技术》2019 年第 9 期。

根据储能时长,储能技术应用场景可分为容量型、能量型、功率型、备用型。如表 2 所示,抽水蓄能、压缩空气储能、储氢、各类容量型储能电池等储能时长不低于 4 小时,可用于削峰填谷、离网储能等。铅酸电池、磷酸铁锂电池,储能时长在 2 小时以下,可用于调峰调频、平滑出力、紧急备用等。

表 2　储能时长分类

应用场景类型	储能时长	具体应用场景	储能方式
容量型	≥4 小时	削峰填谷、离网储能	抽水蓄能、压缩空气、储热蓄冷、储氢储碳以及各类容量型储能电池（例如钠硫电池、液流电池、铅炭电池、锂浆料电池等）
能量型	1~2 小时	调峰调频和紧急备用等	磷酸铁锂电池
功率型	≤30 分钟	调频、平滑出力	超导储能、飞轮储能、超级电容器和各类功率型电池
备用型	≥15 分钟	提供紧急电力	铅酸电池、梯级利用电池、飞轮储能等

资料来源：何颖源、陈翔中、刘勇等：《储能的度电成本和里程成本分析》，《电工电能新技术》2019 年第 9 期。

从储能系统接入位置来看，储能应用接入位置主要可分为电源侧、电网侧和用户侧。

在电源侧，储能设备主要用于集中式可再生能源并网。可再生能源发电由于自然资源地理分布不均匀、发电高峰时段与用电高峰时段不完全重合，以及日内波动大和不可预测等，对电网的供需匹配带来挑战。而储能设备与可再生能源发电设备的配合可以实现出力稳定，最大限度地减少弃风、弃光。电源侧应用场景主要包括风储、光储、风光储、"储能+常规机组"等。

在电网侧，储能设备可以用于提供电力辅助服务。由于电网接入的发电量和用户负荷的用电量具有瞬时特性，电网处于不断的波动变化中，因此，为了保障电力系统的安全稳定运行，并网发电厂需要提供辅助服务。电网侧主要应用场景包括独立储能、变电站、汇集站、应急电源、移动电源车等。

用电侧包括家庭用户和工商业用户。对于家庭用户而言，其通过安装光伏和储能设备，可以实现自发自用、错峰用电，收益是将多发的电量销售给电网后获得的收益，节约的成本为错峰用电节约的峰谷价差。对于光伏工商业用户而言，经济性体现在用户通过自发自用节约了购电价格，降低了容量成本上。对于非光伏工商业用户而言，其可以利用储能进行峰谷套利。用户侧其他应用场景还包括产业园、EV 充电站、港口岸电等。

根据 CNESA 统计，2022 年我国新增投运的新型储能项目中，按照接入位置，占比从高到低依次为电源侧 41%、电网侧 35%、用户侧 24%。

三　储能行业发展中的问题

（一）新型储能商业模式不完善

目前，我国新型储能项目主要服务类型可分为集中式可再生能源并网、提供电力辅助服务、用户能源管理等，其中提供电力辅助服务的比例相对较大。

为了适应新型电力系统的需要，建立源网荷储协同互动的电网调度模式，我国鼓励储能设备、需求侧资源参与提供电力辅助服务。如华北能监局 2020 年 11 月 11 日印发了《第三方独立主体参与华北电力调峰辅助服务市场规则（试行，2020 版）》，明确运用市场机制激励第三方独立主体提供调峰资源，充分挖掘包括分布式储能、电动汽车（充电桩、充换电站）、电采暖、虚拟电厂（可控负荷）等负荷侧调节资源以及发电侧储能在内的第三方独立主体的调峰潜力。

新型储能市场地位得到进一步明确。2021 年，根据《电力并网运行管理规定》《电力辅助服务管理办法》（下文简称"新版'两个细则'"）的规定，电力辅助服务提供主体包括火电、水电、核电、风电、光伏发电、抽水蓄能、新型储能等以及能够响应调度指令的用户可调节负荷（包括通过聚合商、虚拟电厂等形式聚合的可调节负荷）等并网主体。新型储能和能够响应调度指令的用户可调节负荷被作为市场主体列入政策，政策积极推进新型储能、聚合商、虚拟电厂等参与提供电力辅助服务。

2022 年 1 月，国家发展改革委、国家能源局印发《"十四五"新型储能发展实施方案》，要求以市场为主导，有序发展新型储能。明确新型储能独立的市场地位，充分发挥市场在资源配置中的决定性作用，更好发挥政府作用，完善市场化交易机制，丰富新型储能参与交易的品种，健全配套市场规则和监督规范，推动新型储能有序发展。

新型储能由于灵活性高、响应速度快、环境资源约束小、技术进步空间大、与新能源协同效应高，近年来发展迅速。目前我国参与提供电力辅助服务的机组以火电和抽水蓄能为主。为了实现碳达峰、碳中和的目标，火电机组面临转型压力。新型储能与火电相比，碳排放低，更加清洁，响应时间更短，调节方式更灵活。抽水蓄能是比较优质的灵活性资源，但抽水蓄能受到地理条件的限制，装机规模增长有限。因此，未来增长的电力辅助服务需求将有很大一部分由新型储能来满足。但目前我国电力辅助服务市场尚不成熟，新型储能项目参与提供电力辅助服务仍存在一定困难。

1. 电力辅助服务市场化不足

电力辅助服务可以被看作对于发电权的交易。以调峰为例，调峰可以被看成调峰能力弱或调峰意愿不足的发电企业向调峰能力强且愿意提供更多辅助服务的发电企业购买发电权。目前我国的电力辅助服务市场的主体是发电企业，但电力辅助服务效果取决于电网的安全性、稳定性，电力辅助服务效果好，整个系统内的发电企业、电网企业和电力用户都会受益。

目前，我国的电力辅助服务市场以省网为单位，由各省份制定相关的市场交易规则，因此不同的区域规则略有差异。电力辅助服务市场采取补偿机制，新版"两个细则"对补偿的内容进行了规定。对于有偿电力辅助服务可通过固定补偿方式和市场化方式提供补偿，在通过固定补偿方式提供补偿时应综合考虑电力辅助服务成本、性能表现及合理收益等因素，根据"补偿成本、合理收益"的原则确定补偿力度；按市场化方式提供补偿应遵循通过市场竞争形成价格的原则。根据电力辅助服务的种类和性能，制定差异化的补偿标准，可以真正体现不同电力辅助服务的效果和价值的差异。

2. 补偿成本分摊不合理

目前我国的电力辅助服务由发电侧提供，主要是火电厂，其次是水电厂。根据国家能源局公布的数据，2019年上半年，电力辅助服务市场补偿费用共130.31亿元，占上网电费总额的1.47%。其中，火电机组的补偿费用占比为94.98%，水电机组占比为3.42%（见图8）。

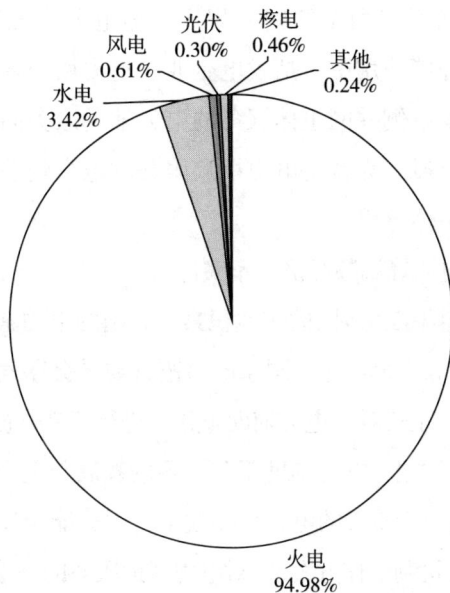

图 8　2019 年上半年各类型机组电力辅助服务补偿费用占比

资料来源：国家能源局。

电力辅助服务的付费方，即成本分摊的参与方，在新版"两个细则"发布前，主要是发电机组。根据国家能源局公布的数据，2019 年上半年，电力辅助服务补偿费用主要来自发电机组分摊费用，合计 114.29 亿元，占比为 87.71%。跨省区（网外）电力辅助服务补偿分摊费用合计 0.36 亿元，新机差额资金 0.79 亿元，考核等其他费用 14.87 亿元，无分摊减免费用。这意味着，发电厂"既出力（承担辅助服务的责任）又出钱（分担辅助服务补偿费用）"，市场化程度较低。

然而，由发电机组单向承担的成本分摊方式不尽合理。一方面，电力辅助服务使得整个电力系统受益，原则上引发的成本应当由整个电力系统承担；另一方面，对于调度机构调用电力辅助服务的效率没有进行量化，对其成本和定价没有具体的核算方式。

我国电力辅助服务市场成本分担机制正走向合理化。按照"谁提供，谁获利；谁受益，谁承担"的原则，逐步建立电力用户参与的电力辅助服务分担共享机制。新版"两个细则"规定，为电力系统运行整体服务的电力辅助服务品种，补偿费用由包括发电企业、电力用户在内的所有并网主体共同分摊。为特定发电侧并网主体服务的电力辅助服务品种，补偿费用由相关发电侧并网主体分摊。为特定电力用户服务的电力辅助服务品种，补偿费用由相关电力用户主体分摊。

3. 储能项目参与调峰调频经济性不突出

相比欧美等发达国家和地区的实践积累，我国的电力辅助服务市场启动相对较晚，市场化程度低。2006年，国家电力监管委员会印发《并网发电厂辅助服务管理暂行办法》，正式对"电力辅助服务"进行定义，被认为是电力辅助服务市场在我国发展的开端，电力辅助服务市场的发展与电力市场化改革密切相关。2017年，为了适应新阶段的电力市场改革，国家能源局发布《完善电力辅助服务补偿（市场）机制工作方案》，对电力辅助服务的补偿机制做出了规定。

根据国家能源局对电力辅助服务有关情况的通报，2019年上半年全国电力辅助服务补偿费用总计130.31亿元。其中，调峰补偿费用总额50.09亿元，占总补偿费用的38.44%；调频补偿费用总额27.01亿元，占比20.73%；备用补偿费用总额47.41亿元，占比36.38%；调压补偿费用5.51亿元，占比4.23%；其他补偿费用0.29亿元，占比0.22%（见图9）。

目前，我国电力辅助服务市场的重要应用场景是调峰和调频。

新版"两个细则"将新型储能作为独立市场主体提出。各省份出台了配套政策，支持储能参与调峰、调频辅助服务市场。

调峰政策，如《江西省电力辅助服务市场运营规则（试行）》提出，在发电企业计量关口内建设的储能设施，作为电厂储能设备改善机组调频调峰等发电性能的手段之一，可与机组联合参与调峰辅助服务交易；鼓励独立储能设施企业参与电力调峰辅助服务市场。根据火电调峰报价，最低档不超过0.2元/千瓦时，最高档不超过0.6元/千瓦时。

调频政策，如《福建省电力调峰辅助服务交易规则（试行）（2020年修订版）》提出，鼓励储能设备、电站等以第三方提供调频辅助服务，暂定储能设备、储能电站容量不少于10兆瓦，并参照常规机组标准参与调频市场。对于提

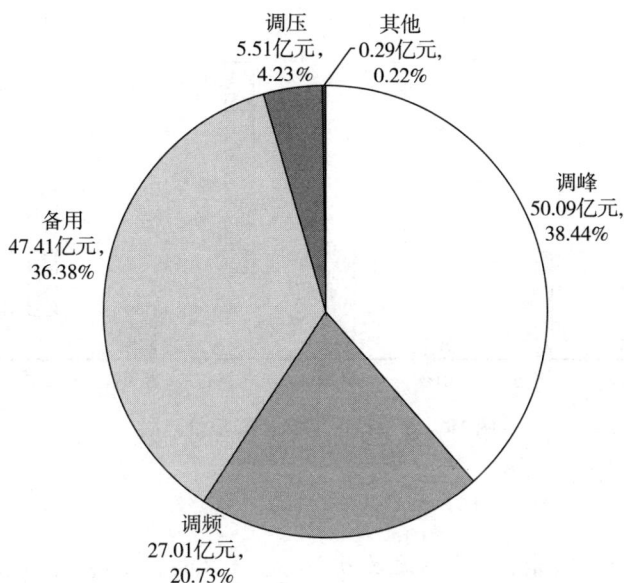

图9　2019年上半年电力辅助服务补偿费用构成

资料来源：国家能源局。

供调频服务的市场主体，采用"容量补偿+里程补偿"的方式进行补偿，参与调频市场的报价上限由 8 元/兆瓦提升至 12 元/兆瓦，下限为 0.1 元/兆瓦。

从成本角度来看，调频和调峰服务成本可分别由里程成本（储能电站总投资/储能电站总调频里程）和度电成本（储能电站总投资/储能电站总处理电量）来反映。储能电站的成本主要包括储能系统成本、功率转换成本、土建成本、运维成本、电站残值和其他成本等类别。根据一些学者的研究结果，锂电储能在调频服务上已经具备经济性，里程成本为 6.34~9.08元/兆瓦；而在调峰服务上，锂电储能的度电成本为 0.62~0.82 元/千瓦时，是抽水蓄能的 3~4 倍，目前经济性竞争力较弱。但是考虑到抽水储能的环境限制，以及新型储能未来的降本空间，新型储能在调峰服务上的竞争力仍有很大提升空间。

为应对大规模储能进入市场的需求，各地政府纷纷出台或调整补偿报价范围（见图 10），一方面规范市场化进程，另一方面降低资金使用的风险。

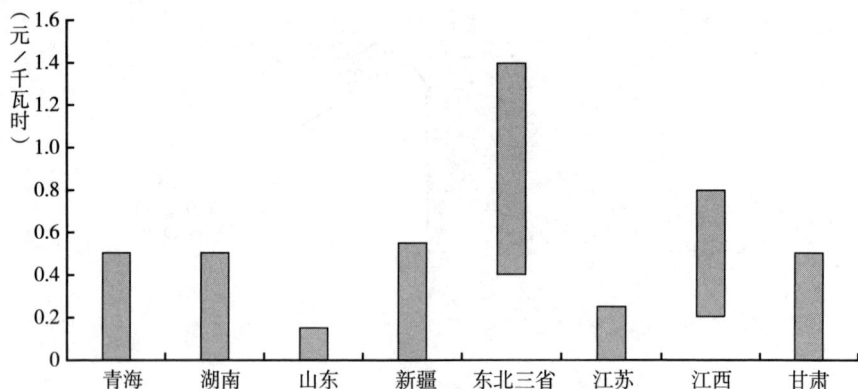

图 10　部分地区调峰补偿报价范围

资料来源：笔者整理。

根据测算，储能的度电成本约 0.74 元/千瓦时，从现在的调峰补偿报价范围看，大都偏低，因此储能用于调峰的经济性有待储能成本进一步下降后逐步显现。

电网调频的关键参数之一是调频里程，在考虑储能参与调频服务的经济性时，需要计算里程成本和里程收益。调频里程指一段时间内调频功率范围变化的大小，反映了机组调频的任务量。能够取得补偿的调频为二次调频，由机组跟随 AGV 指令平抑电能供需偏差。由于目前我国的电力辅助市场尚不完善，各地对于调频补偿的政策略有差别。

从各地区电力辅助服务市场的相关政策看，各地区目前给出的储能调频里程价格已经可以覆盖里程成本（见图 11）。因此，储能调频已经具备经济性，但是储能的里程成本以及补贴标准会影响储能参与调频的经济性，国内储能电站和电力市场仍需要探索具备更强赢利能力的商业模式。

（二）强制配储使新能源项目经济性下降

1. 新能源项目配储走向强制

2021 年 2 月 25 日，国家发展改革委、国家能源局两部门联合出台了《关于推进电力源网荷储一体化和多能互补发展的指导意见》，其中明确提

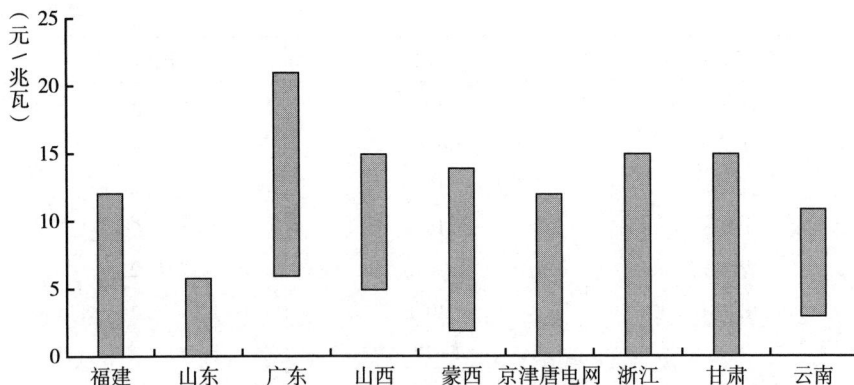

图 11　部分地区储能调频里程价格

资料来源：笔者整理。

出对于存量新能源项目，结合新能源特性、受端系统消纳空间，研究论证增加储能设施的必要性和可行性。对于增量风光储一体化，优化配套储能规模，充分发挥配套储能调峰、调频作用，最小化风光储综合发电成本，提升综合竞争力。在中央政策指导下，多省（区、市）已经出台相关政策，使得配置储能成为光伏电站并网的前提条件之一（见表3）。

表 3　部分省（区、市）政策要求的新能源配储比例及时长

单位：%，小时

省（区、市）	配储比例	配储时长
福建	10	
甘肃	5~20	2
广西	15~20	2
贵州	10	
海南	10	
河北	10~20	3
河南	10~20	2
湖南	5~10	2
江苏	8~10	2

续表

省(区、市)	配储比例	配储时长
江西	10	1
辽宁	10~15	4
内蒙古	15	2
宁夏	10	2
青海	10	2
山东	10	2
山西	5~10	
陕西	10~20	2
天津	10~20	
新疆	10	

资料来源：笔者整理。

对于光伏电站运营商而言，在建设电站时，同步配置一定比例的储能设施，有助于解决光伏发电存在的不稳定问题，提高消纳能力，但同时也使得光伏发电项目的经济性有所下降。

2. 配储使新能源项目经济性下降

以"光伏+储能"为例，按照光伏储能配比 10%，储能时长 2 小时计算，5 兆瓦的光伏设备配备容量为 1 兆瓦时的储能设备，储能设备总价为140 万元，按照每年运维费用为储能设备总价的 1%、储能设备寿命 10 年计算，总运维费用为 14 万元。假设光伏设备年均有效工作时长 1400 小时，则 10 年总计发电量为 70 千瓦时。将储能成本平摊至光伏发电的度数上，计算得到对应储能设备度电成本为 0.022 元/千瓦时。国内目前集中式光伏发电站的度电成本为 0.3 元/千瓦时，配备储能设备后的度电成本约为 0.322 元/千瓦时。考虑到未来配比逐步上升的趋势，进一步进行敏感性分析，计算不同配比和储能时长要求下的度电成本，结果如表 4所示。

表4 集中式光伏发电储能配比敏感性分析

单位：元/千瓦时

储能时长	储能配比						
（小时）	10%	20%	30%	40%	50%	60%	70%
1	0.311	0.322	0.333	0.344	0.355	0.366	0.377
2	0.322	0.344	0.366	0.388	0.41	0.432	0.454
3	0.333	0.366	0.399	0.432	0.465	0.498	0.531
4	0.344	0.388	0.432	0.476	0.52	0.564	0.608

资料来源：东方证券研究所。

　　假设储能设备度电补贴0.1元、1兆瓦时储能设备总价140万元，储能系统一年工作280天，计算光伏电站加装储能设备后每年的收益和投资回收期。从计算结果可以看到，发电侧储能项目的投资回报率提高需要依赖储能成本的降低。进一步针对上述变量做敏感性分析，如表5所示，电价在0.3元/千瓦时以上，设备成本降至100万元/兆瓦时以下，"光伏+储能"项目才具备明显的经济性。随着配储比例及储能时长要求的提高，光伏项目的经济性下降。

表5 光伏经济测算敏感性分析（投资回收期）

单位：年

设备投资	电价(元/千瓦时)				
（万元/兆瓦时）	0.3	0.5	0.7	0.9	1.1
140	12.0	7.2	5.1	4.0	3.3
135	11.5	6.9	4.9	3.8	3.1
130	11.1	6.7	4.8	3.7	3.0
125	10.7	6.4	4.6	3.6	2.9
120	10.2	6.1	4.4	3.4	2.8
110	9.4	5.6	4.0	3.1	2.6
100	8.5	5.1	3.7	2.8	2.3
90	7.7	4.6	3.3	2.6	2.1
80	6.8	4.1	2.9	2.3	1.9

资料来源：东方证券研究所。

四 储能行业"十四五"期间发展规划

《"十四五"新型储能发展实施方案》提出，到2025年新型储能由商业化初期步入规模化发展阶段，具备大规模商业化应用条件。新型储能技术创新能力显著提高，核心技术装备自主可控水平大幅提升，标准体系基本完善，产业体系日趋完备，市场环境和商业模式基本成熟。"十四五"时期将是储能行业由商业化初期向规模化发展转变的关键时期。过去两年，青海、甘肃、山西、山东等23个省（区、市）发布了"十四五"期间的储能装机目标。如表6所示，到2025年，23个省（区、市）储能装机目标合计达到62.85吉瓦，装机目标的确定有利于调动政府及投资方积极性。

表6 23个省（区、市）"十四五"储能装机目标

单位：吉瓦

省（区、市）	相关政策	目标
青海	《青海省碳达峰实施方案》	6
甘肃	《甘肃省"十四五"能源发展规划》	6
山西	《"十四五"新型储能发展实施方案》	6
山东	《山东省新型储能工程发展行动方案》《山东省碳达峰实施方案》	5
宁夏	《宁夏回族自治区可再生能源发展"十四五"规划》	5
内蒙古	《内蒙古自治区碳达峰实施方案》	5
河北	《河北省"十四五"新型储能发展规划》	4
浙江	《浙江省"十四五"新型储能发展规划》	3
安徽	《安徽省新型储能发展规划（2022-2025年）》《安徽省能源发展"十四五"规划》	3
江苏	《江苏省"十四五"新型储能发展实施方案》	2.6
河南	《河南省"十四五"新型储能实施方案》	2.2

续表

省（区、市）	相关政策	目标
广东	《广东省能源发展"十四五"规划》	2
湖北	《湖北省能源发展"十四五"规划》	2
四川	《四川省电源电网发展规划（2022-2025年）》	2
湖南	《湖南省电力支撑能力提升行动方案（2022—2025年）》	2
广西	《广西能源发展"十四五"规划》 《广西可再生能源发展"十四五"规划》	2
贵州	《贵州省能源领域碳达峰实施方案》	1
江西	《江西省碳达峰实施方案》	1
辽宁	《辽宁省"十四五"能源发展规划》	1
北京	《北京市碳达峰实施方案》	0.7
福建	《福建省推进绿色经济发展行动计划（2022-2025）》	0.6
天津	《天津市碳达峰实施方案》	0.5
吉林	《吉林省新能源产业高质量发展战略规划（2022—2030年）》	0.25
合计		62.85

资料来源：笔者整理。

五　相关发展建议

完善新型储能技术标准体系。技术标准是产业化的基础，也是影响储能产业健康发展的重要因素。健全的技术标准有利于储能产业实现规模化发展，进一步降低产业链成本。目前全球新型储能产业的发展仍处于相对早期阶段，相关技术标准数量较少。应加快建设储能技术标准体系。标准体系建设可分层次、分阶段进行。首先推动先进企业技术标准的形成，而后不断深化和调整形成团体标准、行业标准，进而形成国家标准，最后积极参与相关国际标准的制定，将中国的储能技术及相关示范项目的应用成果转化为国际标准，为我国储能产业发展争取更多的国际话语权。

完善辅助服务市场价格机制。辅助服务市场的价格机制是影响储能产业发展的重要因素。目前储能产业的成本依旧较高,建议科学完善峰谷电价政策,适当拉大峰谷电价差,理顺储能项目盈利模式。推动储能电价政策的制定与实施,通过市场化手段充分释放新型储能所具备的容量、电量双重价值,疏导储能产业成本,引导相关企业参与电力辅助服务市场,增强电力系统弹性,促进电力系统的持续高质量发展。

优化新能源项目配储方式,提高储能系统的利用水平。"一刀切"的配储政策提高了新能源项目的成本以及运营不确定性。建议结合地方资源禀赋、新能源消纳情况、电源结构、用电负荷特征等合理设定配储规模和时长。通过独立储能和共享储能相结合的方式统筹新能源项目,合理分摊储能建设运营成本。

建立新型储能技术示范项目的后评价机制。一般需要3~5年时间才可有效验证新型储能技术示范项目的技术可靠性。示范项目的后评价机制有利于对不同的新型储能技术示范项目的开发、应用进行及时的判断、分析和反馈,并对技术发展以及项目运营过程中出现的问题进行研究和改善。通过项目的后评价机制了解项目的运行效果、问题和潜在提升空间,寻找适合我国国情的新型储能技术以及项目开发运营模式。

参考文献

［1］ Wei Wu, Boqiang Lin, "Application Value of Energy Storage in Power Grid: A Special Case of China Electricity Market", *Energy*, 165（B）, 2018.

［2］ Yuru Guan, Yuli Shan and Qi Huang, "Assessment to China's Recent Emission Pattern Shifts", *Earth's Future*, 2021.

［3］ 保伟中、王一依、唐志军等:《储能电站盈利模式及运营策略优化研究》,《电气技术与经济》2022年第5期。

［4］ 亢亚军:《储能技术在新能源电力系统中的应用》,《科技创新与应用》2022年第28期。

［5］ 杨少波、尹瑞、李铁成等:《大规模储能电站盈利模式及经济效益分析》,《河北电力技术》2020年第39期。

［6］ 龚一平、王晨晖、修晓青等:《大规模储能技术及多功能应用研究综述》,《供

用电》2023年第2期。

［7］ 林毅、林威、吴威等：《电化学储能和抽水蓄能电站参与多市场联合运行价值分析》，《中国电力》2023年第7期。

［8］ 李敬如、万志伟、宋毅等：《国外新型储能政策研究及对中国储能发展的启示》，《中国电力》2022年第12期。

［9］ 谭勇林：《新能源电力系统中的储能技术分析》，《新能源电网建设》2022年第11期。

［10］ 刘大正、崔咏梅、赵飞等：《新型储能商业化运行模式分析与发展建议》，《分布式能源》2022年第5期。

［11］ 任畅翔、刘娇、谭杰仁：《源网荷侧新型储能商业模式及成本回收机制研究》，《南方能源建设》2022年第4期。

［12］ 孙伟卿、王思成、刘宇宸：《支撑新型电力系统的储能技术综述与政策解读》，《自动化仪表》2022年第12期。

专题篇
Special Reports

B.11
"一带一路"能源合作的现状、前景与挑战

田慧芳[*]

摘　要： 当前世界正处于百年未有之大变局，全球经济增长放缓、大国博
弈加剧、地缘紧张局势升级以及应对气候变化的挑战，使得全球
能源安全和能源市场的不稳定性、不确定性明显增加，也给中国
"一带一路"能源合作带来多重挑战。自 2013 年以来，中国秉
持"共商共建共享"原则，同各国不断深化"一带一路"框架
下的能源合作，一大批标志性项目顺利落地，能源合作取得了良
好的经济效益和社会效益。从现有规划看，未来的能源合作将朝
着更加机制化、规范化、绿色化和灵活化的方向发展。但要推动
更高质量的"一带一路"能源合作，中国还需要做好几方面的
工作：实现与亚非拉国家间更加务实的政策沟通与协调，创造稳

---
* 田慧芳，博士，中国社会科学院世界经济与政治研究所国际大宗商品研究室副主任，副研究
　员，主要研究方向为能源、气候变化与国际贸易、CGE 建模及应用、新兴市场。

定的合作预期；考虑在"一带一路"能源合作伙伴关系框架下建立更加专业化的能源工作机制，促进"一带一路"绿色能源产品与服务的贸易投资便利化，推动信息交流与共享；搭建"一带一路"能源金融合作框架，探索构建独立于美元的双边或多边结算机制的可能性，同时推进"一带一路"能源金融市场的建设，拓展资金来源渠道，创新合作模式；鼓励企业强化 ESG 理念，建立风险防范机制。

关键词： "一带一路" 能源合作 能源转型 绿色能源

当前一方面，受世界经济增长放缓、全球贸易摩擦、地缘政治等因素影响，全球能源安全和能源市场不稳定性、不确定性明显增加；另一方面，气候变化加速了全球能源转型进程，但能源发展的稳定性和可持续性面临严峻挑战。能源领域是"一带一路"建设的重点领域，持续深化合作，解决共建"一带一路"国家能源发展面临的问题变得日益迫切。

一 "一带一路"能源合作的现状

（一）能源贸易现状

1. 能源运输通道

在"一带一路"倡议框架下，中国跨国、跨区域能源基础设施联通建设取得了长足进步。如表 1 所示，油气方面已经完成中俄、中缅、中国—中亚、中巴等一批标志性管道建设，建成覆盖中东、中亚—俄罗斯、非洲、美洲和亚太五大区域的合作网络，形成传统的海上进口通道及西北、东北、西南三大陆地油气进口通道。电力方面也与近邻国家（包括俄罗斯、蒙古国、越南、老挝、缅甸等）实现了部分互联。

表1 中国油气进口运输通道建设情况

主要通道	运行情况
海上进口通道	包括中东航线、非洲航线、南美航线。除南美航线，其他都要过马六甲海峡。LNG 进口必须由海路运输。2017 年后 LNG 进口量超过管道气进口量
中哈原油管道	我国第一条陆路原油进口通道，运输能力 2000 万吨/年。2006 年 5 月投入运行，截至 2019 年底累计向我国输送原油达 1.3 亿吨
中俄原油管道	2011 年 1 月中俄东线原油管道正式投入运行，从黑龙江省漠河县进入中国。西线工程从我国新疆北部入境，之后再与西气东输工程相连
中国—中亚天然气管道	经土库曼斯坦、乌兹别克斯坦、哈萨克斯坦到中国，是世界上最长的天然气管道，全长超过 1 万公里，运输能力 300 亿米³/年
中缅油气管道	中国第四大能源进口通道，从西南地区输送到中国。天然气管道于 2013 年投产运行，运输能力 120 亿米³/年，至 2019 年累计向中国输气 3000 亿立方米；原油管道在 2017 年正式投产运行，运输能力为 2200 万吨/年
中巴油气管道	依托中巴经济走廊，通过瓜达尔港由陆路进入新疆喀什
中俄东线天然气管道北段	2019 年 12 月 2 日正式通气，至 2022 年 10 月底，累计向中国供气突破 270 亿立方米

资料来源："一带一路"能源合作网。

2. 能源进出口

中国是能源净进口国，原油和天然气的对外依存度分别接近 70% 和 40%。根据国家统计局的数据，2022 年中国进口的原油和天然气分别超过 5 亿吨和 1 亿吨，天然气进口中，LNG 的进口量达到 6344 万吨。从进口趋势看，2015～2019 年中国原油、天然气和煤炭的进口量均保持了上升趋势。2020～2021 年受疫情和原油成本的大幅走高影响，原油进口量大幅下降，但天然气和煤炭进口量保持了增加态势。特别是 2021 年，由于国内煤炭市场供需关系紧张，煤炭进口量上涨显著（见图1）。2022 年乌克兰危机引发全球能源价格飙升，再加上印度尼西亚颁布煤炭出口禁令，中国煤及褐煤进口量同比减少了 9.2%，原油进口量同比下降 0.9%，天然气进口量同比下降 9.9%。

从能源进口结构看，原油进口额占到所有化石能源进口额的 73.30%，液态天然气（LNG）占到 10.50%，煤炭中主要进口的是动力煤和炼焦煤（见表2）。在中国减少对煤炭依赖的过程中，天然气是重要的过渡性能源，

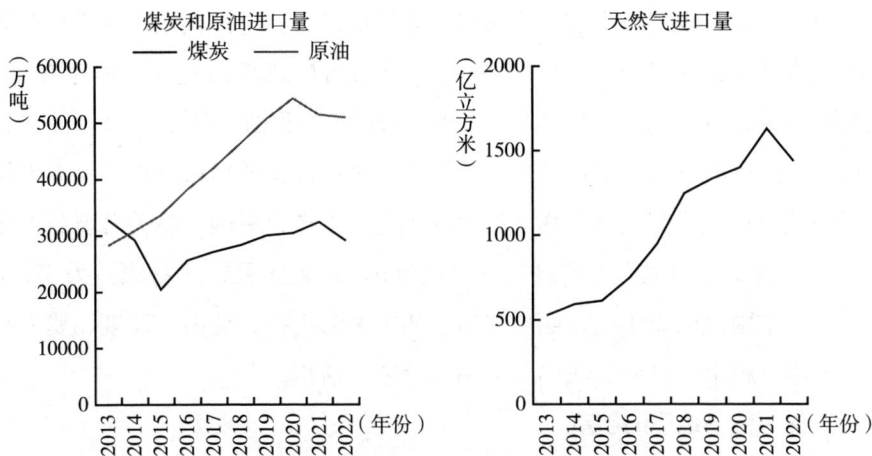

图 1　2013～2022 年中国煤炭、原油、天然气进口情况

资料来源：国家统计局、中国海关。

是中国需求量增长最快的化石燃料。从能源进口来源地看，2022 年中国主要的原油来源地是沙特阿拉伯、俄罗斯、伊拉克、阿联酋、阿曼、科威特、马来西亚、安哥拉、巴西和哥伦比亚。2022 年中国从澳大利亚进口的 LNG 总量虽然位列第一，但比重明显下滑，卡塔尔上升至第二位，俄罗斯则由 2021 年的第六位上升至 2022 年的第四位。中国的煤炭主要进口来源国仍然是印度尼西亚、俄罗斯和蒙古国。

表 2　2022 年中国化石能源进口额及分布

类别	产品	金额（亿元）	占比（%）	合并金额（亿元）	合并占比（%）
石油类	原油	24350.1	73.30	25658.8	77.24
	成品油	1308.7	3.94		
天然气类	气态天然气	1194.5	3.60	4682.9	14.10
	液态天然气	3488.4	10.50		
煤炭类	动力煤	1855.1	5.58	2877.5	8.66
	炼焦煤	1008.2	3.03		
	焦炭	14.2	0.04		

资料来源：国家统计局。

出口方面，表现突出的是光伏组件和风电设备。中国机电产品进出口商会的报告显示，2022年，中国主要光伏产品出口总额超过了500亿美元，增幅高达80.3%。荷兰、巴西、西班牙是2022年我国光伏组件出口前三大市场。中国风电设备出口规模也快速增长。风电设备的出口规模近年来也保持了高速增长，目前全球市场上约六成风电设备产自中国。海关总署数据显示，2022年，中国风电设备进出口总额为37.62亿美元，贸易顺差为37.03亿美元。中国风电设备出口额位居前十的国家为德国、英国、印度、澳大利亚、日本、越南、巴西、法国、美国和哈萨克斯坦。

3.能源贸易结算的创新

近年来人民币国际化程度日益提升。根据商务部的最新数据，2022年跨境人民币货物贸易结算金额同比增长37.3%，达到7.92万亿元。2023年1月，商务部和中国人民银行联合印发《关于进一步支持外经贸企业扩大人民币跨境使用 促进贸易投资便利化的通知》，提出九项针对性举措，鼓励依托自贸试验区和自由贸易港、境外经贸合作区等开放平台，支持外经贸企业扩大人民币跨境使用，银行创新跨境人民币金融产品，更好满足外经贸企业交易结算、投融资、风险管理等市场需求。

俄乌冲突之后，随着美元结算体系风险的提高，部分国家采用人民币结算石油贸易的意愿大幅上升，特别是来自上海合作组织、"OPEC+"的国家。2023年3月28日，中国与阿联酋的首单以人民币为结算货币的约6.5万吨LNG采购业务在上海石油天然气交易中心平台完成。可以预见，未来全球能源贸易中人民币贸易的份额将稳步上升。

（二）能源投资现状

1.区域投资格局

中国与共建"一带一路"国家已经初步形成三个层次的能源产业合作格局。

第一，与全球油气资源核心地带国家和地区形成油气全产业链合作。油气合作在"一带一路"合作中具有先行地位和基础作用。石油投资集中在东南亚、南亚、拉美和中东地区，天然气项目集中在东南亚、欧洲、中亚、非洲和东亚地区。以中石油、中石化和中海油为代表的国企是早期"一带一路"能源合作的主力军，三者在 20 多个国家开展了 60 多个能源项目和油气合作项目，业务涵盖油气勘探开发、炼化投资、工程技术服务、地热开发、管道输送和油气贸易等。中国企业还以重点港口为抓手，承建海外港口项目或与港口所在国合作建设港口。此外，中国企业还加大了对共建"一带一路"国家的电力和新能源投资力度，承建了一大批火电站、水电站、核电站、新能源以及电网项目，其中水电和新能源发电成为近来投资的最大亮点（见表3）。

表 3　中国企业在非洲、美洲、中亚、中东等地区拟建的能源电力项目

地区	项目名称	建设周期	参与方式	行业/类型
非洲	纳米比亚鑫丰锂矿重介选矿厂建设项目	2023~2024 年	投资	能源矿产/金属矿
	刚果(金)金塞维尔铜矿扩建项目（KEP 项目）选矿厂	2023~2024 年	勘察设计	能源矿产/金属矿
	安哥拉 tetelo 铜矿项目	2022~2023 年	施工总承包	能源矿产/金属矿
	尼日利亚液化天然气 T7 项目 LNG 码头新建工程	2022~2025 年	施工总承包	能源矿产/天然气
	赞比亚孔科拉铜矿 4 号竖井建设及采矿工程	2023~2025 年	EPC	能源矿产/辅助工程
	东非厄立特里亚阿斯马拉铜金多金属矿项目	2023~2024 年	勘察设计	能源矿产/金属矿
	津巴布韦比基塔矿山 SQI6 露天采剥项目	2022~2025 年	施工总承包	能源矿产/辅助工程
	津巴布韦旺吉电厂三期扩建项目	2018~2021 年	EPC	电力/火电
	莫桑比克马坦博变电站升级及扩建项目	2021~2022 年	施工总承包	电力/电网
	莫桑比克尼佩佩 110kV 输电线路项目	2022~2025 年	施工总承包	电力/电网
	埃塞 geda 特别经济开发区 230kV 输电线路项目	2023~2024 年	EPC	电力/电网
	加蓬金吉利水电站项目	2020~2025 年	EPC	电力/水电
	卢旺达那巴龙格河二号水电站项目（援建）	2020~2024 年	EPC/援建	电力/水电
	乌干达卡鲁玛水电站项目	2016~2021 年	EPC	电力/水电
	几内亚阿玛利亚水电站项目	2019~2023 年	BOT	电力/水电
	坦桑尼亚鲁富吉水电站项目	2019~2023 年	EPC	电力/水电
	赞比亚下凯富峡 5×150MW 水电站项目	2015~2021 年	EPC	电力/水电
	科特迪瓦格西波波波里水电站项目	2020~2023 年	EPC	电力/水电

地区	项目名称	建设周期	参与方式	行业/类型
非洲	南非红石(redstone)100MW 熔盐塔式光热电站项目	2019~2024 年	EPC	电力/新能源发电
	尼日利亚星中源自备 150MW 光伏电站项目	2023~2024 年	EPC	电力/新能源发电
	津巴布韦 1GW 漂浮光伏项目	2023~2024 年	投资	电力/新能源发电
	津巴布韦尼亚比拉太阳能发电项目	2022~2025 年	施工总承包	电力/新能源发电
	津巴布韦 100MW 光伏电站项目	2023~2024 年	EPC	电力/新能源发电
美洲	圭亚那奥若拉金矿项目	2020~2025 年	施工安装	能源矿产
	智利 500 千伏输变电项目	2020~2021 年	施工总承包	电力/电网
	巴拿马边境 230kV 输电线路新建项目	2023~2024 年	EPC	电力/电网
	秘鲁圣加旺水电站项目	2019~2020 年	EPC	电力/水电(污水处理)
	哥伦比亚大型地面跟踪项目	2023~2024 年	施工安装	电力/新能源发电
	墨西哥图利普 235MW 风电项目	2023~2024 年	EPC	电力/新能源发电
中亚、中东等地区	俄罗斯"光伏+储能"清洁供暖项目	2023~2024 年	施工总承包	电力/新能源发电
	塔吉克斯坦努列克水电站技改项目	2020~2022 年	EPC	电力/水电
	波黑优乐高(ulog)水电站项目	2020~2023 年	EPC	电力/水电
	乌兹别克斯坦吉扎克州风电项目	2023~2024 年	EPC	电力/新能源发电
	沙特 wad 光伏项目	2023~2024 年	EPC	电力/新能源发电
	阿曼 Manah Solar 二期 IPP 项目	2023~2024 年	施工总承包	电力/新能源发电

资料来源:中国拟在建项目网(http://www.bhi.com.cn)。

第二,与东盟、南亚地区建设跨境输电通道及开展区域电网升级改造合作,并加大了清洁能源领域的合作。中国与东盟、南亚国家重点建设了中巴经济走廊、孟中印缅经济走廊、中国—中南半岛经济走廊等。东盟更是"一带一路"的先行区和试验区,中国企业积极参与了东南亚和南亚国家的能源电力基础设施建设,已经是东盟国家能源装备和建设、设计、管理、技术的最主要进口来源地。以中巴经济走廊为例,能源领域是中巴经济走廊合作投入最大、进展最快、成果最显著的领域之一。中巴经济走廊的主要能源项目及进展如表4所示,已建成的能源电力项目不仅解决了巴基斯坦的电力短缺问题,还帮助巴基斯坦优化能源结构、降低发电成本、增加就业和改善民生,有力推动了当地经济的可持续发展。

表 4　截至 2022 年底中巴经济走廊的主要能源项目及进展

项目类型	项目名称	进度更新
完工项目	1320MW 萨希瓦尔燃煤电厂	2017 年 10 月 28 日竣工。当前状态：正常运行。
	卡拉奇卡西姆港 1320 兆瓦燃煤电厂	项目于 2018 年 4 月 25 日完成。当前状态：正常运行
	1320MW 中国枢纽煤电项目，俾路支省枢纽	项目于 2019 年 8 月 17 日完成。当前状态：正常运行
	660MW 安格鲁塔尔煤电项目	项目于 2019 年 7 月 10 日完成。当前状态：正常运行
	1000MW Quaid‐e‐Azam 太阳能公园	2016 年 8 月完成 400 兆瓦项目。600MW 正在实施中
	50 兆瓦水电中国达伍德风电场	项目于 2017 年 4 月 5 日完成。当前状态：正常运行
	100MW UEP 风电场，Jhimpir，Thatta	项目于 2017 年 6 月 16 日完成。当前状态：正常运行
	50MW Sachal 风电场，Jhimpir，Thatta	项目于 2017 年 4 月 11 日完成。当前状态：正常运行
	100MW 三峡二、三期风电项目	第二座风电场于 2018 年 6 月 30 日竣工。第三个风电场于 2018 年 7 月 9 日完工。当前状态：正常运行
	马蒂亚里至拉合尔±660 千伏高压直流输电线路	项目于 2021 年 9 月 1 日完成。当前状态：正常运行
	720MW Karot 水电项目，AJK/Punjab	项目于 2021 年 6 月 29 日完成。当前状态：正常运行
	330MW HUBCO 塔尔煤电项目（塔尔能源）	项目于 2022 年 9 月 30 日完成。当前状态：正常运行
	1320MW SSRL 塔尔煤一期 780 万吨/年及电厂（2×660MW）	项目于 2023 年 2 月 5 日完成。当前状态：正常运行
	330MW HUBCO 塔尔诺瓦塔尔煤电项目	项目于 2023 年 2 月 17 日完成。当前状态：正常运行
在建项目	瓜达尔 300MW 燃煤发电项目	2021 年 4 月 8 日签署协议，财务收尾(FC)正在进行中
	884MW Suki Kinari 水电站项目，KP	目前完成 70%的工作
考虑中的项目	1124MW Kohala 水电项目，AJK	2021 年 4 月签署协议，融资阶段(FC)
	7000.7 mw Azad Pattan 水电项目，AJK/Punjab	2020 年 12 月签署协议，融资阶段(FC)
	1320 兆瓦塔尔矿口甲骨文电厂和露天矿	意向阶段(LOI)
	50MW Cacho 风电项目	意向阶段(LOI)
	50MW 西部能源有限公司风力发电项目	意向阶段(LOI)

资料来源：China‐Pakistan Economic Corridor（CPEC）Authority website，https：//cpec.gov.pk/progress‐update。

近年来，电力和清洁能源领域成为中国与东南亚、南亚等国家的合作重点和方向（见表5）。电力互联互通也取得积极进展，南方电网以 EPC 方式在老挝建设了 312 公里 230 千伏输电线路，也与越南、泰国、缅甸等共建了输电线路，并开始向这些国家出口部分电力。水电和光伏发电、风电合作发展迅速，已经形成以海外工程采购建设、海外开放生产、海外并购、海外研发为主要内容的国际合作新模式。

表5　中国企业在东南亚、南亚部分在建和拟建能源项目一览

项目名称	建设周期	参与方式	行业/类型
尼泊尔普拉绍尼—比尔根杰 132kV 地下输电线路项目	2023~2024 年	EPC	电力/电网
菲律宾内格罗斯—班乃岛变电站扩建工程项目	2022~2024 年	施工总承包	电力/电网
尼泊尔三金考拉水电站项目	2019~2023 年	BOT/投资	电力/水电
尼泊尔塔纳湖水电站项目	2019~2024 年	EPC	电力/水电
老挝东萨宏水电站扩机项目	2022~2023 年	施工总承包	电力/水电
老挝南莫 2 水电站 CW1 标段隧洞工程		施工总承包	电力/水电
老挝南俄 3 水电站项目	2020~2025 年	EPC	电力/水电
老挝南俄 4 水电站项目		EPC	电力/水电
老挝怀拉涅河(H. La-Nge)水电站	2018~2020 年	EPC	电力/水电
巴基斯坦巴沙大坝项目（水电站/重油发电项目）	2020~2029 年	施工总承包	农林水利/水电
海亮铜业（泰国）2.17MW 屋顶光伏太阳能项目	2023~2024 年	EPC	电力/新能源发电
越南 EUROPLAST（LongAn）隆安 50MWp 光伏 EPC 项目	2019~2020 年	EPC	电力/新能源发电
越南顺化 50 兆瓦水上光伏发电项目		EPC	电力/新能源发电
印度 Adani 集团 MWL 5.XMW 风力发电机项目	2023~2024 年	施工总承包	电力/新能源发电
孟加拉国吉大港博哈尔多利 200MW 光伏项目	2023~2024 年	EPC	电力/新能源发电
菲律宾三描礼士省 75.2MW 光伏总承包项目	2023~2024 年	EPC	电力/新能源发电

资料来源：中国拟在建项目网（http：//www.bhi.com.cn）。

第三，与发达经济体在电力、核能和新能源领域的合作。能源一直是中欧开展对话沟通与项目合作的重点领域。中国油企与欧洲能源企业，诸如法国道达尔公司、苏伊士环能集团、荷兰壳牌、葡萄牙石油公司等在油气领域开展了广泛而深入的合作，并将合作拓展到第三方市场。① 电力合作涉及电力项目投资、建设，电网运行管理、升级改造，以及电力设备出口、维护和培训等。如华电集团在罗马尼亚投资开发罗维纳里煤电项目、国家电网公司投资入股葡萄牙国家能源网公司和希腊国家电网公司等。中广核与法国电力集团在核电站建设、共同研发新堆型等方面开展了长期合作，包括联合开发中东欧核电市场。在可再生能源领域，欧盟是中国光伏组件的主要出口地。晶科电力、正泰新能源等企业相继在荷兰、西班牙、德国、罗马尼亚等国家中标光伏电站项目。在地热能、生物燃气、水电开发等方面，中国企业与欧洲国家也开展了务实合作。

2. 能源投资规模和结构

由于共建"一带一路"国家多为发展中国家，电气化水平相对低下，人均用电量也远低于世界平均水平，因此早期中国海外开发性融资和对外直接投资多流向化石燃料和煤电项目。中国电力企业通过对外直接投资、对外工程承包与电力设备和技术出口等方式支持相关国家的电力发展，项目涉及输变电、火电、新能源、矿产资源等多个领域。以丝路基金、中非发展基金为代表的中国"一带一路"投资基金，以及以国家开发银行、中国进出口银行等为代表的政策性银行也积极参与海外能源项目，在填补发展中国家能源领域的资金缺口方面发挥了重要作用。《巴黎协定》生效后，中国海外开发性融资积极响应中国政府建设绿色"一带一路"的倡议，支持发展中国家清洁能源发展和绿色公平转型。中国对煤炭、油气的投资在2016年达到峰值，随后煤炭、油气投资出现大幅下降，煤电项目比重也逐渐下降，2021年中国宣布不再支持海外煤电项目后，新建煤电项目降至零，而清洁电力在对外投资中的比例逐渐上升。水电一直是"一带一路"能源合作的重点，

---

① 《中俄能源合作》，http://obor.nea.gov.cn/v_practice/toPictureDetails.html? channelId=1083。

东南亚几乎所有的水电建设项目都有中国企业参与。截至 2020 年底，中国在非水电项目已经有 89 个，中国承接的多个非洲海水淡化和污水处理项目，成为中非投资合作的亮眼项目。[①] 太阳能和风能项目也快速增长。美国传统基金会发布的《中国投资全球追踪》数据显示，2022 年上半年，中国在"一带一路"能源行业的总投资额为 70.6 亿美元，同比增长 95%，其中大多数投资进入了石油和天然气行业，但新签署的太阳能和风能项目数量占到所有能源投资项目数量的近 2/3。海外清洁能源产业将是未来中国海外能源投资的重点。中国企业近期在共建"一带一路"国家开展的水电、太阳能发电和风电等清洁能源投资项目越来越多。美国波士顿大学全球发展政策研究中心收录的 2033 年之前中国境外在建或拟建的项目中，风能和太阳能项目装机容量将占到总装机容量的 12% 左右，而水电项目装机容量将占到33%，高于目前正在运营的水电项目装机容量所占的比例（27%）。国际环保组织绿色和平也预计，到 2030 年，中国在共建"一带一路"国家投资的太阳能项目的发电潜力将达到 226.56 吉瓦至 679.69 吉瓦，风能项目的发电潜力将达到 8.85 吉瓦至 26.55 吉瓦。[②]

3. 投资主体和融资模式

国企在传统能源、能源基础设施建设等行业的对外投资中占据主导地位。三大国有石油企业是电力和油气行业的主要投资者。亚非拉等地区的电网和电力基础设施也基本由中国国企投资兴建，包括三峡集团、中广核、国电集团，[③] 投资目的地也相对集中在拉美、欧洲和东南亚等地区。随着共建"一带一路"国家基础设施的逐渐完善以及新能源产业的加速发展，中国民营企业也加快对外投资的脚步。晶澳太阳能公司已为"一带一路"沿线 40 余个国家提供了高效光伏产品。以远景能源、明阳智能等为代表的风能装备企业中标并完成了丹麦、墨西哥、法国、阿根廷等国家的

---

① 水电水利规划设计总院编《中国可再生能源发展报告 2020》，中国水利水电出版社，2021。

② 绿色和平组织：《全球能源转型浪潮下，中国海外能源投资的风险与机遇》，https：//www.greenpeace.org.cn/wp-content/uploads/2022/01/coeicountryreport.new_.pdf。

③ 王永中、陈震：《中企"一带一路"绿色投资回望》，《中国外汇》2021 年第 20 期。

风能项目。协鑫智慧能源参与的海外项目包括土耳其首期 12MW 地热电站项目、印度尼西亚雅加达东区垃圾发电项目、与塞尔维亚国家电力公司签约的中塞可再生能源项目等。近年来中国企业还选择"抱团出海",共同开拓海外市场,比如中国能建与明阳智能已经签署战略合作协议,将开展风电领域全产业链合作,开拓国内外风电、光伏发电、储能、氢能、源网荷储一体化和多能互补市场,以及实施综合能源基地项目,促进"一带一路"能源与基础设施建设合作。这将有效推进全产业链配套"走出去",提升大型企业综合服务的技术含量,全面增强中国建设服务"一带一路"的产业力量。

在融资模式选择上,2017 年前中国企业多采取跨国并购方式进入油气资源丰富的国家。其中,哈萨克斯坦是最大的资金流入国,俄罗斯、新加坡、马来西亚、阿联酋、印度尼西亚和埃及是重要的投资目的地。绿地投资主要流向东盟、南亚和西亚。2018 年后中国海外电力跨国并购和绿地投资均猛增,印度尼西亚是绿地投资的最大流入国,巴基斯坦、越南、沙特阿拉伯、伊朗和马来西亚也是重要的投资目的地。中国以股权投资形式参与建成的风电、光伏项目主要位于南亚和东南亚,其中 2014~2018 年在巴基斯坦、印度、马来西亚和泰国参与建成的光伏项目装机总容量为 1185MW,投资额占同期对共建"一带一路"国家投资总额的 93%。除股权投资形式外,2014~2018 年中国企业通过设备出口的方式参与建成的光伏项目装机总容量约为 8440MW。

(三)资金融通和技术交流合作情况

"一带一路"倡议推出后,沿线主要国家的政府部门、国际金融机构、国际金融中心等都在"一带一路"资金融通中发挥了积极的作用。世界银行、亚洲基础设施投资银行、金砖国家新开发银行、伊斯兰开发银行等为"一带一路"建设提供了贷款、股权投资和担保等各种融资支持。中资金融机构累计授信规模超过 4000 亿美元。根据银保监会数据,到 2019 年底,国内 11 家银行在"一带一路"沿线 29 个国家设立分支机构共计 79 家,包括

19 家子行、47 家分行和 13 家代表处。三大政策性银行和五大国有商业银行是海外投融资的主力军。除独立开展项目外，国家开发银行与全球几十家区域、次区域金融机构及合作国金融机构建立了合作关系，并先后发起成立了上海合作组织银行联合体、中国—东盟银行联合体、金砖国家银行合作机制、中国—阿拉伯国家银行联合体、中非金融合作银联体、中拉开发性金融合作机制等，创新推动了"一带一路"项目建设的融资合作。

亚洲基础设施投资银行和丝路基金两大金融机构也是重要的参与机构。自 2016 年初成立以来，亚洲基础设施投资银行已经资助了 24 个基础设施项目，其中包括 7 个清洁能源项目，总价值 10 亿美元。丝路基金自 2014 年底成立以来，积极推进与境内外金融机构多种形式的合作，项目覆盖全球 60 多个国家和地区。其首单投资——巴基斯坦卡洛特水电站项目已于 2022 年 6 月 29 日全面投入商业运营。根据丝路基金官网数据，截至 2022 年底，丝路基金累计签约项目近 70 个，承诺投资金额共计约 210 亿美元。2018 年开始投产的亚马尔液化天然气项目由俄罗斯诺瓦泰克公司、中国石油天然气集团公司、法国道达尔公司和丝路基金共同实施，其中俄罗斯诺瓦泰克公司控股 50.1%，中国石油天然气集团公司参股 20%，法国道达尔公司参股 20%，丝路基金参股 9.9%。① 2022 年 2 月，丝路基金参与由贝莱德和哈萨纳投资公司牵头的全球主要机构投资者财团，完成对阿美天然气管道收益权公司 49%股权的收购交易，该项目有助于支持沙特阿拉伯能源转型，也有助于推进"一带一路"倡议与沙特阿拉伯"2030 愿景"的对接。

在技术交流和能力建设合作方面，中国—阿盟清洁能源培训中心、中国—中东欧能源项目对话与合作中心、中国—非盟能源伙伴关系、中国—东盟清洁能源能力建设计划等相继建成，旨在促进"一带一路"的科技人文交流，推动清洁技术的转移和成果共享。中国还与联合国环境署（VNEP）、世界银行（WB）、全球环境基金（GEF）、亚洲开发银行（ADB）等国际机构以技术交流、经验分享、项目对接等方式加强了合作。

---

① 《中俄能源合作》，http：//obor.nea.gov.cn/v_ practice/toPictureDetails.html？channelId=1083。

二 未来"一带一路"能源合作高质量
发展的前景

党的二十大报告明确提出，要推动共建"一带一路"高质量发展。2020 年国务院首次发布的《新时代的中国能源发展》白皮书对共建"一带一路"能源合作做出要求，主要体现在以下几方面。

（一）高质量推进"一带一路"能源合作伙伴关系，为合作提供制度保障

在 2018 年 10 月首届"一带一路"能源部长会议上，中国与土耳其、阿尔及利亚、阿塞拜疆、马耳他、老挝、缅甸、巴基斯坦等 17 个国家共同发布了《共建"一带一路"能源合作伙伴关系部长联合宣言》，同意建立"一带一路"能源合作伙伴关系，为推动全球能源绿色可持续发展提供新模式新机制。[①] 2019 年 4 月，30 个国家发起成立"一带一路"能源合作伙伴关系，并发布《"一带一路"能源合作伙伴关系合作原则与务实行动》，旨在推动区域能源市场的融合发展和绿色低碳转型。如表 6 所示，《"一带一路"能源合作伙伴关系合作原则与务实行动》明确指出，"一带一路"能源合作伙伴关系是各参与国为解决能源发展面临的问题、保障能源安全、应对气候变化、促进可持续发展而建立的国际能源合作平台，其宗旨是坚持共商、共建、共享，推动能源互利合作，促进各参与国在能源领域的共同发展、共同繁荣。[②]

---

① 《"一带一路"能源部长会议发布联合宣言 共建能源合作伙伴关系》，http：//news. cri. cn/20181018/194a3088-9796-5d83-4e67-e1083548acd3. html。

② 国家能源局：《"一带一路"能源合作伙伴关系合作原则与务实行动》，http：//www. nea. gov. cn/2019-04/25/c_ 138008739. htm。

表 6 "一带一路"能源合作伙伴关系合作目标、原则及务实行动

项目	内容
目标	(一)增进政策规划交流协作 (二)加强基础设施互联互通,提升贸易便利化水平 (三)减少能源投资壁垒,降低融资成本 (四)加强能源科技创新合作和成果共享 (五)促进清洁能源和能效领域合作 (六)加强能力建设和人才培育
原则	开放包容、互利共赢、市场运作、能源安全、可持续发展、社会责任
务实 行动	两年举办一次"一带一路"能源部长会议,与国际组织及商业领袖共商合作路线图和务实行动 开展人员培训与能力建设,包括能源合作部长研修班和"一带一路"能源合作领军人才培养项目 推动政府间政策交流与合作意向沟通,对接各国能源发展规划和政策,推动企业合作 搭建双多边项目与技术交流平台,推动可再生能源、智慧能源、化石燃料清洁利用及分布式能源合作 根据工作需要与相关国际组织建立适当的合作关系

资料来源:国家能源局官网。

2021 年第二届"一带一路"能源部长会议通过了《"一带一路"能源合作伙伴关系章程》、发布了《"一带一路"绿色能源合作青岛倡议》,还成立了"一带一路"能源伙伴关系合作网络,为未来"一带一路"能源合作提供了方向指引。扩大后的包容性能源伙伴关系合作网络有 33 个成员。举办的重要活动包括全球能源互联网大会、能源电力转型国际论坛、全球能源安全智库论坛、能源电力高级人才发展培训、中非青年气候人才培养交流活动等。目前合作网络已经组建绿色能源、互联互通(电力)、油气、智慧能源(创新)、绿色金融、高校(青年)和国际传播 7 个工作组,着力推动能源关键领域的规划合作、项目对接、人才培育交流和成员扩展。

(二)加强能源治理合作,共建公平合理、合作共赢的全球能源治理体系

截至 2022 年底,中国已与 150 个国家、32 个国际组织签署了 200 多份共建"一带一路"合作文件,还与"一带一路"沿线 13 个国家签署了 7 个

自贸协定，与多个国家和地区在环保、清洁能源、荒漠化防治、资源保护等领域开展了务实合作。① 国际组织层面，与联合国环境署、联合国开发计划署、亚洲开发银行、亚洲基础设施投资银行、金砖国家新开发银行、全球环境基金、国际认可论坛、国际能源署等在能源、交通、城乡建设等多个领域对发展中地区的低碳试点项目和技术、能力建设开展了援助；区域和全球层面，强化上海合作组织、中国—中东欧"17+1"、中国—东盟"10+1"、东盟—中日韩、东亚峰会、中非合作论坛等组织和对接机制的合作，还积极参与二十国集团、金砖国家、亚太经合组织等框架下的能源对话，牵头制订"二十国集团能效引领计划"，在全球发展倡议下推动建立全球清洁能源合作伙伴关系等（见表7）。

在开展国际合作时，中国始终遵循互利共赢原则，积极参与全球能源治理，共同维护全球能源市场稳定，引导应对气候变化国际合作。现存的双边

表 7　目前中国推动和参与的主要区域和多边能源合作机制情况

合作机制	主要合作领域
东亚峰会清洁能源论坛	清洁能源发展与合作
中欧（盟）能源对话机制及中国与欧盟国家的双边合作机制	重点关注能源政策、能效标准制定、低碳能源技术、可再生能源、能源监管、能源网络等领域的合作。双边能源对话交流机制重在促进双边务实合作
上海合作组织能源俱乐部	建立稳定供求关系,确保能源安全
大湄公河次区域能源合作	打造能源互联网,推进电力、油气、新能源等方面的合作
中国—东盟清洁能源能力建设计划	推动区域清洁能源发展,分享政策规划和技术应用经验,计划 10 年为东盟国家培养百位技术骨干
中国—阿盟清洁能源培训中心	推进"油气+"合作模式（"1+2+3"）,"1"是油气全产业链合作,"2"是基础设施建设、贸易和投资便利化合作,"3"是核能、卫星、新能源合作

① 资料来源：国家发展改革委于 2023 年 1 月 18 日召开的新闻发布会。

合作机制	主要合作领域
中国—中东欧能源项目对话与合作中心	推动中国与中东欧国家开展多层次交流和对话;制定能源合作规划和路线图;推动中国和中东欧企业在能源领域的务实合作
中国—非盟能源伙伴关系	加强能源务实合作,共同提高非洲电气化水平,增加清洁能源比重,逐步解决能源可及性问题,推动双方实现能源可持续发展
中国—阿盟能源合作	推动油气合作、低碳能源合作"双轮"转动
亚太经合组织可持续能源中心(APSEC)	搭建以高端培训、技术转移、政策对话、示范项目为载体的国际合作机制,加强 APEC、东盟和"一带一路"倡议的叠加区域的能源政策和科技交流
G20 能源部长会议	开展工作组、部长级层面的能源对话

资料来源：笔者根据公开资料整理得到。

和多边机制是"一带一路"能源合作的重要依托,中国致力于将这些机制整合在"一带一路"新的合作框架下,使之形成更为灵活的、成熟的、有效的能源交流合作平台,推动全球能源治理体系朝着更加公平合理、合作共赢的方向前进。

(三)拓展能源合作空间,提高沿线能源可及性及稳定性

中国越来越强调"一带一路"建设的"绿色"属性。2017 年 5 月,环境保护部、外交部、国家发展改革委、商务部联合发布《关于推进绿色"一带一路"建设的指导意见》,首次提出要根据生态文明建设、绿色发展和沿线国家可持续发展要求,构建互利合作网络、新型合作模式、多元合作平台。2018 年底"一带一路"绿色投资原则(GIP)正式发布,从战略、运营和创新三个层面提出了七条原则性倡议,供参与"一带一路"投资的全球金融机构和企业在自愿的基础上采纳和实施。截至 2022 年底,有来自 17 个国家和地区的 44 家签署机构和 14 家支持机构参与了 GIP,这些机构持有或管理的资产超过 41 万亿美元,在扩大绿色投资、加强 ESG 风险管理、完善环境信息披露、创新绿色金融产品方面将持续发力。中国还启动了

"一带一路"生态环境保护大数据服务平台、"一带一路"绿色供应链平台、绿色丝绸之路使者计划等，旨在让绿色切实成为共建"一带一路"的底色。

（四）强化能源合作的绿色属性助力全球可持续发展

2022 年 3 月，国家发展改革委等部门再次联合发布《关于推进共建"一带一路"绿色发展的意见》，特别提出要完善共建"一带一路"绿色发展顶层设计和标准体系，到 2025 年，实现绿色基建、绿色能源、绿色交通、绿色金融等领域务实合作的扎实推进，绿色示范项目引领作用更加明显，境外项目环境风险防范能力显著提升，共建"一带一路"绿色发展取得明显成效。该意见特别强调，要深化绿色清洁能源合作，鼓励太阳能发电、风电等企业"走出去"，推动建成一批绿色能源最佳实践项目；深化能源技术装备领域合作，加强可再生能源、智能电网、核电、氢能和储能等先进技术的联合研究和经验分享，推动能源国际合作绿色低碳转型发展。可见我国已经明确将清洁能源视为建设"绿色丝绸之路"的重要依托，未来将积极发挥优势推进沿线国家能源绿色转型，推动形成绿色低碳发展新格局。

三 "一带一路"能源合作高质量发展可能面临的挑战

2013 年以来，"一带一路"能源合作不断深化，合作已从早期的煤炭、油气领域不断向电力、可再生能源、核能等更广范围的能源领域扩展，合作内容也从能源勘探、开发、建设、贸易等环节的合作向科技研发、人才交流和教育培训等更深层次延伸。可以预期未来的合作将更加机制化、规范化、绿色化和灵活化。但深化合作所面临的挑战也不容忽视。

（一）地缘政治风险显著上升给能源合作带来较大的不确定性

近年来美国越来越频繁地利用自己在国际经济和金融体制中的主导

地位，将经贸和金融规则作为武器对他国进行打击。美国在 2012 年和 2018 年先后将伊朗众多银行从环球银行金融电信协会（SWIFT）系统剔除，伊朗金融受到严重冲击。俄乌冲突发生后，美国不仅对俄罗斯实施大规模的经济制裁，还将俄七大银行踢出 SWIFT 系统并冻结了俄罗斯的外汇储备，破坏了国际金融产品的公共属性和中立性，影响了未来国际金融系统的稳定性，对全球供应链安全带来威胁，致使国际原油价格剧烈震荡，严重影响了国际能源供应和市场的稳定，给我国能源安全及外汇安全带来压力。

（二）多重风险叠加增加了"一带一路"能源投资的成本

由于"一带一路"能源合作伙伴关系的成员主要是发展中国家，这些国家普遍存在投资环境差、投资经营风险高等问题，是全球大国相互博弈争夺的焦点地带。美国、欧盟和日本等在中亚、拉美和非洲均有利益关注点，对中国与共建"一带一路"国家深化能源合作一直心存戒备，中国与共建"一带一路"国家合作的双边互信在当前易受国际大环境的影响，这些因素都将增加中国企业海外贸易和投资的难度。

疫情对全球供应链和产业链产生严重影响，乌克兰危机进一步冲击了国际能源价格和供应体系，财政紧张、债务风险上升、经济政策不稳定等因素进一步增加了"一带一路"能源投资的风险。能源危机不仅给发达经济体带来严重通胀，还造成不断升级的国际粮食危机，直接威胁到发展中国家，特别是严重依赖俄乌粮食供应的北非和中东国家的生存和发展，南亚国家的发展压力也大幅上升。

此外，能源资源问题政治化带来新挑战。非洲、拉美和亚洲一些能源资源丰富的国家单方面修改游戏规则，比如推翻原有合同、提高税收分成、限制外资持股比例、强制性要求对外国公司控股或参股、提高矿业特许使用费、强化环境保护标准等，给全球能源和关键矿产的供应安全增加了不确定性。由于多数能源资源具有不可再生性和地理分布的极度不均衡性，资源"民族主义"已被确定为自然资源投资者面临的主要风险之一。

（三）环境气候风险上升等将增加中国企业在外投资的合规成本

当前中国"一带一路"投资行业分布和方向与《巴黎协定》的要求虽然保持了一致，但还存在一定差距。碳中和背景下"一带一路"投资的潜在环境气候风险除了极端天气引致的突发性风险，还有低碳转型风险。一是化石能源搁浅风险；二是全球新排放标准和约束性政策风险，比如提升能效和实施零排放车辆（ZEV）战略、落实尾气排放规定等带来的风险；三是污染定价，尤其碳定价导致成本上升；四是金融风险，包括企业环境、社会及公司治理（ESG）信息强制披露等。其他环境气候风险还包括发达国家和东道国滥用环境规制权引发的环境风险、气候诉讼风险等。

尽管"一带一路"绿色能源贸易和投资具有极大潜力，但一些化石能源贸易大国在开发可再生能源方面依然动力不足。发展基础比较薄弱的国家缺少开展低碳转型和绿色升级的基础，绿色投资往往缺乏政策支持、资金支持以及技术支持，且在合作过程中腐败、法律依据不足、合作程序不规范、合作纠纷解决机制不健全等容易导致极高的合规成本。

（四）大型能源项目的投融资风险增加

大型能源项目具有初始投资额大、回报期较长等特点。疫情使得许多发展中国家债务水平持续上升，加剧其长期贷款的偿债压力。此外，可再生能源电力项目对天气的依赖度较高。近年来极端天气事件愈发频繁地出现，导致可再生能源电力项目投资面临不可抗力带来的风险，无法提前准确评估项目的经济损失。如不能有效应对风险，很可能出现因为发电量不符合要求而产生法律和财务纠纷的现象。

四　结论和启示

尽管当前国际经济政治形势的变化给"一带一路"能源合作带来诸多挑战，但也存在诸多有利的因素。未来要进一步推动"一带一路"能源合作的高质量发展，中国还需要从以下几方面着手。

实现与亚非拉国家间更加务实的政策沟通与协调，创造和平稳定的合作预期。一是积极依托上合组织、金砖合作机制、中阿合作论坛、中非合作论坛、中国—东盟经贸合作机制等，强化共识，制定务实合作规划，形成更长远紧密的合作关系。二是发挥中国作为全球和区域大国的作用，积极推进其他政局动荡、军事对立地区的和平进程，进一步维护全球能源资源供应和运输安全。三是充分发挥既有的区域能源合作平台的作用，通过人员培训、政策对话、共同研究等方式提升沿线发展中国家的战略规划和政策制定能力，为可持续发展、清洁能源、电力领域的务实合作营造良好合作氛围。

考虑在"一带一路"能源合作伙伴关系框架下建立更加专业化的能源工作机制，促进"一带一路"绿色能源产品与服务的贸易投资便利化，特别是加强共建"一带一路"国家的进出口政策协调，扩大绿色产品和服务进出口，助力能源转型。还要建立信息交流与共享机制，充分发挥"一带一路"生态环保大数据服务平台的作用，加强各国法律法规、环境和社会标准、政策与实践方面的经验交流与分享，研究建立统一的项目融资环境—社会标准的可能性，降低能源合作风险，推动能源技术标准化建设。

构建"一带一路"能源金融合作框架。一是基于目前的人民币双边结算机制，探索构建独立于美元的双边或多边结算机制的可能性，特别是基于人民币跨境支付系统（CIPS）开展贸易的人民币计价和结算机制。二是很多能源项目投资高、风险大、回收期长，因此获取稳定的低成本融资对推进绿色能源发展至关重要。要推进"一带一路"能源金融市场的建设，拓展资金来源渠道，开展绿色金融产品研发创新，为绿色能源项目提供更多增量资金；特别是要充分了解项目所在国的社会发展需求，有效利用信贷、债券、基金、股权投资、融资租赁等多种融资工具以及政府和社会资本合作（PPP）模式，精准对接重点项目和重点地区的金融服务需求。三是深化能源领域的国际金融合作，充分发挥开发性金融在提供资金和跨国协调方面的优势，负责任地使用来自国内和国际、公共和私营部门的资金，帮助共建"一带一路"国家的金融机构和金融市场参与者更好应对不确定性因素所带来的挑战，提升金融韧性，培育更加稳健、创新和有包容性的金融部门。

鼓励企业强化 ESG 理念，建立风险防范机制。企业要强化 ESG 理念，深入了解东道国的环境法律和监管体系，按照行业高质量发展的目标任务，加快业务的转型升级，更好地管理投资中的环境和社会风险，在激烈的国际竞争中赢得发展机会。

参考文献

［1］《中国与欧盟国家能源领域合作情况》，http：//obor. nea. gov. cn/picture Details. html？id=2751。

［2］《中俄能源合作》，http：//obor. nea. gov. cn/v_ practice/toPictureDetails. html？channelId=1083。

［3］王永中、陈震：《中企"一带一路"绿色投资回望》，《中国外汇》2021 年第 20 期。

［4］水电水利规划设计总院编《中国可再生能源发展报告 2020》，中国水利水电出版社，2021。

［5］Xinyue Ma, Cecilia Han Spinger, Honest Shao：《非常态还是新常态？中国海外能源融资趋势》，https：//www. bu. edu/gdp/files/2022/03/GCI_ PB_ 011_ CH_ FIN. pdf。

［6］绿色和平组织：《全球能源转型浪潮下，中国海外能源投资的风险与机遇》，https：//www. greenpeace. org. cn/wp－content/uploads/2022/01/coeicountryreport. new_ . pdf。

［7］"一带一路"绿色发展国际联盟：《"一带一路"倡议下东盟绿色低碳转型——潜力与机遇》，http：//www. nrdc. cn/Public/uploads/2022-05-24/628c75784c8a 4. pdf。

B.12
推进能源消费革命，实现能源高质量发展

王海滨*

摘 要: 推进能源消费革命是能源安全新战略的重要内容之一，是能源
高质量发展的重要抓手。中国在改善能源消费方面已经付出了
很大的努力，但是在消除能源贫困、提高能源消费效率、提升
能源消费的清洁低碳水平、提高能源消费的市场化程度、增强
中国能源在世界能源领域中的影响力等方面仍然有较大的提升
空间。为了进一步提升能源发展质量、摆脱能源发展陷阱，中
国需要在能源消费领域继续推进革命性的转变。具体而言，需
要在以下三条路径上重点着力：加速提升中国能源消费的清洁
低碳水平，推进能源正义；多措并举，提升中国能源消费的自
主性；通过制度革命，提高中国能源消费的国际影响力。

关键词: 能源消费革命 能源效率 清洁低碳

　　党的十八大以来，在党中央、国务院的领导下，经过不懈努力，中
国能源事业取得了长足进步，中国已经是世界能源生产和消费大国。能
源业的大发展为中国社会主义现代化建设的不断推进发挥了重要的积极
作用。国际上有一套评价能源高质量发展状况的通行标准，涵盖清洁、
低碳、安全、高效、对本国社会经济的正向影响（尤其是有效推动社会
经济可持续发展）等方面，对标国际标准，中国能源业还有继续提升发

* 王海滨，博士，中化能源股份有限公司正高级经济师，主要研究方向为能源安全、能源经济。

展质量的空间。中国能源高质量发展需要在正确能源战略的指导下进行。

一 中国能源革命概念的起源

2012年11月党的十八大报告指出，要"推动能源生产和消费革命"。2014年6月13日，中共中央财经领导小组第六次会议召开，习近平总书记就推动能源生产和消费革命提出五点要求。后来这五点要求被概括为"四个革命、一个合作"能源安全新战略。第一，推动能源消费革命，抑制不合理能源消费。坚决控制能源消费总量，有效落实节能优先方针，把节能贯穿于经济社会发展全过程和各领域，坚定调整产业结构，高度重视城镇化节能，树立勤俭节约的消费观，加快形成能源节约型社会。第二，推动能源供给革命，建立多元供应体系。立足国内多元供应保安全，大力推进煤炭清洁高效利用，着力发展非煤能源，形成煤、油、气、核、新能源、可再生能源多轮驱动的能源供应体系，同步加强能源输配网络和储备设施建设。第三，推动能源技术革命，带动产业升级。立足中国国情，紧跟国际能源技术革命新趋势，以绿色低碳为方向，分类推动技术创新、产业创新、商业模式创新，并同其他领域高新技术紧密结合，把能源技术及其关联产业培育成带动中国产业升级的新增长点。第四，推动能源体制革命，打通能源发展快车道。坚定不移推进改革，还原能源商品属性，构建有效竞争的市场结构和市场体系，形成主要由市场决定能源价格的机制，转变政府对能源的监管方式，建立健全能源法治体系。第五，全方位加强国际合作，实现开放条件下能源安全。在主要立足国内的前提条件下，在能源生产和消费革命所涉及的各个方面加强国际合作，有效利用国际资源。不过，"四个革命、一个合作"的内容其实不仅包括能源安全，还包括能源经济发展等方面。

之后党中央多次强调能源革命的重要性。2021年12月，中央经济工作会议提出"要深入推动能源革命，加快建设能源强国"。2022年10月16日，党的二十大报告强调要"深入推进能源革命，加强煤炭清洁高效利用，加大油气资源勘探开发和增储上产力度，加快规划建设新型能源体系，统筹水电开发和生态保护，积极安全有序发展核电，加强能源产供储销体系建设，确保能源安全"。

从能源革命含义的历史演变可以看出：中国能源革命的核心是能源消费和供给革命。能源技术革命和体制革命是实现能源消费和供给革命的途径，国际合作也主要是为了促进能源消费和供给革命。

在中国能源消费革命和供给革命中，当前推进消费革命的意义更加突出一些。中国是一个贫油、少气、相对富煤的国家，能源供给革命受国内能源资源禀赋等方面的制约，推进难度很大。而在消费侧，一方面中国是世界第一大能源消费国家，能源消费量明显领先于世界其他能源消费大国，而且今后能源消费量增长的势头可能还会比较强劲；另一方面，今后中国能源消费的可塑性会比较大。基于这些，本文拟主要分析能源消费革命与能源高质量发展之间的关系。

二 中国能源消费革命的推进较慢

2012 年以来，中国能源革命的推进遇到一些阻碍，中国能源发展的质量还不够高，中国能源行业仍然有较大的提升空间。而中国能源发展的不足之处主要表现在能源消费方面。

衡量一个国家能源消费发展质量的指标较多，主要包括民众的能源可及性和可支付性、能源消费效率、能源清洁低碳水平、能源消费市场化程度、能源消费自给程度、能源消费的国际影响力（包括国际定价权、世界能源行业规则的制定权）六个方面。这六者各有侧重：民众的能源可及性和可支付性较差，可能会导致民众的能源贫困，而能源贫困既是经济问题也是社会问题；能源消费效率问题是能源经济问题；能源清洁低碳水平问题涉及代内和代际公平等能源正义，是能源政治和道德问题；能源消费市场化程度涉及可持续发展；能源消费自给程度和国际影响力主要涉及国际能源政治。

（一）民众的能源可及性和可支付性方面的问题

简单地说，民众的能源可及性（Availability）和可支付性（Affordability）问题都是指人民群众能不能使用能源尤其是电力等现代能源的问题。但是，二者既有联系又有区别。能源可及性侧重人民群众是否有途径获得能源。如果没有电网、管道、公路等基础设施，那么人民群众即使收入水平比较高，也没有办法使用现代能源。能源可支付性主要指人民群众能不能承担得起能源方面的开支。如果有大量群众用不上或者用不起现代能源，并陷入能源贫困，那么就很难说中国能源领域实现了高质量发展。

现代能源有石油、天然气、煤炭和电力等，其中最重要的是电力。过去，中国电力建设取得了举世瞩目的成就。随着电网系统的扩展，越来越多的中国民众用上了电，2013年中国电力普及率达到了100%，并在之后一直保持这一水平。对一个发展中大国来说，这是一个了不起的成就。100%的通电率说明中国的现代能源可及性问题总体上已经得到了较好解决。

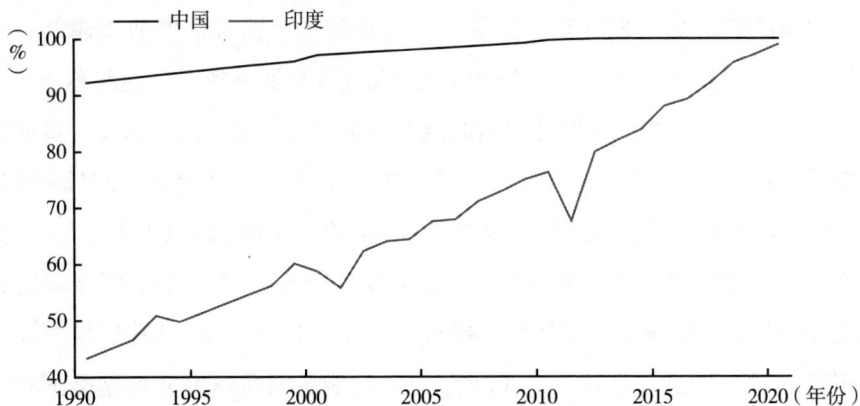

图1　1990~2020年中国、印度通电率

资料来源：World Bank，"Access to Electricity（% of Population）"，https：//data. world bank. org/indicator/EG. ELC. ACCS. ZS，2023。

民众的能源可支付性是判断是否存在能源贫困以及能源贫困现象有多严重的另一个指标。已经有不少文献对中国的这种意义上的能源贫困进行了较深入的研究。

在发展中国家，人们还比较多地关注能源不可及性，即绝对意义上的能源贫困的问题。而在发达国家，能源贫困研究主要针对民众的能源可支付性问题，也就是说，主要关注相对意义上的能源贫困。判断相对意义上的能源贫困的标准有多种，其中得到普遍认可的判断标准是 10% 标准线，即当家庭生活能源消费支出超出家庭总收入的 10% 时，则出现能源贫困。

根据上述标准，不同时期中国和世界其他国家陷入能源贫困的人口占总人口的比例起伏不定，比例与能源价格有密切关系。在能源价格大涨时，各国的能源贫困程度会上升；反之会下降。然而，这种相对意义上的能源贫困的严重程度要比无法获取到现代能源的绝对意义上的能源贫困轻。[①] 综合两种意义上的能源贫困含义，可知近些年来中国能源贫困的情况总体在缓解。

（二）能源消费效率问题

根据国际惯例，能源消费效率主要由能源消费强度（指产出单位经济量所消耗的能源量）来反映。能源消费强度越低，能源消费效率越高；反之则越低。改革开放以来，尽管中国政府和企业长期重视提高能源利用效率和节能，也付出了努力，但是中国的能源消费强度仍然较高，这是中国能源领域需要高质量发展的一个重要原因。如表 1 所示，纵向看，2012～2021年，中国能源消费强度从 13.76 艾焦耳/万亿美元下降到 8.89 艾焦耳/万亿美元，降幅达到 35.4%，进步明显。但是从横向看，2021 年中国能源消费强度在国际上依然偏高。根据世界银行（World Bank）和《BP 世界能源统计年鉴 2022》数据计算可知，2021 年中国的能源消费强度分别是美国和日本的 2.23 倍和 2.48 倍，也比世界平均水平高出 44.1%（见表 1）。

---

① 如果想一想历史上和现实中一些产油国的情况，就可以理解这一点。一些产油国长期在石油等能源消费中施行福利政策，理论上民众几乎可以免费获得汽、柴油等能源产品，能源开销在民众支出中的比例很低。然而，在现实中，由于国内外政治、经济等方面的原因，这些国家的许多民众基本上没有石油等能源可用，从而陷入了绝对意义上的能源贫困。

表1 2012年、2021年中、美、日和世界的能源消费强度比较

单位：艾焦耳/万亿美元

区域	2012年能源消费强度	2021年能源消费强度
中国	13.76	8.89
美国	5.55	3.99
日本	3.19	3.59
世界	7	6.17

资料来源：World Bank, "GDP（current US＄）", https：//data. worldbank. org/indicator/NY. GDP. MKTP. CD；《BP世界能源统计年鉴2022》。

中国能源消费强度高，有中国工业在国民经济中的占比较高，而高耗能的重化工业又在工业中占比较高，以及低能耗的服务业发展程度不够等结构性原因，也有中国政府、企业和民众的节能责任感还不够强等原因。中国需要继续提高能源利用效率，助力本国经济增长、社会发展以及人民生活水平的提高。同时，作为一个负责任的世界大国，中国还应该通过持续提高能源消费效率来为全世界的能源清洁低碳发展做贡献。

（三）能源清洁低碳水平的变化

能源清洁低碳水平是衡量能源高质量发展状况的另一个国际公认的重要指标。在应对气候变化（或气候危机、气候灾难）成为世界能源行业发展的硬约束后，这个指标的重要性显得更加突出。近10年，中国能源清洁发展水平有了很大的提升，但是低碳发展仍需进一步加强。

可吸入颗粒物（$PM_{2.5}$）浓度是国际通用的判断能源清洁发展水平的一个重要指标。2013年初以来，中国政府坚持不懈地推进空气污染防治行动，至今成效明显，可吸入颗粒物（$PM_{2.5}$）月均浓度大幅下降，这标志着中国能源清洁发展水平明显提高。

但是，在低碳发展方面，中国取得的成绩并不突出。由于经济结构、地方政府政策等方面的原因，中国的二氧化碳排放总量、人均二氧化碳排放量近年来不降反升。煤炭、石油和天然气等能源的生产、消费是中国温室气体

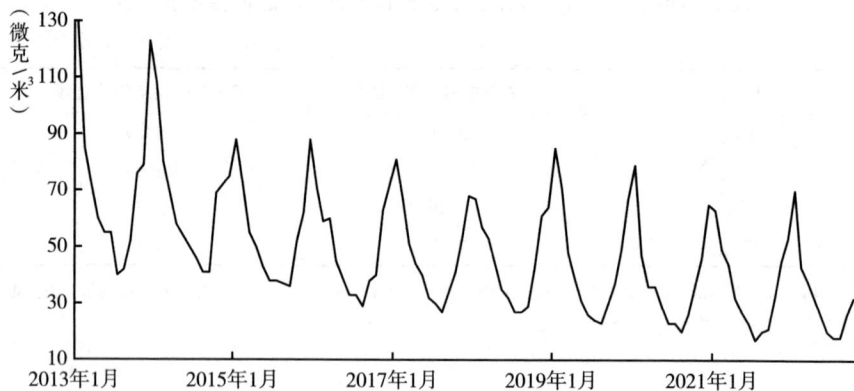

图 2 2013 年以来中国 74 座城市可吸入颗粒物（PM$_{2.5}$）月均浓度

资料来源：中国环境监测总站。

排放的主要来源。温室气体排放量的增长意味着中国能源低碳发展还面临着较大挑战，还有较长的路要走。

在衡量低碳发展程度方面，国际上较通用的指标包括：第一，二氧化碳排放总量；第二，煤炭等高碳能源的消费量。

2005 年，中国与能源活动相关的二氧化碳排放量超过美国，跃居世界第一。之后，中国与能源相关的二氧化碳排放量持续增加，在世界二氧化碳排放总量中的占比也越来越大。2005 年，中国与能源相关的二氧化碳排放量在世界二氧化碳排放总量中的占比是 22%。到 2021 年，这一占比已经上升至 31%（见图 3）。

中国与能源活动相关的二氧化碳排放量高居世界第一，并且排放量和在世界二氧化碳排放总量中的占比还在持续上升，这让中国政府在国际社会中承受了一定的压力。

煤炭是碳排放强度最高的化石能源。中国是一个贫油、少气、相对富煤的国家，煤炭资源相对丰富。与石油、天然气等能源产品相比，中国国内煤炭的价格明显更低。另外，中国是一个发展中国家，民众和企业对能源价格普遍较敏感。由于国内煤价明显低于石油价格和天然气价格，因此在中国的

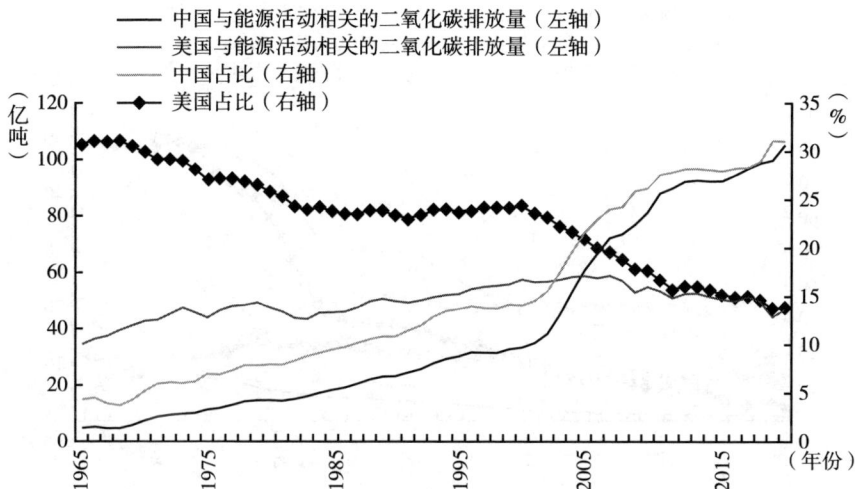

**图 3　中国、美国与能源活动相关的二氧化碳排放量及其在
世界二氧化碳排放总量中的占比**

资料来源：《BP 世界能源统计年鉴 2022》。

取暖和发电等环节中，煤炭明显更受欢迎。中国还是一个工业化大国，能源
需求相对旺盛，能源消费增速在世界各国中相对较快。中国煤炭需求旺盛的
直观表现主要有两个方面：第一，煤炭在中国一次能源消费总量中的占比虽
然近年来有所下降，但是放在世界各国中看，仍然较高。1978 年，煤炭在
中国一次能源消费总量中的占比为 71.0%，到 2021 年下降为 54.7%，降幅
较大，但仍然比 2021 年全球 26.9% 的平均水平高出一倍以上。第二，近年
来中国煤炭消费量在世界煤炭消费总量中的占比不但没有下降，反而有所上
升。2011~2021 年，中国煤炭消费量的世界占比始终保持在 50% 以上，而
且从 50.3% 上升至 53.8%（见图 4）。近年来，作为保障中国能源安全的
"压舱石"，煤炭受到了中国政府更大程度的重视，这或将对未来中国的煤
炭消费起到一定支撑作用。

尽管经历了多年清洁低碳发展，煤炭在中国能源消费中举足轻重的地位
仍然不可撼动。2000 年，煤炭在中国一次能源消费总量中的占比为 61.4%，
2021 年为 54.7%，在 21 年的时间里仅下降了 6.7 个百分点，年均仅下降

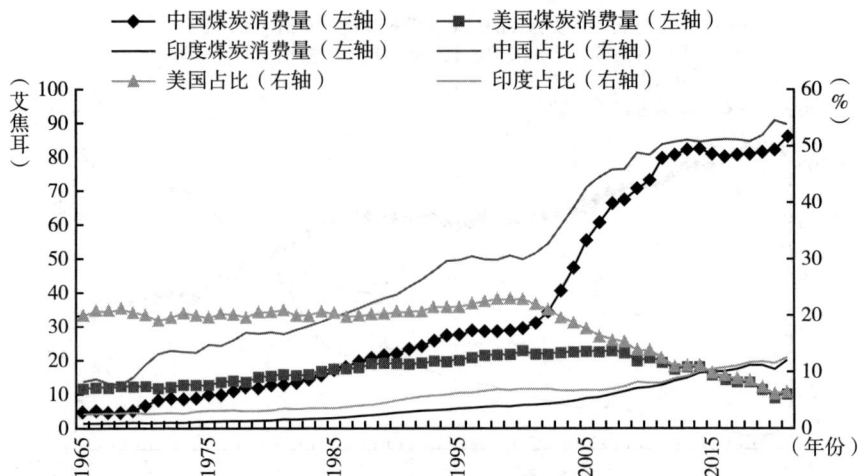

**图4 世界三大煤炭消费国煤炭消费量及其
在世界煤炭消费总量中的占比**

资料来源：《BP世界能源统计年鉴2022》。

0.3个百分点。这不能满足中国能源清洁低碳转型和实现碳达峰、碳中和目标的要求。

受中国经济发展水平、经济结构、能源资源禀赋等诸多客观因素的影响，中国二氧化碳排放量持续上升，煤炭等高碳能源的消费难以减少。在目前和今后一段时间，能源消费以煤为主仍然是中国的基本国情之一。中国能源实现低碳发展面临的挑战较大。

（四）能源消费市场化程度

能源消费市场化程度决定着能源发展的可持续性。能源市场化程度主要指能源资源配置的市场化程度和能源产品价格的市场化程度。

深化能源领域市场化改革，是推进落实能源革命和能源转型的战略要求，也是实现能源经济高质量发展和构建能源领域新发展格局的前提。近些年来，中国能源消费市场化改革取得了较大进展。但是，从国际公认的衡量市场化程度的指标来看，中国能源消费市场化程度还需要进一步提高。

能源消费市场化程度反映在市场结构、竞争主体等多个方面。能源产品主要由市场而不是政府来定价，这是国际公认的衡量能源消费市场化程度的首要指标。改革开放至今，中国能源产品定价仍然处于半计划、半市场化的状态，政府"看得见的手"仍然发挥着重要的作用，这会造成市场供求关系的扭曲，并最终导致能源发展不可持续。

比如，中国电力市场至今都存在"市场煤、计划电"的纠结状态。在允许煤炭价格上下波动的同时，电力价格却由政府来确定。这种不全面、不彻底的市场化改革可能会造成电力市场的紊乱。在内外部的某些因素导致煤炭供求关系变得紧张，并导致煤炭价格大涨后，发电企业难以将升高的发电成本通过提高电价转移到下游，其利润将大幅收窄，甚至由正转负。为了自保，发电企业有可能会通过降低发电量等方式来减少经济损失。结果，民众、企业等正常的用电需求得不到满足，从而出现"电荒"，并造成经济和社会的混乱。为了解决"电荒"问题，政府又不得不出手干预煤炭市场，人为规定煤炭价格的上涨区间。

又如，迄今为止，中国仍然没有实现完全意义上的成品油市场定价。虽然成品油批发价格由市场供求关系来决定，但是成品油零售价格上限却由国家发展和改革委员会根据国际市场原油价格变化情况，每 10 个工作日调整一次。与电力领域的"市场煤、计划电"的关系相似，成品油同样存在市场化的批发价和计划性质的零售价之间的紧张关系，这不利于中国石油的可持续发展。

（五）能源消费自给程度

理论上能源消费自给率高不一定是好事。能源自给自足可能意味着宏观经济和广大民众在做出牺牲。[①] 能源消费自给率低也不一定意味着存在危险。如果国外能源资源的流入非常可靠、安全，那么即便很低的能源消费自

① 比如，2007 年之前，中国的天然气自给率长期在 100% 以上（参见《BP 世界能源统计年鉴 2022》），其主要原因不是中国天然气产量大，而是天然气消费量较低。作为一种清洁且相对低碳的能源，天然气的消费量较低，其实是中国能源行业的一种损失。

给率也不意味着存在风险。通常而言，能源进口国的相关企业可以在遵守市场规则的前提下，在国际能源市场上正常购得能源产品。但是，在政治因素严重影响能源市场时，能源进口国有可能难以在国际市场中获得所需能源。这时能源自给率低的风险就会暴露出来。

能源消费自给率低，意味着对外依赖度高。一个国家的能源消费对外依赖度是指其能源净进口量占总消费量的比例。目前中国石油和天然气消费的对外依赖度已分别在70%和40%以上，一次能源消费的对外依赖度在20%以上。中国油气消费较高的对外依赖度在特定时候会对中国的油气安全、能源安全和国家安全造成冲击。

（六）能源消费的国际影响力

中国是一个能源消费大国。但是，中国能源消费的国际影响力迄今为止仍不强，其中一个重要原因是中国能源消费的国际定价权不突出。

不是每一种能源产品的消费都与国际定价权以及国际定价权强弱紧密相关，因为不同能源产品的国际性强弱不同。在全世界范围内，电力的国际性总体较弱，原因比较复杂。一个原因是电力运输受到线损率的影响，距离越远，电力损耗就越明显，所以电网体系往往是区域性的；另一个原因是国家安全方面的原因。相应地，电力价格的国际互联互通性往往较弱。

与电力相反，石油价格的国际性很强，主要原因在于通过以大型油轮为工具的海上运输，石油尤其是原油在全球范围内运输方便、便宜而且损耗低。长期以来，世界石油的定价权一直掌握在美欧国家和地区手中。现阶段，有两种原油价格是世界公认的基准价格，即英国伦敦市场的布伦特（Brent）原油价格和美国纽约市场的西得克萨斯中质（WTI）原油价格，这两种原油基准价格的报价等都是由芝加哥商品交易所（Chicago Mercantile Exchange，CME）这一家美国公司来负责的，这表明西方公司在国际原油市场中具有强大定价权。

Brent和WTI这两种国际原油基准价格几乎影响了世界各国的原油价格，进而影响了中国等许多国家的国内成品油价格。中国国内的成品油价格不由国内石油供求关系决定，而受国际原油基准价格的影响，这在一定程度上助长了国内石油市场的不稳定性，并对国内石油市场的健康发展形成了较大制约。相应地，提升中国在国际石油市场中的定价权，使国际油价更多地反映中国国内的石油供求关系，有利于中国石油市场的高质量发展。

现阶段，中国是仅次于美国的世界第二大石油消费国。1965 年，中国石油消费量仅为 1100 万吨，2021 年增至 7.19 亿吨；全球占比则从 0.7%扩大至 16.9%（见图 5）。

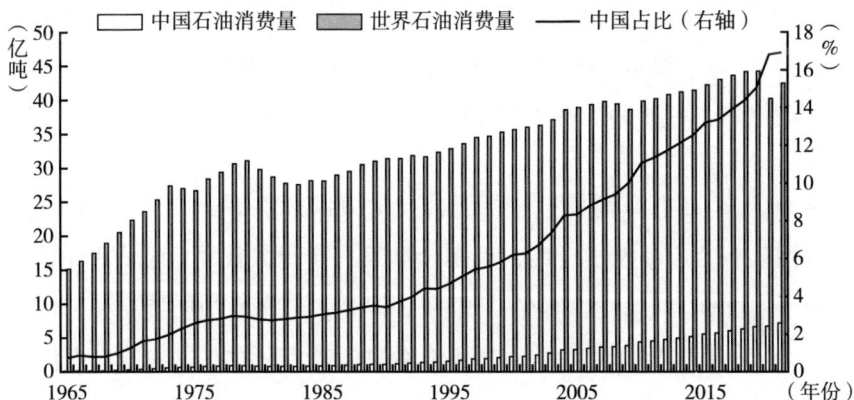

图 5　1965~2021 年中国石油消费量及其世界占比情况

资料来源：《BP 世界能源统计年鉴 2022》。

而且，中国已经是世界最大的石油进口国。2017 年，中国超越美国，成为世界第一大石油进口国。2021 年中国日均石油进口量增至 1272 万桶（见图 6），占世界总量的 19%。

作为世界数一数二的石油进口国和消费国，中国本应该享有相当大的国际原油定价权，但实际上并没有。中国学界对国际原油定价权的获取比较重视，[①] 政府和相关企业也为此做出了很大的努力。2018 年 3 月，上海原油期

---

① 笔者于 2022 年 12 月 29 日在中国知网（CNKI）中以"石油定价权"为篇名进行搜索，发现有 22 篇文章或论文。以"原油定价权"为篇名进行搜索，发现有 16 篇相关文章或论文。

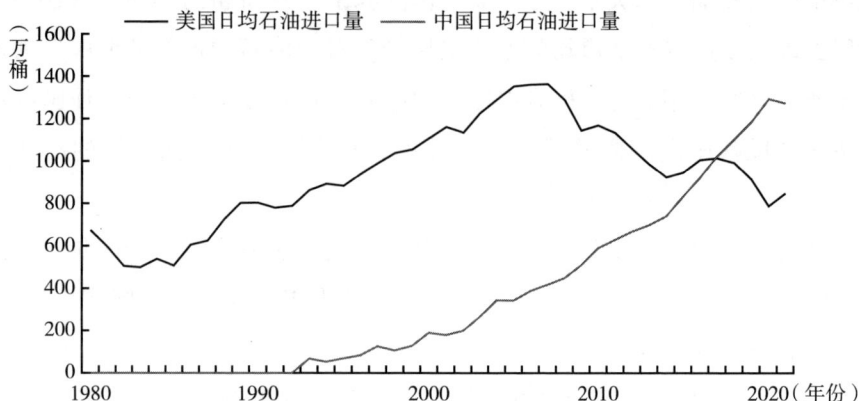

图 6　1980~2021 年中国、美国日均石油进口量

资料来源：《BP 世界能源统计年鉴 2022》。

货（SC 原油）在上海期货交易所子公司上海国际能源交易中心正式上市。这是中国第一个原油期货合约，也是全球第一个以人民币计价的原油期货，它开启了中国期货市场国际化的新征程。但是，上海原油期货品种上市后还没有对 Brent 和 WTI 这两大原油基准价格的影响力形成有效冲击，也没有对 CME 等公司对世界石油价格的统治力形成挑战。

为什么中国是世界数一数二的能源消费国，却比较严重地缺乏对国际能源市场的影响力，包括国际原油定价权呢？这与中国在国际规则制定和实施方面的影响力缺乏有很大关系。但美国在国际能源领域中却拥有强大的影响力，其原因值得我们仔细研究，而其经验值得我们认真汲取。

虽然同为能源消费大国，但是美国的能源制度与中国有明显差别。美国是一个典型的资本主义市场经济国家。在美国，和其他许多商品一样，石油等能源产品的价格由市场供求关系决定，由参与者合力形成，会随时发生变化，并支持实现资源的最优配置。市场根据所有参与者共同接受的规则来运转，不会被政府或其他任何一个主体或个人的意志所左右。

美国之所以在全球能源市场具有最大的影响力，还有一个重要原因是美国具备信息优势。美国是一个信息极其丰富的国家，在能源领域也是如此。

丰富而且源源不断的信息使美国在能源领域享有信息霸权。现阶段的国际石油等能源产品市场已经高度信息化。美国在能源领域具有突出的信息优势是它的能源消费受到能源金融等市场所有参与者的时刻关注并具有巨大国际影响力的重要原因。

在美国，提供能源信息的主体相当多元。美国能源署（Energy Information Administration，EIA）等政府机构会定期（频率有的高，有的低）向国内外公开发布能源信息，贝克休斯（Baker Hughes）等能源公司也会提供大量的能源信息，能源咨询公司（比如 IHS、FGE、Genscape 等）除提供高质量的能源信息外，还提供专业的能源分析和研究报告。美国能源信息的发布和传播受到《信息自由法》的保护和鼓励。美国政府机构如果没有根据要求发布应该发布的能源信息，会被企业、社会组织和民众问责。

美国在能源领域（以及其他领域）是一个规则/制度导向、信息发达的国家，这是它在国际能源市场享有巨大影响力的关键原因。[1] 和美国等世界先进国家相比，中国政府在能源领域的规则导向、信息透明等方面还需要做相当多的工作。而要做到规则导向、信息透明，前提是中国政府需要切实摆脱弱国心理和他者心态，真正做到"四个自信"（道路自信、理论自信、制度自信、文化自信），并不断提高自身在世界能源等领域中的影响力。

三 切实推进能源消费革命、有效实现能源高质量发展的途径

切实推进能源高质量发展，最重要的是继续深入推进中国能源领域的改革开放。要既做好节能工作和能源清洁低碳转型，又承担好大国责任。

推进能源消费革命的具体工作千头万绪，但是其中主要有以下几条。第一，加速提升中国能源消费的清洁低碳水平，推进能源正义；第二，多措并

---

[1] 当然，美国能源消费虽然有较大的国际影响力，但也有其短板。正因为如此，在某些特殊时期，为了确保国家能源安全，美国也需要寻求与世界其他国家的合作。

举，提升中国能源消费的自主性；第三，主要通过制度革命，提高中国能源消费的国际影响力。

（一）加速提升中国能源消费的清洁低碳水平，推进能源正义

提升中国能源消费的清洁低碳水平是中国能源发展的当务之急。在可预见的未来，中国能源消费量还将继续增加。在总量增长的前提下，提升中国能源消费的清洁低碳水平就显得尤其重要。努力提升能源消费的清洁低碳水平，对内可以促进生态文明建设，对外可以减缓中国因为碳排放量持续增加而承受的国际压力，因此意义重大。在清洁和低碳这两者中，中国能源低碳发展的迫切性更加突出。

为缓解能源尤其是化石能源消费导致的环境污染问题，近些年中国政府制定和实施了《大气污染防治行动计划》《打赢蓝天保卫战三年行动计划》《水污染防治行动计划》《土壤污染防治行动计划》等一系列法律法规、政策文件，取得了显著的成绩。

在气候危机受到全球关注的大背景下，中国作为世界第一大温室气体排放国（而且每年排放的增量还较大），在碳减排方面不可能不承受较大的国际压力。

2020年9月，中国政府宣布将力争2030年之前实现碳达峰，2060年前实现碳中和。不过，2020年以来中国的碳排放量没有减少，反而持续增加。2021年，中国政府对碳减排策略进行了调整，包括提出要先立后破，不搞运动式减排等。虽然对碳减排的速度做了调整，但是中国的碳减排必须继续往前走，"双碳"目标也必须完成，否则中国政府在国际上的公信力将在一定程度上受损。

客观地讲，中国要推进实现碳减排目标，阻力的确不小。首先，中国是一个发展中国家，经济要继续发展，人民生活水平还要继续提高，因此能源消费的增长还会持续一段时间。其次，中国是世界"工厂"。中国工业化进程尚未结束，而且重化工业在工业结构中又占有较大比重，这对中国能源消费的继续增长形成有力支撑。再次，如上所述，中国能源资源禀赋结构对中

国的碳减排工作具有较强制约作用。在化石能源结构方面，中国富煤、贫油、少气。虽然煤炭的二氧化碳排放量在化石能源中最高，但是在中国，煤炭价格比同等热值的天然气和石油的价格要低得多，消费煤炭最划算，煤炭最受企业和民众的欢迎。长期以来，煤炭一直在中国一次能源消费中占主导地位（见图7）。中国能源消费结构的这一长期特征对中国碳减排极为不利。

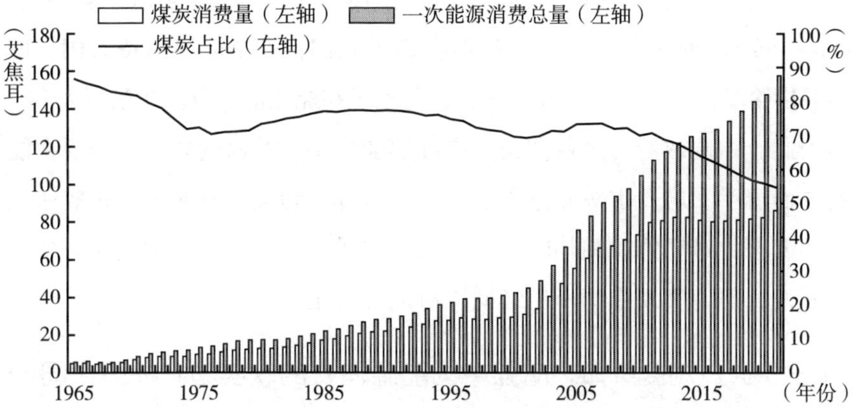

图7　1965~2021年中国煤炭消费量及其占比情况

资料来源：《BP世界能源统计年鉴2022》。

挑战巨大而严峻，中国应该如何破局呢？如果今后中国沿袭过去的做法，而不进行必要的工业和能源重组，就难以完成"双碳"目标，也很难兑现中国政府向国内民众以及国际社会做出的清洁低碳发展的承诺。中国现阶段的能源消费模式是典型的工业社会的能源消费模式，也是典型的大工业经济的能源消费模式。这种模式的优点是专业性强、工作效率高，但也有其缺点，即能源项目往往都是重资产项目，路径依赖性强，"船大难掉头"。大型项目一旦建成，其对碳排放的影响便往往会持续几十年。

以后中国能源消费发展道路需要走集中式和分布式相结合的道路。要充分利用人民群众的主动性和创造力。应该加快推进国内能源民主，允许、鼓励和支持部分有条件的民众发展分布式清洁能源，并助力国家能源安全。而风光电等清洁能源的发展，也符合推进能源正义的要求。

（二）多措并举，提升中国能源消费的自主性

供应方和需求方需要共同努力，加速推进再电气化，提高电力消费在中国一次能源消费总量中的比例。同时，中国政府需充分动员社会力量，提升能源消费效率。

中国是一个能源消费大国。20 世纪 70 年代之后美国追求能源独立（energy independence）的经验和教训也启示我们，一个能源消费大国，即使在能源供给革命方面取得巨大成功，也免不了在能源消费方面受制于人。

因此，中国政府、企业和民众在推动能源供给革命的同时，也要在能源消费方面着手，向日本等先进国家学习，持续、切实提升能源消费效率。此外，还要努力进行能源结构转型，加快国内风能、光伏、生物质能等本土能源的开发，努力实现中国可持续的固有能源安全。

（三）通过制度革命，增强中国能源消费的软实力，提高中国能源消费的国际影响力

中国政府需要在能源领域扎实推进改革，需对标美国等先进国家，充分发挥制度和人的力量，提高中国能源消费在国际上的软实力。

中国是世界最大的能源消费国，能源消费量遥遥领先于世界其他国家。细分来看，中国煤炭、石油、天然气、电力等消费量均在世界范围内名列前茅。不仅如此，中国也是清洁能源消费大国，电动汽车销量等在全球领先。由此可见，中国能源消费的硬实力在全球范围内十分突出。

但是，中国能源消费的软实力却不能与硬实力相匹配，其结果是中国是世界能源大国，却不是世界能源强国。在国际能源领域，中国整体仍然处在被动的状态。而根本出路是通过规则和数据建设等方面的努力，提高中国在能源领域的可信度、活跃度和主动性，进而增强中国在世界能源领域的影响力。

在能源软实力建设方面，中国需要继续深化改革，充分挖掘社会生产潜力，允许和鼓励更多社会力量参与到增强中国能源软实力的事业中来。一方

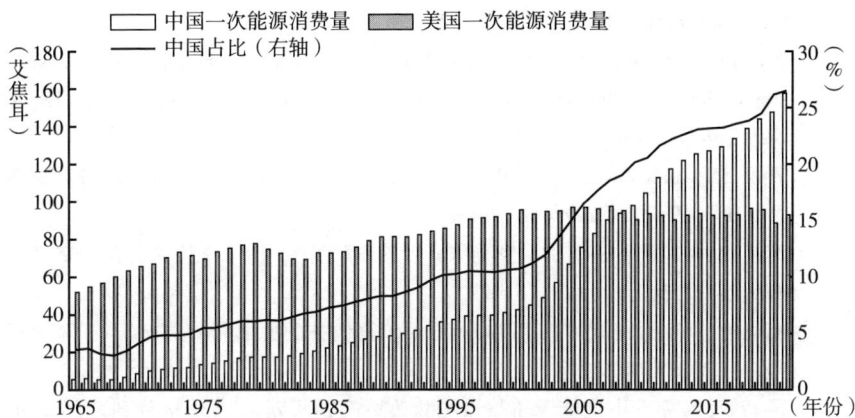

**图8 1965～2021年中国、美国一次能源消费量以及中国一次
能源消费量在世界总量中的占比**

资料来源：《BP世界能源统计年鉴2022》。

面，中国政府应该立足于实事求是的科学精神，除旧布新，更新和完善能源
领域的规则。同时中国政府自身也应该遵守自己制定的规则。另一方面，中
国需要积极争取国际能源领域的信息主导权。迄今为止，中国能源领域信息
不公开、不透明的情况仍然存在。中国政府需要以开放自信的心态，主动对
国内国外公开更多的能源信息，并允许国内外能源咨询企业获取并公布关于
中国能源消费的大量高质量的信息。通过持续推进以上工作，中国可以逐渐
提升自身在国际能源领域的软实力，并将其与硬实力更好地相结合。

参考文献

[1] Andrew B. Kennedy, "China's New Energy-Security Debate", *Survival: Global Politics
and Strategy*, 52 (3), 2021.

[2] BP Statistics Review of World Energy, 2022.

[3] Laëtitia Guilhot, "An Analysis of China's Energy Policy from 1981 to 2020: Transitioning
towards to a Diversified and Low-carbon Energy System", *Energy Policy*, 162, 2022.

[4] World Bank, "Access to Electricity (% of population)", https://data. worldbank.

org/indicator/EG. ELC. ACCS. ZS，2023.

［5］Xiwen Cui, Shaojun E., Dongxiao Niu, "An Improved Forecasting Method and Application of China's Energy Consumption under the Carbon Peak Target", *Sustainability*，13（15），2021.

［6］Zhifu Mi, Jiali Zheng, Jing Meng et al., "China's Energy Consumption in the New Normal", *Earth's Future*，6，2018.

［7］车夏辉：《能源贫困识别、影响因素及改善研究》，博士学位论文，南京信息工程大学，2021。

［8］褚王涛、徐召辉：《WTI 和 Brent 原油价格倒挂的原因及其影响》，《国际石油经济》2011 年第 9 期。

［9］段婧婧：《完善中国能源价格市场化改革问题研究》，《价格月刊》2022 年第 1 期。

［10］范必：《中国能源市场化改革》，中信出版社，2018。

［11］冯飞：《中国能源领域市场化改革面对的重大问题》，《国际石油经济》2004 年第 1 期。

［12］《胡锦涛在中国共产党第十八次全国代表大会上的报告》，http：//cpc. people. com. cn/n/2012/1118/c64094-19612151-8. html。

［13］玫克生能源：《中国 90% 的碳排放来自能源领域，发展绿色能源刻不容缓》，https：//new. qq. com/rain/a/20211120A07P9B00。

［14］李可愚、杨建：《中央经济工作会议传递稳增长信号　五大领域有望成后期投资主线》，《每日经济新闻》2021 年 12 月 31 日，第 1 版。

［15］林伯强：《电力普及 100%，能源普遍服务是中国能源发展的一大亮点》，https：//www. yicai. com/news/100328876. html。

［16］刘自敏、熊瑶、邓明艳：《能源普遍服务与居民主观幸福感：基于能源贫困的视角》，《产业组织评论》2022 年第 1 期。

［17］史丹、冯永晟：《深化能源领域关键环节与市场化改革研究》，《中国能源》2021 年第 4 期。

［18］舒印彪：《践行能源安全新战略　为"六稳""六保"注入新动能》，http：//www. qstheory. cn/dukan/hqwg/2020-07/09/c_ 1126215789. htm。

［19］王海滨：《美国能源独立与石油消费的关系及其对中国的启示》，《国际石油经济》2022 年第 11 期。

［20］王晶晶、杨漾：《发改委划定煤价合理区间：防范煤价大起大落，化解煤电顶牛》，https：//www. thepaper. cn/newsDetail_ forward_ 16852489。

［21］《习近平：高举中国特色社会主义伟大旗帜　为全面建设社会主义现代化国家而团结奋斗——在中国共产党第二十次全国代表大会上的报告》，http：//www. gov. cn/xinwen/2022-10/25/content_ 5721685. htm。

［22］《习近平总书记关于国家能源安全发展的"四个革命、一个合作"战略思想》，http：//www. cecep. cn/g13385/s25501/t69684. aspx。

［23］徐盈之、魏瑞：《双重环境规制、能源贫困与包容性绿色发展》，《中南大学学报》（社会科学版）2021 年第 2 期。

［24］张锦、王政：《城镇化对农村能源贫困影响的实证研究——基于城乡相对贫困视角》，《生态经济》2022 年第 11 期。

［25］《中共中央　国务院印发〈关于深化石油天然气体制改革的若干意见〉》，http：//www. gov. cn/zhengce/2017-05/21/content_ 5195683. htm。

［26］《上海原油期货上市三周年侧记》，http：//news. cnpc. com. cn/system/2021/03/26/030028164. shtml。

［27］《中央经济工作会议举行　习近平李克强作重要讲话》，http：//www. gov. cn/xinwen/2021-12/10/content_ 5659796. htm。

B.13
高质量发展背景下推动全国统一能源
大市场建设路径

王　鹏[*]

摘　要： 高质量发展是全面建设社会主义现代化国家的首要任务，高质量发展离不开高水平的社会主义市场经济体制。本文分领域总结了我国能源市场的供需关系，认为我国建立全国统一能源大市场十分必要。我国应统筹煤炭市场、油气市场、电力市场，充分考虑风电、光伏等可再生能源市场，以及新生的氢能二次能源市场，使能源市场与资源环境市场相衔接，形成品种多元的能源大市场。同时还要依靠市场化手段和市场机制推进以清洁能源为主体的能源开发利用；健全多层次、统一的电力市场体系，统一交易规则和技术标准，破除市场壁垒，推进适应能源结构转型的电力市场机制建设，加快形成统一开放、竞争有序、安全高效、治理完善的电力市场体系。此外，还应适时组建全国电力交易中心，进一步发挥全国煤炭交易中心的作用，推动完善全国统一的煤炭交易市场，以此支撑现代能源体系建设。

关键词： 能源大市场　高质量发展　现代能源体系

　　高质量发展是全面建设社会主义现代化国家的首要任务，高质量发展离

* 王鹏，博士，华北电力大学国家能源发展战略研究院执行院长，中国能源研究会配售电研究中心执行主任，中国投资协会能源投资专委会副会长，主要研究方向为能源电力经济、新能源电力系统特性与多源互补、中国能源战略。

不开高水平的社会主义市场经济体制。2022 年 4 月印发的《中共中央 国务院关于加快建设全国统一大市场的意见》（以下简称《意见》），提出要加快建立全国统一的市场制度规则，打破地方保护和市场分割，打通制约经济循环的关键堵点，促进商品要素资源在更大范围内畅通流动，加快建设高效规范、公平竞争、充分开放的全国统一大市场，全面推动我国市场由大到强转变，为建设高标准市场体系、构建高水平社会主义市场经济体制提供坚强支撑。党的二十大报告进一步强调要"构建全国统一大市场，深化要素市场化改革，建设高标准市场体系"。全国统一大市场语境下的"统一"，强调的是市场基础制度规则的统一、市场设施的高标准联通、要素和资源市场的统一、商品和服务市场的高水平统一、市场监管的公平统一；"大市场"则与由于地方保护和市场分割而形成的"封闭小市场""自我小循环"相对应。

作为全国统一大市场特别是要素和资源市场的重要组成部分，能源既是各类商品生产形成的重要基础支撑，其本身作为一种商品，自然也要形成全国统一市场。《意见》也提出要求，建设全国统一的能源市场。在有效保障能源安全供应的前提下，结合实现碳达峰、碳中和目标任务，有序推进全国能源市场建设。在统筹规划、优化布局基础上，健全油气期货产品体系，规范油气交易中心建设，优化交易场所、交割库等重点基础设施布局。推动油气管网设施互联互通并向各类市场主体公平开放。稳妥推进天然气市场化改革，加快建立统一的天然气能量计量计价体系。健全多层次统一电力市场体系，研究推动适时组建全国电力交易中心。进一步发挥全国煤炭交易中心作用，推动完善全国统一的煤炭交易市场。

在有效保障能源安全供应的前提下，结合实现碳达峰、碳中和的目标任务，有序推进全国统一能源大市场建设，意义重大。

应充分考虑我国实际情况，遵循市场经济一般规律和能源电力发展技术特性，分析"双碳"与能源低碳转型对能源市场的要求，分析油气市场、煤炭市场、电力市场及碳市场之间的关系与相互影响，分析制约能源资源在全国范围内市场化配置的原因，进而提出全国统一能源大市场顶层设计方案和实施路径。

一 能源各领域市场体系初步形成

改革开放以来,能源体制机制基本以市场化定价为导向,采取分层次、多步骤的渐进性改革路径。特别是,2015 年我国开始了以构建多元化市场体系为主要内容的新一轮电力体制改革,2017 年我国明确了在油气领域形成相对竞争的市场格局的任务,能源领域市场主体多元化格局初步形成。在市场机制的作用下,我国能源供需保持了较好的动态平衡。

(一)能源总体供需状况

"十三五"期间,我国国内原油产量稳步回升;天然气产量增长较快,年均增量超过 100 亿立方米;油气管道总里程达到 17.5 万公里;发电装机容量达到 22 亿千瓦;西电东送能力达到 2.7 亿千瓦,有力保障了经济社会发展和民生用能需求。

2021 年我国一次能源生产总量为 43.3 亿吨标准煤,比上年增长 6.2%。能源生产结构中煤炭占 67.0%,石油占 6.6%,天然气占 6.1%,水电、核电、风电等非化石能源占 20.3%。能源消费总量为 52.4 亿吨标准煤,比上年增长 5.2%,能源自给率为 82.6%。中国能源消费结构不断改善。2021 年煤炭消费占一次能源消费总量的比重为 56.0%,石油占 18.5%,天然气占 8.9%,水电、核电、风电等非化石能源占 16.6%。2011~2021 年的中国一次能源产量与自给率如图 1 所示,中国一次能源消费结构变化情况如图 2 所示。

根据电力规划设计总院《中国能源发展报告 2023》数据,2022 年全国一次能源生产总量为 46.6 亿吨标准煤,比上年增长 9.2%。原煤、原油和天然气产量分别比上年增长 10.5%、2.9%、6%。国家统计局初步核算,2022 年全年能源消费总量 54.1 亿吨标准煤,比上年增长 2.9%。煤炭消费量增长 4.3%,原油消费量下降 3.1%,天然气消费量下降 1.2%,电力消费量增长 3.6%。煤炭消费占一次能源消费总量的 56.2%,比上年上升 0.3 个百分点;

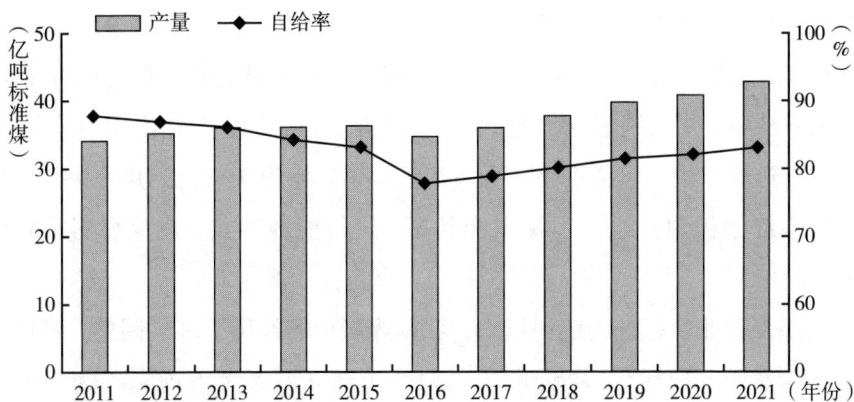

图1 2011～2021年中国一次能源产量与自给率情况

资料来源：历年《中国能源统计年鉴》《中国统计年鉴》。

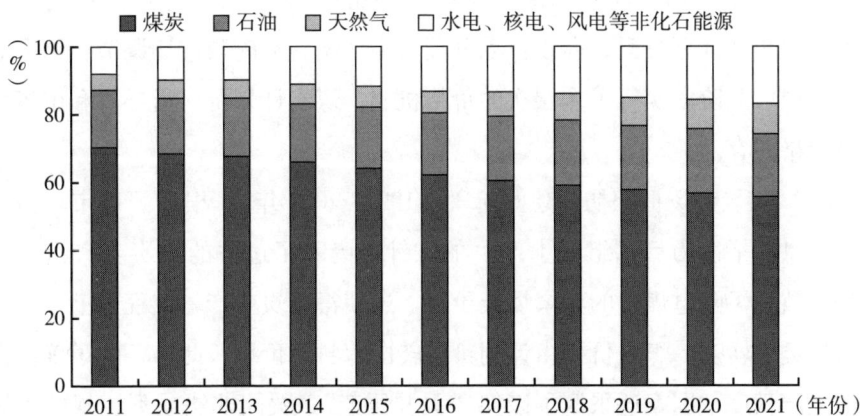

图2 2011～2021年中国一次能源消费结构变化情况

资料来源：历年《中国统计年鉴》。

天然气、水电、核电、风电、太阳能发电等清洁能源消费量占一次能源消费总量的25.9%，比上年上升0.4个百分点。

（二）煤炭市场体系

煤炭供应链是由许多参与者和相互关联的环节组成的复杂体系，覆盖从煤炭资源获取到煤炭消费的整个过程。其中包括生产、销售、运输、储存和其他相关环节。煤炭企业通常可以通过参与资源市场或国家分配的方式获得煤炭资源，然后通过采选等环节，从煤炭矿井中提取煤炭并将其转化为商品。在销售环节中，煤炭销售企业需要与用煤企业签订合同，并根据用户的需求，通过各种运输方式（包括铁路、公路和航运等）将煤炭交付到用户手中。这些煤炭最终会被用户进一步加工和利用，进行能源转化、成为燃料或化学原料。

自煤炭行业实行统购统销以来，我国煤炭市场经历了多次调整，形成了煤炭产销"放开搞活"、煤炭市场框架初步建立、煤炭市场完善和规范发展、煤炭市场宏观调控等历史发展阶段。经过漫长的发展，我国的煤炭市场体系初步形成。①

（1）煤炭产销"放开搞活"阶段（1978~1992年）。煤炭行业的产业政策，逐步从计划分配，向以计划分配为主、统一分配与市场调节相结合的方向发展。此阶段实行了多层次的价格机制，煤炭计划价、指导价和市场价三种价格并存。

（2）煤炭市场框架初步建立阶段（1993~2001年）。根据"以市场为导向，以供需平衡为目标组织生产"的方针，废除了过去的煤炭生产指令性计划，放开了除电煤外的其余煤炭价格。这使得煤炭生产一定程度上由计划向市场调节转变，煤炭价格由计划价格转向双轨制价格。此外，为了确保良好的生产秩序，国家还采取了诸如"关井压产"，关闭非法或不正规的小煤矿等强制性措施，煤炭市场转变为"政策性市场"。

（3）煤炭市场完善和规范发展阶段（2002~2015年），2002年政府宣布取消电煤的指导价格。然而，受制于当时的市场环境和条件，政府仍发布了参考价格，仍存在关键合同，煤炭并没有实现真正的企业自主定价，煤炭市场未能真正形成。2004年，国内煤、电、油、气供不应求，煤炭价格快速上涨，促使国家发展改革委决定建立煤电联动机制。2012年，国务院办公厅发布了《关于深化电煤市场化改革的指导意见》。该指导意见在几个方

---

① 王震：《改革开放40年煤炭市场发展历程与成就》，《煤炭经济研究》2018年第11期。

面做出了重大改变，包括要求从 2013 年起取消关键合同，取消电煤价格双轨制，减少政府对微观经济活动的干预，并停止下达年度跨省区煤炭铁路运力配置意向框架等，此外还要求煤炭企业和电力企业独立自主签订合同、协商价格。2014 年，国家发展改革委发布了《关于深入推进煤炭交易市场体系建设的指导意见》，对我国煤炭交易市场建设进行了进一步的指导和规范。

经过多年的改革和探索，我国煤炭行业发生了一系列重大变化。煤炭生产由小煤矿无序生产转向大煤矿大规模生产，市场主体由"散乱弱"转向"大集团"，煤炭销售从政府统一配送转向企业自主营销，煤炭流通由传统的"产运需"转向煤炭物流，煤炭市场则从单一的国内市场向国际、国内统一市场发展。煤炭行业的改革和探索，为我国经济社会的快速发展做出了重大贡献。但即便如此，随着宏观环境与政策的变动，煤炭供求关系失衡的现象仍时有发生。

（4）煤炭市场宏观调控阶段（2016 年迄今）。面对煤炭供求关系失衡的局面，2016 年国务院和国家发展改革委出台相应的政策文件。其中，国务院出台了《关于煤炭行业化解过剩产能实现脱困发展的意见》，用以指导煤炭行业化解过剩产能。国家发展改革委推动建立"中长期合同"制度和"基础价+浮动价"的定价机制以调节供需。具体来说，政府根据重点煤电煤钢企业的中长期基准合同价，建立煤炭市场价格异常波动平抑机制，将动力煤价格划分为绿色、蓝色和红色三个区间，价格一旦位于红色区间，便立即启动煤炭价格异常波动平抑机制。虽然这样可以在一定程度上扭转煤炭供求关系失衡的局面，但政府的干预使得新模式下的价格双轨制再次形成。

可以看出，自从实施供给侧改革以来，煤矿产能已经成为影响价格的关键因素。然而，在产能不足时，执行煤炭限价政策，会导致煤矿产量下降，加剧煤炭价格的波动。此外，"新双轨制"也会造成市场煤炭供应缺口，导致煤炭价格上涨空间进一步加大。再加上"去产能"计划的提前完成，煤炭供需失衡的情况更加严重。受煤炭核定产能限制，当煤炭实际产量接近上限时，煤炭供应的价格弹性会急剧下降。① 因此，打破煤炭产能过剩和短缺的循环，更加有效地发挥政府与市场配置资源的作用，还有很长的路要走。

此外，去产能政策的实施对我国煤炭市场的参与者结构也有了明显影响，煤炭企业的集中度有了显著提高。根据中国煤炭工业协会统计与信息部的数据，2022 年，我国前十大煤炭生产企业的总产量为 23.1 亿吨，同比增加 1.4 亿吨，占规模以上企业原煤产量的 51.3%。其中，国家能源集团、晋能控股集团、山东能源集团、中煤集团、陕煤集团、山西焦煤集团、潞安化工集团、华能集团、国电投集团、淮河能源集团分别生产了不同数量的煤炭，涨跌幅度也有所不同。具体来说，国家能源集团生产煤炭 60109 万吨，同比增长 5.4%；晋能控股集团生产煤炭 41297 万吨，同比增长 7.6%；山东能源集团生产煤炭 26516 万吨，同比增长 3.9%；中煤集团生产煤炭 26150 万吨，同比增长 3.4%；陕煤集团生产煤炭 23326 万吨，同比增长 11.0%；山西焦煤集团生产煤炭 18215 万吨，同比增长 4.5%；潞安化工集团生产煤炭 10466 万吨，同比增长 13.2%；华能集团生产煤炭 9954 万吨，同比增长 14.9%；国电投集团生产煤炭 7879 万吨，同比增长 2.1%；淮河能源集团生产煤炭 7411 万吨，同比下降 0.2%。

（三）油气市场体系

石油行业是一个独特的行业，它依靠自然资源来生产包括成品油、天然气和化工产品在内的各种主导产品，其本身就是一个广泛的生态链。通过分析石油产品的生产和销售过程，可将石油产业链分为原料供应、勘探和生产、运输和分配、炼油、化学加工和分销等多个环节。其中，上游部门集中在原料供应、勘探和生产环节，中游部门集中在炼油环节，而下游部门则负责最终石油产品的分销和交易。

改革开放以来，我国一直致力于提升石油天然气行业的发展效率，并

---

① 徐跃：《煤炭市场供需失衡因素分析及政策建议》，《中国煤炭》2022 年第 10 期。

不断推进油气体制改革。我国的油气体制改革可以大致分为三个主要阶段。①

（1）第一阶段为油气体制改革初探阶段，时间跨度为 1978～1992 年，这一时期的体制改革主要围绕油气"大包干"制度以及海洋和陆地油气对外开放两大方面展开。

（2）第二阶段为国际化市场化改革推进阶段，时间跨度为 1993～2012 年，这一阶段我国油气企业开始"走出去"，形成了初步的油气发展格局。

（3）第三阶段为油气体制改革深化阶段，时间跨度为 2013 年至今。这一阶段，我国开始深化油气体制改革，2017 年 5 月，中共中央、国务院印发《关于深化石油天然气体制改革的若干意见》，从八个方面对油气体制改革做出了部署，包括放开上游勘查开采、完善原油进出口政策、向第三方放开管网等。该阶段力图推动油气行业改革实现新突破，从放宽准入、市场化改革、加强监督以及国企改革等局部、点式改革转向覆盖全行业、全产业链的立体式改革。

在改革措施的推动下，现阶段我国油气市场体系已经呈现出"X+1+X"的新形态，即上游油气资源供应主体多样化，中间统一管网高效集输，下游销售市场充分竞争。这使得市场活力得到了进一步释放。然而，需要注意的是，油气体制改革仍存在多方面的问题，包括如何加大外资利用力度，如何挖掘民营企业上游油气勘探开发潜力，如何提升油气企业国际品牌价值等，需要出台相应政策予以解决。此外，虽然改革目标具有前瞻性，理念也具有先进性，但实际执行效果常常不如预期。这与中国的特殊国情密不可分，油气体制改革一方面需要兼顾行业和市场自身的市场化目标，另一方面还需要考虑就业和社会公平等一系列问题，因此面临的困难和阻力超乎寻常。

随着我国步入高质量发展的新阶段，油气的高质量供应对经济社会发展

---

① 罗佐县、李捷理：《油气体制改革的历史脉络与深化路径》，《新视野》2020 年第 5 期。

的战略意义日益突出。因此，继续深化油气体制改革已经成为油气行业的重要任务。在这个过程中，需要聚焦难点和热点问题，尽快找到解决方案。只有这样，我们才能够确保油气行业继续"发光、发热"，并为国家经济社会发展做出更大的贡献。

（四）电力市场体系

电力在能源中具有特别重要的地位。通过应用电力技术，能够把各种化石能源、核能、水能、风能、太阳能等一次能源，转化成传输使用方便、高效清洁的二次能源，提供优质终端服务，提升系统效率，控制环境污染，提高能源转换和输配的效率，实现高效清洁发电和安全供应。

改革开放之初，我国电力工业总体上讲属于计划经济，发输配售一体化运营。四十多年来，电力工业市场化改革不断推进、不断深化，适应了电力工业和国民经济发展的需要。我国电力体制改革大体分为三个阶段。①

（1）鼓励集资办电，实行多种电价。1985 年 5 月国务院批转国家经委等部门《关于鼓励集资办电和实行多种电价的暂行规定》，规定集资办电有两种方式：一是集资扩建新建电厂；二是卖用电权，将这部分资金转为电力建设资金。对部分电厂实行多种电价，用加价燃料发电，电网收取燃料附加费，组织用户来料加工收取加工费，实行峰谷、汛枯差别电价。集资电厂实行"谁投资，谁用电，谁得利"的政策，用经济手段调动了地方、部门和企业投资建设电厂的积极性，电力装机容量快速增长。

（2）厂网分开竞价上网。2002 年之前我国电力工业总体上讲属于计划经济，发输配售一体化运营。针对当时电力体制暴露出的弊端，如垄断经营的体制性缺陷日益明显、省际市场壁垒阻碍了跨省电力市场的形成和电力资源的优化配置、管理方式不适应发展要求，国务院发布《电力体制改革方案》，拉开了以"厂网分开、竞价上网"为"十五"期间主要任务的改革大幕。该方案在市场模式上，提出的主要是发电企业竞争、电网企业

---

① 高世宪：《电力改革开放 40 年成就辉煌》，《中国能源》2018 年第 11 期。

购买的单一买方模式，由于在这种模式下供需不能直接见面、价格传导机制存在缺陷，之后，我国又大范围地实践了发电企业与大用户的直接交易模式。

（3）2015年中共中央、国务院颁布《关于进一步深化电力体制改革的若干意见》，新一轮电力市场化改革正式起步。本轮电力体制改革的总体目标是加快构建有效竞争的市场结构和市场体系，形成主要由市场决定能源价格的机制，转变政府对能源的监管方式，建立健全能源法治体系。总体思路为"三放开、一独立、三强化"。"三放开"是指在进一步完善政企分开、厂网分开、主辅分开的基础上，按照管住中间、放开两头的体制架构，有序放开输配以外的竞争性环节电价，有序向社会资本放开配售电业务，有序放开公益性和调节性以外的发用电计划。"一独立"是指推进交易机构相对独立，规范运行。"三强化"即进一步强化政府监管，进一步强化电力统筹规划，进一步强化电力安全高效运行和可靠供应。

二　建设全国统一能源大市场十分必要

由上一部分可知，由于不同能源品种的改革目标与方案是按照不同行业的特性所设计的，因此煤、电、油气的价格市场化程度各不相同，煤、电、油气等能源价格机制与政策有明显的阶段性特征，缺乏统一协调的价格机制与政策，能源资源市场配置能力偏弱、利用效率低下。按照《中共中央 国务院关于加快建设全国统一大市场的意见》，打破地方保护和市场分割，推动全国统一能源大市场建设，势在必行。

（一）从资源与能源消费实际情况看，需要建设跨地区的大市场

从资源禀赋角度而言，我国"富煤、缺油、少气"，据自然资源部《中国矿产资源报告（2022）》，2021年我国煤炭、油气的储量如表1所示。

表 1　2021 年中国主要能源矿产储量情况

序号	矿产	储量
1	煤炭(亿吨)	2078.85
2	石油(亿吨)	36.89
3	天然气(亿立方米)	63392.67
4	煤层气(亿立方米)	5440.62
5	页岩气(亿立方米)	3659.68

注：油气（石油、天然气、煤层气、页岩气）储量参照国家标准《油气矿产资源储量分类》（GB/T 19492-2020），为剩余探明技术可采储量；其他矿产储量参照国家标准《固体矿产资源储量分类》（GB/T 17766-2020），为证实储量与可信储量之和。

资料来源：参见自然资源部《中国矿产资源报告（2022）》。

我国的能源特点之一是地区间分布不均，煤炭资源集中分布于晋、蒙、新、陕、黔，石油资源集中于黑、新、鲁、冀、陕，天然气分布于新、蒙、川、陕、渝，水力资源分布在藏、渝、滇、新、川，风能资源分布在新、藏、青、黑和蒙。

就经济社会发展而言，东部地区发展更快，广东、江苏、山东、浙江的GDP 居前四位，广东、山东、江苏、浙江的全社会用电量也居前四位，分别如图 3 和图 4 所示。

地区间资源禀赋的差异，导致我国地区间能源的供给与需求处于不平衡的状态，各省（区、市）的能源保障程度各不相同。要推动跨省区的能源资源流动，实现资源富集地区的能源外送和资源稀缺地区的能源受入以满足人民日益增长的美好生活需要。

（二）从能源品种紧密关联关系看，需要建设多能源协同的大市场

能源系统是能源市场的物质基础，根据国家发展改革委能源研究所绘制的中国 2020 年能流图，我国大部分的煤炭，所有的核能、水力、风能等一次能源进入发电及供热系统转换为二次能源，然后进入终端领域，天然气、生物质能的一部分经过发电及供热系统，原油基本不经过发电及供热系统。

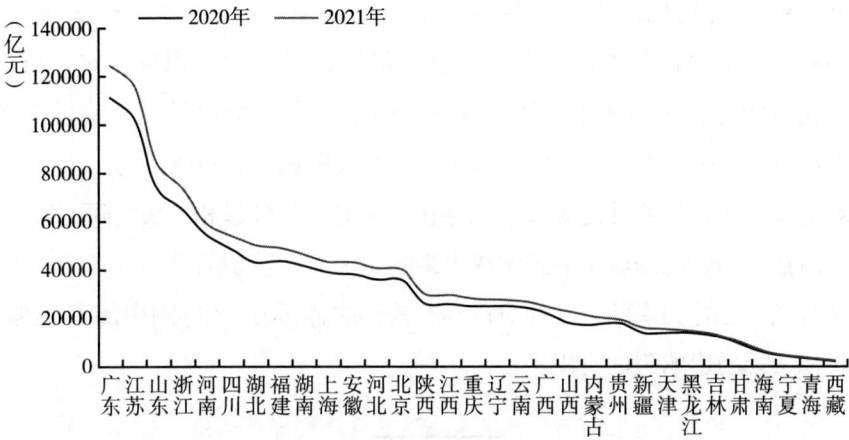

图 3　各省（区、市）2020 年和 2021 年 GDP

资料来源：2021 年、2022 年《中国统计年鉴》。

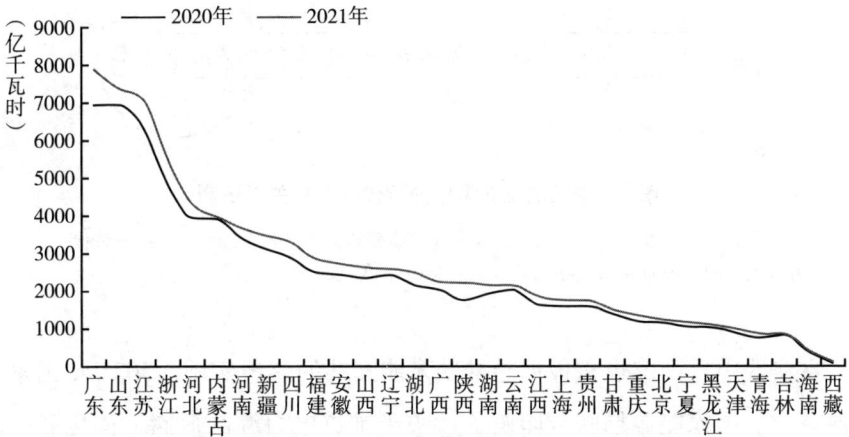

图 4　各省（区、市）2020 年和 2021 年全社会用电量

资料来源：2021 年、2022 年《中国统计年鉴》。

因此，从能源品种关联、耦合的视角看，煤炭—电力/供热市场、天然气—电力/供热市场、水力/风能/太阳能/生物质能等可再生能源—电力市场，成为能源大市场主要的关注对象。

基于上述定性认识，可以进一步从经济可性、技术可性和制度性等层面分析"能源转型"过程中的能源替代—互补关系及"电能替代"和"多能互补"的发展基础,确定中国能源转型概念模型的边界。有学者选取2000~2017年的相关能源统计数据就"能源转型"的内因进行实证研究,得到化石能源、火力发电、清洁能源发电三者在"能源转型"中的关系,如图 5 所示。一方面,化石能源技术和火力发电技术相对成熟,虽然目前已实现规模经济,但两种能源技术仍存在一定的创新机遇和发展空间。另一方面,清洁能源发电的成本和技术成为影响中国能源转型的重要因素,对中国能源替代—互补关系的互动和协调具有较好的解释力,但对中国绿色能源选择目标实现的影响程度有限。

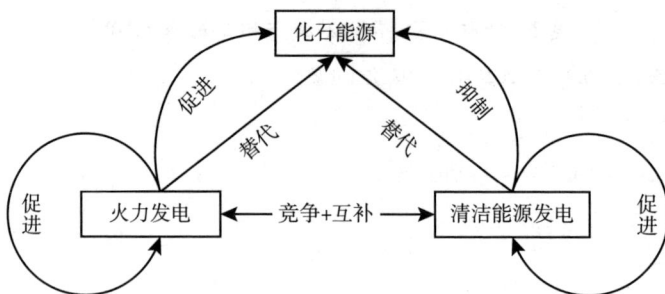

图 5　中国能源转型中的替代—互补关系逻辑

资料来源:刘平阔、王志伟的《中国"能源转型"是否合理?——能源替代—互补关系的实证研究》,《中国软科学》2019 年第 8 期。

在实践中,国家也积极倡导推动多能互补的落地实施。2021 年国家发展改革委、国家能源局联合印发了《关于推进电力源网荷储一体化和多能互补发展的指导意见》,已公布的 23 个国家级多能互补示范工程,包括 17 个终端一体化集成供能系统和 6 个风光水火储多能互补系统。中低品位多能互补综合能源系统是多能互补的典型形态。代表性工程是协鑫苏州工业园区多能互补集成优化示范工程,该示范工程在苏州工业园区,围绕低碳、高效、多能、智能四个方向,实施天然气、分布式光伏、风电、储能、地热、沼气等多能互补和电网、热网、天然气网、冷网四网耦合。该示范工程包括 2 个能源中心、10 个区域能源微网系统、100 个分布式能源点以及 2000 辆电动汽车，可为工业园区用户提供分布式能源、储能、需求侧管理和售电综合一体化服务。

（三）从碳减排及碳交易看，需要建设开放的大市场

控制碳排放是应对全球气候变化的关键措施，开展碳排放权交易被视为有效的碳减排路径。《京都议定书》鼓励各国通过碳排放权交易机制减排，《巴黎协定》进一步形成了新一代国际碳减排交易机制。长期以来，我国高度重视气候变化问题，采取了一系列行动应对气候变化，在这些政策行动中，建立碳排放权交易市场是利用市场机制控制温室气体排放的重大举措，是深化生态文明体制改革的迫切需要，有利于推动经济向绿色低碳转型升级。

我国早在 2005 年便以开发核证减排量和自愿减排量项目的方式参与国际碳市场，作为排放量的卖方从碳市场获得了不少实质性的收益。2011 年中国启动地方性碳市场，走上强制减排的道路。2011 年 10 月 29 日，国家发展改革委办公厅发布《关于开展碳排放权交易试点工作的通知》，同意北京、天津、上海、重庆、湖北、广东和深圳 7 个省市开展碳排放权交易试点。2013 年 6 月 18 日开始，7 个碳排放权交易试点省市先后开展碳排放权交易。2016 年 12 月 22 日，福建省启动碳排放权交易市场，成为中国第八个碳排放权交易试点地区。每个试点都是由当地主管部门根据当地情况制定规则，采用地方高度自治的方式，这样既可以调动地方参与碳市场的积极性，又能使碳市场呈现百花齐放的状态。[①] 2017 年 12 月，国家发展改革委印发了《全国碳排放权交易建设方案（发电行业）》，标志着中国碳排放权交易正式从电力行业开始启动。

基于上述政策，电力市场与碳市场（发电行业）成为必须一体化考虑的耦合市场。实际上从国际上看，碳市场覆盖电力行业几乎已成为通行的做法，全球主要碳市场发展情况如表 2 所示。将能源产品市场与碳市场进行关联设计也已成为当前能源规制与气候治理领域的前沿问题。

---

① 刘琛、宋尧：《中国碳排放权交易市场建设现状与建议》，《国际石油经济》2019 年第 4 期。

表2 全球主要碳市场发展情况

各地碳市场	组织方式	覆盖范围			市场特征	碳配额分配情况	碳配额下降情况	2020年碳价情况
		气体	行业	比例				
欧盟碳市场	跨界联盟型,由欧盟成员国组成	CO_2、N_2O、全氟化合物（PFCs）	电力行业、工业和航空业等	覆盖欧洲40%的碳排放量	总量控制与交易型;运营最早、最成熟	免费+拍卖;目前拍卖比例高达57%	总量削减因子:阶段3、4分别为1.73%和2.2%	碳价信号较为强劲,平均碳价为28.55美元/吨
美国加州碳市场	地区型	6种温室气体	电力、水泥、钢铁等	覆盖加州约80%的温室气体排放	总量控制与交易型	免费+拍卖;以拍卖为主,目前拍卖比例高达58%	总量削减因子:阶段1~4分别为1.9%、3.1%、3.3%、4%	碳价相对稳定,平均碳价为17.04美元/吨
北美RGGI	区域型;覆盖康涅狄格州、特拉华州、缅因州等10多个州	仅覆盖CO_2	以电力行业为主	覆盖RGGI约10%的温室气体排放	总量控制与交易型	100%拍卖	总量削减因子:2.5%（2014~2020年）、3.0%（2021~2030年）	平均碳价为7.06美元/吨
加拿大魁北克碳市场	地区型	6种温室气体	电力、工业等	覆盖魁北克省约78%碳排放量	总量控制与交易型	免费+拍卖;电力行业100%拍卖	总量削减因子:3.2%（2015~2017年）、3.5%（2018~2020年）、2.2%（2021~2023年）	平均碳价为16.97美元/吨

资料来源:秦博宇、周星月、丁涛等的《全球碳市场发展现状综述及中国碳市场建设展望》,《电力系统自动化》2022年第1期。

中国电力市场交易体系主要由电能量市场、辅助服务市场及绿色证书（简称"绿证"）交易市场构成。其中,电能量市场以电能为市场交易标的物,形成市场价格信号,引导电能生产消费行为,且在现有交易框架下设置了独立的绿色电力交易品种，引导用户与风电、光伏发电等绿色发电企业直接交易；辅助服务市场能够提供一次调频、无功调节及黑启动等辅助服务，维持高比例新能源接入下的电力系统安全稳定运行；绿证市场以可再生能源配额制为基础，管控主体应消纳规定比例的可再生能源发电量，并获得签发的绿色证书。目前，绿证交易制度已在中国获得全面推行，正逐步取代可再生能源补贴政策，成为促进中国可再生能源发展的重要举措。

尽管电力市场和碳市场两个市场的性质不同，碳市场本身是一种政策性市场，但分析探究碳市场与电力市场的互动机制成为必须，电力市场和碳市场也都会对电力企业的发展产生深远的影响。如图 6 所示，碳市场会增加低效高碳排放发电企业的经济负担，而高效低碳排放的发电企业则可以通过碳市场获得经济收益。这样将使得低效率高碳排放的电厂发电边际成本增加，高效率清洁电厂的发电边际成本下降。如果此时电力市场能够发挥作用，按边际成本由低到高的顺序实施调度，那么高效清洁的电厂会获得更多的发电机会，而低效高碳排放的电厂发电量将会减少。

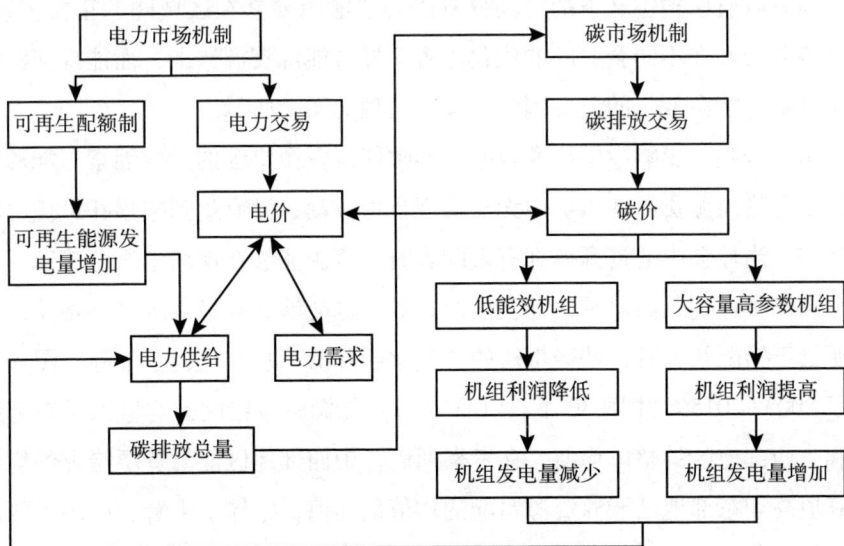

图 6　碳市场交易与电力市场交易的互动关系

资料来源：《双剑合并：碳市场与电力市场耦合共推电力行业低碳发展》，碳排放交易网，http：//www. tanpaifang. com/tanguwen/2019/0412/63519_ 4. html。

目前碳市场是全国性市场，而电力市场更多地在建设省级市场，二者的政策目标不一，削弱了市场减排效用。例如，可再生能源消纳目标过高将导致碳价下降，控排主体的碳排放量随之上升，削弱碳市场的减排约束力，而过于严格的碳限额上限亦将导致绿证市场交易低迷。此外，如果全国能源市场不开放，那么市场效用将降低。一方面，绿证市场与碳市场缺乏有效互认制度，导致市场功能重复，交易流程冗余，运行效率低。另一方面，缺乏有效的碳成本传导机制，发电企业碳成本无法向下游传导，增加了企业履约负担，降低了发电企业碳市场参与积极性，无法实现低成本减排、挖掘减排潜力。

（四）从打破行政壁垒市场分割看，需要建设规则统一的大市场

为了维护本地区经济利益、维持本地区社会经济的稳定发展、获得中央政府认可、实现政治目标与抱负，地方政府往往会对企业设置进入或退出壁垒，以此来限制地区商品、资源的正常流动，最终加剧市场分割。

地方政府保护主义下的市场分割阻碍了能源要素在区域间的正常流动，影响能源要素在不同企业间的优化配置，导致能源资源错配，而能源资源错配又是降低能源效率的重要因素，具体机理如图7所示。

市场分割是影响中国能源效率、导致能源资源错配的重要因素。能源资源错配是指能源资源在市场中无法实现自由流动，没有达到帕累托最优的配置状态。当社会中的资源得到有效配置时，资源能够在市场中充分流动，社会总产出会达到最高水平，社会生产总效率也能够达到最优水平；相反，当资源处于错配状态时，社会生产的总效率会降低，总产出也会下降。图8显示了2003～2015年中国30个省（区、市）能源资源错配的均值以及东部地区和中西部地区的整体均值。在考察期内，中西部地区能源资源错配的均值最高值高于东部地区能源资源错配的均值最高值，整体上来看，中国中西部地区能源资源错配均值明显高于东部地区，说明中西部地区能源资源错配情况比东部地区更为严重，这可能是由中西部地区市场分割程度比东部地区更深造成的。

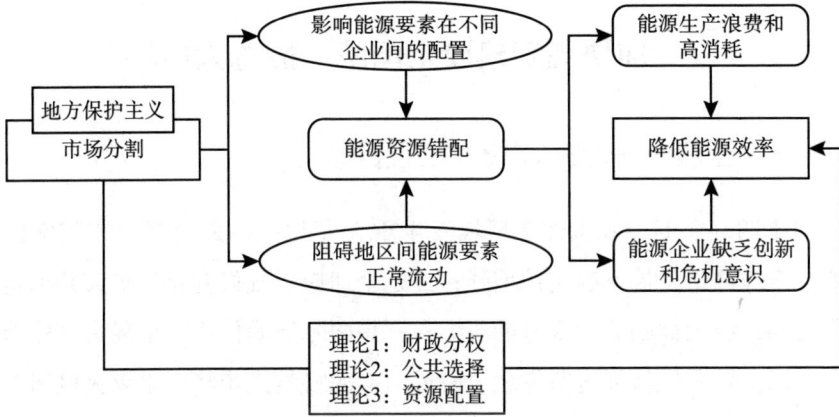

图 7　市场分割影响能源效率的机制

资料来源：李金玲：《市场分割对能源效率的影响：能源资源错配的视角》，硕士学位论文，南京师范大学，2021。

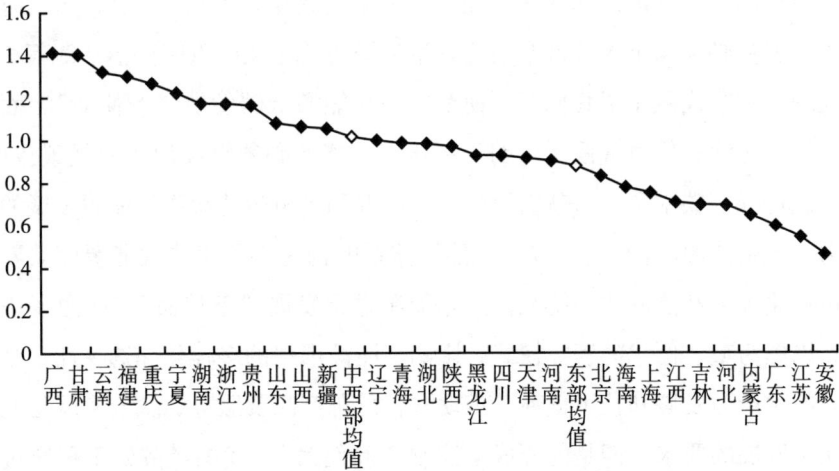

图 8　2003~2015 年中国 30 个省（区、市）能源资源错配的均值和东部 、中西部地区的整体均值

资料来源：李金玲：《市场分割对能源效率的影响：能源资源错配的视角》，硕士学位论文，南京师范大学，2021。

三 加快规划建设全国统一能源大市场

（一）全国统一能源大市场的建设目标

"十四五"时期我国外部环境发生重大变化：一是受多种非正常因素影响，全球经济发展不确定性增强；二是全球应对气候变化从扩大共识走向实际行动，我国面临前所未有的压力；三是国际能源体系、格局、秩序面临重塑；四是数字经济促进跨界融合发展，能源科技进步将迎来重大机遇。特别是2020年后，全球能源体系、格局、秩序加速重构，全球能源消费增速进一步放缓、能源结构调整进一步加速。面对百年未有之大变局，我们要统筹处理好能源安全、生态、经济之间的关系。

党的二十大报告提出，要全面建成社会主义现代化强国、实现第二个百年奋斗目标，以中国式现代化全面推动中华民族伟大复兴。"十四五"时期能源发展，必须满足人民群众的美好生活需要，必须注重解决不平衡不充分的问题。新时代赋予了我们四项使命。一是能源低碳发展"新使命"。面对大气污染防治和应对气候变化的外部压力，能源必须继续加快向低碳转型，助力碳达峰、碳中和，这就需要将清洁能源和可再生能源作为能源发展的新动力。二是能源法治"新使命"。能源体系的构建必须以体现能源商品属性的市场化改革和能源法为统领。三是能源融合发展"新使命"。能源条块分割、以邻为壑、僵化的管控模式，影响了能源消费的多样化和选择性，制约了新的生产力发展和技术创新，推动多种能源产品及服务的融合发展是能源高质量发展的要求。四是能源成本控制"新使命"。我国经济处于爬坡过坎阶段，需要以能源的低成本支撑经济的稳增长，这就需要在坚持能源商品属性的同时，兼顾能源的公共品属性。

要尽力使市场在资源配置中发挥决定性作用，"十四五"时期要着力建设以市场竞争机制、兜底服务与应急保供机制、绿色发展机制和区域协调机制四部分为支撑，以产业体系为基础，以政府管理体制为保障的中国现代能源体系。一是要继续培养多元竞争市场主体，推动具有竞争属性的生产、进口、销售等环节放开准入，推动能源投资领域向社会资本公平开放；二是完善能源价格形成机制，建立全国（或区域）统一、开放的市场体系，使煤炭、电力、油气的终端价格随行就市、反映供需关系；三是减少政府干预，打破省间壁垒，避免市场主体串谋、合谋，维护市场秩序。

全国统一能源大市场建设的目标是坚持以供给侧结构性改革为主线，以满足人民日益增长的美好生活需要为根本目的，协同推动降碳、减污、扩绿、增长，统筹发展和安全，加快建立全国统一的能源大市场制度规则，打破地方保护和市场分割，促进商品要素资源在更大范围内畅通流动，加快建设高效规范、公平竞争、充分开放的全国统一能源大市场，为建设高标准市场体系、构建高水平社会主义市场经济体制提供坚强支撑。

（二）建设全国统一能源大市场的重点任务

根据市场经济一般规律和能源电力发展技术特性，建设全国统一能源大市场的重点任务包括以下几个。

（1）统筹煤炭市场、油气市场、电力市场，充分考虑风电、光伏等可再生能源市场，以及新生的氢能二次能源市场，使能源市场与资源环境市场相衔接，形成品种多元的能源大市场（见图9）。依靠市场化手段和市场机制推进以清洁能源为主体的能源开发利用。

（2）健全多层次统一电力市场体系，统一交易规则和技术标准，破除市场壁垒，推进适应能源结构转型的电力市场机制建设，加快形成统一开放、竞争有序、安全高效、治理完善的电力市场体系。研究推动适时组建全国电力交易中心。如图10所示，到2030年，全国统一电力市场体系基本建成，适应新型电力系统要求，国家市场与省（区、市）、区域市场联合运行，新能源全面参与市场交易，市场主体平等竞争、自主选择，电力资源在全国范围内得到进一步优化配置。

（3）进一步发挥全国煤炭交易中心作用，推动完善全国统一的煤炭交易市场。破解煤炭产能过剩和短缺循环现象，重点关注破解电煤市场问题，

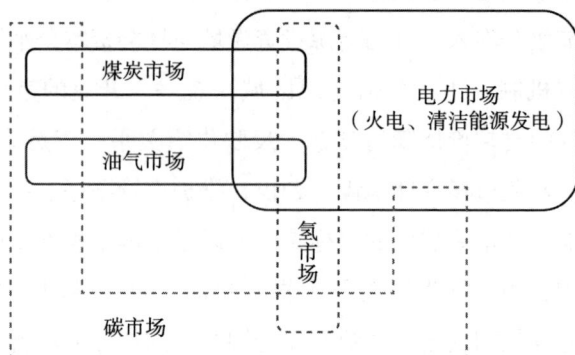

图9 能源大市场涉及的专业市场

资料来源：笔者自制。

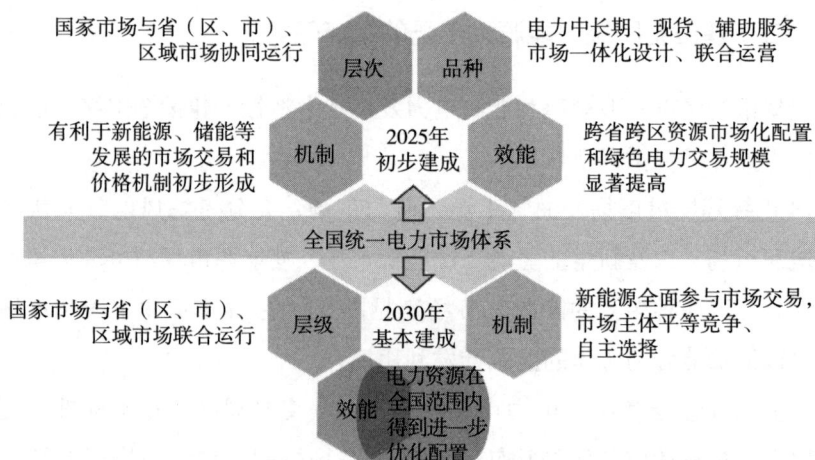

图10 全国统一电力市场体系

资料来源：笔者自制。

以市场化手段解决煤电矛盾，理顺煤炭行业和电力行业、煤炭产地和煤炭资源消费地区之间的利益补偿等矛盾和问题。

（4）在统筹规划、优化布局基础上，健全油气期货产品体系，规范油气交易中心建设，优化交易场所、交割库等重点基础设施布局。推动油气管网设施互联互通并向各类市场主体公平开放。稳妥推进天然气市场化改革，加快建立统一的天然气能量计量计价体系。如图 11 所示，深化改革天然气市场，实现天然气市场从典型垄断模式进入整体竞争模式。

四　以能源大市场支撑现代能源体系

党的十八大以来，党和国家提出了"四个革命、一个合作"的能源安全新战略，明确要构建清洁低碳、安全高效的现代能源体系。如图 12 所示，现代能源体系包括能源产业体系、能源治理体系、能源创新体系，以及以能源大市场为主体的能源运行体系四个方面。

能源产业体系方面，重点是围绕"化石能源清洁化""清洁能源规模化""新旧能源综合化"，构建化石能源清洁高效利用，清洁能源规模化开发利用，智能电网、先进储能与氢能融合发展的低碳能源供销系统。

能源治理体系的核心是坚持能源民主集中理念，完善制度体系、法律法规和体制机制。推动行政管理体制改革，在中央层面实现能源管理职能完整集中，统筹好能源革命与科技革命，能源转型与安全，能源供给与利用，国内与国际市场以及能源、环境、经济与气候变化等；具体事务更多地放权至地方，发挥地方积极性和创造性，高度重视末端治理和园区治理。

能源创新体系方面要加大人才供给，激发创新活力，构建"七横五纵"能源技术体系，"七横"包括煤炭、油气、核能、可再生能源、储能与氢能、智能电网、综合能源系统；"五纵"包括应用基础研究、关键共性技术、前沿引领技术、颠覆性技术、工程示范应用。

以能源大市场为主体的能源运行体系，其重点是要构建市场竞争机制、兜底服务与应急保供机制、绿色发展机制和区域协调机制四部分互为支撑的能源市场体系运行架构。兜底服务机制是能源市场体系的平衡机制，其目标是推进基本公共服务均等化；应急保供机制注重能源的预警、储备、处置、

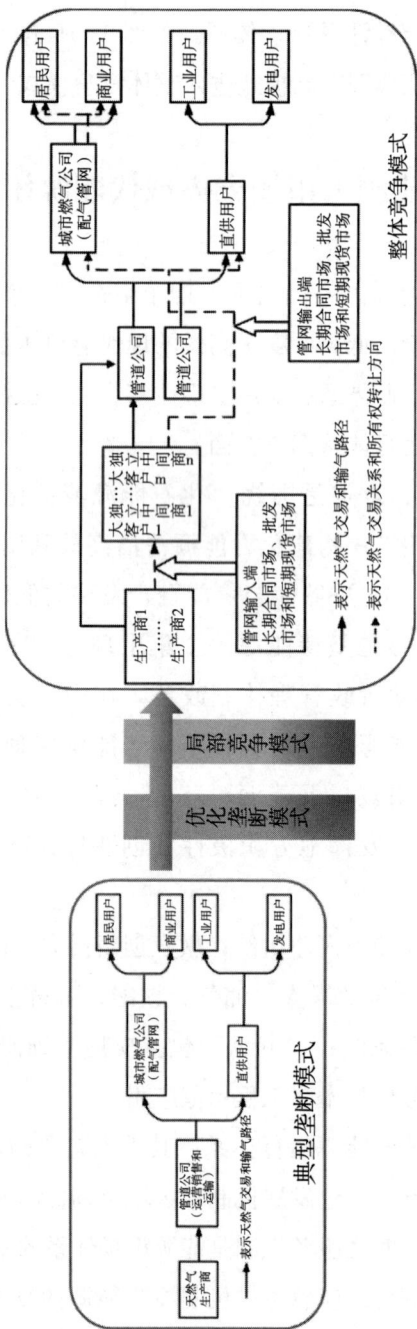

图 11　天然气竞争模式

资料来源：刘毅军：《天然气产业链及其价格研究》，石油工业出版社，2019。

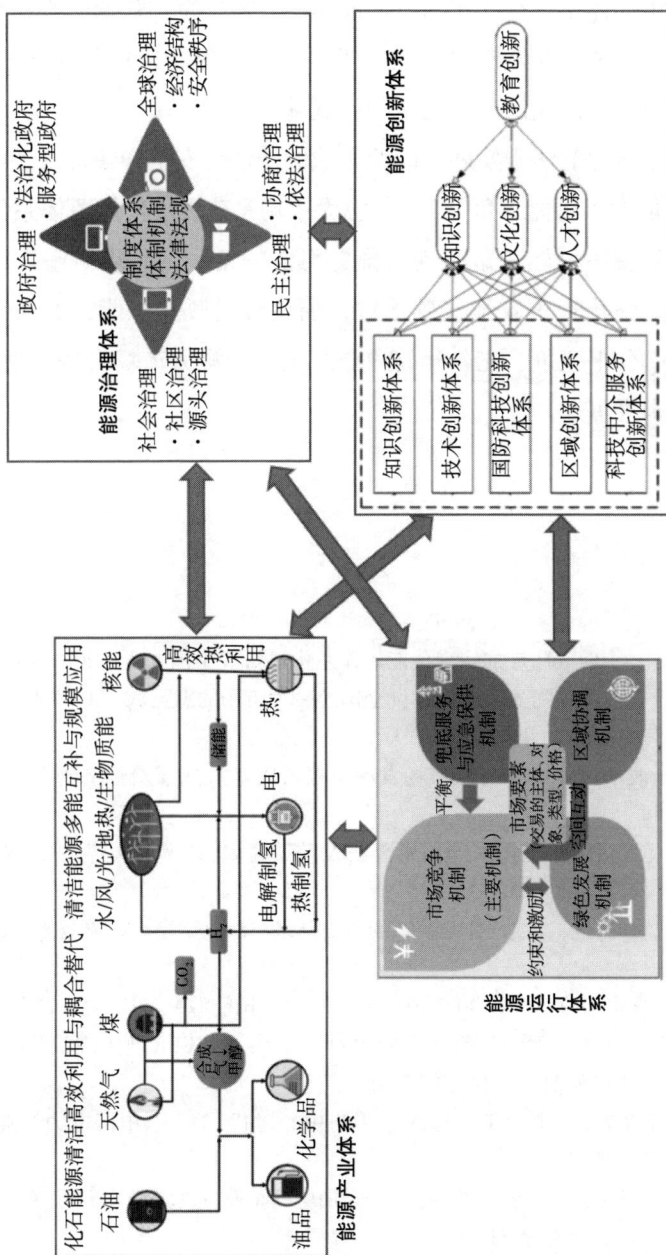

图 12 现代能源体系框架

资料来源：笔者自制。

协同等。绿色发展机制是能源市场体系的生态环境基础和约束机制。区域协调机制是能源市场体系在空间布局方面的体现。需要特别强调的是，市场竞争机制是能源市场体系配置资源的主要机制，是实现商品和要素自由流动、平等交换，保障能源产业高质量发展的微观基础。

伴随可再生能源的跃升发展，能源领域的清洁、安全和廉价三者愈发难以兼顾（即"能源不可能三角"）。能源大市场是建设现代能源体系的根本基础，是变"能源不可能三角"为"能源可能三角"的钥匙。坚持问题导向、立破并举，强化竞争政策基础地位，加快转变政府职能，加强组织协调，高效规范、公平竞争、充分开放的全国统一能源大市场有望如愿建成，现代能源体系未来可期。

参考文献

［1］王鹏：《"十四五"应加快现代能源体系构建》，《中国电业》2021年第5期。

［2］《中共中央 国务院关于加快建设全国统一大市场的意见》，《中华人民共和国国务院公报》2022年第12期。

［3］王震：《改革开放40年煤炭市场发展历程与成就》，《煤炭经济研究》2018年第11期。

［4］徐跃：《煤炭市场供需失衡因素分析及政策建议》，《中国煤炭》2022年第1期。

［5］罗佐县、李捷理：《油气体制改革的历史脉络与深化路径》，《新视野》2020年第5期。

［6］高世宪：《电力改革开放40年成就辉煌》，《中国能源》2018年第11期。

［7］郭胜伟、门秀杰、孙海萍等：《中国绿电、绿证及CCER政策现状及趋势比较研究》，《中国能源》2022年第3期。

［8］王鹏、王冬容：《电力工业迈入"用户中心时代"》，《中国电力企业管理》2022年第7期。

［9］赵启新、皇甫奋宇、谢夏妮等：《新时期电网企业发展定位分析》，《中国电力企业管理》2020年第31期。

［10］苏文：《全球化油气竞争与中国的战略选择》，博士学位论文，中国地质大学，2012。

［11］吴巧生：《中国可持续发展油气资源安全系统研究》，博士学位论文，中国地质大学，2004。

［12］中国石油天然气股份有限公司西南油气田分公司：《天然气产业链协同管理模式》，《企业管理》2021年第5期。

［13］张福东、张金华、郑德温等：《氢、天然气产业链和价值链融合发展》，《第31届全国天然气学术年会论文集》，2019。

［14］赵尉清：《产业链视角下中国天然气产业发展与规制研究》，博士学位论文，武汉大学，2017。

［15］郭燧、李华姣：《石油市场价格传导综述》，《资源与产业》2020年第2期。

［16］刘平阔、王志伟：《中国"能源转型"是否合理？——能源替代—互补关系的实证研究》，《中国软科学》2019年第8期。

［17］鄢晓非：《基于FBSP框架的煤炭产业进入退出影响因素与作用效应研究》，博士学位论文，中国矿业大学，2021。

［18］周幸窈：《基于产业链视角的煤电联营协同机制研究》，博士学位论文，中国矿业大学，2021。

［19］王永真、康利改、张靖：《综合能源系统的发展历程、典型形态及未来趋势》，《太阳能学报》2021年第8期。

［20］李金玲：《市场分割对能源效率的影响：能源资源错配的视角》，硕士学位论文，南京师范大学，2021。

［21］秦博宇、周星月、丁涛等：《全球碳市场发展现状综述及中国碳市场建设展望》，《电力系统自动化》2022年第21期。

B.14
完善能源体制机制和政策措施，
助力能源高质量发展

冯升波　王　娟*

摘　要： 我国能源体制机制改革和能源治理体系建设稳步推进，支撑和保
障了能源绿色安全转型发展。有效竞争的能源市场体系初步构
建，能源价格改革持续深化。碳达峰、碳中和"1+N"政策体系
加快完善，促进新能源高质量发展的政策机制日益丰富和健全，
能源安全保供体制机制的重要性更加凸显。然而，能源体制机制
和政策措施方面仍存在一些关键问题和难点堵点。我国正加快规
划建设新型能源体系，也对能源体制机制和政策措施提出了新的
更高要求。新形势下，需进一步激发市场主体活力，健全能源市
场体系，完善市场交易机制和价格机制，创新能源市场监管，健
全能源法治体系和治理机制，以能源体制机制和政策措施的综合
优化，更好地支撑和推动能源高质量发展。

关键词： 能源体制机制　能源政策措施　能源高质量发展　能源市场

　　能源体制机制和政策措施是优化资源要素配置、提高能源系统运行效
率、促进能源高质量发展、维护能源安全的重要保障。2014年，习近平总
书记提出"四个革命、一个合作"能源安全新战略，要求"推动能源体制

---

* 冯升波，博士，中国宏观经济研究院能源研究所系统分析研究中心主任、研究员，主要研究
方向为能源系统分析、"双碳"政策；王娟，博士，中国宏观经济研究院能源研究所系统分
析研究中心副主任、副研究员，主要研究方向为能源市场体系、能源产业。

革命，打通能源发展快车道"。2017 年， 《能源生产和消费革命战略（2016-2030）》围绕"推动能源体制革命，促进治理体系现代化"提出四个方面的重点举措。2022 年，党的二十大报告提出"加快规划建设新型能源体系"，对能源发展提出了新的要求。完善能源体制机制和政策措施，旨在破除妨碍能源发展的难点堵点，充分发挥市场在能源资源配置中的决定性作用，更好发挥政府作用，为能源高质量发展和新型能源体系建设保驾护航。

一　能源体制机制改革和能源治理体系建设取得初步成效

伴随我国社会主义经济体制改革大潮，能源领域历经多轮次体制改革，围绕经济社会和能源行业发展要求持续推出改革举措。作为我国经济体制改革的重要组成部分，能源体制改革主要聚焦能源法律法规体系建设、能源科学管理模式优化、能源市场体系建设、能源价格改革等方面的内容。党的十八届三中全会指出："经济体制改革是全面深化改革的重点，核心问题是处理好政府和市场的关系，使市场在资源配置中起决定性作用和更好发挥政府作用。"近些年来，我国能源体制机制和政策措施不断完善，从不同的维度着力促进有效市场和有为政府相结合，支撑和助力能源发展和转型，是我国能源事业取得显著成效的重要保障。

（一）能源体制改革进入深化阶段，能源治理机制持续完善

2013 年，党的十八届三中全会通过《中共中央关于全面深化改革若干重大问题的决定》，提出"建设统一开放、竞争有序的市场体系，是使市场在资源配置中起决定性作用的基础"。2017 年，党的十九大报告提出，"经济体制改革必须以完善产权制度和要素市场化配置为重点，实现产权有效激励、要素自由流动、价格反应灵活、竞争公平有序、企业优胜劣汰"。2020年，中共中央、国务院印发《关于新时代加快完善社会主义市场经济体制

的意见》，是贯彻落实党的十九届四中全会精神、推进国家治理体系和治理能力现代化、巩固中国特色社会主义基本经济制度的重大举措。2022 年，党的二十大报告提出，"构建高水平社会主义市场经济体制……构建全国统一大市场，深化要素市场化改革，建设高标准市场体系。完善产权保护、市场准入、公平竞争、社会信用等市场经济基础制度，优化营商环境"。

在新时代加快完善社会主义市场经济体制的宏观背景下，我国能源体制机制改革也深入推进、重点铺开。在电力、油气等能源体制改革的关键领域，我国陆续出台了多个在业内具有重大影响的政策文件。2015 年，《中共中央　国务院关于进一步深化电力体制改革的若干意见》及配套文件的出台拉开了新一轮电力体制改革的大幕，明确了"三放开、一独立、三强化"的改革路径。2017 年，中共中央、国务院印发《关于深化石油天然气体制改革的若干意见》，从深化油气勘察开采、进出口管理、管网运营、定价机制等八个方面明确了油气领域体制改革的重点工作。2022 年，《"十四五"现代能源体系规划》提出 2035 年能源高质量发展取得决定性进展，基本建成现代能源体系的目标，并围绕"增强能源治理效能"，从激发能源市场主体活力、建设现代能源市场、加强能源治理制度建设三个方面，提出深化能源体制机制改革的主要措施。该规划作为"十四五"时期能源发展的重要文件，对于现代能源体系建设和能源高质量发展起到引领作用，也提出了"十四五"时期能源体制改革应重点从激发市场活力、加强市场建设和优化能源治理三个方面发力。《能源生产和消费革命战略（2016-2030）》《"十四五"现代能源体系规划》等战略规划对能源体制机制改革相关内容做出新的部署，电力体制改革、油气体制改革等指导意见以及配套政策文件的相继印发，都标志着能源体制改革进入深化阶段。

我国的能源治理体系也不断健全，"覆盖战略、规划、政策、标准、监管、服务的能源治理机制基本形成"①。完善的能源法治体系和科学的能源管

---

① 《新时代的中国能源发展》白皮书，https：//www.gov.cn/zhengce/2020-12/21/content_5571916.htm，2020 年 12 月 21 日。

理服务模式是能源发展的重要保障。党的十八大以来，以习近平同志为核心的党中央做出了推进国家治理体系和治理能力现代化的战略抉择，推进国家治理体系和治理能力现代化全面深化改革的重要任务。在这一背景下，我国能源法治体系不断健全，能源科学管理模式不断创新。一方面，能源领域法律及行政法规修订稳步推进，如电力、煤炭、石油、天然气、核电、新能源等领域规章规范性文件的"立改废"工作顺利开展；能源领域也积极落实法治政府建设，构建政企联动、互为支撑的能源普法新格局，创新行政执法方式。另一方面，能源科学管理模式不断创新、服务不断优化，深化"放管服"改革，着力打造服务型政府，更好发挥能源战略规划、能源政策的引导作用并重视提高政策间的衔接协调，同时加强能源市场监管，保障市场公平竞争。

（二）能源市场体系初步构建，能源市场结构不断优化

能源市场体系建设是能源市场化改革的重要内容，也是能源领域充分发挥市场决定性作用的前提基础。党的十八大以来，随着一系列改革政策举措的推出，统一开放、竞争有序的能源市场体系逐步形成。多层次的煤炭、油气、电力交易中心陆续组建，并作为重要的市场基础设施支撑能源市场化交易。煤炭行业产能置换、中长期合同等机制逐步建立。涵盖中长期、现货、辅助服务市场的电力交易市场体系建设有序推进。

2022 年，《中共中央　国务院关于加快建设全国统一大市场的意见》印发，对于"建设全国统一的能源市场"，提出"在有效保障能源安全供应的前提下，结合实现碳达峰、碳中和目标任务，有序推进全国能源市场建设"，并提出了健全多层次统一电力市场体系，规范和优化油气交易场所、基础设施和产品体系，推动完善全国统一的煤炭交易市场等方面的要求。同年，国家发展改革委、国家能源局印发了《关于加快建设全国统一电力市场体系的指导意见》，提出有序建设国家市场、省（区、市）/区域电力市场，并强调要加强不同层次市场的相互耦合、有序衔接和跨省跨区市场间开放合作，完善包括中长期市场、现货市场和辅助服务市场的电力市场体系功能，规范统一市场基本交易规则和技术标准，完善电力价格形成机制和市场

交易机制，构建适应新型电力系统的市场机制。电力市场体系建设和运行是一个复杂的系统工程，国家和地方也围绕电力市场建设出台了一系列配套文件和细则。

优化能源市场结构是激发市场主体活力动力、提高能源资源配置效率和公平性、支撑能源高质量发展的基础条件。党的十八大以来，通过打破垄断、放宽准入、鼓励竞争等举措，多元化市场主体得到积极培育，能源市场结构明显优化。按照"管住中间、放开两头"的思路，一方面，对于竞争性环节，进一步放开市场准入，支持各类市场主体依法平等进入负面清单以外的能源领域。例如，有序放开配售电业务，在配电环节引入多元投资主体，在售电环节引入竞争，深化电网企业主辅分离。另一方面，对于自然垄断的管网领域，推进油气管网运营机制改革，促进油气管网设施公平开放并加强监管。在企业改革方面，不断深化国有能源企业改革，开展能源领域企业混合所有制改革试点。

以电力市场建设进展为例，根据国家能源局的数据①，随着全国统一电力市场体系建设的加快推进，2022 年我国电力市场交易规模和主体数量均创历史新高，市场活力显著提升，市场促进电力资源在更大范围优化配置的作用不断增强。全国市场化交易电量达到 5.25 万亿千瓦时，同比增长 39%，占全社会用电量比重已达到 60.8%，同比提高 15.4 个百分点。其中，跨省跨区市场化交易电量首次超 1 万亿千瓦时，同比增长近 50%。在电力交易机构注册的市场主体数量首次超过 60 万家，同比增长 29%。市场也对绿色低碳发展形成更强支撑，例如，2022 年，通过辅助服务市场化机制，全国共挖掘全系统调节能力超过 9000 万千瓦，年均促进清洁能源增发电量超过1000 亿千瓦时。

（三）能源价格改革持续深化，主要由市场决定能源价格的机制不断完善

价格机制是市场机制的核心，能源价格改革也是能源体制改革的关键内

---

① http://www.gov.cn/xinwen/2023-02/14/content_5741481.htm.

容。近年来，我国出台了一系列价格政策，持续深化能源价格改革，按照"管住中间、放开两头"的思路原则，主要由市场决定能源价格的机制不断完善。

第一，推进竞争性领域、环节的价格稳步有序放开；科学核定自然垄断环节价格并加强监管。例如，燃煤发电建立起"基准价+上下浮动"的市场化价格机制。通过市场竞争方式形成新建光伏、风电项目上网电价，以市场化方式形成工商业用户用电价格，根据"风险共担、利益共享"原则协商或市场化形成跨省跨区送电价格等电价机制改革都在平稳有序推进。又如，煤炭价格机制不断完善。例如，2022年，《关于进一步完善煤炭市场价格形成机制的通知》提出，要引导煤炭价格在合理区间运行，完善煤、电价格传导机制，强化煤炭市场预期管理，加强煤、电市场监管等。此外，在自然垄断环节，按照"准许成本+合理收益"原则，科学核定电网、天然气管网输配价格，逐步建立起电力、天然气输配价格监管体系。

第二，为了更好发挥价格机制促进绿色发展的作用，不断创新和完善促进绿色发展的价格机制。对高耗能、高污染、产能严重过剩行业用电，实施差别化电价政策。推行并健全阶梯电价、阶梯气价制度。继续完善峰谷分时电价、环保电价等电价政策。建立北方地区清洁供暖电价机制，鼓励绿色电价交易。

通过积极探索建立有中国特色的价格调控体系，我国能源价格改革取得明显进展，主要由市场决定价格的机制逐步建立。例如，燃煤发电上网电价市场化改革取得突破，天然气价格改革迈出关键步伐，截至2022年9月，80%的电、50%的天然气的价格已由市场形成。[①]

（四）碳达峰、碳中和"1+N"政策体系加快完善，助推能源绿色低碳发展

随着碳达峰、碳中和目标愿景的提出，我国碳达峰、碳中和"1+N"政

---

① https：//www.ndrc.gov.cn/xwdt/wszb/jsshggkfyggzqk/wzsl/202209/t20220929_1337549.html.

策体系逐步建立健全，能源领域中绿色低碳有关政策措施也密集出台，广泛地覆盖重点领域和行业，政策工具呈现多元化特征。

从双碳"1+N"政策体系来看，2021年，中共中央、国务院印发了《关于完整准确全面贯彻新发展理念做好碳达峰碳中和工作的意见》，国务院印发了《2030年前碳达峰行动方案》。各有关部门制定了重点领域重点行业的实施方案，如《工业领域碳达峰实施方案》《城乡建设领域碳达峰实施方案》《减污降碳协同增效实施方案》等；也出台了多项重要的支撑性举措，如《科技支撑碳达峰碳中和实施方案（2022-2030年）》《财政支持做好碳达峰碳中和工作的意见》《关于加快建立统一规范的碳排放统计核算体系实施方案》《建立健全碳达峰碳中和标准计量体系实施方案》《绿色低碳发展国民教育体系建设实施方案》等。各地也陆续制定了本地区的碳达峰实施方案。[①] 这一系列政策文件逐步构建形成目标明确、层次清晰、措施有力、衔接协同的碳达峰、碳中和"1+N"政策体系，而且相关政策还在继续丰富和完善。能源领域是推进碳达峰、碳中和工作的重要领域，碳达峰、碳中和相关政策，或直接提出了对能源领域的工作部署，或会对能源领域上下游产生影响，但无论如何都对能源绿色低碳转型有重要的促进作用。特别是，2022年出台《关于完善能源绿色低碳转型体制机制和政策措施的意见》，针对新形势下推进能源绿色低碳转型的需要，提出了系统全面、覆盖多领域多环节的政策机制。

（五）新能源政策机制日益丰富和健全，促进新能源高质量发展

随着碳达峰、碳中和目标的提出，新能源的发展成为能源系统转型变革的关键，相关部门也密集出台了一系列政策措施，理顺体制机制，支持新能源高质量发展，主要可以划分为以下几类。

一是推出了促进新能源高质量发展的综合性政策机制。以近几年出台的政策措施为例，《"十四五"可再生能源发展规划》围绕"健全体制机制，

---

① 碳达峰碳中和工作领导小组办公室编《碳达峰碳中和政策汇编》，中国计划出版社，2023。

市场化发展可再生能源"，从"放管服"改革、可再生能源电力消纳保障机制、可再生能源市场化发展机制、绿色能源消费机制四方面提出了深化改革的举措。该规划围绕"十四五"时期可再生能源发展的主要目标，紧扣可再生能源发展实际，针对可再生能源发展面临的痛点难点堵点问题，从体制机制方面提出了非常细化的改革措施。《关于促进新时代新能源高质量发展的实施方案》，在体制机制方面，提出从持续提高项目审批效率、优化新能源项目接网流程、健全新能源相关公共服务体系等方面着力，深化新能源领域"放管服"改革，同时完善新能源项目用地管制规则，保障新能源发展合理空间需求。又如，《关于进一步做好新增可再生能源消费不纳入能源消费总量控制有关工作的通知》作为完善能源消耗强度和总量调控制度的重要举措①，提出了新增可再生能源电力消费量界定范围、以绿证作为可再生能源电力消费量认定的基本凭证、完善可再生能源消费数据统计核算体系等。

二是针对不同新能源品种提出不同的政策机制。以 2022 年以来出台的政策为例，《氢能产业发展中长期规划（2021-2035 年）》对于氢能这一来源丰富、绿色低碳、应用广泛的二次能源，提出了其作为用能终端实现绿色低碳转型的重要载体的战略定位，从体制机制的角度，也提出建立氢能产业发展部际协调机制、建立完善氢能产业标准体系、加快构建氢能"1+N"政策体系、健全氢能安全管理制度和全链条安全监管等。又如，《关于促进光伏产业链健康发展有关事项的通知》提出，完善产业链综合支持措施，加强行业监管，纾解光伏产业链上下游产能、价格堵点。《"十四五"新型储能发展实施方案》提出，营造良好市场环境，明确新型储能的独立市场主体地位并推动其参与各类电力市场，完善适合新型储能的辅助服务市场机制，通过完善电网侧储能价格疏导机制、鼓励用户侧储能发展价格机制等合理疏导新型储能成本，健全标准体系、项目管理机制等新型储能管理体系，

---

① 2022 年，国家发展改革委、国家统计局发布的《关于进一步做好原料用能不纳入能源消费总量控制有关工作的通知》，也是完善能源消耗强度和总量调控制度、保障高质量发展合理用能需求的重要举措。

多措并举完善体制机制，加快新型储能市场化步伐。

三是探索构建新能源与传统能源融合发展的政策机制。例如，2022年，《加快油气勘探开发与新能源融合发展行动方案（2023-2025年）》提出，要健全新能源市场化发展的体制机制、健全绿色能源消费机制、提高油气勘探开发效率与新能源融合项目备案效率等。《关于促进新时代新能源高质量发展的实施方案》也提出，要鼓励煤电企业与新能源企业开展实质性联营，推动煤炭和新能源优化组合。

（六）能源安全保供体制机制的重要性更加凸显，助力统筹能源发展与安全

保障能源安全是统筹发展和安全、能源高质量发展要求下能源体制机制改革的应有之义。近年来，能源安全越来越受到重视，这也要求进一步健全能源安全保障体制机制。《"十四五"现代能源体系规划》主要目标中的第一项即是"能源保障更加安全有力"，第三章也提出要"增强能源供应链稳定性和安全性"。《关于完善能源绿色低碳转型体制机制和政策措施的意见》提出，要健全能源绿色低碳转型安全保供体系，从能源监测预警工作机制、电力系统安全运行和综合防御体系、供应保障和储备应急体系等方面，提出具体的安全保障机制。

2022年以来，能源主管部门出台了一系列保障能源安全的政策措施。例如，《电力可靠性管理办法（暂行）》提出电力系统、发电、输变电、供电、用户可靠性管理制度。《电力安全生产"十四五"行动计划》提出9项主要任务和16项重点行动。在政策机制方面，明确提出了提高依法治理水平、筑牢安全管理基础、强化安全责任落实等任务，并提出了电力安全生产政策法规体系建设行动、量化评价指标体系建设行动、电力应急体系建设专项行动、电力安全生产反违章行动、电力安全审计行动等重点行动。

此外，2022年以来还出台了《电力安全隐患治理监督管理规定》《电力行业网络安全等级保护管理办法》《水电站大坝运行安全应急管理办法》《电力二次系统安全管理若干规定》《水电站和小散远发电企业安全风险隐

患排查整治专项行动方案》《电力行业危险化学品安全风险集中治理实施方案》《电力建设工程质量监督管理暂行规定（征求意见稿）》《防止电力建设工程施工安全事故三十项重点要求》《防止直流输电系统安全事故的重点要求》《燃煤发电厂贮灰场安全监督管理规定》等，从不同的维度推出保障能源电力安全的政策机制。

二　新形势下能源高质量发展要求进一步完善和优化能源体制机制和政策措施

改革开放以来，特别是党的十八大以来，我国坚持全面深化改革，能源领域体制机制和政策体系不断完善。在体制改革的牵引和保障作用下，我国逐步建成较为完备的能源工业体系。作为世界上最大的能源生产消费国，我国是能源利用效率提升最快的国家，能源事业发展取得了积极进展和显著成效。但同时也要看到，我国经济已由高速增长阶段转向高质量发展阶段，新一轮技术革命和产业变革方兴未艾，在经济和科技的驱动下，能源系统正在发生深刻变化。面对新形势和新要求，能源领域目前仍然存在一些体制机制障碍和短板，能源体制机制和政策措施亟须进行改革创新，以更好地适应和支撑新型能源体系建设和能源高质量发展。

（一）新型能源体系建设迫切需要能源体制机制和政策措施改革创新支撑

党的二十大报告提出"加快规划建设新型能源体系"。建设新型能源体系，是推进能源高质量发展的重要路径，也是响应双轮驱动的必然选择。一方面在新一轮能源科技创新和产业变革的强劲驱动下，新技术、新业态、新模式不断涌现，能源系统形态、结构、运行发生了深刻变化；另一方面在全球各国应对气候变化和迈向可持续发展的背景下，能源政策层面积极推动能源系统绿色低碳转型。

新型能源体系是适应碳达峰、碳中和目标要求和科技产业变革趋势与方向的能源体系。其一，能源来源进一步广泛和多元，新能源占比大幅提高，多能互补互济的需求上升。其二，能源安全重要性进一步提升，需要立足国内、补齐短板、多元保障、强化储备，统筹新能源发展和煤炭等化石能源清洁高效利用，确保能源供应稳定、可靠、安全。其三，能源产业链现代化水平进一步提升，需要统筹推进补短板和锻长板，加快能源领域关键核心技术和装备攻关突破，促进能源全产业链数字化智能化升级，构筑能源系统转型变革的产业链供应链优势。

新型能源体系建设迫切需要能源体制机制和政策措施改革创新的支撑，主要体现为：其一，需进一步完善支持新能源高质量发展的体制机制和政策措施，同时需要统筹传统能源转型升级和新能源有序替代，创新体制机制，促进多能源品种协同互济发展。其二，需进一步加强能源安全保障机制建设，系统性完善能源安全保障举措，同时要针对新型能源体系和新型电力系统所面临的新的安全风险，在体制机制层面强化前瞻性的应对策略。其三，需进一步突出能源产业链供应链的协同，围绕能源产供储销体系建设，进一步优化各环节的体制机制和政策措施，协同促进能源产业链供应链向绿色低碳、数字智能等方向转型升级。

然而，能源体制机制和政策措施方面仍存在一些关键问题和难点堵点，[①]例如，能源市场竞争程度有待进一步提升；能源价格改革还有待进一步深化；"管住中间"需要进一步强化和优化科学管理模式；能源领域的法律法规的制修订需加强与能源发展改革进程的协同；能源监管体系有待创新和完善；等等。新型能源体系建设迫切需要较为完善的体制机制和政策措施作为支撑保障，因此我们需要尽快解决目前仍然存在的这些问题。

（二）绿色低碳政策之间的相互衔接和统筹协同亟待加强

能源是生产生活重要的物质基础，能源生产和消费相关活动是最主要的二氧化碳排放源。随着碳达峰、碳中和目标的提出，我国围绕绿色低碳发展

---

① 冯升波：《中国能源体制改革：回顾与展望》，《中国经济报告》2021年第3期。

积极出台了一系列政策措施，而能源领域是政策出台的重点领域。由于实现碳达峰、碳中和是一场经济社会系统性变革，绿色低碳政策也是广泛的，涉及经济社会的多个领域和多个环节，加强这些政策的相互衔接和统筹协同，更好地发挥体制机制的协同作用，是新形势下优化能源体制机制和政策措施的关键，但目前仍存在一些不衔接、不协同的问题，主要体现为以下三点。

其一，能源市场和绿色低碳相关市场建设，是能源体制改革的重要内容，也是发挥市场机制作用促进绿色低碳发展的基础支撑，然而，目前能源市场、资源市场、环境权益市场等相关市场的建设和市场制度设计，多是针对自身开展的，而对市场之间的衔接和配合考虑不足。这不仅会影响市场配置资源要素的效率，还可能由于市场之间的衔接不足或者市场规则设计的不匹配，影响能源资源的优化配置。

其二，绿色低碳政策之间作用范围交错重叠，可能造成激励约束作用冗余或抵消。近年来，我国围绕绿色低碳发展出台了很多政策措施，这些政策措施的作用范围存在一定的重叠，作用机制也互相影响。这就使得部分市场主体、行业、区域面临多种政策激励约束，易造成政策作用的重叠、冗余或者抵消；部分市场主体、行业、区域不受政策激励约束影响，这可能不利于其绿色低碳转型，也易带来行业、区域间的不公平问题。

其三，绿色低碳政策在实际执行中面临的一些具体问题，可能给相关市场主体带来困惑。有些政策可能只提出了支持和鼓励的方向，但是在具体的支持措施和政策落地方面仍需要进一步出台相关细则。同时，由于能源领域转型变革速度加快，能源系统面临重塑，相应的能源体制机制和政策措施不仅需要在原来的基础上进行调整和完善，更需要进行机制创新和突破，然而有的政策机制的设计仍处于研究探索、先行先试、"摸着石头过河"的阶段。

三 完善能源体制机制和政策措施，助力能源高质量发展的思考和展望

当前我国正以高质量发展全面推进中国式现代化，推动绿色发展是全面

建设社会主义现代化国家的内在要求，而加快规划建设新型能源体系是积极稳妥推进碳达峰、碳中和的重要路径。"十四五"时期是新时代加快完善社会主义市场经济体制的起步期，也是构建新型能源体系的新阶段，我们需要结合新形势新要求，针对能源发展面临的体制机制障碍，继续深入推进能源体制改革，促进深化改革和完善政策协同发力，以更加系统完备、更加科学高效的能源体制机制和政策措施，为新型能源体系建设和能源高质量发展提供制度保障。

（一）进一步优化市场结构，大力激发市场主体活力潜力

大力激发市场主体活力潜力。制度性放宽市场化准入，落实外商投资法律法规和市场准入负面清单制度，支持各类市场主体依法平等进入负面清单以外的能源领域。进一步梳理排查煤电油气各领域和各环节市场准入中存在的不合理限制和隐性壁垒问题，形成问题清单和解决方案。进一步深化油气矿业权改革，全面实施矿业权竞争出让制度，增加出让频次，严格区块退出机制，推进油气矿业权流转，稳步推进勘探开发主体多元化。有序放开发用电计划，分类推动各类优先发电主体参与市场，分批次推动经营性用户全面参与市场。积极培育多元竞争的市场主体，鼓励售电公司、综合能源服务公司等创新商业模式和增值服务，引导各类新型市场主体参与市场交易，激发和释放市场主体活力。有序推进跨省跨区市场间开放合作，加强经济责任、价格机制等方面的动态衔接，分类放开跨省跨区优先发电计划，构建多元市场主体参与跨省跨区交易机制。继续深化能源企业改革，壮大优质能源企业群体。选择一批基础条件好、经营管理规范、创新能力强的典型能源企业，加快创建一批世界一流能源企业。聚焦能源细分领域，特别是技术、业态创新集中的领域，实施优质中小企业培育工程，支持"专精特新"企业发展。

（二）健全能源市场体系，完善市场化交易机制

统筹能源市场建设，能源安全保供和碳达峰、碳中和目标任务，以高标准建立健全能源市场体系。推进交易机构独立规范运行，统筹规划、优化布

局各类能源交易平台。加快健全多层次统一电力市场体系，统筹推进国家、省（区、市）/区域电力市场建设，加强各层次电力市场的相互耦合、有序衔接和协同运行。继续完善电力中长期市场建设，完善中长期合同市场化调整机制，进一步优化交易品种、交易频次、交易流程、市场规则等市场设计。积极稳妥推进电力现货市场建设，组织实施好电力现货市场试点。根据新型电力系统建设需要，持续完善辅助服务市场，依据市场需求丰富辅助服务市场交易品种，完善成本分摊和收益共享机制。根据实际情况，研究探索容量市场建设。探索创新绿色电力交易体制机制，完善绿色电力交易与绿证交易、碳排放权交易、用能权交易等的有效衔接。

（三）完善主要由市场决定价格的机制，创新促进绿色发展的价格机制

深入推进能源价格改革。按照"管住中间、放开两头"的改革方向持续深化、稳步推进电价改革和油气价格改革。建立市场化电价与优先购用电电价的有效衔接机制。促进燃煤电价和发用电计划进一步放开，促进工商业用户全部进入市场，逐步优化代理购电制度，逐步缩小代理购电范围和比例。进一步完善输配电价形成机制，重点解决电网投资、公平负担、安全备用等方面的问题。更好发挥分时电价、两部制电价、环保电价、阶梯电价等终端用户电价的信号作用，完善电力需求响应价格补偿机制，稳步推进需求响应市场化常态运行。按"准许成本+合理收益"原则进一步完善能源管输定价机制，研究探索输配分开定价机制。在近年来油气体制改革和油气价格形成机制基础之上，进一步推进成品油、天然气、储气调峰的市场化定价。适时放开国内成品油价格。建立完善天然气上下游价格联动机制，促使居民用气价格逐步调整至合理区间。

多措并举完善促进能源绿色低碳发展的价格体系。在能源生产侧，理顺各能源品种、环节的价格形成机制，通过价格改革，形成促进能源生产结构向绿色低碳方向转型的价格信号。在能源消费侧，进一步完善有利于节约用能的价格机制，充分发挥能源价格的杠杆作用，进一步优化绿色电价政策并

完善组织实施，强化其与产业和环保政策的协同。在源网荷储一体化和多能互补的思路下，系统考虑不同能源品种、环节及相关领域的价格形成机制和相互影响。

（四）创新能源市场监管，多措并举提升监管效能

健全能源市场监管体系框架。制定能源法，以能源法中相关法条规定为能源市场监管提供更具权威性的法律依据，继续推动能源监管条例及分业监管立法。继续优化监管机构和职能配置，健全常态化的监管协作、监督和效能评价机制，加强能源市场监管的跨部门跨领域综合执法，提升监管的系统性和协同性，形成监管合力，逐步向综合能源监管转型。

以绿色低碳和技术创新为导向，加强能源领域专项监管和重点监管。结合2030年前碳达峰行动方案中能源领域内容，将国家和地方目标任务落实和方案执行情况列入能源监管重点任务清单，将能源领域碳减排的关键路径举措纳入专项监管，如煤炭消费减量替代专项监管、可再生能源消纳专项监管等。服务创业创新，完善审慎监管和敏捷监管在能源领域的应用。健全监管过程中涵盖风险信息采集、识别、评估、处置全流程的风险监测防控机制，防范能源市场重大风险。

多措并举提升监管效能，形成公平竞争的能源市场秩序和市场环境。完善能源市场准入和退出监管。将能源市场交易监管作为重中之重。完善能源交易平台和交易体系建设，统一和规范市场规则，严格监管标准，降低市场交易风险。加强对价格和成本的监管，针对能源市场中的限制竞争、市场操纵、价格违法等问题，加大反垄断和反不正当竞争执法力度。对于复杂性和专业性较强，市场建设正在快速推进的电力市场、碳市场、用能权市场等，应使其市场监管同步或超前于市场建设。以"信用能源"等为载体，健全涵盖事前、事中、事后全监管环节的新型能源信用监管机制。

（五）健全能源法治体系，构建能源公共服务体系

健全能源法律法规体系。加快能源法立法进程，推动各单项立法制修

订，完善补充相关行政法规和规章。严格执法程序，创新执法方式，提高执法效能。构建政府主导、社会参与、广泛支撑、优质高效的能源公共服务体系。多措并举完善能源监测预警工作机制，使能源监测预警制度化、系统化、常态化、规范化，加快构建框架清晰、覆盖全面、协调联动、滚动实施的能源监测预警体系，必要时针对重点环节和领域的监测预警出台专项政策，完善协作机制。拓展能源监测预警应用领域，特别是强化煤炭、电力、油气等重要能源产品供需和安全监测预警体系。多措并举完善能源安全制度体系建设，优化能源安全保障工作机制、任务分工和政策工具箱，强化政策配套和部门协同，提高风险应急处置能力，进一步完善能源安全储备制度。加强能力建设，持续完善能源标准规范和统计计量体系。完善与能源市场相结合的民生兜底保障体系，健全水电气暖等公用事业价格机制，提升与民生相关的能源产品服务供给质量效率；加强能源市场建设与乡村振兴战略、西部大开发战略等的结合；完善对困难群众、偏远地区等的民生兜底保障机制，深入开展能源扶贫、北方地区清洁取暖、农村电网巩固提升等工作，持续提高能源普遍服务水平。

参考文献

［1］本书编写组编著《党的二十大报告辅导读本》，人民出版社，2022。

［2］史丹主编《中国能源发展前沿报告（2021）——"十三五"回顾与"十四五"展望》，社会科学文献出版社，2022。

［3］碳达峰碳中和工作领导小组办公室编《碳达峰碳中和政策汇编》，中国计划出版社，2023。

［4］王娟：《中国能源市场体系建设相关问题研究》，中国经济出版社，2021。

［5］冯升波、王娟、杨再敏：《完善创新体制机制　促进多能源品种协同互济发展》，《中国能源》2020年第11期。

［6］冯升波：《"十四五"时期如何深化能源体制改革》，《中国经济报告》2021年第4期。

［7］冯升波：《中国能源体制改革：回顾与展望》，《中国经济报告》2021年第3期。

［8］郭海涛、李博文：《2022 年中国能源政策回顾与 2023 年调整方向研判》，《国际石油经济》2023 年第 2 期。

［9］郭焦锋、王婕、李继峰等：《能源改革的下一程：以能源体制革命推进能源高质量发展》，《能源》2018 年第 Z1 期。

［10］梁昌新：《深化能源体制革命　打通能源发展快车道》，《中国经贸导刊》2019 年第 19 期。

［11］林卫斌、方敏：《能源体制革命：概念与框架》，《学习与探索》2016 年第 3 期。

［12］史丹、冯永晟：《深化能源领域关键环节与市场化改革研究》，《中国能源》2021 年第 4 期。

［13］史丹：《加快能源体制改革　提升参与全球治理能力》，《中国国情国力》2019 年第 7 期。

［14］苏铭、高虎：《系统谋划能源体制机制和政策措施创新　更好推进能源绿色低碳转型》，《中国经贸导刊》2022 年第 4 期。

［15］徐骏：《转变政府能源监管　推进能源体制革命》，《财经论丛》2021 年第 6 期。

［16］杨春桃：《论我国能源体制重构的关键问题及其法律实现》，《环境保护》2021 年第 9 期。

［17］周大地：《推动能源体制革命，促进绿色低碳发展——能源革命要从具体问题抓起》，《国际石油经济》2016 年第 12 期。

B.15
新型电力系统建设现状、
总体特征及关键问题

李伟阳　郭　磊　王林钰　孙　强*

摘　要： 2021年3月，中央财经委员会第九次会议提出要构建清洁低碳安全高效的能源体系，控制化石能源总量，着力提高利用效能，实施可再生能源替代行动，深化电力体制改革，构建以新能源为主体的新型电力系统。构建新型电力系统是实现碳达峰、碳中和，贯彻新发展理念，构建新发展格局，推动高质量发展的内在要求。与传统电力系统相比，新型电力系统的形态和特征都将发生重大的变化，在建设中也会面临诸多挑战和需要解决的问题。本文梳理了新型电力系统的内涵变化过程和建设现状，分析了构建新型电力系统的重要意义，总结了新型电力系统的主要特征，从生产方式、电网形态、技术特征、成本特征等方面分析了新型电力系统与传统电力系统的区别；最后，结合发展现状与需求，从安全、成本、效率、基础设施、市场机制、产业发展等方面提出了需要关注的重要问题及相关建议。

关键词： 新型电力系统　新能源　能源安全

＊ 李伟阳，国网能源研究院副院长，教授级高级工程师，主要研究方向为电力系统、城市能源、企业经营；郭磊，国网能源研究院所长，高级工程师，主要研究方向为电力系统、城市能源；王林钰，博士，国网能源研究院所长助理，高级工程师，主要研究方向为电力系统、城市能源；孙强，博士，国网能源研究院副所长，教授级高级工程师，主要研究方向为电力系统、城市能源。

一 新型电力系统的概念内涵和建设现状

（一）新型电力系统的概念内涵不断丰富完善

新型电力系统是我国从实现"双碳"目标的顶层设计出发提出的新概念。2021年3月，中央财经委员会第九次会议提出，"要构建清洁低碳安全高效的能源体系，控制化石能源总量，着力提高利用效能，实施可再生能源替代行动，深化电力体制改革，构建以新能源为主体的新型电力系统"。新型电力系统作为一个明确概念在此次会议上被首次提出。2021年9月，《中共中央 国务院关于完整准确全面贯彻新发展理念做好碳达峰碳中和工作的意见》在"加快构建清洁低碳安全高效能源体系"章节中，同样明确指出，要"构建以新能源为主体的新型电力系统，提高电网对高比例可再生能源的消纳和调控能力。"

基于能源安全方面的统筹考虑，新型电力系统的内涵从强调以新能源为主体，逐步向重视煤电角色、先立后破实现结构调整转变。2021年下半年，由于多地出现缺电现象，我国对煤电在能源转型期间的作用进行了重新定位，明确了其安全保障角色。2021年10月，国务院印发《2030年前碳达峰行动方案》，提出"构建新能源占比逐渐提高的新型电力系统"。2022年5月，国家发展改革委、国家能源局发布《关于促进新时代新能源高质量发展的实施方案》，提出"加快构建适应新能源占比逐渐提高的新型电力系统"。

经过两年的实践和探索，新型电力系统的定义和内涵逐渐明晰。2022年，党的二十大报告强调："要积极稳妥推进碳达峰、碳中和，深入推进能源革命，加快规划建设新型能源体系。"新型能源体系是在"双碳"目标下，对"清洁低碳安全高效"的现代能源体系的丰富与升华，体现了能源在经济高质量发展中的新定位及其在中国式现代化建设中的新作用。

新型电力系统是新型能源体系的重要组成部分。2023年1月，国家能源局发布《新型电力系统发展蓝皮书（征求意见稿）》，在总结过去两年来新型电力系统发展经验的基础上，提出"新型电力系统是以确保能源电力安全为基本前提，以满足经济社会高质量发展的电力需求为首要目标，以高比例新能源供给消纳体系建设为主线任务，以源网荷储多向协同、灵活互动为坚强支撑，以坚强、智能、柔性电网为枢纽平台，以技术创新和体制机制创新为基础保障的新时代电力系统，是新型能源体系的重要组成和实现'双碳'目标的关键载体"。

（二）新型电力系统的建设现状

我国正在逐步出台与新型电力系统相关的技术研发、应用示范、市场建设、模式创新等方面的政策，相关企业也已开展新型储能、调节能力、能源数字化/智能化等方面的探索和实践。

1. 主管部门加强政策引导

国家能源主管部门不断出台相关政策，为构建新型电力系统提供支撑和引导。2021 年 6 月，《国家能源局关于组织开展"十四五"第一批国家能源研发创新平台认定工作的通知》将以新能源为主体的新型电力系统列入认定方向。2021 年 7 月，《国家能源局关于加快推动新型储能发展的指导意见》将发展新型储能作为提升能源电力系统调节能力的重要支撑。2022 年 1 月，《2022 年能源行业标准计划立项指南》提出新型电力系统输配电关键技术是能源行业标准计划立项重点方向之一；《关于完善能源绿色低碳转型体制机制和政策措施的意见》提出，加强新型电力系统顶层设计，鼓励各类企业等主体积极参与新型电力系统建设，开展相关技术试点和区域示范。2022 年 3 月，国家能源局等部门联合发布《"十四五"现代能源体系规划》，提出要加快电力系统数字化升级和新型电力系统建设迭代发展，全面推动新型电力技术应用和运行模式创新；以电网为基础平台，增强电力系统资源优化配置能力，提升电网智能化水平。2022 年 5 月，《关于促进新时代新能源高质量发展的实施方案》提出，全面提升新型电力系统调节能力和灵活性，支持和指导电网企业积极接入和消纳新能源。2022 年 10 月，国家能源局发布《能源碳达峰碳中和标准化提升行动计划》，提出要加强新型电力系统标准体系建设，推动新型电力系统建设及相关产业发展。

能源系统的数字化、智能化是构建新型电力系统的重要抓手。2023年3月，国家能源局发布《关于加快推进能源数字化智能化发展的若干意见》，提出要以数字化智能化电网支撑新型电力系统建设，推动实体电网数字呈现、仿真和决策，探索人工智能及数字孪生在电网智能辅助决策和调控方面的应用，提升电力系统多能互补联合调度智能化水平，推进基于数据驱动的电网暂态稳定智能评估与预警，提高电网仿真分析能力，支撑电网安全稳定运行。

2. 能源企业加快建设步伐

能源企业积极响应国家政策，迅速出台构建新型电力系统的行动计划并落地实施。2021年5月，国家电网有限公司率先发布《构建以新能源为主体的新型电力系统行动方案（2021-2030年）》，明确2021~2030年构建新型电力系统的重点任务和发展目标，并选取三省三区"推进新型电力系统示范区建设"。各省级电力公司也相继推出实施方案。2021年5月，南方电网公司发布《南方电网公司建设新型电力系统行动方案（2021-2030年）白皮书》，提出到2030年基本建成新型电力系统，支撑新能源装机规模再新增1亿千瓦以上，非化石能源占比达到65%以上。

电网企业持续打造新型电力系统的数字化基础设施底座。国家电网有限公司制定实施数字化转型发展战略纲要，编制"十四五"数字化规划，完成新型电力系统数字技术支撑体系框架设计，全面推动电网向能源互联网升级。2022年7月，国家电网有限公司发布《新型电力系统数字技术支撑体系白皮书》，提出构建支撑新型电力系统的完备的数字技术体系。南方电网公司将数字化转型作为公司战略转型的主要路径，提出"数字电网"，完成了数字化转型和数字电网建设的顶层设计。根据《南方电网公司"十四五"数字化规划》，"十四五"期间，南方电网公司数字化规划总投资估算资金超260亿元，将进一步把数字技术作为核心生产力，把数据作为关键生产要素，按照"巩固、完善、提升、发展"的总体策略推进数字化转型及数字电网建设可持续发展，推动电网向安全、可靠、绿色、高效、智能方向转型升级。

二　构建新型电力系统的重要意义和发展要求

（一）构建新型电力系统的重要意义

新型电力系统构建能够促进能源领域各个方面的高质量发展，其重要意义主要表现在四个方面。

一是促进能源结构的调整，促进新能源的快速稳定发展。构建新型电力系统最直接的优点是最大限度地促进风、光等可再生能源的开发和利用，促进能源结构的调整。"双碳"目标下，高碳的传统化石能源开发利用受到制约，我国电源结构由可控连续出力的煤电装机占主导，逐渐向强不确定性、弱可控出力的新能源发电装机占主导转变。在过去几年的转型过程中，我国多地出现电力供应紧张和缺电情况，绿色低碳转型增加了安全稳定供应的短期风险。我国能源发展和绿色转型面临十分复杂的局面，亟须通过新型电力系统的建设，实现安全保供条件下的能源转型。

二是推动社会用能形态的变化，使得能源消费实现提效降碳。新型电力系统构建有助于促进多能协同、多能互补，终端能源消费实现提效降碳。以新型电力系统为主要框架，可以实现电、气、热、冷、氢等各类应用场景的融合互补，甚至可以通过不同能源网络的特征互补，提供新型电力系统急需的调节资源，有效解决风电、光伏发电以及小型水电等新能源接入电网所带来的波动性与随机性问题，显著提高新能源供电的可靠性以及能源利用效率。新型电力系统通过能量流与信息流的融合，加快促进传统终端用户向集产、销、储等功能于一体的角色的转型，能源供应、消费与储存相互融合，推动区域能源走向供需储纵向一体化，并通过提升效率和改善能源结构，实现高质量的低碳发展。

三是推动电力系统的数字化转型，带动能源基础设施的数字化转型。新型电力系统构建面对的对象规模大、涉及环节多、时效性强、可控要求高，对能源电力企业提出了很高的支撑要求。能源电力企业迫切需要通过数字化转型、依托数字化技术打破专业壁垒，增强各环节计算、连接和协同能力，依靠数字化不断提升能源在生产、传输、使用和管理环节的效率。新型电力系统需要依托"云大物移智链"等数字化技术实现能量流和信息流的深度融合，加快提升全网协同、数据驱动、智慧灵活、友好并网的大范围资源配置能力，满足新能源在电力系统中的广泛接入需求。传统能源或新能源运用数字化管理，可让整体能源供应更加便捷，让能源管理更加高效。通过数字化、智能化技术手段创新可实现对能源的全面可观、可测、可控的高质量精细化管理。

四是促进能源新技术的应用，实现能源产业的跨越式发展。构建新型电力系统，有助于实现能源产业的跨越式发展。新型电力系统带来全新的能源赛道，我国已经在新能源诸多领域具有比较优势，也具备先发优势，有可能在新能源发展的赛道上实现跨越式发展。我国超大规模市场优势和资源优势可以为技术的应用、推广、迭代、创新提供更加有利的条件；新型电力系统能够在低碳清洁的能源生产、安全高效的能源网络、能源高效利用、能源高效存储、数字化支撑等方面重塑能源电力的产业链供应链格局。

（二）构建新型电力系统的要求

规划建设新型能源体系对新型电力系统提出新要求，在规划建设新型能源体系的整体框架下，新型电力系统的作用更加突出，要求也更加明确。

能源生产结构变化，对系统调节能力提出更高要求。我国新能源装机比重和发电量占比将大幅提升，电力系统接纳、调节等能力将面临更高要求，现有电力系统难以适应新能源的倍速增长，对可靠性供电、新能源消纳、智能优化运行、安全稳定带来了新的挑战。随着新能源占比不断提升，到2060年系统对灵活调节资源的需求将会增长到目前的 4 倍以上，[1] 且调节资源的种类需求也将增多。源荷两端的不确定性将增加系统调节的难度，并对现有的调节方式提出挑战。

---

① 国网能源研究院：《促进"碳达峰碳中和"的能源电力价格体系研究》，2021。

经济社会高质量发展，将对电力安全可靠供应提出更加严苛的要求。新型电力系统将通过源网荷储多向协同、灵活互动，依托坚强、智能、柔性的电网枢纽平台，实现高比例新能源供给消纳，满足经济社会高质量发展的电力需求，确保能源电力安全供应。

能源消费的低碳转型，对市场建设创新发展提出新要求。产业低碳转型的过程，也是终端用能领域电气化水平逐步提升的过程。新型电力系统灵活性、可靠性的提升，离不开终端用户的广泛参与和灵活调节。新能源跨领域融合、负荷聚合服务、综合能源服务等业态不断出现，用户灵活调节能力不断增强，促进新型电力系统不断发展。随着产业低碳转型的发展，用户侧低碳化、电气化、灵活化、智能化的特征将进一步凸显，用户侧优质的调节资源总量和响应能力将大幅提升。最终，伴随着产业低碳转型的完成，电力生产和消费关系将发生深刻变革，电力"产消者"大量存在，成为电力系统重要的、经济的平衡调节参与力量，用户侧与电力系统灵活互动，并在相互促进中推动新型电力系统的建设。

三 新型电力系统的总体特征与形态变化

（一）新型电力系统的总体特征

很多机构对新型电力系统的总体特征进行了详细的描述和刻画[①]，我们认为，新型电力系统是以新能源为供给主体、以确保能源电力安全为基本前提、以满足经济社会发展电力需求为首要目标，以坚强智能电网为枢纽平台，以源网荷储互动与多能互补为支撑的电力系统。新型电力系统的总体特征可以概括为以下四方面。

---

① 《新型电力系统调节能力提升及政策研究》，https://cec.org.cn/detail/index.html？3-315495，2022 年 11 月 14 日。国家电网有限公司：《新型电力系统数字技术支撑体系白皮书》，2022。国网能源研究院：《跨能源品种可调节资源潜力与开发利用研究》，2022。国网能源研究院：《促进"碳达峰碳中和"的能源电力价格体系研究》，2021。

清洁低碳。电力系统的发电结构由传统的以煤为主转向以新能源为主。煤炭发电等兜底化石能源发电方式，在低碳零碳技术引领下，碳排放量将逐渐下降到近零水平。预计到 2030 年我国新能源发电装机规模将超过煤电，成为第一大电源；2060 年之前，我国新能源发电量有望超过 50%，① 成为发电的主体。在用能终端，随着交通、建筑、工业领域电气化水平的不断提升，电能将逐渐成为终端能源消费主体，推动能源领域的清洁低碳发展。

安全韧性。电力系统由传统的"源随荷动"转向"源网荷储深度融合、灵活互动"。新能源将逐步提供可靠的电力支撑，煤电仍是电力安全保障的"压舱石"，承担基础保障的"重担"。煤电的灵活性改造等将提供不同时间尺度的灵活调节能力，实现电网的动态平衡，保障在极端气候等外部条件下的电网安全供应能力。电网呈现出以大电网为主导、多种电网形态相融并存的格局。

智慧融合。电力系统结构和形态的变化，离不开技术创新，包括多年、多区域、源网荷储碳联合规划技术，电力系统全环节精细化碳排放统计核算技术。同时，新型电力系统以数字和物理系统的深度融合为核心驱动。由于涉及海量异构的资源主体的交互协同和调度，先进数字技术在电力系统的各个环节广泛应用，能够助力各个环节实现智能化升级，有效支撑在复杂网络和实时变化情况下的精准决策和动作，推动电力系统在更为复杂和开放环境下的安全高效运行。

高效协同。新型电力系统要兼顾清洁低碳、供应安全、价格三重目标，需要革新现有的电力系统的运行方式，增加大量的调节资源以及能够适应调节变化的大量柔性设备。电力系统除了加强自身的调节能力建设（包括储能、电网调节），还需要与其他能源系统构建更加协同的系统模式，包括不断提升需求侧与各类负荷响应能力，强化电氢、电热等不同能源系统之间的协同，促进能源效率提升，减少调节资源自建成本，实现各类能源互通互济、灵活转换，实现能源大系统的资源共享和价值挖掘。同时，与电力市场

---

① 国网能源研究院：《促进"碳达峰碳中和"的能源电力价格体系研究》，2021。

发展紧密融合，各类市场主体广泛参与、充分竞争、主动响应、双向互动，实现环境—安全—经济的平衡发展。

（二）新型电力系统的形态变化

与现有的以化石能源为主体的电力系统相比，新型电力系统的重要任务之一是使得电能生产和消费系统实现零碳（近零碳），因此其生产方式、电网形态、技术特征、系统成本以及产业发展都发生了变化。

1. 生产方式变化

在能源电力生产方面，能源电力行业将大规模开发可再生能源，能源消费端也将广泛使用可再生能源和持续提升能效，能源的开发与利用必然会分布式与集中式并重，"电从远方来，电从身边来，电从节约来"三者并举。在能源电力消费方面，新型电力系统终端用能形态将更加多样复杂，小范围自平衡系统将大量发展，形成全新的终端产用能方式。

2. 电网形态变化

随着大型能源基地建设逐步完成，终端大量的分布式新能源的开发利用将成为重点。此外，随着储能技术和新型用电技术的发展，电力系统的需求侧将持续发展演变成一个个拥有多种形式的分布式能源、储能基础设施、柔性智能配电网络和可观可控负荷的"源网荷储"一体化的微型电力生态系统。新型电力系统将呈现大电网与微系统相互交织、相互融合的新形态。随着数字化终端设备、绿色能源管理体系和新型电力电子技术等新技术的应用，新型电力系统将通过大电网与微系统的实时交互、灵活响应、相互支撑，实现清洁低碳、节能高效、成本最优、安全可靠的目标。

3. 技术特征变化

随着新能源装机规模和发电量不断增加，新能源逐渐提供可靠电力支撑，电力的供应安全和运行安全特性将发生质的变化。与现有的电力系统相比，新型电力系统的技术体系由电磁技术为主向电力电子技术、数字化技术全面延伸，由以源、网技术创新为主向源、网、荷、储全链条技术全面延伸，由单一的能源电力技术向跨行业、跨领域技术协同转变。随着新型电力系统的建设,电力系统从设计之初的源随荷动,转变为荷随源动、源网荷储互动。

为适应这一变化,电力系统的信息化正在从第一阶段单纯数据采集和聚合走向第二阶段大数据分析和利用,即通过信息化手段,推动各类分布式资源与智慧能源服务平台、电力交易平台、调度系统的协同等。随着分布式新能源的大量建设,以及交互性更强的终端的应用,配电网将更加智能化,将利用更多新型电力电子设备,应对复杂多样的电能质量问题,保障供电连续性;利用数字孪生技术,辅助电网设计、运维、调度等,提高配网弹性;通过对智能电网技术的应用,逐步形成新形态电网与大电网高度协同的未来。

4.系统成本变化

当电力系统以新能源为主体时,系统平衡成本、安全保障成本会成为最主要的增量成本。传统的电力系统是以煤电为主导的系统,电力电量平衡以及发电充裕度遵循确定性思路,且主要依托"源随荷动"的平衡模式保障电力供需平衡。随着新能源占比不断提高,电力系统供需两侧均将面临强不确定性,电力系统对灵活调节资源的需求将急剧上升,传统方式下的电源成本也会随着储能的大量建设和应用而不断上升。根据相关研究[①],在现有的电力发展架构和方式下,由于新能源大规模高比例接入,未来电源成本上涨趋势显著并将传导到终端用户用电成本中。其中,用于支撑新能源接入、提供系统平衡能力的电源成本,包括气电、储能、需求侧响应等方面的投入,以终端用户度电成本计算,2020年上涨0.023元,2025年、2030年、2035年将分别上涨至约0.058元、0.078元、0.097元,之后将继续缓慢增长至2060年的0.125元,相比2020年的上涨幅度,2025年、2030年、2035年、2060年的上涨幅度分别提高0.035元、0.055元、0.074元、0.102元[②]。

---

① 国网能源研究院:《促进"碳达峰碳中和"的能源电力价格体系研究》,2021。国网能源研究院:《能源互联网下需求侧响应的电力市场交易机制研究》,2021。李伟阳:《新型电力系统底层逻辑演进的十点思考》,http://www.cnenergynews.cn/guonei/2021/10/21/detail_20211021108997.html,2021年10月21日。

② 具体测算条件和参数见本文附件。

为适应能源资源禀赋和系统运行特征的变化，需要通过新型电力系统的构建，实现源网荷储协同平衡，进一步促进能源结构的调整，并在保障安全可靠的前提下促进新能源的快速稳定发展。新型电力系统的成本变化将会对市场调节和政策调节提出更高的挑战，要从总量和结构两方面着手，找到经济、安全、清洁三者的平衡点。

5. 产业发展变化

构建新型电力系统需要研究布局重大科技创新，掌握核心关键技术，持续催生创造新技术、新装备。构建新型电力系统，需要针对电力系统电源结构、负荷特性、电网形态、技术基础、运行特性等方面的转变，推动六方面的技术升级，包括设备主动支撑技术、储能技术、需求侧响应技术、电力数字化技术、CCUS技术、电制氢技术，推动我国加速在新能源发电、高韧性电网、高效率高安全大容量储能、氢能及燃料电池、高效率光伏发电材料、新型绝缘材料、超导材料、宽禁带电力电子器件等一批关键技术方面取得突破。

四 构建新型电力系统的关键问题及相关建议

构建新型电力系统，将对能源技术、能源装备、能源产业带来新的机遇和挑战，需要统筹考虑能源安全、能源成本、市场机制、自主技术等多方面因素，高效推进新型电力系统的建设。

（一）新型电力系统建设需要为能源安全提供坚强保障

新型电力系统建设是为了推动实现我国碳达峰、碳中和目标，更是为了支撑我国经济社会低碳转型发展。在各个不同发展阶段，要立足于保障国家经济安全，坚持系统观念，坚持高水平的科技自立自强，促进"双碳"目标的实现，统筹考虑不同发展阶段的能源安全、资源安全、科技安全、产业安全、数据安全。

构建新型电力系统的基本要求是确保系统的安全韧性和电力的稳定供

应。新型电力系统建设需要在国家整体安全观的指引下，以能源独立可控为安全底线，主动适应电力系统不断演进的物理特性变化与新的安全规律约束，最终建成一个具有强系统安全韧性，能够应对极端天气、灾害、各种局部袭击和数字化网络攻击挑战的能源电力物理系统，以及一个能够保障我国经济社会发展用电需求的能源电力物理网络。

新型电力系统需要保障电量、电力、调节资源的充足供应。在构建新型电力系统的过程中，电力供应安全是最大的安全，在建设的不同阶段，都要实现电量、电力、调节资源的充足供应，通过提升系统的灵活性和安全性，缓解能源结构变化对电力系统的安全稳定所带来的潜在影响。

（二）新型电力系统建设需要避免成本快速上升

新型电力系统不同阶段面临不同的成本上升压力。构建新型电力系统，可分为三个阶段。第一阶段，电力装机主体变化阶段。这一阶段在大量新能源接入情况下，调节资源需求快速上升，需要解决为适应新能源特性新增大量调节资源或对原有电力系统进行改造所带来的成本快速上升的问题。第二阶段，电量、电力供应主体变化阶段。这一阶段在新能源占据极高比例的情况下，系统的波动性和不可预测性进一步增大，需要通过源网荷储协同、不同能源系统协同来解决电力系统安全韧性方面的问题。第三阶段，全社会的产用能主体变化阶段。这一阶段新能源利用与工业、建筑、交通等各行各业的产用能方式深度耦合，形成"新能源+""数字+""交易+"等产业能源融合的各种新形态，需要投入较高的技术创新成本与用能方式转换成本，实现能源经济高效利用。

新型电力系统建设需考虑对既有基础设施及资源的充分利用。未来的发展必须同步考虑煤电逐步退出与现有煤电机组利用小时数大幅下降等能源转型成本，以及"双碳"背景下各行各业加速升级的成本。从高碳技术路线切换到低碳、零碳技术路线，需要投入大量的技术创新成本与用能方式转换成本。

未来的政策设计，需要政府和市场共同发力。一方面，要激励新型电力系统通过分层分区将大系统划分为若干自治小系统，利用高精度预测技术、灵活市场机制等方式实现局部自平衡，减少大系统需要的平衡功率，从而降低增量成本投入；另一方面，要充分考虑能源电力与产业系统的高度耦合，推动系统平衡手段从利用抽水蓄能、电化学储能等电力灵活性资源向储冷储热、电热协同、电氢耦合等综合能源跨网互济、多能互补方向发展，以电为载体，以数字化为支撑，以高度发达的市场交易为手段，最大限度地利用广泛分布在工业、建筑、交通等各行业的灵活性资源，以高经济性的方式解决未来电力系统的平衡难题。

（三）新型电力系统建设需要推动现代化基础设施体系的融合发展

新型电力系统作为高度融合型、创新型的国家综合基础设施系统，包含了能源基础设施、数字基础设施、计量基础设施、交易基础设施、安全基础设施、应急基础设施等，未来将发展成为国家数字转型、智能升级、融合创新、协同发展的重要基础设施支撑单元。在新型电力系统建设的不同阶段，都要坚持系统观念，推动综合发展、融合创新，遵循建设国家融合基础设施和综合基础设施的客观规律，符合建设现代化基础设施体系的要求。

一是要推动能源基础设施的融合。传统能源基础设施之间由于体制机制、管理模式、技术等方面的原因存在明显割裂，随着能源技术与信息数字技术的深度融合，多种能源基础设施将突破物理形态上的壁垒，通过数据的自由流动实现多种能源互济互补和高效利用。

二是要推动数字基础设施的融合。要积极推动通信网络基础设施、新型技术基础设施、算力基础设施之间的融合，促使 5G 技术、大数据中心、云计算等数字基础设施加速成为能源数据信息传输、存储、计算、处理的一体化载体，服务构建数据驱动的新型电力系统。

三是要推动安全基础设施和应急基础设施的融合。电力系统安全的不确定风险在新型电力系统中体现得更加明显，同时产业链各环节的安全应急能力也将呈现为基础设施建设中的"木桶效应"。为保证网络安全、数据安全、技术安全、系统安全，应对各种紧急情况，需要建立起能够保障各环节之间的协同联动，具备提前预防、快速感知、快速响应、快速处置和快速恢复等功能的融合型安全基础设施和应急基础设施。

四是要推动能源基础设施与交通、信息等基础设施之间的融合。以新型电力系统为基础的现代能源基础设施，在现代化基础设施体系中需要发挥关键基础设施的作用，发挥广泛联网、普遍接入、成本低廉、绿色低碳的优势，保障其他类别基础设施正常运行。构建现代化基础设施体系要求以较低成本备足安全余量，实现基础设施互联互通、共建共享、协调联动，同时要求发挥多方作用，搞好持续运营，提高基础设施全生命周期的综合效益。

（四）新型电力系统建设需要能源技术和数字技术深度融合

需要加快推动数字化技术与物理系统深度融合。要高度重视培育技术、数据、算力、算法等新型驱动要素，加快发展"大云物移智链"等新一代数字技术，发挥数据的新型关键生产要素作用，依托强大的算力和算法，通过海量信息数据分析和高性能计算技术，破除源网荷储各个环节的数据壁垒，实现数据与技术、知识等其他生产要素有效融合，全面提升能源电力系统的运行效率，形成服务产业能源融合发展的全新生态。

要全力推动包括能源流、电力流、碳流、信息流、资金流在内的多流高度耦合。在技术驱动赋能的基础上，推动构建新型电力系统，以数字电网为枢纽，以数据和信息的有序流动，将电力用户、电网企业、发电企业、供应商及其设备，以及人和物连接起来，同时将电力系统与其他能源系统有机融合，实现电力流和能源流的交互。随着区块链等数字技术和数据要素在碳市场交易中的推广应用，以及碳市场、电力市场的协同发展，承载着碳计量与交易信息的碳流将汇入能源流、电力流中，应通过去中心化的新机制、新模式与新业态，畅通系统中各节点、各主体间的服务流、信息流、碳流、资金流，实现能源电力与社会资源的优化配置。

（五）新型电力系统建设需要创新市场机制

新型电力系统连接着能源主体、用户主体、产业主体，要实现能源系统与用户的高效互动，需要创新市场机制，需要考虑大、中、小、微型系统，以及源、网、荷、储多元互动。

1. 完善价值传导层面的市场机制

加快电力市场建设。研究新型电力系统构建新增成本及其疏导问题，健全价格体系，按照"谁受益、谁承担"原则，由各市场主体共同承担转型成本。加快推动建设竞争充分、开放有序的统一电力市场，在更大范围优化配置清洁能源。完善短时间尺度调节激励机制，推进电力零售市场化改革，通过价格机制引导需求侧参与市场，充分挖掘需求侧的调节能力。加强长时间尺度调节激励机制建设，因地制宜建立发电容量成本回收机制，通过竞争机制促进技术进步。健全可再生能源收益保障机制。完善多能源系统协同机制。

推进天然气市场建设。短期内构建天然气"管住中间、放开两头"的价格机制，实现电、气价格市场化联动，天然气市场与电力市场运营方提前研究重要时间节点的衔接与匹配，更好保障市场的联动和发展；中长期要明确天然气、电力供应保障责任，落实天然气储备责任，并将储备成本纳入管网成本，向用户侧疏导。

健全完善热力市场机制。推动热电联产企业参与电力市场，继续推进供热计量改革，实现按用热量计价收费，加强市场监管，为推动供热企业进入电力市场提供支撑保障。

加强煤炭、天然气储备能力建设。增强政府可调度煤炭、天然气储备能力，适时收储和投放，有效平抑市场价格波动；加强全国以及分级分类的能源生产、供应和消费信息系统建设，建立跨部门跨区域能源安全监测预警机制，加强电力、天然气、热力多能源系统之间的安全运行裕度信息的实时共享；制定多能源系统之间协同的故障后校正控制方案。

加快推进全国碳市场建设。加快将钢铁、化工、供热等重点行业纳入控排范围，完善核证自愿减排量（CCER）抵消机制，推动非控排行业主体通过 CCER 抵消机制获得碳减排收益。适时引入碳配额有偿分配机制，并逐步扩大有偿分配比例。在电力公司服务模式上，由为客户提供单向供电服务，向发供一体、多元用能、多态服务转变，打造"供电+能效服务"模式，创新构建"互联网+"现代客户服务模式。

2. 加强投资运营层面的政策支持

探索多元化投融资模式，完善支持多能互补的财政金融政策。鼓励探索合同能源管理（EMC）、建设—经营—转让模式（BOT）、融资租赁模式等多元化投资建设运营模式，对相关模式提供补贴等政策扶持；加大绿色债券、绿色信贷、税收减免对新型电力系统建设中跨能源品种协同应用的支持力度，探索将有关项目作为融合基础设施纳入基础设施不动产投资信托基金（REITs）试点支持范围。

加强各政府部门、各能源企业在基础设施规划建设、审批监管等方面的协同。统筹规划布局煤炭、天然气、电力、热力等能源基础设施，加强电力与工业、建筑、交通等部门的协同。对新业态新模式建立跨部门综合规划、审批与监管机制，降低制度性交易成本。推动微电网内源网荷储打包核准（备案），创新综合能源项目冷热电气一体化审批机制。

（六）新型电力系统建设需要实现新技术、新业态的突破

新型电力系统是能源系统与社会系统协同发展、交互发展的载体，在国家碳达峰、碳中和目标落地以及高度电气化、数字化、智能化的催化下，将发展出高质量的新社会价值创造系统。

持续催生创造新技术、新装备。推动我国加速突破新能源发电、高韧性电网、高效率高安全大容量储能、氢能及燃料电池、高效率光伏发电材料、新型绝缘材料、超导材料、宽禁带电力电子器件等一批关键技术，重点攻关CCUS、高效率低成本新能源发电、大规模海上风电、虚拟电厂、源网荷储协调运行、主动需求响应、电氢技术、综合能源系统、数字化技术、市场交易技术、碳技术等新技术、新装备，畅通能源经济发展在生产、流动、分配

和消费等各环节的堵点，加快低碳技术示范、应用和推广，助力能源电力行业清洁低碳发展和跨越升级。

持续催生创造新模式、新业态。分布式与集中式并举将成为未来能源供给、需求的典型模式，各类风光水火电源的互动模式，电源与电网的互动方式，大电网与配电网、微网的互动模式都将实现"量变"到"质变"的突破，各类V2G、V2H等具备双向互动功能的电动汽车上路，将更大范围更高效率实现灵活性资源的建设、聚合与应用。积极推动现有电力系统以"电力供应+可靠性"为目标函数的发展模式加速向多市场主体互动、生态化共存的共赢模式转变。新型电力系统在规划建设、运行维护、资源互济、多能互补等方面将重塑能源电力的产业链供应链格局，实现新能源发电与用户直签、园区社区微网运营、节能创新型产业集群、能源数字化产业的规模化发展。

持续高质量培育新产业、新经济。充分认识构建新型电力系统的产业孵化属性和数字经济属性，持续创造新产业、新经济。新型电力系统的数字化属性日渐加强，具体表现是其连接能源生产消费、输出电力算力资源、消除多方之间的信息不对称性与信用的不易传递性，逐步形成随时随地利用资源、跨时间空间调配资源、容纳海量市场主体并创造价值的能源数字经济新形态。相对于传统经济形态，能源数字经济将成为具备更显著的数字经济、网络经济、平台经济特征的能源新经济业态，为我国经济社会高质量发展注入新的力量。

参考文献

［1］《中共中央 国务院关于完整准确全面贯彻新发展理念做好碳达峰碳中和工作的意见》，http：//www. mofcom. gov. cn/article/zcfb/zcwg/202112/20211203225956. shtml。

［2］《2030 年前碳达峰行动方案》，https：//www. gov. cn/zhengce/content/2021－10/26/content_ 5644984. htm。

［3］《关于促进新时代新能源高质量发展的实施方案》，https：//www. mee. gov. cn/zcwj/gwywj/202205/t20220530_ 983840. shtml。

［4］《新型电力系统发展蓝皮书（征求意见稿）》，https：//view.officeapps.live.com/op/view.aspx？src＝http％3A％2F％2Fwww.nea.gov.cn％2Fdownload％2F％25E7％25BD％2591％25E4％25B8％258。

［5］《新型电力系统调节能力提升及政策研究》，https：//cec.org.cn/detail/index.html？3-315495。

［6］《历史性跨越：中国可再生能源装机容量超过煤电》，https：//baijiahao.baidu.com/s？id＝1761068338441746947&wfr＝spider&for＝pc。

［7］《2022年我国新型储能发展有关情况》，https：//www.ndrc.gov.cn/fggz/hjyzy/jnhnx/202302/t20230215_1348800_ext.html。

［8］国家电网有限公司：《新型电力系统数字技术支撑体系白皮书》，2022。

［9］国网能源研究院：《跨能源品种可调节资源潜力与开发利用研究》，2022。

［10］国网能源研究院：《促进"碳达峰碳中和"的能源电力价格体系研究》，2021。

［11］国网能源研究院：《能源互联网下需求侧响应的电力市场交易机制研究》，2021。

［12］李伟阳：《新型电力系统底层逻辑演进的十点思考》，http：//www.cnenergynews.cn/guonei/2021/10/21/detail_20211021108997.html。

附　件

"双碳"目标下我国电力供应成本测算

以五年为周期，以2020年为基准年，测算由新能源大规模高比例接入所带来的电力成本增长情况（对应电量成本），并以终端用户度电成本增幅作为最终比较结果，不考虑电网成本和网损成本。测算思路是基于宏观经济、碳约束等边界下形成的投资预期，分别测算各类电源成本并合计形成体现在终端用户上的电力成本。

测算前提假设包括：①以终端用户视角对电源成本进行测算；②测算中考虑技术进步变化；③CCUS作为电源成本，以容量费用形式向终端传导；④不考虑物价变动对成本的影响；⑤分布式光伏假设占光伏总装机的30％，相关电量从售电量中扣除。

主要考虑因素包括：发电技术进步、燃料成本变化、成本造价变化、装机变化、地区性差异。

电源成本测算采用经营期方法。测算边界方面，综合考虑我国未来经济发展状况、能源消费总量限制、碳预算约束、能源开发潜力等因素，预测我国电源结构和电量发展情况如下：①经济发展，"十四五"时期、2026～2035 年、2036～2050 年、2051～2060 年，GDP 年均增速分别约 6.0%、4.4%、3.3%、2.7%；②能源消费总量，一次能源消费 2030 年达峰，峰值在 60 亿吨标准煤以内；③能源结构，2030 年非化石能源消费占一次能源消费比重在 25% 以上；④碳减排目标，以国家公布的碳减排目标为参考；⑤非化石能源开发潜力及目标，常规水电、核电技术可开发量分别为 6 亿千瓦左右和 4 亿~5 亿千瓦，2030 年新能源装机规模在 16 亿千瓦以上；⑥2020～2060 年累计碳排 1000 亿吨，2060 年电力碳排放为 0。

B.16
绿色低碳转型进程中的区域
电力协调发展研究

聂新伟　李雪慧*

摘　要： 我国能源资源富集地区与能源消费中心的逆向分布特征，使得实现能源资源更大时空范围内的优化配置成为重要选择。局部地区频现的电力短缺问题，更加凸显区域能源协调发展的重要性。本文从我国能源区域供求不均衡这一事实出发，探讨了能源区域协调发展的内涵和政策偏向，并分析了近年来我国跨省跨区能源余缺互济取得的进展以及面临的重要挑战。本文指出，鉴于当前区域能源协调发展面临的新形势、新挑战，坚持以多能互补的省内平衡与省间更大范围的电力互济相统筹为导向，加快形成"多能互补、大范围互济、市场机制发挥作用"的政策制度体系，对于实现安全供应、绿色低碳和能源公平（经济可负担）协调互促，推动我国清洁低碳安全高效的现代能源体系构建，既是必要的，也是十分重要的。

关键词： 能源禀赋　电力安全　多能互补　绿色低碳转型

一　问题的提出

我国是煤炭资源大国，在实现碳达峰、碳中和目标过程中，煤炭及其下

---

* 聂新伟，经济学博士，国家发展和改革委员会国土开发与地区经济研究所助理研究员，主要研究方向为区域开放政策、产业经济；李雪慧，经济学博士，中国社会科学院财经战略研究院《财经智库》编辑部副主任，副编审，主要研究方向为能源经济理论与政策、低碳经济。

游应用行业（火电）无疑是受影响最大的行业部门。换言之，我国能源绿色低碳转型的关键在于煤炭低碳化和清洁能源的替代。然而，在能源转型过程中，过度的去煤和快速提升的清洁能源占比正在对我国电力安全供应的稳定性造成极大影响，电力供求的结构性矛盾愈发成为一些地区经济社会高质量发展进程中的堵点痛点，有序用电成为一些地区高峰负荷时期无奈的选择，这显然与我国正在构建的清洁低碳安全高效的现代能源体系目标是不相符合的。

从时空分布来看，我国能源资源富集地区与能源消费中心具有显著的逆向分布特征，这在造成一些地区能源供求结构性矛盾比较突出的同时，也使得区域间的能源互济成为改善供求结构、保障供应安全的重要途径。在以省域为空间单位推进"双碳"目标实现的过程中，越来越多的地区愈发重视新能源并不断加大投入，推动新能源装机容量和发电量占比快速提升，清洁能源对煤电的替代效应逐步显现，火电利用小时数不断下降的同时，装机占比也在下滑。新能源出力具有不稳定性，而且近年来受极端天气波及面扩大的影响，在负荷高峰用电需求刚性的关键时刻，新能源出力不足往往会导致供电缺口的放大，进一步加剧局部地区电力供应紧张，使得煤电关键作用进一步凸显，最终造成"低碳发展—清洁能源占比显著提升—供电稳定性不足—电力缺口—火电装机增加—增碳增排"的不良循环。由于未考虑能源禀赋和新能源技术经济特点，供求结构性矛盾突出的现象近年来在一些地区不断出现，极大地干扰了经济社会的有序健康发展，也直接引发了尊重客观实际、加强区域能源协调发展的政策讨论。与此同时，随着我国区域重大战略、区域协调发展战略的实施推进，我国经济地理空间也在加快调整，经济集聚程度进一步提升，区域能源供应紧张局面有明显的加剧态势。在"双碳"目标下，负荷中心地区实现高峰时期电力省内平衡越发缺乏经济、社会、生态效益的支持，实现更大区域范围内的能源资源优化配置成为重要选择，区域能源协调发展愈发重要。总体而言，随着能源转型推动清洁能源比重显著提升，如何更好地统筹绿色低碳发展与电力安全可靠供应的关系愈发重要，这就造成一个老的问题被重新提出，即在可再生装机出力不够稳定导致区域电力供应缺口加大的情况下，是在省内建设新的电源点实现"多类型能源互补"，还是依靠省外电力互济来解决供应缺口问题。无论做出何种选择，均意味着区域电力协调发展既是必要的，也是十分重要的。

二　能源区域协调发展的概念内涵与政策偏向

我国的能源资源禀赋决定了我国绿色低碳发展的关键在于煤炭的清洁化、低碳化利用和清洁能源对煤炭的逐步替代。能源富集地区与能源消费中心地区的逆向分布，使得特定时空范围内多能互补或跨区域互济（即更大时空范围的多能互补）成为解决供求结构性问题的重要方式，"西电东送"也起源于此。随着新能源供应占比的进一步提升，新能源出力的不稳定性使能源区域协调发展的重要价值日益凸显。基于此，本文认为绿色低碳发展与能源区域协调是相互促进的协同关系，为推进绿色低碳发展（能源绿色转型），基于地理空间颗粒度差异（以省份为单元），能源区域协调应包括两个层面：一是省份内平衡，即自身结合能源资源禀赋，为着力解决新能源供应不稳定问题而优化调整能源结构，实现多能互补下的供应安全与绿色转型发展。二是省际平衡，依靠自身能源资源禀赋难以实现自身平衡，或者实现自身平衡的经济、社会、生态效益较差，边际收益小于边际成本，在此情况下，依靠区域能源互济反而有助于更好地实现经济、社会、生态效益的统一并给输出地区带来溢出效应，实现个体利益最大化和集体利益最大化。回顾"西电东送"的历史不难发现，能源区域协调发展对输入、输出地区而言是双赢的政策举措。由于广东等地增加火电装机容量会恶化区域环境，还会因"北煤南运"使交通运力压力加大，而西部地区由于电力供给整体充裕，一定程度上存在着火电长期降负荷运行、水电被迫弃水的现象，"西电东送"既能使西部地区的煤炭资源、水电资源得到优化配置，进而转化为经济发展优势，又能满足广东等东部沿海高负荷地区的电力需求和环境保护的需要。因此从政策启示看，建立"多类型互补、大范围互济、一二次能源联动"的能源保障体系是推动能源绿色低碳转型发展的重要支撑力量。

三 我国能源区域协调发展取得的成效

（一）跨省跨区能源输送能力大幅提升

区域能源供需平衡是实施区域协调发展战略的重要保障。长期以来，由于我国能源生产地区和消费地区的逆向分布特点，实现区域能源供需平衡一直是我国能源保供的难点。在"双碳"目标下，统筹低碳发展与能源供应安全的关系，将会给我国区域高质量发展带来新的挑战，特别是随着地区去煤化进程的加速和可再生能源的快速替代，电力安全成为能源安全的核心。为确保区域能源安全，提升可再生能源消纳能力，各省市一方面加快自身能源基础设施建设，提高自身能源供给能力；另一方面加快能源通道建设，提升区域能源输送能力。特别是随着"双碳"目标的提出，跨区域能源输送通道工程核准、建设节奏明显加快，能源跨省跨区输送规模不断扩大。

在铁路运输方面，我国煤炭铁路运输以山西、陕西、内蒙古的煤炭外运为主，主要外运通道大秦铁路、朔黄铁路、张唐铁路、瓦日铁路每年合计运能达到 12 亿吨。2020 年，山西、陕西、内蒙古三省区煤炭铁路发出量占到全国煤炭铁路总发运量的 84.7%[①]。此外，随着兰新高铁、临哈铁路等项目建成投产，新疆煤炭外运量也不断增加，2022 年达到 1.24 亿吨，同比增长 28.7%。与此同时，煤炭水路运输也促进了港口煤炭吞吐量的显著增长，2010~2020 年年均增长 5.5%。而煤炭公路运输近年来受环保政策、"公转铁"等多重因素影响，运量大幅减少。整体来看，尽管我国煤炭运输能力得到很大提升，但煤炭运力紧张的局面仍然时有出现，部分集疏运配套设施建设相对滞后，多式联运有效衔接机制不够健全，部分运煤通道干支线能力不均衡，运输成本仍然相对较高。

---

① 曾维刚、梁壮、赵冠一等：《我国煤炭运输体系现状、问题及对策研究》，《煤炭经济研究》2022 年第 1 期。

我国油气资源生产地区和消费地区也呈现逆向分布的特点，布局建设联通生产和消费的油气管网对于保障油气供应安全意义重大。2019年，为进一步深化石油天然气体制改革，加快推进石油天然气管网运营机制改革，按照"管住中间，放开两头"的思路，我国组建了国家管网集团，加强了对全国油气管网布局的整体统筹。截至2021年底，我国境内外的油气长输管道总里程已达约17.0万公里。其中，天然气管道"全国一张网"的骨干架构基本形成。随着四大进口战略通道和西部等区域管网形成，我国的原油管网总里程已达3.3万公里。值得注意的是，虽然我国油气管网互联互通的大框架已基本形成，但管道里程仍然不足，部分地区尚未形成网状供气结构，且具备区域联通功能的联络线负荷率普遍不均，具备调峰功能的干线管道负荷率不高。

在跨省区电力输送方面，随着绿色低碳转型进程的推进，我国跨省跨区域运输通道和关键断面输送能力建设明显加快，清洁能源跨省跨区消纳能力持续提升。截至2021年底，我国已建成特高压直流工程17项，输电容量合计约1.4亿千瓦，线路长度约3万千米；建成特高压交流工程15项，新建变电站32座，线路长度约1.4万千米。我国已形成"17直15交"格局。2022年全国完成跨区输送电量7654亿千瓦时，同比增长6.3%；跨省输送电量1.77万亿千瓦时，同比增长4.3%。根据《"十四五"现代能源体系规划》，我国将推动电网主动适应大规模集中式新能源和量大面广的分布式能源发展，进一步完善华北、华东、华中区域内特高压交流网架结构，为特高压直流送入电力提供支撑，建设川渝特高压主网架，完善南方电网主网架。

（二）跨省跨区电力市场体系不断完善

随着北京电力交易中心、广州电力交易中心以及全国30多个电力交易中心的组建完成，省间中长期交易机制的不断完善和省间电力现货交易规则的落地，跨区跨省电力市场总体框架基本形成，交易规模不断扩大。根据中电联数据，2022年我国省间交易电量首次突破万亿，达10362.1亿千瓦时，其中省间外送交易占比高达92.7%。

1. 区域电力市场建设不断深化

目前，国网经营区内的跨省跨区电力交易（省间交易）主要由北京电力交易中心组织；蒙西电网电力交易被纳入华北区域，也由北京电力交易中心组织；南方电网（以下简称"南网"）经营区内的省间交易由广州电力交易中心组织；贵州电网与重庆电网跨省交易由贵州电力交易中心组织。国网和南网经营区省间交易情况如图1、图2所示。

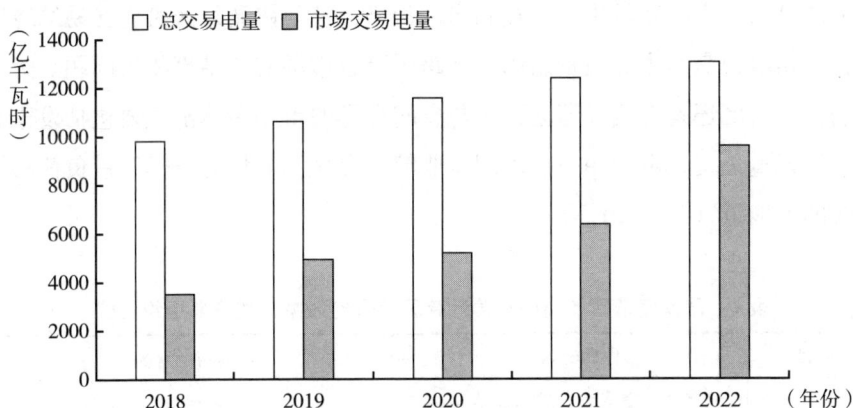

图1　2018~2022年国网经营区省间交易情况

资料来源：北京电力交易中心历年电力市场报告。

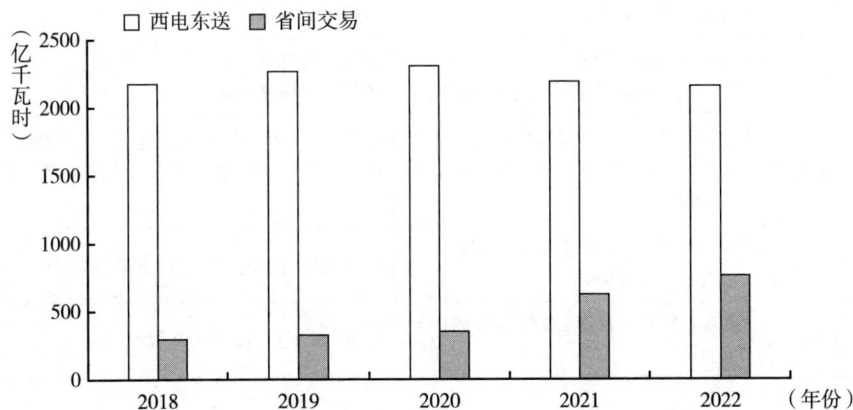

图2　2018~2022年南网经营区"西电东送"和省间交易情况

资料来源：南方区域统一电力交易平台。

393

在组织模式方面，跨省跨区电力交易的类型主要分为中长期交易和现货交易。在国网经营区内，中长期交易按照《北京电力交易中心跨区跨省电力中长期交易实施细则（修订稿）》实施；在南网经营区（南方区域电力市场）内，中长期交易按照《南方区域跨区跨省电力中长期交易规则》实施，现货交易的实施细则为《南方区域电力市场现货电能量交易实施细则（试运行1.0版）》。南网总调负责向广州电力交易中心提供跨区跨省结算所需的日前及实时市场出清电量和出清价格，参与协调跨区跨省交易结算问题，广州电力交易中心负责组织协调跨区跨省市场交易结算相关问题。无论是国网经营区还是南网经营区，参与省间交易的市场主体都主要包括发电企业、配售电公司、电力用户、电网企业等，交易标的均为分时、带负荷特性曲线的电能量（见表1）。①

表1 国网经营区和南网经营区跨区跨省电力中长期交易组织模式

项目	国网经营区	南网经营区
实施细则	《北京电力交易中心跨区跨省电力中长期交易实施细则（修订稿）》	《南方区域跨区跨省电力中长期交易规则》
市场成员	发电企业、配售电公司、电力用户、电网企业、电力交易机构、电力调度机构	发电企业、电网企业、配售电公司、电力交易机构、电力调度机构、电力用户等
交易机构	北京电力交易中心 省级电力交易中心	广州电力交易中心 省级电力交易中心
调度机构	国家电力调度中心 区域电力调度及省级电力调度机构	南方电网总调 省级电力调度机构
交易品种	发电企业与用户的跨区跨省交易、外送交易、跨区跨省合同交易（回购、转让、置换交易）	电力交易（协议电量、增量电量）和根据市场需求灵活开展发电权交易、合同转让等合同交易
组织形式	双边协商、集中交易（集中竞价、滚动撮合、挂牌交易等）	协商交易、挂牌交易、竞价交易、预招标交易
组织时序	年度（多年）、月度（多月）、月内（周、多日）	年度（多年）、月度、月内、周

---

① 赵晓东：《我国跨省跨区电力交易现状、问题及建议》，《中国能源》2022年第4期。

2. 有效促进新能源消纳

受资源禀赋特性限制，我国可再生能源主要集中在"三北"（华北、东北、西北）和西南地区，可再生能源大规模的开发利用和负荷的逆向分布，加之新能源出力的间歇性特点，导致"三弃"（弃水、弃风、弃光）现象严重。为缓解新能源弃电问题，国家电网有限公司启动了跨区域省间富余可再生能源电力现货交易机制，经过4年多的实践探索，目前市场交易主体和成交电量均呈现稳步提升态势。截至2021年底，已累计成交可再生能源电量超268亿千瓦时，提升新能源利用率约1.1个百分点，为减少"三弃"现象发挥了关键作用。①

随着"双碳"目标的提出，我国能源低碳转型和电力体制改革加速推进，电力平衡格局日趋复杂，以促进可再生能源消纳为目标的跨区域省间富余可再生能源电力现货交易试点已无法满足日益增长的省间电力交换需求，开展覆盖范围更广的省间电力现货交易，推动更大范围的资源优化配置，更好地实现电力余缺互济和可再生能源消纳成为迫切需求。2021年11月22日，国家发展改革委、国家能源局发布《关于国家电网有限公司省间电力现货交易规则的复函》，指出"原则同意由国家电力调度中心会同北京电力交易中心按照《省间电力现货交易规则》（以下简称《省间现货》）组织实施"。相比原有富余可再生能源外送交易，《省间现货》将卖方市场主体由可再生能源扩展至所有电源类型，并将交易范围由"跨区域省间"扩展到国家电网有限公司和内蒙古电力有限责任公司覆盖范围内的"所有省间"，在协助资源大范围优化配置和新能源大范围消纳的同时，平抑波动、保障电力系统的平衡和安全。北京电力交易中心有关分析报告指出，2018~2022年，国网经营区省间电力交易中，清洁能源消纳从4429亿千瓦时增加到5241亿千瓦时，其中新能源消纳从718亿千瓦时增加到了1418亿千瓦时，增长近1倍；新能源消纳占跨区跨省输电通道比重从24.1%提高到了

---

① 国家电网有限公司国家电力调度控制中心：《省间电力现货交易助力电力保供与低碳转型》，《中国电力企业管理》2021年第12期。

26%（见图 3）。尽管近年来我国可再生能源装机规模高速增长，但 2020 年其整体利用率提高到了 95% 以上，其中省间新能源交易贡献了 14 个百分点。

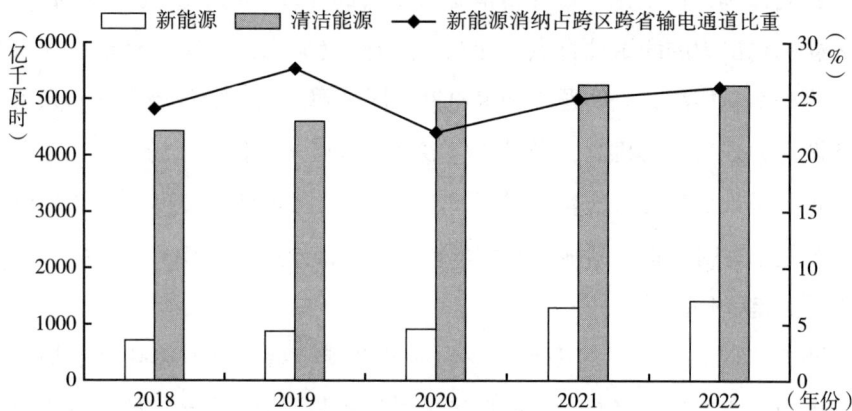

图 3　2018~2022 年国网经营区省间电力交易中新能源与清洁能源消纳情况

资料来源：北京电力交易中心。

3. 电力用户对改革红利的获得感进一步提升

一般来说，在一定技术条件和经济状况限定的"边界"内，资源配置的范围越广，资源创造的社会福利越大。目前在相关配套机制尚不完善的情况下，建立强耦合的全国统一市场，尚不具备可行性和经济性。而实现跨省跨区交易，一方面可以依托大电网的规模经济优势，通过系统调节能力的显著提升，促使电力系统的安全成本及可靠成本明显下降；另一方面，可以实现省间余缺互济，确保受端地区供应安全。"十三五"期间，国网经营区电力直接交易累计降低客户用电成本 2010 亿元，年均增长 46%。2021 年，南网经营区完成跨区跨省电力交易 2452 亿千瓦时，其中市场化交易电量 672 亿千瓦时，释放改革红利 34.4 亿元。

（三）全国碳市场交易助推地区绿色发展

自 2013 年我国正式启动碳排放权交易地方试点工作以来，经过 8 年运行，截至 2021 年 6 月，试点省市碳市场累计配额成交量达 4.8 亿吨，成交额约为 114 亿元，有效促进了试点省市企业减排，也为全国碳市场建设进行了有益尝试。2021 年全国碳市场上线运行，首批纳入电力行业，覆盖了我国 40% 以上化石燃料燃烧所排放的二氧化碳，成为全球名副其实的最大规模的碳市场。根据生态环境部发布的《全国碳排放权交易市场第一个履约周期报告》，全国碳市场第一个履约周期碳排放配额累计成交量达 1.79 亿吨，累计成交额 76.61 亿元，成交均价 42.85 元/吨，总体配额履约率为99.5%。整体来看，在全国碳市场的第一个履约周期内，全国碳市场的价格信号的机制作用初步显现，企业减排意识和能力水平明显提升。

2022 年全国碳市场交易明显下降，全年碳排放配额总成交量 5088.9 万吨，总成交额 28.14 亿元。碳市场活跃度下降的原因：一方面电力市场尚未完全实现市场化，发电侧碳成本难以有效传递至电力用户，加之由于新能源替代，煤价高企，煤电企业亏损严重，基准线的收紧尺度和更新时间不明确导致市场无法形成稳定预期，增大企业履约难度；另一方面，碳排放数据核算、监测和核查机制尚不完善。未来，要进一步发挥碳市场的价格发现功能和资源优化配置作用，推动全社会减排成本持续走低。一方面适时加快碳市场覆盖范围扩增，适时纳入建材、钢铁、水泥等高污染高排放行业；另一方面要建立配额分配长效机制，优化碳排放数据监测报告与核查机制。此外，还应丰富交易主体，吸引更多的合规机构投资者，稳步提升市场流动性。

四 我国绿色低碳转型进程中区域电力协调发展面临的挑战

新能源的间歇性特点表明"多能互补"是必要的，也是十分重要的，在空间维度上就表现为要求区域电力协调发展。从实践来看，在绿色低碳转型背景下，区域电力协调发展面临着越来越多的挑战。在"双碳"目标下，加大新能源投入、减少煤基能源比重成为不同地区能源转型的路径选择。然而，电力系统实时平衡的技术经济特征和新能源占比提升带来的出力不稳定，造成了局部地区高峰负荷时期电力缺口的拉大，尤其是在极端天气带来制冷制热需求负荷叠加的情况下，全国有序用电面呈现不断扩大态势。2020年底以来，"拉闸限电"现象在我国部分地区频现，严重时甚至波及广东、浙江、辽宁等十多个省份，极大地干扰了我国经济社会的稳定健康发展。

（一）煤基能源供应趋势性下降，加速去煤造成局部地区供应风险增大

受市场需求和减排预期的影响，我国煤炭和煤电呈现快速退出趋势。2015年全国煤电装机容量占比为59.0%，2021年该占比已下降至46.7%，降幅高达12.3个百分点。煤电发电量占比由2015年的67.9%降至2021年的60.0%，而同期非化石能源发电量占比仅提升7.4个百分点，低于煤电发电量占比的下降幅度。受"减碳"预期和煤电发电量下降影响，煤炭生产供应能力受到约束，2015～2021年，煤炭占一次能源生产总量的比重由72.2%降至67.0%。煤炭产能产量的下降，很容易造成用电高峰时期煤炭供应和电煤需求的结构性矛盾。2021年1～8月，在26个省份煤电利用小时数均同比增加的形势下，全国煤炭供应量同期却减少了10%，进一步加剧了电力供求矛盾。与此同时，局部地区在煤基能源加快退出、供应安全风险敞口明显提升的情况下，没有采取对应的安全保供措施。具体而言，部分地区在大力推动"减碳"过程中，不顾早已显现的"硬缺电"的实际情况而继续减少火电投资，同时对新能源出力不稳会增大电力系统风险的认识不到位，缺乏应对措施，造成煤电备用容量和煤炭储备严重不足。以湖南为例，由于过度去煤，湖南一度出现了电力供应紧张局面。2022年7～8月，在因天气干旱造成水电出力被削弱的情况下，川渝地区出现电力供应危机。事后来看，作为负荷中心的成都市，目前只有一座大型火电厂，配备的应急调峰和备用电源容量仅为历史最大用电负荷的7%，远低于30%的安全标准，难以有效应对极端情况。同时，由于品位度低、含硫量高等原因，四川本地煤炭近年来逐步退出市场，原煤产量由2019年的3296.4万吨下降至2021年的1907.2万吨，这也导致四川在水电大幅减产后面临电煤供应不足的状况。

（二）新能源向西集聚、出力不稳，特定时空下电力供应紧张局面加剧

从区域层面看，新的国家主体功能区战略与区域重大战略带来了能源与经济增长的区域"功能性差异"——电力负荷中心愈发向京津冀、长三角和粤港澳大湾区，以及城市群、都市圈等经济重心集聚；而能源富集地区愈发呈现出供应基地化特征。

一是新能源装机向西与用电负荷向东形成"区域结构性缺电"。虽然近年来，在"双碳"目标倒逼下，各个省份均在一定程度上加大了新能源投入、提升了新能源供应占比，但囿于各地可再生能源禀赋和电源结构的异质性，我国新增新能源装机容量持续向西部集中，而西部用电需求中短期难以大幅提升，这反而使电力供需区域错配问题更加严重，形成"区域结构性缺电"和"弃风弃光"共存的矛盾现象。具体来看，电力装机"东落西升"的格局进一步凸显。在东部地区煤电落后产能加快淘汰、新增装机不断压减的同时，风电、光伏发电装机却在向低用电负荷的西部地区集中。2020年底，在我国新能源并网装机容量中，西部地区占比42.2%，高出东部地区12个百分点。其中，西部地区风电并网装机容量占比47.0%，高出东部地区22个百分点。新能源装机向低用电负荷的西部地区集中，进一步加剧了长期以来电力供求逆向分布的矛盾。

二是区域电力供求呈现趋势性分化，部分地区电力缺口显著扩大。一方面，用电负荷"东高西低"的局面没有发生实质性改变。"十三五"期间，我国西南地区用电量保持较快增长，但与华东地区相比，用电规模依然偏低。2020年，我国华东地区用电量占全国的比重为20.3%，较西南地区高出10个百分点，东部地区全年用电量占全国的比重高达47.2%。另一方面，在新发展理念的引领下和区域重大战略的实施推动下，我国经济地理空间和生态环境空间逐步发生变化，在生产要素向中心城市、城市群、都市圈加速集聚的同时，特定时段部分地区电力供求的总量和结构性矛盾也愈发凸显。从全国来看，用电量增速高于发电量增速，电力供应总量缺口扩大。2020年，我国存在用电缺口的省份达到16个，其中广东、浙江、江苏、山东等

东部地区电力缺口持续扩大。以浙江为例,"十三五"期间,浙江省新增电力装机 1980 万千瓦,累计增长 24.3%,远低于用电负荷 47% 的增速,并且以风电、光伏等可再生能源为主,稳定性不足,高峰负荷时期对外来电的依赖度较高。2021 年,全国发电量同比增长 10.1%,增速较 2020 年提高 6.0 个百分点,但仍低于全社会用电量增速 0.2 个百分点。

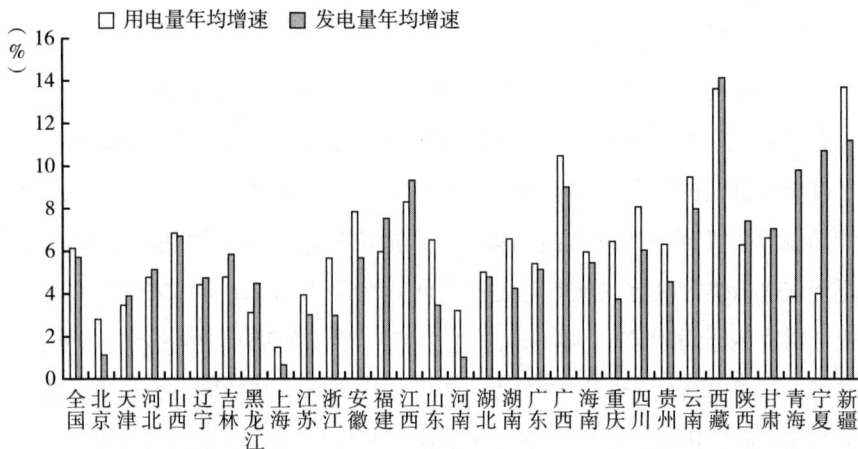

图4 "十三五"期间全国及30个省(区、市)发、用电量年均增速情况

资料来源:国家统计局。

三是局部地区新能源供应占比不断提升带来的供应不稳定问题凸显,负荷高峰时期缺电严重。在煤电容量下降的情况下,新能源出力不稳造成负荷高峰时期的"拉闸限电"。2021 年 8 月,黑龙江和辽宁风力发电分别下降了 3.7% 和 15.2%。由于可再生能源对光照、大风等气象条件依赖性较高,在我国可再生能源装机规模与发电量占比不断提升的情况下,异常天气在带动负荷快速爬升的同时,也从供给侧造成电力供应断崖式下跌,进一步加剧负荷高峰时段的电力供求矛盾。例如,长三角电力系统呈现高比例可再生能源、高比例电力电子设备、高比例外来电的"三高"特征。冬季采暖也会进一步拉大用电峰谷差,增加电力负荷保供难度,电力系统的安全性、调节性和灵活性面临挑战。

（三）极端天气叠加制冷制热负荷抬升，电力供需结构性矛盾进一步加剧

水电、风电、光伏发电等清洁能源发电"靠天吃饭"的特征凸显，极端情况下存在发电能力大幅下降的风险。在极寒天气下，缺少光照会限制光伏发电，冰冻会影响风机正常运行。在极热天气下，风力不足会影响风电处理，高温会导致光伏发电效率折损。

一是极端天气加剧电力供需矛盾。极端天气事件在冲击电力供给能力的同时导致用电需求激增，据美国电力研究院（EPRI）的研究，地表温度每升高 1 摄氏度，年用电负荷增长 5%，峰值负荷增长 5%~14%。受寒潮影响，2021 年初国家电网经营区中的华北、华中、东北、西部 4 个区域电网和北京、天津、上海、江苏、陕西、宁夏等 11 个省级电网负荷创历史新高。根据中国气象局国家气候中心数据，2022 年我国气候状况总体偏差，暖干气候特征明显，春、夏、秋三季气温均为历史同期最高，平均降水量较常年减少 5%。受此影响，全国多次出现大范围雨雪、极端高温少雨天气，造成对应时期全国和大部分地区电力供需形势较为紧张。例如，2022 年夏季，我国出现历史罕见的极端高温天气，长江流域降水严重不足，8 月洞庭湖、鄱阳湖水体面积较以往减少约六成。四川、重庆、江西、湖北、湖南、安徽等省（市）出现严重干旱，水电大省四川陷入历史同期最高气温、历史同期最少降水、历史同期来水最枯、历史同期最高电力需求的"四最"叠加的困难局面，出现严重电力短缺。电力供给方面，7 月、8 月主汛期，大渡河、岷江等主要河流来水相比多年同期均值普遍下降 40% 以上，导致水电发电能力大幅低于常年水平，西南、华中地区电力电量平衡困难加剧。电力需求方面，高温天气引发生产生活用电需求快速攀升，推动四川电网 8 月最高用电负荷跃升至 6500 万千瓦，缺口达 1700 万千瓦，日均用电量 12.4 亿千瓦时，缺口达 3.7 亿千瓦时。在此情况下，电源结构单一且调节能力较低，往往造成能源供给应对天气波动能力不强。四川水电装机容量、发电量占全省装机容量、发电总量的比重分别达 77.8%、82.5%，但有约 65% 的水

电站是"靠天吃饭"的径流式水电站，没有足够的库容进行季节性调节，其发电量随天气变化而波动，在极端气候条件下更是"大起大落"。此外，极端天气也易引发次生灾害，电力设施的脆弱性显现。2021年7月，河南遭遇强降雨天气，全省近三成电力设施受到较大影响。

二是城乡居民用电负荷持续增加。2020年，全国城乡居民用电量再次突破1万亿千瓦时，占全社会用电量的比重达到14.6%，高出2010年2.5个百分点。2022年1~8月，全社会用电量总计57839亿千瓦时，同比增长4.4%，其中城乡居民用电量同比增长15.8%；夏季高温时期的7月、8月两月，居民用电负荷显著加大，全社会用电量同比分别增长6.25%、10.70%，城乡居民用电量同比分别增长26.83%、33.50%，增幅显著高于整体水平。7月，四川省售电量增长19.8%，大工业日均用电量增加13.1%，而居民日均用电量增速则高达93.3%。随着电气化水平提升，确保冬暖夏凉的"空调负荷"逐渐成为影响部分地区电力供求平衡的新关键变量。根据相关统计，目前我国长三角、珠三角、川渝等地区的制冷、制热负荷占比已超过40%，总用电负荷峰谷差不断拉大，气温变化对用电负荷的影响愈发明显，短时尖峰负荷规模持续扩大，极端天气下负荷预测难度增大。

（四）电力送受两端机制不畅，电力互济规模面临的不确定性显著增加

通过新建省外电厂，以点对网的机制创新方式向用电负荷中心输送电力是实现我国区域能源协调发展的重要举措。然而，受减排、生产力布局、负荷峰谷差扩大和能源价格形成机制变化等因素交织影响，跨省跨区电力互济面临的不确定性增加，局部地区高峰时期外来电的保障作用受到挑战。一是全国用电紧张面扩大，造成跨区互济余缺的外送电量下降。2021年1~8月，全国用电紧张面明显扩大，至少有22个省（区、市）用电量超过2020年同期。其中，西藏、湖北、陕西、浙江和四川增速位居全国前列，分别同比增长24.6%、19.4%、18.8%、18.3%和18.0%。

与此同时，四川、云南等"西电东送"大省在自身电力供应紧张形势下，外输电量也明显下降。8月当月云南送出电量241亿千瓦时，同比下降7.4%；四川当月送出电量205亿千瓦时，同比下降1.7%。1~8月，云南和四川送出电量分别为984亿千瓦时和755亿千瓦时，同比分别下降3.1%和11.6%。二是送受两端负荷峰谷差扩大，造成外送电力或电源面临"里外都是外"的尴尬境地。一方面，在送端省份面临电力供应短缺时，外送电力无法参与送端省份自身的电力平衡。四川省作为全国水力发电、水电外送第一大省，是"西电东送"的重要输出端，然而，在2022年7~8月大规模有序用电的电力供应紧张时期，仍有大约1/3的外送电力以点对网、网对网方式被送出，地方电网公司无权"截留"省内，因此当电力紧张时送端省份不能优先保障自身需求。另一方面，随着受端省份新能源装机规模的扩大、火电利用小时数的下降，以及减排降碳需求的持续增长，外来电面临的要求越来越高（如"绿电""高峰多要""低谷不要"），加之近年来电煤需求回升带来煤炭价格高企，外来电面临的经济性挑战越来越大。此外，这种由特定条件决定需求规模的情况，实际上造成了省间和省内市场的分割，造成对外来电的"歧视性"对待。但"点对网"的方式使外来电绑定在特定的线路基础设施上，极大地降低了外来电的谈判能力，既为人为压低价格甚至使外来电价格低于本地上网电价埋下了风险[1]，也使外来电因无法参与送端市场而望洋兴叹。三是电网区域互济能力有限。例如，四川溪洛渡、向家坝等大型水电站将电量直接送至华中、华东、华南等负荷中心，受线路设计等制约，限电期间也只能将电量继续送出，出现"一边缺电，另一边送电"的现象；攀西、康甘等川西地区中小型水电站受电网网架薄弱等限制，无法将全部电量完全送出，出现"一边缺电，另一边弃水"的情况。此外，跨区域电力交易渠道不通畅问题也影响了跨区域电力互济的积极性和经济性。具体而言，我国电力市场仍存在机制不健全、功能不完善、交易规则不统一等问题，可再生能源电力价格机制

---

① 张树伟：《"省间壁垒"与统一市场建设》，《能源》2018年第5期。

引导作用有待进一步发挥，跨区跨省电力交易存在市场壁垒，制约可再生能源电力在更大范围内的合理配置。

五　区域能源协调发展与绿色低碳转型互促互进的思路建议

"能源不可能三角"的存在表明单一能源无法实现多重目标，在政策启示上就要求形成"多能互补"的区域能源协调发展新局面。鉴于当前区域能源协调发展面临的新形势、新挑战，坚持以多能互补的省内平衡与省间更大范围的电力互济相统筹为导向，加快形成"多能互补、大范围互济、市场机制发挥"的政策制度体系，对于实现安全供应、绿色低碳和能源公平（经济可负担）协调互促发展，推动我国"清洁低碳安全高效"的现代能源体系构建，既是必要的，也是十分重要的。

（一）以统筹发展和安全为主线，重视发挥煤炭的"兜底"功能

从实际出发推进低碳绿色发展，是避免形成新能源供应占比快速提升而安全供应风险敞口扩大这一合成谬误的重要前提，多能互补或区域能源协调发展是"双碳"目标推进过程中持续存在的一个客观事实，这就要求着力统筹能耗"双控"、能源转型与电力系统稳定的"三边"关系，切实保障电力系统的坚强可靠。

利用煤炭等化石能源进行发电的火力发电依然是目前发电的主力。2022 年，我国总发电量为 83886.3 亿千瓦时，火力发电量为 58531 亿千瓦时，占比近 70%，这足以表明火电仍是维持我国电力供应的重要支柱，特别是在可再生能源难以满足需求时，火电为各地区的"迎峰、度夏"供电保驾护航。在减煤、去煤态势不可逆转的基础上，结合夏、冬季节我国用电负荷"双高峰"、新能源出力下降的特征，要更加重视煤电托底作用的发挥。重点结合雨带北移等气候变化新趋向，适当在以水电为主、负荷密度比较高、电力需求总量比较大的西南川滇两省、"两湖一江"

（湖北、湖南、江西）等地区，提升传统清洁煤电供应量，打造多元化能源供应体系。着力提升电力系统灵活性，以电力市场体系建设为契机，加快完善电力辅助服务市场，研究建立容量补偿机制，为煤电等资源参与灵活性调节提供合理的经济回报，保障发电容量充裕度。着力推进局部地区煤电与清洁电源均衡协调发展。从实践来看，在"双碳"目标下，不顾电力系统安全风险和可再生能源间歇性出力特征，持续提升可再生能源装机占比，反而会造成安全供应与清洁转型的矛盾。与此同时，极端气候带来的供求结构变化特征，也更容易引发供应安全风险。要坚持以减碳去煤不减生产力、不降电力供应保障能力为导向，坚持宜煤则煤、宜电则电、宜气则气的原则，逐步减少煤炭等化石能源消费，推动可再生能源有序健康发展。加快推动风险预警机制建设，加强气象资源信息利用，强化供电风险压力测试，着力提升对能源安全"灰犀牛""黑天鹅"事件的应对应急能力。发挥节能的"第一能源"作用，加强行政机关、事业单位等安全节约用电宣传教育，提高居安思危的忧患意识。

（二）以增强区域能源供求的协调性为导向，提升应对激化结构性矛盾扩大风险隐患因素的能力水平

从长期看，气候变化将会改变"水风光"的资源分布，雨带北扩等现象可能会出现，这将在更大程度上对我国清洁能源发电能力产生影响。与此同时，随着我国区域重大战略和区域协调发展战略的深入实施，能源经济地理格局也将重塑。因此，要提前加强对区域能源协调的系统谋划，更好应对趋势性结构性变化带来的风险挑战。

一是坚持多能互补，进一步优化局部地区供电能源结构。对局部地区而言，加速对煤基能源的替代和新能源自身出力不稳的特征，已经在过去的几年中造成了电力供应不稳定的特征事实。因此有必要加快扭转四川等地对水力发电等单一能源的依赖状态，重点提高其他清洁能源比例，着力解决新能源发电波动大、间歇性强问题，提升供电稳定性。此外，在大规模、低成本储能技术成熟应用之前，建议将其他地区压减的煤电低端落后产能，适当布

局在以水电为主、负荷密度比较高、电力需求总量比较大的"两湖一江"等地区,提升传统清洁煤电供应量,打造多元化能源供应体系。

二是加快建立"多类型互补、大范围互济、一二次能源联动"的能源保障体系,提升气候适应力。以电力为中心环节,推动化石能源与可再生能源互补,增强煤炭等常规发电燃料安全储备能力,降低新能源发电不确定性影响,合理增加发电燃料储备,避免极端天气事件影响燃料运输。充分发挥电力资源大范围优化配置作用,实现跨区域电力余缺互济,应对极端天气对局部电力供应的冲击。做好一次、二次能源联动预警,供应紧张时统筹一次、二次能源供需,提升电力系统应对极端天气事件的能力。

三是增强产业布局与能源布局的适配性,推动能源优势向经济优势转变。优化调整"装机向西、负荷向东"的能源供求格局。一方面,加强东部地区分布式能源发展。在统筹好经济发展和能源安全的基础上,结合电力供求结构形势变化,进一步完善鼓励分布式能源发展的机制和政策,支持分布式能源加快发展。另一方面,推动西部地区电力生产存量的优化。着力打破特高压外送配套电源"省内省外都是外"的地位,积极推进省间电力公平交易。积极利用本轮电价机制改革带来的有利契机,加快产业承接配套设施建设,不断提升电力消纳能力。与此同时,顺应东部产能产业向外转移趋势,以推进西部大开发形成新格局为引领,加快推动产业向西转移。立足加大西部地区开发开放力度的新契机,积极通过东西帮扶协作机制与对口支援机制,推动承接产业转移示范区、飞地经济等合作平台建设。依托西部地区自贸试验片区、综合保税区、"一带一路"核心区等高水平开放平台建设,着力推动中西部出口加工产业向西转移。利用好现有能源基础设施,探索推动将沿海地区部分高耗能产业转移到运煤线路上。

(三)以发挥市场配置资源的决定性作用为导向,深入推进能源市场体制机制改革

2020年《中共中央　国务院关于构建更加完善的要素市场化配置体制机制的意见》指出,要充分发挥市场配置资源的决定性作用,畅通要素流

动渠道，保障不同市场主体平等获取生产要素，推动要素配置依据市场规则、市场价格、市场竞争实现效益最大化和效率最优化。充分发挥市场配置资源的决定性作用，有助于在我国能源资源分布不均衡和跨区域能源互济发展的背景下，更好地促进能源资源在更大时空范围内优化配置，从而实现经济、生态、社会效应的统一。

一是加快能源价格体制改革，理顺能源供应链的价格机制。以推动能源商品属性回归为导向，着力发挥市场机制作用，加快构建有效竞争的能源市场结构和市场体系，推动形成基于市场供求的能源价格形成机制。围绕送受端落地电价和上网电价的争议，以及"市场煤"与"计划电"的摩擦等，着力打通价格传导"梗阻"，畅通能源上下游供应链。加强煤炭现货市场价格与期货市场价格联动，进一步完善电煤长协合同定价机制，以供需双方合作共赢来不断提高合同兑现率。以上网电价和目录销售电价优化调整为契机，进一步放开发用电计划管制，加快推动全国竞争性电力市场建设。

二是加快送受端以政府协议交易为主向以市场交易为主转变，推动外送电力在更大时空范围的优化配置。结合经济社会发展的中长期规划，重点对受端地区负荷需求的特征、电力缺口时段与规模，以及其电源结构与出力特点进行综合考量，确定互济容量的规模水平，并以上下浮动的形式来检验通道实际输送电力规模水平的经济性，以及未来运营的可持续性。与此同时，试点探索优化调整送受端单向的"点对网"送电方式，积极支持配套电源省内与省间消纳并举的、交易更加灵活的方式方法。在满足省外消纳的同时，由于负荷峰谷时差问题，电力外送省份可以着力增加本省消纳，打破配套电源不能在本省消纳的制度瓶颈，实现外送电力资源的整体优化配置。除此之外，要基于配套电源出力情况和输电通道容量的最大化利用，扩大受端市场范围，具体表现为结合受端邻近省份或区域电网联通情况，实现外送电在划定的受端市场外的消纳。例如，三峡电站划定的受端市场较多，负荷差异明显，送出总量足以实现划定的受端市场外的消纳。

三是统筹安全与效益，推动跨区域电网布局优化调整。一方面，以外送电竞价优势的高低评估输电效率和输电成本的合理性，以送受两端电力市场交易形成的上网价格为基准，通过送受两端价差比较，测算评估长距离输电线路的成本收益情况，避免无效重复投资。另一方面，要结合局部地区电力供求形势变化和互济电能需求增长潜力，进一步加强电网网架和输送通道规划建设，着力加强对中心城市、城市群、都市圈电网韧性不够，输送通道"卡脖子"问题的统筹解决，切实提升区域电力互济效率水平。

四是按照全国统一电力市场建设要求，进一步深入推进竞争性电力市场建设。继续推进试点省份的竞争性电力市场建设，进一步构建和完善包括现货市场与期货市场、日前市场与实时市场，以及辅助服务市场等在内的电力市场体系，切实形成基于供求关系的现货价格，发挥现货价格引导消费需求、容量投资、备用服务的杠杆作用，优化提升电力资源配置效率。着力打破省间交易壁垒，给予外来电公平竞争地位，提升电力跨区域互济余缺的积极性和经济性。

参考文献

［1］陈皓勇：《从限电限产透视"能源不可能三角"》，《中国电力企业管理》2021年第4期。

［2］曾维刚、梁壮、赵冠一等：《我国煤炭运输体系现状、问题及对策研究》，《煤炭经济研究》2022年第1期。

［3］赵晓东：《我国跨省跨区电力交易现状、问题及建议》，《中国能源》2022年第4期。

［4］国家电网有限公司国家电力调度控制中心：《省间电力现货交易助力电力保供与低碳转型》，《中国电力企业管理》2021年第12期。

［5］王宇、张旭、王朝金：《中国油气管道发展浅析》，《化工矿产地质》2022年第4期。

［6］中国电力企业联合会：《以发电行业为突破口　推动全国碳市场建设不断完善》，《中国电力企业管理》2022年第12期。

［7］《2022年中国气候公报》，https://www.cma.gov.cn/zfxxgk/gknr/qxbg/202303/t2023 0324_ 5396394. html。

［8］张树伟：《"省间壁垒"与统一市场建设》，《能源》2018年第5期。

B.17
能源转型投资的国际比较与启示

深圳大学中国经济特区研究中心课题组*

摘　要： 尽管 2022 年能源市场出现动荡，可再生能源仍为世界能源发展的重要引擎，能源转型投资规模仍在迅速扩大。从全球主要能源行业投资现状看，可再生能源行业投资持续增长，化石能源行业投资呈现增长反弹态势，储能行业投资活动有所增加，氢能投资潜能逐渐凸显；从全球主要国家能源投资现状看，中国、美国和德国在能源转型投资累计金额上位居前列。通过国际比较测算发现，全球主要经济体能源转型投资潜力呈现差异化，中国具备较好的能源转型投资潜力，但与一些发达经济体相比仍存在一定差距。尽管当前全球能源转型投资正处于快速发展阶段，但仍面临能源转型支持政策不稳定、能源市场发展不成熟等问题，需要政府、企业和投资者共同努力，通过政策支持、技术创新、市场机制等手段解决问题，积极推进能源转型。

关键词： 能源转型　能源投资　可再生能源

2022 年，全球能源转型投资总额首次追平化石燃料投资总额，达到 1.1 万亿美元，同比增长 31%。能源转型投资包括对可再生能源、储能、充电基础设施、制氢、核能、循环利用和碳捕集与封存（CCS）等项目的投资，

---

* 执笔人：马丽梅，管理学博士，深圳大学中国经济特区研究中心特聘研究员、硕士生导师，主要研究方向为能源经济学；司璐，中央财经大学经济学院在读博士研究生，主要研究方向为产业经济学；李晓昱，深圳大学中国经济特区研究中心在读硕士研究生，主要研究方向为能源经济学。

以及终端用户对低碳能源技术（例如分布式光伏、热泵和零排放车辆）的购买。整体来看，全球能源转型仍在加速，能源转型竞争仍在继续。

一 全球主要能源行业的投资现状

（一）可再生能源行业

可再生能源是清洁能源及能源体系的重要组成部分。历经近十年的迅猛增长，可再生能源成为世界能源发展的重要引擎。各能源消费大国将发展可再生能源作为拉动经济增长、带动就业、保障能源安全和降低温室气体排放的重要途径。在应对全球气候变化的重要议题下，可再生能源在第三次能源转型中成为主要的目标能源，各国竞相展开可再生能源投资及市场份额争夺活动。从投融资需求看，发展清洁能源是现阶段促进全球经济复苏的重要手段，也是满足全球能源安全需求最大公约数的手段。根据彭博新能源财经（BNEF）发布的《2023 年能源转型投资趋势》报告数据，2022 年，可再生能源行业在全球获得的投资额达到 4950 亿美元，相较于 2021 年增长17%。其中，可再生能源新建大型项目投资额比 2021 年增长 15%，达到4050 亿美元；大型和分布式光伏项目的投资额创下新高，达到 3080 亿美元，同比增长 36%；风电投资额基本与 2021 年持平，为 1740 亿美元。中国为可再生能源新增投资额最大的国家，2022 年全年新增投资额达到2880 亿美元，同比上涨 49%。

太阳能和风能由于资源丰富，且在可靠性、可承受性及环境责任三方面均能满足能源消费需求，因此受到全球能源投资市场的青睐。太阳能光伏发电方面，2022 年，全球光伏项目投资突破 3000 亿美元，同比增长 36%。我国是光伏产业发展第一大国，光伏产业已成为我国具有国际竞争优势的战略性新兴产业。Wind 数据显示，2021 年我国光伏投资金额达到 148.7 亿元，2022 年我国光伏投资金额增长幅度较大，达到 233.52 亿元，为近年来最高。风力发电方面，根据国际能源署（IEA）《世界能源投资报告 2022》，

2021年全球海上风电直接投资额约达500亿美元；根据研究咨询公司Global Data 2006~2016年数据，2006年全球风电市场投资额仅为243亿美元，到2016这一数据增长至1038亿美元，年复合增长率为15.6%，该公司预计2025年全球风电市场投资额将增长至1114亿美元。[①]

（二）化石能源行业

化石能源行业应对能源转型的投资行为分为两类：投资可再生能源项目和投资低排放燃料项目。相较于传统燃料，使用低排放燃料产生的污染更少，在其他减排措施难以实施或成本高昂的情况下，使用低排放燃料对实现碳减排的目标具有重要意义。低排放燃料可分为液态燃料和气态燃料两类，液态燃料以生物汽油、生物柴油为主，气态燃料以沼气、生物甲烷为主。

根据国际能源署（IEA）2022年发布的《世界能源投资报告2022》，2021年全球液体燃料的投资额比2020年增加了一倍多，总量超80亿美元，其中2/3的投资增长来源于生物柴油方向的可再生柴油。可再生柴油又称加氢处理植物油，其主要投资国家是美国和巴西，两个国家的投资额各占总投资额的30%。液体燃料的生产原料来自粮食作物，受世界粮食供给波动影响，2022年液体燃料投资额增长放缓。尽管高油价促进了对液体燃料的投资，但液体燃料的成本支出问题也促使投资者对液体燃料的可持续生产做出进一步思考。

全球气体燃料投资额2021年增长约30%，总量接近70亿美元，主要由欧盟投资于生物甲烷方向。法国正在成为生物甲烷的主要市场之一，2021年法国生物甲烷的投资额相比2020年翻了一番；在丹麦、瑞典等国家的小型天然气市场中，沼气供给份额已占天然气总需求的20%。[②]由于

---

① Global Data, "Wind Power Market, Update 2019 - Global Market Size, Average Price, Turbine Market Share, And Key Country Analysis To 2030", https：//www.globaldata.com/store/report/wind-power-market-update-2019-global-market-size-average-price-turbine-market-share-and-key-country-analysis-to-2030/.

② IEA, "Word Energy Investment 2022", https：//www.iea.org/reports/world-energy-investmen-2022.

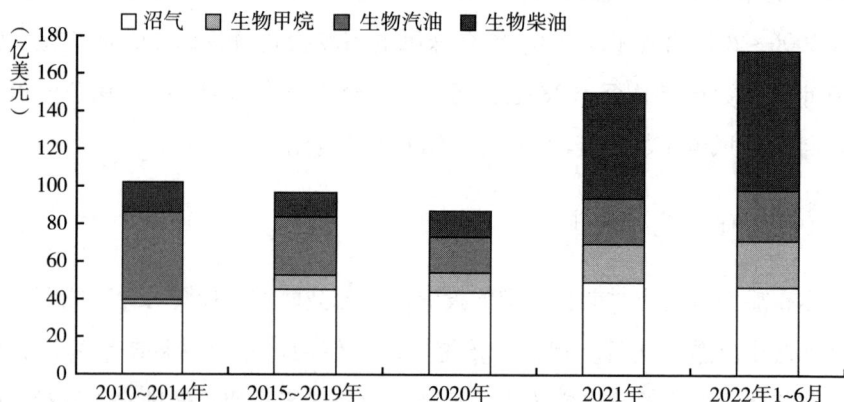

图1　2010年至2022年6月全球低排放燃料投资额情况

资料来源：国际能源署（IEA）：《世界能源投资报告2022》。

气体燃料的生产原料来源广泛，与粮食生产没有竞争关系，且其替代品天然气的价格持续走高，2022年气体燃料的投资额仍在增长。对存在天然气进口需求的地区如欧洲而言，气体燃料的潜在生产能力高，平均生产成本低于天然气，因此这些地区的气体燃料尤其需要得到更多的投资。

化石能源转型项目投资仍在起步阶段。根据落基山研究所（RMI）2022年11月发布的《化石燃料转型策略》，化石燃料的转型过渡成本极高，除公共资金投入外，私营部门的投资也极为重要。用于支付转型成本的金融过渡机制可分为四类：补偿、再融资、有管理的过渡工具和广泛的过渡支持。欧洲、东南亚等地区和美国、智利、南非等国家都受益于这些金融过渡机制中的一个或多个。但这些机制在概念和执行方面仍然相对较新，我们急需证明其有效性和充分性，并确定哪些过渡机制将更有效或更适合特定资产、公用事业和地区。

（三）储能行业

储能技术正在成为当今许多国家推进能源转型的关键技术之一。全球电池储能市场自2020年起由中国和美国引领，保持迅速扩张、高速增长态势。

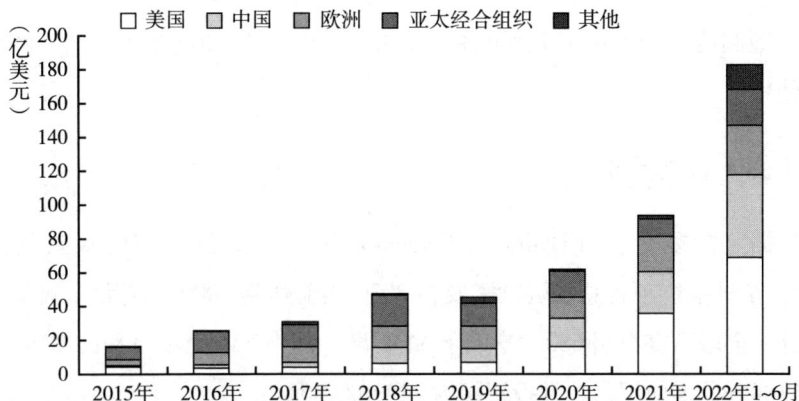

图 2 2015 年至 2022 年 6 月全球储能行业投资额情况

资料来源：国际能源署（IEA）：《世界能源投资报告 2022》。

根据国际能源署（IEA）2022 年发布的《世界能源投资报告 2022》，全球投资于储能行业的资金主要用于建设连接大规模电网的储能系统，2021 年、2022 年的储能系统投资总额均占储能行业总投资额的 70% 以上。抽水蓄能仍是目前应用最广泛的储能方式，但电池储能正在迎头赶上，在上述储能系统建设的投资中，锂离子电池的投资额占比在 90% 以上。储能系统可以储存风能、太阳能等可再生能源产生的电力，并在需要时释放出来，在电网的电力供需平衡中发挥着重要作用，可以平滑电力的短期和长期供给，减少对化石能源的依赖。

受益于新能源汽车需求增长带来的规模经济以及储能技术的不断进步，储能系统建设成本保持下降趋势，预计至 2025 年中国储能系统建设成本将下降 30%。储能电池需要的矿物主要包括锂、钴、镍、石墨、铜和锰等。储能电池供给对关键矿物供应链变动相当敏感，而矿物供应处于紧张状态，若矿物出现供应遇到瓶颈或价格飙升等现象，就会限制该行业增长，导致项目建设推迟或重新制订计划。

投资于储能行业的资金还有一部分主要用于建设小型储能系统，该系统主要用于为家庭和建筑物供电储能。此类系统需求较稳定，主要集中在德国、日本等国家，其投资额在 2022 年前较为固定，2022 年后飞速上升。常见的小型储能系统如住宅太阳能系统，由屋顶的太阳能电池板发电，然后供家庭使用。

（四）氢能行业

根据氢能委员会（Hydrogen Council）2022 年 9 月发布的《氢气洞察 2022》，全球氢能项目总投资额需要在 2030 年前达到 7000 亿美元。截至 2022 年 5 月，全球已宣布超 680 个氢能投资项目，其中 534 个项目预计 2030 年前完全或部分投入使用，涉及投资额约 2400 亿美元。

在所有氢能投资项目中，有 45 个价值 290 亿美元的项目处于前端工程设计阶段，120 个价值 800 亿美元的项目正在进行可行性研究，只有价值 220 亿美元的项目进入最终投资决定阶段或正在建设或已投入运营。而在预计 2030 年前完全或部分投入使用的 534 个项目中，有近一半处于前端工程设计和可行性研究阶段。

巨型氢气生产项目（超过 1 吉瓦的可再生氢气项目或超过 20 万公吨/年的低碳氢项目）有 61 个，其中，45 个是可再生氢气项目，16 个是低碳氢项目。61 个项目中有 51 个项目计划在 2030 年前完全或部分投入使用，33 个项目正处于前端工程设计阶段和可行性研究阶段，3 个位于北美的低碳氢项目已经进入最终投资决定阶段。

在全球的氢能投资项目中，欧洲总共宣布 314 个项目，合计投资额约 760 亿美元，其中 268 个项目预计 2030 年前完全或部分投入使用，价值约 320 亿美元的项目处于前端工程设计阶段和可行性研究阶段。北美洲和拉丁美洲氢能项目投资额仅次于欧洲，涉及投资额各占全球总投资额的约 20%，且两地区氢能投资额增长最为迅速，两地区处于前端工程设计阶段和可行性研究阶段的项目分别价值约 130 亿美元和 300 亿美元。

在已宣布的氢能投资项目中，从投资额来看，有一半投资用于清洁氢气生产，而氢气应用和消费的投资主要位于交通和工业领域。如用于清洁炼钢的投资额占比约 30%，氨合成和清洁炼油投资额合计占比约 25%，新投资项目主要集中于清洁炼钢领域，包括位于欧洲的 20 个项目和其他地区的 6 个项目。不同地区的氢能投资项目侧重领域不同，欧洲约 60% 的投资集中于清洁炼钢领域；拉丁美洲约 60% 的投资涉及氨合成；亚太地区在电力和运输行业的氢能投资各占 40%；北美约 50% 的投资集中在运输行业，涵盖地面运输和氢气燃料。在已宣布 2030 年前完全或部分投入使用的价值约 2400 亿美元的氢能投资项目中，按投资额划分，约 65% 集中在清洁氢气生产上，终端使用占 25%、传输与分配占 10%。

二 主要国家（地区）能源转型投资现状与国际比较

（一）主要国家（地区）能源转型投资现状

2022 年，全球能源转型仍在加速推进。中国、欧洲、美国和印度正在实施的监管及市场改革政策（如中国的"十四五"规划、欧盟的"REPowerEU"计划、美国的《通货膨胀削减法案》）比预期更快地在能源危机中发挥了效用，主导能源由化石能源转变为可再生能源的能源转型进程持续加速。据彭博新能源财经（BNEF）发布的《2023 年能源转型投资趋势》报告，2022 年能源危机同样引发了化石能源投资的增长，全球化石能源投资预计同比增长约 24.2%。国际可再生能源署（IRENA）发布的《全球可再生能源融资前景 2020》数据显示，2013～2018 年，约 32% 的可再生能源投资来自东亚和太平洋地区，西欧地区、亚太经合组织美洲国家的投资位列其后。从国家（地区）维度看，2017～2018 年中国和美国在可再生能源方面的投资分别占全球可再生能源投资的 29% 和 19%。

为更清晰地了解全球能源投融资现状，本部分基于国家（地区）维度，对世界主要国家（地区）能源投资现状进行分析，研究对象包括美国、欧盟、日本及中国，研究范围涉及政策、市场层面。

在应对全球气候变化的大背景下，中国致力于推进国家能源转型，在能源转型投资总额方面居世界前列。但相对于世界其他主要经济体和能源消费大国，无论是从能源量级、能源需求的增长看，还是从能源结构和碳减排目标看，我国能源转型的难度和复杂性也都居首位。此外，能源项目投资大、周期长的特点影响着我国能源转型的实质性推进。从能源投资政策来看，中国发展新能源的决心坚定。"十四五"规划指出风电和光伏发电等主要新能源已实现平价无补贴上网，需进一步发挥财政、金融政策的作用；国家发展改革委《关于促进新时代新能源高质量发展的实施方案》指出，落实金融支持政策，利用电网企业融资优势，拓展资金来源渠道，丰富绿色金融产品和服务，在风险可控的前提下加大绿色债券、绿色信贷对新能源项目的支持力度。根据国家能源局的数据，2010～2017 年中国对清洁能源累计投资6300 亿美元，占世界对清洁能源投资总额（10170 亿美元）的比例高达61.95%。《2022 年能源转型投资趋势》报告数据显示，2021 年中国能源转型投资金额为 2660 亿美元，占全球投资总额比重高达 35.2%（见图3），居全球能源转型投资金额之首，较 2020 年同比增加了 60%。2022 年中国能源转型投资金额为 5460 亿美元，占全球投资总额的近 50%。从能源投资类型来看，中国风能和太阳能装机容量在 2021 年增加了 19%，电气化交通投资也占了投资的很大一部分。

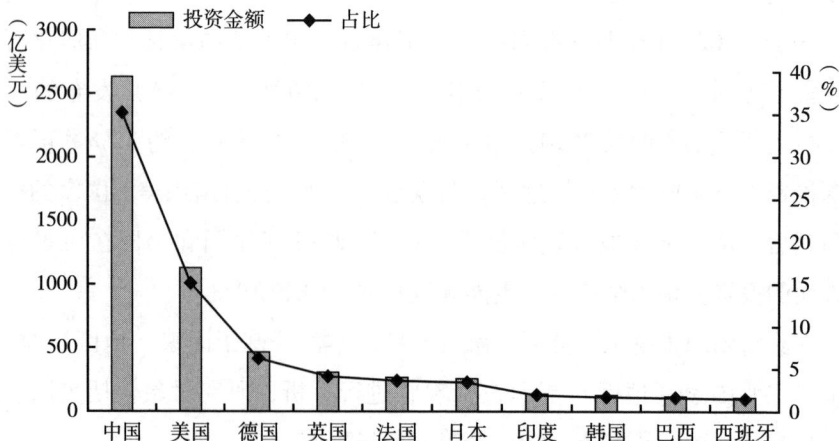

图3　2021 年各国能源转型投资金额及其占比

资料来源：彭博新能源财经：《2022 年能源转型投资趋势》报告。

作为世界第二大电力生产和消费国，美国能源投资在近年来呈增长态势，其中可再生能源投资增长最快。根据美国能源信息署（EIA）的数据，2020年美国可再生能源投资超过500亿美元；2021年美国清洁能源投资总额为1140亿美元，较2020年增长17%。另据《2023年能源转型投资趋势》报告，2022年美国低碳能源转型投资额总计1410亿美元，同比增长11%。2021年11月15日，美国总统拜登正式签署《基础设施投资和就业法案》，宣称将投资1.2万亿美元用于基础设施建设，其中能源方面投资额约为620亿美元，约占投资总额的5%，涵盖的投资范围包括电池供应链、清洁制氢和回收利用技术的研发、先进能源技术制造项目、零碳技术项目等。从该法案能源倾向来看，美国政府未来仍将能源投融资重点置于全面支持可再生能源发展上。

欧盟是全球能源投资的先行者，能源转型领域政策力度及执行强度均居全球领先地位。从政策层面来看，欧盟实行"绿色新政"，出台"可持续欧洲投资计划（Sustainable Europe Investment Plan，SEIP）"，增加欧盟预算资金来源，带动公共部门投资并吸收私人投资，加大绿色金融与投资力度。同时，欧盟设立专项的创新基金用于投资可再生能源及能源密集型产业的突破性低碳技术及工艺；发行绿色债券筹集资金，用于推动欧盟成员国的绿色和可持续发展。2021年10月12日，欧盟发行首只15年期绿色债券；2021年10月，美国银行证券公司（BofA Securities）预计2022~2030年，欧盟每年将发行350亿至450亿欧元规模的绿色债券，这一举措将显著增加欧盟绿色债券市场的流动性。为实现"REpowerEU"计划目标，欧盟预计从目前至2027年需额外投入2100亿欧元，至2030年该计划将耗资3000亿欧元，资金来源计划以贷款与捐助为主。国际能源署（IEA）数据显示，欧盟2020年可再生能源投资超过400亿美元；彭博新能源财经《2022年能源转型投资趋势》报告数据显示，2021年世界能源转型投资总额达到7550亿美元，欧盟能源转型投资总额达2190亿美元。其中，德国投资金额达460亿美元，占世界能源转型投资总额的6.1%；法国投资金额达270亿美元，占世界能源转型投资总额的3.6%。欧盟致力于净零排放，绿色能源投资需求显著增加，预计可再生能源投资将继续增长。从投资能源类型来看，欧盟将能源投资重点置于风电与光伏产业领域。欧洲风能协会发布的《2021 年欧洲风能产业投融资趋势报告》显示，2021 年欧洲风电新资产融资额达到 414 亿欧元，较 2020 年的 468 亿欧元减少 12%（见图 4），项目并购金额为 156 亿欧元，再融资金额为 101 亿欧元，较 2020 年分别增长 55%、11%。另在光伏产业领域，以欧洲投资银行为例，2017 年欧洲投资银行向全球光伏发电项目提供 10.5 亿欧元的融资资金，此后融资金额逐年增大。

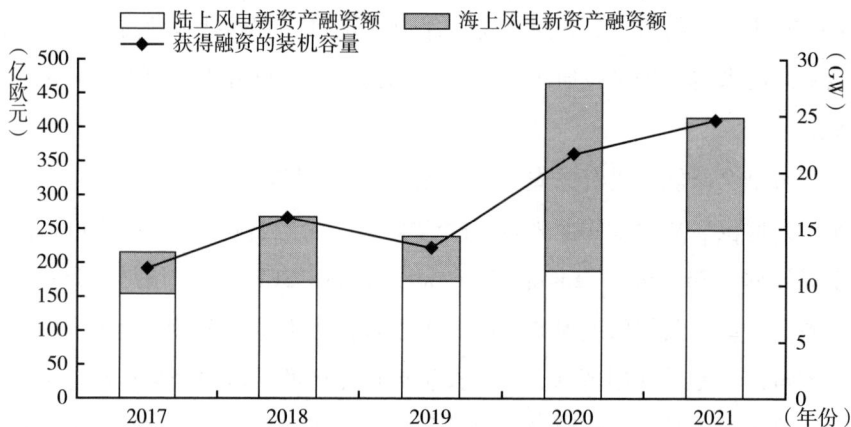

图 4　2017~2021 年欧洲风电新资产融资额及装机容量

资料来源：欧洲风能协会：《2021 年欧洲风能产业投融资趋势报告》。

日本是东亚发达经济体，也是全球能源投资的重要参与者。2021 年，日本政府制定《第六次能源基本计划》等一揽子能源转型政策，强调优先发展可再生能源，推动能源结构优化。日本 2020 年可再生能源投资金额超过 100 亿美元，相比 2019 年增长 10%，达 193 亿美元[①]；2021 年能源转型投资金额达 260 亿美元，占世界能源转型投资总额的 3.4%，与中国、欧盟及美国形成较大差距。从投资主体机构来看，日本三大银行——瑞穗

① BloombergNEF，"Climatescope 2021"，2021.

金融集团、三井住友金融集团及三菱日联金融集团正逐渐完成从煤炭投资贷款的主体向可再生能源项目融资牵头者的转变,瑞穗金融集团2021年参与了11亿美元的可再生能源投资项目交易,三井住友金融集团参与了8.54亿美元的相关投资项目。从能源投资类型来看,日本能源投资市场偏向光伏、风电及生物质能项目。彭博新能源财经(BNEF)数据显示,2021年日本获得投资的可再生能源项目数量达111个,其中光伏、风电和生物质能市场投资额总计149亿美元,较2020年下降34%(见图5)。预计未来日本将在清洁能源、低碳技术领域加大投资力度,推进可再生能源发展。

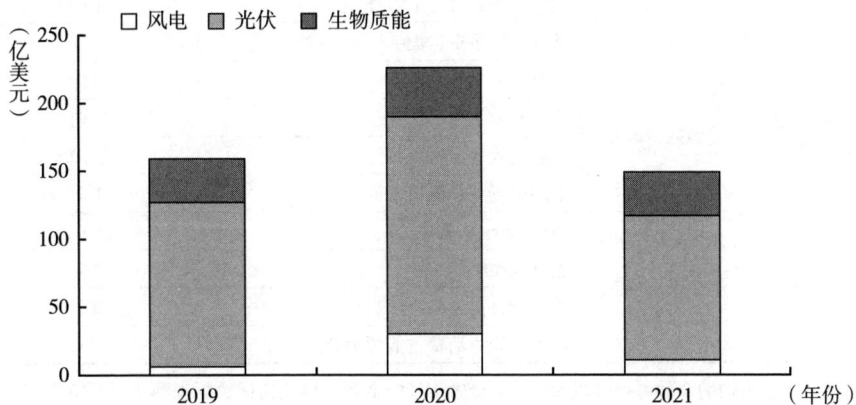

图5 2019~2021年日本风电、光伏、生物质能投资额

资料来源:日本资源能源厅。

(二)国际比较

1. 指标体系构建

在前文对全球主要国家(地区)投资现状进行分析的基础上,本文进一步构建能源转型投资潜力指标,以2005年、2010年、2015年、2021年为研究时间节点,以中国、美国、欧盟、英国、日本及印度为研究主体,并将欧盟成员国德国、法国单独纳入分析范畴,考察世界主要经济体能源转型投资潜力，收集相关数据进行测算并予以国际比较，数据来源于世界银行、国际货币基金组织（IMF）官网。需要强调的是，由于当前缺少能源转型投资潜力的具体量化指标，本文借鉴金融及能源产业发展数据，对世界主要经济体能源转型投资潜力进行考察。具体指标体系如表1所示。

表1　能源转型投资潜力指标评价体系

一级指标	二级指标	三级指标	预期方向
能源转型投资潜力	能源投资环境	GDP 增长率	正向
		研发支出占 GDP 比重	正向
		固定资产投资占 GDP 比重	正向
		外国直接投资(净流入)占 GDP 比重	正向
	能源融资环境	贷款利率	负向
		实际有效汇率	负向
		金融机构的金融可得性	正向
		金融市场的金融可得性	正向
	能源产业发展	GDP/能源总消费	正向
		通电延误时间	负向
		燃料出口占商品总出口比重	负向
		可再生能源消费占能源消费总量比重	正向

注：金融机构的金融可得性指标数据与金融市场的金融可得性指标数据来源于国际货币基金组织（IMF）。金融市场的金融可得性指标，用于衡量新企业或规模较小的企业进入金融市场的便利程度，数值在 0~1 的区间内，数值越大，表征企业进入金融市场越容易；通电延误时间为一个机构为实现通电所经历的平均等待时间（机构申请通电至获得该项服务的天数），数据来源于世界银行。

资料来源：世界银行、国际货币基金组织官网。

2.评价方法

本文采取 Python3.7 进行数据处理与得分计算。数据处理分为两个部分：原始数据处理与数据再处理。原始数据处理方面，由于各指标的规格不同，原始数据无法进行直接加总与对比，因此需对原始数据进行无量纲化处理；数据再处理方面，在各层级指标向上一层级指标汇总过程中，需采用熵值法对各具体指标进行权重计算，而后进行加权平均处理。得分计算方面，计算熵值权重与各指标特征占比的乘积再求和，得到各国能源转型投资潜力指数。具体步骤如下。

① 原始数据的无量纲化处理。具体方法是使用无量纲化公式（1）和公式（2）进行计算，对于正向指标采用公式（1），对于负向指标采用公式（2）。

$$X_{ij}^* = \frac{X_{ij} - \mathrm{Min}(X_{ij})}{\mathrm{Max}(X_{ij}) - \mathrm{Min}(X_{ij})} \times 40 + 60 \tag{1}$$

$$X_{ij}^* = \frac{\mathrm{Max}(X_{ij}) - X_{ij}}{\mathrm{Max}(X_{ij}) - \mathrm{Min}(X_{ij})} \times 40 + 60 \tag{2}$$

公式中，X_{ij}^* 是第 i 个国家第 j 个指标的无量纲值，X_{ij} 是第 i 个国家第 j 个指标的原始值，$\mathrm{Max}(X_{ij})$ 是指标 X_{ij} 的最大值，$\mathrm{Min}(X_{ij})$ 是指标 X_{ij} 的最小值。

② 熵值法。熵值法是一种客观赋权法，可根据各指标提供的信息大小来确定指标对应权重，熵值可用于判断指标的离散程度，离散程度越大，表明该指标对综合评价结果的影响越大，所包含的信息量越大。

首先，数据为 $i{\times}j$ 的矩阵，其中 i 为国家，j 为指标。计算第 j 项指标下第 i 个国家占该指标的比重，计算公式如下：

$$P_{ij} = \frac{X_{ij}}{\sum\limits_{i=1}^{n} X_{ij}} \tag{3}$$

其次，计算第 j 项指标的差异系数 G_j。第 j 项指标的观测值越大，差异系数 G_j 就越大，第 j 项指标也就越重要。

$$G_j = 1 - \frac{1}{\ln n} \times \sum\limits_{i=1}^{n}(P_{ij} \times \ln P_{ij}) \tag{4}$$

最后，确定第 j 项指标的权重系数 W_j。

$$W_j = \frac{G_j}{\sum\limits_{j=1}^{n} G_j} \tag{5}$$

③ 指数计算。计算各国能源转型投资潜力的指数，计算公式如下：

$$S_i = \sum_{j=1}^{m} W_j \times X_{ij} \qquad (6)$$

3. 能源转型投资潜力指数的计算结果及分析

基于能源转型投资潜力指标评价体系及指数计算方法，依次计算出中国、美国、欧盟、德国、法国、英国、印度及日本的能源转型投资潜力指数，如表2所示。根据2021年全球主要经济体能源转型投资潜力指数计算结果，我国在8个主要经济体中位列第三，美国位居第一。

表2　2021年全球主要经济体能源转型投资潜力测算结果

序号	经济体	能源投资环境	能源融资环境	能源产业发展	总评分	综合排名
1	中国	82.80	82.87	79.74	80.45	3
2	美国	84.36	89.83	80.38	82.56	1
3	欧盟	77.68	77.76	81.12	80.21	5
4	德国	79.62	83.67	83.93	80.71	2
5	法国	82.74	86.87	79.71	80.29	4
6	英国	72.46	82.02	80.65	79.52	6
7	印度	77.69	61.14	77.85	76.69	8
8	日本	72.65	98.71	78.15	77.84	7

全球能源禀赋与金融发展状况存在差异，导致各国能源金融发展状态不同。通过整理能源投资环境、能源融资环境及能源产业发展三项二级指标得分情况，发现在能源投资环境指数方面，美国排名第一，中国紧随其后，排名第二，后排序依次为法国、德国、印度、欧盟、日本、英国；从三级指标来看，我国GDP增长率、固定资产投资占GDP比重、外国直接投资（净流入）占GDP比重及研发支出占GDP比重指标得分位居世界前列，排名靠前，表明我国经济环境及投资环境较好，有利于能源转型投资的发展。

在能源融资环境指数方面，中国位列第五，排名位于中国之前的经济体依次为日本、美国、法国与德国；排名位于中国之后的经济体依次为英国、欧盟及印度。从三级指标来看，我国贷款利率、实际有效汇率、金融机构的金融可得性、金融市场的金融可得性4项指标得分在8个经济体中排名位于中间位置，表明我国能源融资环境有进一步的提升空间。

在能源产业发展指数方面，中国位居第五，排名位于中国之前的经济体依次为德国、欧盟、英国及美国；排名位于中国之后的经济体依次为法国、日本及印度。从三级指标来看，我国GDP/能源总消费、通电延误时间、燃料出口占商品总出口比重、可再生能源消费占能源消费总量比重4项指标在8个经济体中排名位于中间位置，表明我国能源产业发展仍有很大的潜力和较大的提升空间。

为清晰地观察全球主要经济体能源转型投资潜力指数的时间变化趋势，本文测算了2005年、2010年、2015年及2021年全球主要经济体的能源转型投资潜力指数，将测算结果绘制成图，如图6所示。2005~2021年全球主要经济体能源转型投资潜力指数呈现动态波动趋势，其中，中国、德国、印度、欧盟、法国与美国能源转型投资潜力指数呈上升态势，2021年其能源转型投资潜力指数较2005年均有提高；与此同时，英国、日本能源转型投资潜力指数较2005年有所下降。印度2021年能源转型投资潜力指数低于2010年、2015年，但相比2005年有小幅提高。

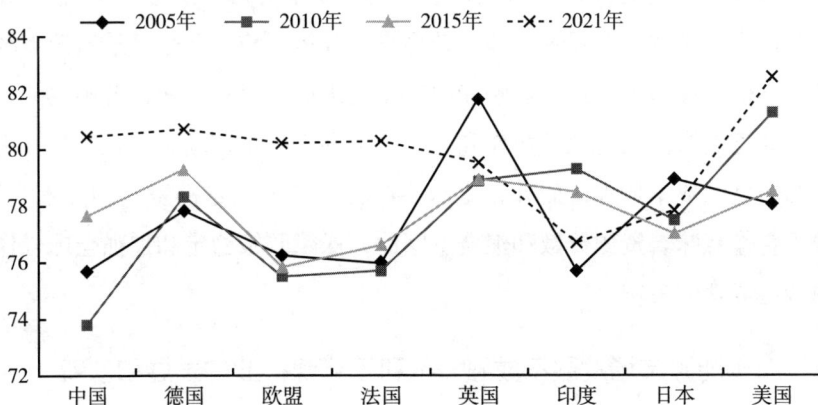

图6　全球主要经济体能源转型投资潜力指数情况

总体而言，全球主要经济体能源转型投资潜力在时间纵向对比及横向对比方面均呈现出差异化特点。以我国为例，无论是从能源市场投融资环境看还是从能源产业发展看，我国均已具备较好的能源转型投资潜力，且能源转型投资潜力随时间推移呈现积极上升态势。但我国能源转型投资仍存在部分问题亟待解决，我国在能源产品、服务及融资环境等方面与发达经济体仍存在一定差距。因此，本文将进一步分析全球能源转型投资面临的主要问题，并总结全球能源转型投资经验，有针对性地为我国能源转型投资提供借鉴。

三 全球能源转型投资面临的主要问题

（一）能源转型支持政策不稳定，缺乏深入有效的国际合作与交流

受经济发展、能源安全和环境可持续性等多重因素的影响，各国完成能源转型需要政府给予系统性的政策支持和全球的通力合作。一方面，政府在能源转型中扮演着关键的角色，能够引导企业对新的市场激励做出反应，并在当地能源创新生态系统面对不断变化的技术和市场条件时为其提供帮助，使其具有更强的弹性。能源转型支持政策不稳定表现为政府在能源转型方面尚未出台长期稳定的政策和法规，这使得投资者难以判断能源产业发展前景，并做出长期的投资规划。能源转型支持政策不稳定还会导致能源市场波动性和不确定性增加，进而影响能源转型的进展。另一方面，各国在能源转型方面缺乏更为深入有效的协作和合作，不利于技术创新和知识共享，也使得能源转型的成本增加。此外，全球能源转型需要大量的资金和技术支持，而缺乏合作意味着资源分散和浪费。因此，保障政策稳定和加强全球合作是能源转型成功的关键。

（二）能源市场发展不成熟，不利于能源行业的发展和创新

能源转型过程中会产生短期的供需不平衡现象，这种现象会反复出现，

将导致能源价格波动,对家庭的生活成本和企业的经营成本产生影响。在应对能源价格波动的过程中,需要一个成熟、稳定的能源市场为能源转型提供支持。

目前全球能源市场的发展还不成熟,使得能源转型投资面临一定的挑战。一方面,许多传统能源企业仍然占据着市场主导地位,对新能源技术的投资并不积极,限制了新能源技术的应用和推广;另一方面,缺乏足够的能源投资机构也限制了新能源技术的研发和应用,使得能源转型进展缓慢。目前能源转型的投资资金来源和投资者类型呈现多样化的发展态势,过去被认为风险高、周期长的部分新能源项目也在逐步得到投资者的认可。非专业投资机构受利率波动和通货膨胀等经济因素影响较大,会优先退出风险投资市场,导致能源转型投资额下降。能源转型仍需要更多能源专业投资机构为其提供资金支持。

(三)能源转型存在较大的资金缺口,仍需进一步提高投资增长速度

能源转型需要大量的资金支持,但是由于新能源技术尚不成熟、市场风险较大,能源转型投资风险较高,投资者对能源转型投资的积极性不高。与传统能源产业相比,新能源产业具有初始投资大、技术含量要求高等特点。新能源企业在创立和成长阶段对于资金的需求较大,投资回报周期也相对较长,投资风险较大。新能源产业特点与风险投资的短周期、低风险等投资偏好背道而驰。

此外,要在 2050 年实现净零排放目标,全球的首要任务是在 2030 年达到计划的可再生能源装机容量。为完成 2030 年的目标,新能源投资增速仍需进一步提升,国际能源署(IEA)预计"为完成 2030 年的目标,到 2030 年新能源投资仍需增加两倍"。在能源转型的过程中,加快对新兴和发展中经济体的投资对促进能源转型至关重要。能源转型投资的增长主要集中在发达经济体和中国。大部分新兴市场和发展中经济体的投资更依赖于公共资金,这一行为提高了公共资金的稀缺程度,并增加了当地发生能源危机的可能。

四 全球能源转型投资的国际经验及对中国的启示

由于全球经济的复苏和能源需求的增加，2022年全球油气、煤炭供应投资大幅增加。尽管如此，清洁能源仍为世界能源投资增长的引擎，现阶段全球清洁能源投资远高于2016年《巴黎协定》签署时的水平，中国、欧盟、美国在可再生能源、电网及储能方面的投资引领全球清洁能源增长。但我国在能源转型进程中仍面临投资资金缺口较大的问题，需要借鉴国际经验，进一步完善投资体系、加强政策支持和推进能源市场化改革。同时，还需要积极引导社会资本参与能源转型，通过多方面的合作和协同，共同推动能源转型发展。

（一）深化能源领域体制机制改革，完善能源转型支持政策

在能源领域体制机制改革方面，国际上有部分国家已建立起健全高效的能源政策体系及管理体制。如在推进发展新能源、支持能源转型法律法规方面，日本政府颁布了《替代石油能源法》《促进新能源利用特别措施法》《日本电力事业者新能源利用特别措施法》等。在能源领域体制机制方面，美国政府设置了能源部及联邦能源监管委员会，以确保能源战略与政策的统一制定与协调。

为适应我国作为全球第一大能源消费国和生产国的能源供需体量，在"七五"计划至"十四五"规划期间，我国对清洁能源的支持政策逐渐实现由"开始有计划发展"到"大力发展"再到"深入变革"的转变，但我国能源系统尚未实现协调统筹发展，能源行政单元之间仍存在体制壁垒，能源转型全局性支持政策有待进一步完善。具体而言，建议进一步完善促进可再生能源发展的政策和法律法规，并依据实际情况将能源转型职能落实到具体部门。在能源投资领域，利用财政金融手段，加强中央政府与地方政府的金融联动，推动金融机构为依法合规、风险可控、可持续的可再生能源项目提供贷款与资金支持，切实满足新能源

企业的资金需求；同时，我国需逐步建立健全绿色金融政策，结合全国碳排放权交易市场，推进新能源项目进入绿色信贷、绿色债券支持范畴，有效推进能源项目实施。

（二）平衡行政手段与市场机制作用，构建多层次能源衍生品市场

在行政手段与市场机制方面，国际上部分国家在构建能源多方位行政管理手段的同时，将其与市场机制融合，注重能效提升。如德国政府颁布《2050年能源效率战略》等法律法规，推动电动汽车等绿色出行市场建设，更新供暖系统以促进新能源市场拓展；日本提出"氢能源社会"概念，在汽车市场倡导氢能燃料技术研发与应用，并普及推广氢燃料电池汽车，为氢能源技术的推广利用开发市场。

在多层次能源衍生品市场方面，全球发达经济体能源衍生品市场发展迅速，交易商品涉及石油期货、煤炭期货与新能源期货等，且能够提供针对能源企业的资金结算业务、针对能源产品的利率及汇率风险服务，为能源转型投资提供了便利的市场环境与有力的资金支持。从全球发达经济体能源衍生品交易市场分布来看，当前全球主要的能源衍生品交易市场分布在美国、英国等欧美国家。与国际发达能源衍生品市场相比，我国国内金融机构所能提供的能源衍生品业务类型单一，交易品种较少，能源衍生品市场基础薄弱，缺乏成熟的能源衍生品运作经验，这使得我国在国际能源衍生品市场上处于较为被动的局面。我国"十四五"规划已提出将实施金融支持绿色低碳发展专项政策，鼓励社会资本按照市场化原则多渠道筹资，支持可再生能源产业发展。为将政策效用最大化，我国需进一步平衡行政手段与市场机制作用，在建立健全能源转型支持政策机制的基础上，引导建立专业性的能源金融机构，建立资金融通、长期有效的能源衍生品市场交易机制。

（三）丰富创新能源产品与服务，拓宽能源产业投资渠道

当前，国际能源产品市场已在多领域实现创新，其中尤以欧洲国家表现

最为突出，如意大利、英国等国家推出的绿色证书交易（可再生能源配额交易）与白色证书交易机制（节能量交易）。欧盟创新性地提出碳边境调节机制与碳排放交易体系，间接地推进了能源产品创新。相比之下，我国能源产品及服务创新能力不足，能源产品在发挥市场作用、引导能源结构调整方面的作用十分有限。近年来，欧美地区创新推出综合能源服务商业模式，在投资领域拓宽风险投资（VC）、私募股权投资（PE）两种能源投资渠道。以法国 ENGIE 集团为例，作为目前进行风险投资最多的公司，其投资被广泛应用于电动汽车、储能等领域，这不仅有利于密切追踪前沿能源技术发展，而且对拓宽能源转型投资渠道也具有显著推动作用。

对此，我国需结合能源政策与市场发展，加快能源产品与服务创新。一是借鉴国际经验，试点引入能源产业专项投资基金、能源信托基金、能源金融风险投资基金、私募股权投资等金融产品；二是探索能源服务新模式，推出能源风险评估、利率优惠、贷款担保等服务，建立资本市场与能源产业的有机联系；三是拓宽能源产业融资渠道，运用社会资本与银行贷款实现绿色金融信贷的提供，增强能源产业的国际风险抵御能力，进而有效引导新能源产业可持续发展；四是加强能源商业模式创新，构建可为能源转型生产与消费升级服务的综合能源服务市场，建立与能源转型相适应的投资模式与企业激励机制。

参考文献

［1］BloombergNEF，"Climatescope 2021"，2021.

［2］BloombergNEF，"Energy Transition Investment Trends 2022"，2022.

［3］BloombergNEF，"Energy Transition Investment Trends 2023"，2023.

［4］BP，"BP Energy Outlook 2023"，2023.

［5］Hydrogen Council，"Hydrogen Insights 2022"，2022.

［6］IEA，"Energy Technology Perspectives 2023"，2023.

［7］IEA，"World Energy Investment 2022"，2022.

［8］IRENA，"Global Landscape of Renewable Energy Finance"，2020.

［9］IEA，"Renewables 2022：Analysis and Forecast to 2027"，2022.

［10］RMI，"Fossil Fuel Transition Strategies"，2022.

［11］WindEurope，"Financing and Investment Trends－The European Wind Industry in 2021"，2022.

B.18
农村能源高质量发展的机遇、
挑战与着力点

马翠萍*

摘　要： 农村能源是我国能源体系的重要组成部分，是农村经济社会发展的重要物质基础。历史经验表明，农村能源发展与农村经济发展战略紧密相关。一方面，随着脱贫攻坚的如期完成，我国农村用能水平得到极大提升，用能结构得到根本改善，农村用能基本完成了从"用得上"到"用得起"的转变，开启了"用得好"的新篇章。但另一方面，受主观和客观因素制约，目前我国农村能源发展面临不平衡、不充分，高品质能源替代率不高以及对环境负面影响较大的新老问题。乡村振兴背景下，站在新的起点，立足新的发展阶段，面对新的机遇和挑战，我国农村能源发展必须从过去适应农业农村经济社会发展向主动激活、融入乡村振兴的方向转变。"十四五"期间，农村能源高质量发展应在因地制宜开发利用新能源、加快推进农村电网建设及改造提升、提高农村电气化水平、推动农林生物质能源化利用等方面着力。

关键词： 农村能源　高质量发展　乡村振兴

党的十九大做出我国经济转向高质量发展阶段的判断。当前，我国农业

---

* 马翠萍，管理学博士，中国社会科学院农村发展研究所副研究员，主要研究方向为土地经济与政策、资源与环境。

农村经济进入高质量发展阶段。农村能源发展不仅是农业农村经济高质量发展的重要动力支撑和物质基础，也是农业农村经济高质量发展的重要内容和要求。因此，农村能源如何高质量发展并融入新发展阶段就成为当下亟待解决的问题。

农村能源是基于地理属性的能源分类，多见于城乡差别明显的发展中国家。农村能源有广义和狭义之分，广义的农村能源是指农村区域内农业生产、农民生活的动力来源及居民生活热量的获取与利用。狭义的农村能源是指农村居民生活的燃料及利用。[①] 本文所指的农村能源在广义农村能源的基础上增加了农村能源的开发，即依托农村丰富的可再生能源，特别是新能源进行农村燃料与能量的供应。农村能源消费具体包括农村居民生活用能和农业生产用能。其中，农村居民生活用能的主要方面包括炊事、取暖、照明、家用电器及通信等，来源一般为柴薪、煤、电、燃气等；农业生产用能发生在农业生产、农业运输和农产品加工等全产业链环节，主要消费的是石油和电能。农村能源的获取渠道包括两个：一是外界输入的商品能源，二是农村就地自发自用的能源。

一 农村能源发展是农业农村经济高质量发展的重要支撑和重要组成部分

发展农村能源是满足农民美好生活需要的内在要求，是构建现代能源体系的重要组成部分，对巩固拓展脱贫攻坚成果、促进乡村振兴、发展生态低碳农业、助力宜居宜业美丽乡村建设、实现农业农村现代化具有重要意义。

一是提升农村地区供电保障能力和改善农村供电条件是满足农民美好生活需要的内在要求。农村能源问题的实质是能源公平问题，拥有高品位的能源服务是农村居民的基本权利。实施乡村振兴战略是以习近平同志为核心的

---

① 高明国、朱启臻：《农村能源结构与农村社会变迁相关研究——以河南省农村为例》，《农村经济》2009年第2期。

党中央着眼于党和国家事业全局、顺应亿万农民对美好生活的向往而做出的重大决策部署，农村清洁取暖、农业清洁生产是实现农民美好生活的重要途径。

二是推动以新能源为载体的乡村产业发展是农村经济增长和农民增收的重要渠道和重要抓手。有研究表明，每年农村产业发展需要约1亿吨标准煤的能源供应，2020年供应量高达1.5亿吨标准煤，农村能源已成为农村产业发展的重要载体。特别是对风能、光伏等新能源的开发利用，不仅解决了农村自我用能的问题，还以产业发展形式成为农村经济的重要组成部分。党的十八大以来，党中央、国务院结合农业农村发展战略，密集出台了一系列关于支持新能源的意见、通知、条例和办法，实践表明新能源为我国脱贫攻坚事业做出了重要贡献。① 现阶段，在巩固拓展脱贫攻坚成果背景下，以风能、太阳能等为代表的新能源项目已经成为乡村振兴的重要载体，应继续完善新能源项目与农户的利益连接机制，使新能源发展成为农村经济的重要补充和农民增收的重要渠道。

三是农村能源绿色低碳转型是建设农村良好生态环境的重要基础和保障。良好的生态环境是农村的宝贵财富，是乡村振兴的基础，是乡村新产业、新业态发展的绿色本底，也是实现乡村生态宜居的关键所在。党的十八大以来，围绕农村能源绿色低碳转型，党中央、国务院提出要推进能源生产和消费革命，构建清洁低碳、安全高效的能源体系，从根本上解决农村地区生态环境问题。可再生能源在保障农村地区清洁能源供应、促进农村绿色低碳发展中的地位举足轻重。

二　我国农村能源发展现状

农村能源发展与国家农业农村经济发展战略是紧密相关的。随着脱贫攻

① 国家能源局：《对十三届全国人大四次会议第2826号建议的答复》，http：//zfxxgk. nea. gov. cn/2021-07/14/c_ 1310197406. htm，2021年7月14日。

坚的如期结束，我国农村能源发展站到了一个新的起点上。因此，全面梳理农村能源发展现状、清晰认识现阶段农村能源发展的问题症结所在，对能源更好促进农业农村经济高质量发展具有重要的意义。

（一）现阶段我国农村能源发展状况

改革开放以来，我国农村能源始终坚持"因地制宜、多能互补、综合利用、讲求效益"的工作方针，开发与节约并重。一方面，经过 40 余年的发展，现阶段，我国农村用能水平和用能条件得到明显提高和改善，农村能源消费结构从传统生物质能源占主导地位正式转为商品能源占主导地位，同时能源消费也从低效、高污染能源消费升级为高效清洁能源消费，农村能源供应保障能力、保障水平不断增强，农村用能基本完成了从"用得上"到"用得起"的转变。另一方面，由于我国农村地区地域辽阔、能源资源禀赋差异大，同时，受农村能源基础设施薄弱、能源利用方式落后等因素影响，农村能源发展在呈现老问题的同时，也呈现一些新的问题。

一是农村供能能力和供能质量跃上新台阶，但农村能源发展不平衡和不充分的老问题仍旧存在。随着农村经济的不断发展、农民生活的不断改善，我国农村能源消费总量有了大幅度的提高，能源消费结构发生了明显的改善。从总量上看，1980 年农村能源消费总量为 328 万吨标准煤，到 2020 年达到 2.56 亿吨标准煤。[①] 从终端人均用能来看，1980 年我国乡村人均生活能源消费总量为 60 千克标准煤，2020 年人均生活能源消费总量提高到 495 千克标准煤，年均增长 5.4%。其间，农村电力得到长足发展。我国农村电网在经过 1998 年第一批农网改造和 2016 年实施的新一轮农网改造升级后，农村生产生活用电条件明显改善。国家电网完成了"三区三州"、抵边村寨等农村电网建设任务，根本上改善了深度贫困地区 200 多个国家级贫困县 1900 多万群众的生产生活用电条件，[②] 所有县城都连上了大电网，全国农村

---

① 数据来源：《中国能源统计年鉴》，以发电煤耗计算法统计。
② 国家能源局：《丹心系热土　能源兴家国》，http：//www.nea.gov.cn/2021－03/05/c_139787571.htm，2021 年 3 月 5 日。

地区基本实现了稳定可靠的供电服务全覆盖，从根本解决了"用不上电"的问题。统计数据显示，2021年农村地区用电量6736.3亿千瓦时，其中第一产业用电量1023亿千瓦时，同比增长16.4%。[①] 同时，供电可靠率、电压合格率等指标得到较大改善。2020年全国农村平均供电可靠率达99.82%，户均停电时间从2015年的51.7小时降低到15.4小时，综合电压合格率从94.96%提升到99%以上，户均配变容量从1.67千伏安提高到2.7千伏安。[②] 2020年国网经营区农村电网的供电可靠率达到99.843%，电压合格率99.803%。但我们也应注意到，农村能源发展区域不平衡和不充分的老问题仍没有得到根本解决。这种区域不平衡和不充分不仅体现在城乡之间，也存在于农村区域内部。如2018年中国能源消费城乡比为7.25∶1，人均用电城乡比为4.28∶1，[③] 城乡用能差距远大于收入差距。乡村区域内能源发展不平衡、不充分主要表现在经济发达地区和贫困地区之间。在偏远地区、新划转县域，特别是藏州县仍然依靠小电源或独立光伏解决用电问题，供电可靠性较低，电压合格率和供电质量也难以保证，与满足乡村振兴要求相比还有一定差距。电气化是指在工农业生产和城乡人民生活中普遍使用电力，是现代文明进步的重要标志。2022年我国农业与乡村居民生活电气化率为35.2%，长三角乡村居民生活用电量和粤港澳大湾区农业用电量较高，农村电气化水平较高，与欠发达地区和偏远山区拉开了较大的差距。

二是农村商品能源消费占农村能源消费主导地位，但高品质能源替代率不高。我国新能源装机主要位于广大农村区域，这在很大程度上促进了农村地区能源消费结构优化升级。统计数据显示，2020年我国农村能源消费中商品能源消费占81.4%，其中，农村生产用能中商品能源占到88%，农村生活用能中商品能源占到76.2%。从终端用能结构来看，农村能源消费结构中高品质能源（如燃气、电力、太阳能）增长速度较快。陈晓夫等

---

① 中国电力企业联合会：《中电联发布〈2021–2022年度全国电力供需形势分析预测报告〉》，https://www.cec.org.cn/detail/index.html? 3–306171，2022年1月27日。

② 刘泊：《资源配置显著优化 电网托举全面小康》，《中国电力报》2021年1月7日，第1版。

③ 冯凯辉、李琼慧、黄碧斌等：《中国农村能源发展关键问题》，《中国电力》2022年第6期。

人的研究指出，2006~2009 年中国农村居民生活能源消费总量增加了 4.33%，其中煤炭、秸秆和薪柴等固态能源分别减少了 9.60%、9.37% 和 7.67%，高品质能源（如燃气、电力、太阳能）贡献率较高。[①] 农业与乡村居民生活电气化率 35.2%，较上年提高 2.4 个百分点。[②] 但不可否认的是，我国农村能源消费结构以低品质能源为主的格局仍没有得到根本扭转，电气化水平比较低。从能源消费的品种上看，煤炭在农村居民生活能源消费中仍旧占据着主要地位。统计数据显示，2021 年全国煤炭消费的 5% 左右（约 2.06 亿吨散煤）被应用于农村炊事、取暖等生活用能，其次为成品油、电力与液化气。2021 年，全国电能占终端能源消费比重约 26.9%，但农村地区电能占终端能源消费比重在 19% 左右，虽然相比 2012 年提高了 8 个百分点，但占比仍旧较低。

三是农村用能效率不断提升，但农村能源对生态环境的负面影响不可忽视。《中国能源统计年鉴（2017）》显示，1989~2016 年我国农村家庭能源综合利用效率从 20.78% 提高到 31.64%。作为农村能源消费的大头，农村居民生活用能效率从 20 世纪 80 年代的 10% 提高到目前的 60% 左右。但农村能源消费品位较差、浪费严重等情况对生态环境产生的负面影响一直存在。[③] 生物燃料和煤炭的燃烧排放的二氧化碳和二氧化硫是农村生态环境污染的重要原因。一方面，经济欠发达的农村地区，特别是农业大省的偏远农村，生活能源消费仍然以秸秆、薪柴等传统生物质的直接燃烧为主，如在内蒙古牧区、农牧结合区、农区的农户家庭人均能源消费量中，生物质合计占比依次为 79.69%、69.44% 和 57.30%，[④] 而且只有 50% 的有效利用率，粗放的能源使

① 陈晓夫、肖潇、王正元等：《2009 年中国农村能源行业发展现状》，《可再生能源》2010 年第 4 期。

② 中电联：《中国电气化年度发展报告 2022》，2023 年 2 月 24 日。

③ Liu G., Lucas M. and S. Lei, "Rural Household Energy Consumption and Its Impacts on Eco-environment in Tibet: Taking Taktse County as an Example", *Renewable and Sustainable Energy Reviews*, 7, 2008.

④ 周曙东、崔奇峰、王翠翠：《农牧区农村家庭能源消费数量结构及影响因素分析——以内蒙古为例》，《资源科学》2009 年第 4 期。

用方式导致了严重的环境污染问题。另一方面，随着发达地区和靠近能源产地农村用能的商品化，10%~30%①的秸秆资源被丢弃在田间地头，这对生态环境同样造成负面影响。如根据中国社会科学院农村发展研究所2020年对全国10个省50个县（市、区）156个乡镇308个行政村3833户农村家庭的调查数据，东北地区将秸秆直接用作燃料和选择丢在路边、沟渠的农户占调查农户的10%左右，其他非有效利用率为17.62%；西部地区将秸秆直接用作燃料和选择丢在路边、沟渠的农户占调查农户的12%左右，其他非有效利用率为17.45%；从全国层面来看，将秸秆直接用作燃料和选择丢在路边、沟渠的农户占调查农户的8.96%，其他非有效利用率为12.17%（见表1）。

表1 农户农作物秸秆利用方式

单位：户，%

区域	样本农户	丢在路边、沟渠		粉碎作肥料		处理后作饲料		栽培基料		直接用作燃料	
		数量	比例	数量	比例	数量	比例	数量	比例	数量	比例
东部地区	430	9	2.09	326	75.81	15	3.49	0	0.00	10	2.33
中部地区	601	28	4.66	416	69.22	26	4.33	2	0.33	15	2.50
西部地区	894	58	6.49	244	27.29	261	29.19	2	0.22	51	5.70
东北地区	261	3	1.15	98	37.55	16	6.13	0	0.00	22	8.43
合计	2186	98	4.48	1084	49.59	318	14.55	4	0.18	98	4.48

区域	回收给加工企业或秸秆经纪人		其他方式		多种模式	
	数量	比例	数量	比例	数量	比例
东部地区	26	6.05	36	8.37	4	0.93
中部地区	67	11.15	28	4.66	20	3.33
西部地区	102	11.41	156	17.45	20	2.24
东北地区	54	20.69	46	17.62	23	8.81
合计	249	11.39	266	12.17	67	3.06

资料来源：转引自于法稳《农业生产环境状况》，载于魏后凯主编《中国乡村振兴综合调查研究报告2021》，中国社会科学出版社，2022，第96页。

---

① 曹淑艳等：《净零碳排放：中国农村能源利用的未来蓝图》，化学工业出版社，2017。

（二）现阶段制约我国农村能源发展的原因

一是农村电网依然存在规划不合理、电力结构不完善和设备发展水平落后问题。我国农村能源发展不平衡、不充分问题主要存在于偏远地区和新划转县域，这是因为西部地区农网供电能力、网架结构、可靠性等与东部、中部地区差距明显，而新划转县域及农垦区、林区、小水电供区、受灾地区等地区主要面临农村电网与主网联系不紧密问题。这些地区由于供电面积大、线路距离长、负荷密度低，电网建设成本高，运维检修成本高。此外，农村能源社会化服务体系建设不均衡，如 2017 年农村能源服务站仅占农村总数的 20%，[①] 服务站数量与农村数量不相匹配。诸多因素叠加加剧了农村能源发展的区域不平衡和不充分问题。

二是市场机制没有充分发挥作用。引导农村能源消费的机制体制不健全。农村能源消费在能源消费体系中相对独立、用能方式比较分散，政府很难通过规制工具控制农村家庭的能源消费行为。因而农村居民能源消费行为对提升能源利用效率的作用长期被选择性忽视。[②] 特别是现阶段引导农村能源消费结构升级的体制机制还不健全，政府支持农村能源发展的牵引作用不强。以引导发展生物质能为例，把生物质能从传统的"小、散、乱、差"利用模式转变为清洁、高效的现代化利用方式，离不开财政补贴的支持。现阶段我国资源定价机制下，生物质能利用项目的原料成本占比高达 60% 左右，而同期欧盟等国家和地区，各类生物质能利用项目的原料成本平均占比稳定在 20% 左右。较高的原料成本会影响下游产业健康发展。又如，近几年北方采暖季农村地区实施了"煤改气""煤改电"工程，经评估，"煤改气""煤改电"对 $PM_{2.5}$ 下降的贡献率达到 1/3 以上，环境效益明显。[③] 但由于市场机制没有建立起来，多地农村"煤改气"实施企业面临气价倒挂、

---

① 国网能源研究院有限公司编著《中国新能源发电分析报告 2019》，中国电力出版社，2019。
② 孙岩、江凌：《居民能源消费行为研究评述》，《资源科学》2013 年第 4 期。
③ 《今年北方地区清洁取暖率要达到 70%（两会聚焦）》，paper. people. cn/zgnyb/html/ 2021-03/08/content_ 2037292. htm。

气价已难以覆盖燃气公司运营成本的尴尬局面。

三是清洁能源替代仍面临技术制约。2021年12月召开的中央经济工作会议强调，传统能源逐步退出要建立在新能源安全可靠的替代基础上。根据农业农村部的估算，我国农村地区可再生能源每年可获得相当于73亿吨标准煤的能量，是目前全国农村能源总量的12倍，[①]可开发利用空间潜力非常大。但现阶段，新能源技术没有取得重大突破，煤电仍然是我国电力供应的最主要电源。中电联发布的数据显示，2021年全口径煤电发电量5.03万亿千瓦时，同比增长8.6%，占全口径总发电量的比重为60.0%。无论从装机规模看还是从发电量看，煤电仍然是当前我国电力供应的最主要电源，也是保障我国电力安全稳定供应的基础电源。可再生能源发电由于单机容量小、数量多、布点分散，且具有显著的间歇性、波动性、随机性特征，供电非常不稳定。此外，新能源利用仍旧面临着既有电力系统对大规模高比例新能源接网困难和消纳不足等制约。

三　我国农村能源高质量发展面临的机遇和挑战

农村能源发展与国家发展战略紧密相关，国家发展战略会为能源发展提供转型和长足发展契机，但同时，农村能源发展也受国家发展战略约束和限制。

（一）农村能源高质量发展面临的历史机遇

"十四五"时期，我国开启全面建设社会主义现代化国家新征程，国家层面的一系列战略部署和变革性实践，为我国农村能源发展提供了机遇。

1. 能源生产和消费革命推动农村新能源开发利用全面发展

习近平总书记指出："能源低碳发展关乎人类未来。中国高度重视能

---

① 顾阳：《加快推进农村能源转型发展》，《经济日报》2022年8月22日，第6版。

源低碳发展，积极推进能源消费、供给、技术、体制革命。"①"十四五"规划对我国未来一段时间能源生产和消费做出了重要的战略部署。通过在农村地区大力发展太阳能、风能、生物质能等清洁能源，不仅可以提高农业生产、农村生活用能水平，而且可以优化农村用能结构。新能源工程项目、新能源电力的上网，也拓展了农民的增收渠道。能源生产和消费革命为我国农村能源更好地支撑乡村振兴奠定了基础。

2. 高质量发展促进农村能源发展提质增效

党的二十大报告中明确指出："高质量发展是全面建设社会主义现代化国家的首要任务。"现阶段，我国经济已由高速增长阶段转向高质量发展阶段。2022 年国家发展改革委、国家能源局落实高质量发展要求，发布《关于促进新时代新能源高质量发展的实施方案》，提出要鼓励地方政府加大力度支持农民利用自有建筑屋顶建设户用光伏，积极推进乡村分散式风电开发；统筹农村能源革命与农村集体经济发展，鼓励村集体依法利用存量集体土地通过作价入股、收益共享等机制，参与新能源项目开发，积极促进新能源开发利用与乡村振兴融合发展。

3. 供给侧结构性改革为解决我国农村能源无效供给过多、有效供给不足等问题提供了契机

推进供给侧结构性改革，是以习近平同志为核心的党中央做出的一项重大战略决策。推进供给侧结构性改革，是解决我国长久以来农村能源无效供给过多、有效供给不足问题的重要手段。这意味着，当前和今后一个时期，要大力加强农村地区重点用能领域基础设施建设，积极推广农村清洁便利的用能方式，提高用能水平和用能效率，优化用能结构，带动农村经济和社会可持续发展。

（二）农村能源高质量发展面临的挑战

未来农村能源发展一方面要满足农村地区不断增长的能源消费需求，另

---

① 《能源的饭碗必须端在自己手里——论推动新时代中国能源高质量发展》，《人民日报》2022 年 1 月 7 日。

一方面，要实现能源消费过程中的温室气体和污染物减排，改善农村环境。

一是农村能源要做到在碳达峰、碳中和约束下与农村经济社会、环境协调发展。可持续发展是经济发展的内在要求。2020年9月，我国提出碳达峰、碳中和目标，农村能源是能源消费的重要组成部分，这意味着乡村振兴背景下农村能源发展要做到与经济社会、环境协调发展。尽管现阶段，我国农村能源发展取得了巨大成绩，但长期以来以化石能源为主导的消费结构，排放了大量污染物，影响了经济社会的可持续发展。从中国农业农村经济社会发展以及能源需求增长趋势角度看，单纯依靠传统生物质能或者是增加非化石能源的消费均很难满足农村可持续发展和环境保护的双重需要。这就要求采用积极的政策引导农村居民从低品质能源直接燃烧利用的模式转向利用清洁、高效的优质能源，在保障农村能源安全的同时提高减缓和适应气候变化的能力。

二是农村能源发展面临能源空间分布不均衡的挑战。调研显示，早期我国农村地区能源消费少部分是商品性能源消费，绝大部分是充分利用当地可供利用的资源或可以转化的能源，能源形式主要是生物质能、水电、太阳能、风能和地热能等。但这些能源资源分布是不均衡的，如风能资源东多西少，煤炭资源主要分布在华北、西北地区，水力资源主要分布于西南地区，天然气资源主要存在于东、中、西部地区和海域，生物质能主要分布在西南、东北地区以及河南、山东等地，资源禀赋与农村全域能源消费存在明显差别，对清洁能源对化石能源的替代带来挑战。

四　中国农村能源高质量发展的着力点

我国农村能源的发展为农村经济社会的持续健康发展提供了有力支撑，也为维护我国能源安全、应对气候变化、促进经济增长做出了积极贡献。"十四五"期间，应以习近平新时代中国特色社会主义思想为指导，深入贯彻党的二十大精神，落实国家《关于促进新时代新能源高质量发展实施方案》《关于完善能源绿色低碳转型体制机制和政策措施的意见》《加快农村能源转型发展助力乡村振兴的实施意见》《农业农村减排固碳实施方案》等一系列指导文件精神，立足新发展阶段，贯彻新发展理念，构建新发展格局，将能源绿色低碳发展作为乡村振兴的重要基础和动力，加快构建清洁低碳、多能融合的现代农村能源体系。必须更好统筹农村用能质的有效提升和量的合理增长，全面提升农村用能质量，实现农村能源用得上、用得起、用得好，为全面推进乡村振兴提供坚强支撑。

（一）农村地区要因地制宜开发利用新能源

未来我国农村能源发展必须摆脱对化石能源的长期依赖。农村不仅用能而且产能，是可再生能源开发建设的主战场，而且农村发展可再生能源经济性好，有着就地生产、就地消费、分布式发展效率高等特点。[①] 因此，"十四五"期间，要高度重视农村新能源的开发利用，有序开展新能源替代传统化石能源的行动，促进农村清洁取暖、农业清洁生产，到 2025 年，力争风电、太阳能、生物质能、地热能等占农村能源的比重持续提升。

一是以县域为载体，大力发展农村分布式能源，提高分布式电源自用比例。分布式可再生能源有很强的经济性，特别是中东南部一些电费较高的省份开发分布式可再生能源的投资回报率十分可观。因此，要立足乡村振兴发展需要和农民生产生活需求，持续推进整县屋顶分布式光伏开发试点工作，促进农村分布式光伏发展。在农村地区优先支持屋顶分布式光伏发电以及沼气发电等生物质发电接入电网，电网企业等应当对此部分电量予以优先收购。其间，应巩固光伏扶贫工程成效，稳定农户新能源开发利用利益链接机制。探索统一规划、分散布局、农企合作、利益共享的可再生能源项目投资经营模式。鼓励村集体依法利用存量集体土地，通过作价入股、收益共享等机制，参与新能源项目开发。二是依据自然资源禀赋优势，走差异化的农村能源发展道路。应依据各地的自然资源禀赋条件，因地制宜开发利用农村能源。如我国西北地区太阳能、风能等可再生能源资

---

① 高文：《推动农村能源低碳转型与高质量发展》，《农民日报》2022 年 9 月 2 日，第 6 版。

源丰富，可开发潜力较高，建议在具备资源条件的西部脱贫地区，特别是乡村振兴重点帮扶县、牧区，优先规划建设集中式风电、光伏基地；我国粮食主产区秸秆、薪柴等生物质资源丰富，可重点发展沼气发电、生物质热电联产、生物质热解气化、生物质液体燃料等项目；西南水力、天然气资源丰富的地区，可重点发展水电、分布式天然气发电等。三是坚持可再生能源开发利用与农村经济发展相结合。根据本地经济社会发展和可再生资源的实际情况，发展特色新能源产业，变资源优势为经济优势，同时加快高标准农田电网配套工程建设。

（二）持续推进农村电网建设及改造提升

从地方实践来看，加强电网基础设施建设，对于农村产业升级、提高农民生活水平起到了实实在在的支撑作用。因此，要认真落实2022年12月中央经济工作会议精神和2023年中央一号文件工作部署，加强能源等基础设施建设，促进城乡区域间的基础设施联通，持续提升农村电网供电保障能力。

一是合理布局推进农村电网建设。未来要立足当前、兼顾长远、抓住重点，统筹农村电网建设。支持具备资源条件的地区，特别是乡村振兴重点帮扶县等地区，以县域为单元，利用农户闲置土地和农房屋顶，建设分布式风电和光伏发电，配置一定比例储能，鼓励农户自发自用，就地消纳，余电上网。二是加快构建新型电力系统，提升农村分布式电源接入及消纳能力。实施乡村配电网建设和智能升级计划，加快适应新能源占比逐渐提高的新型电力系统。推动网架结构和装备升级，对符合条件的地区因地制宜实施大电网延伸。全面提升电力系统调节能力和灵活性，推动互联网、数字化、智能化技术与电力系统融合发展，着力提高配电网接纳分布式新能源电力的能力。大力推进高比例容纳分布式新能源电力的智能配电网建设，鼓励建设源网荷储一体化、多能互补的智慧能源系统和微电网。三是重点支持乡村振兴重点帮扶县、其他脱贫地区、革命老区等农村电网薄弱地区农网建设。贯彻落实乡村振兴战略有关能源基础设施的工作部署，持续推动农村电网建设，重点解决农村电网发展不平衡、不充分的问题，不断缩小城乡电网发展差距，持续提升农村电网供电保障能力。

（三）不断提高农村电气化水平

电能替代是提升终端用能清洁化、低碳化水平，促进清洁能源消纳的有效手段。坚持政府主导、电网支撑、各方参与，推动提升农村电气化水平，加快形成以电为中心的能源消费体系。

一是推动千村万户电力自发自用。充分突出地方特色，遵循电气化发展客观规律，尊重客户意愿，按照乡镇（街道）的发展方向，以行政村为基本单元，分阶段、分步骤开展实施电力自发自用行动。二是推进乡村生活生产电能替代。推动农业生产电气化、乡村产业电气化、农村生活电气化。在农产品种植、加工、乡村旅游等方面建成一批电气化试点示范工程。如加快高耗能行业产业绿色电能替代，应用推广分布式光伏电源，鼓励新建（改造）餐饮企业建设全电餐厅。发展乡村智慧旅游。积极推进乡村农业观光、生态旅游电气化建设，将全电景区、智电民宿融入美丽乡村建设中，提升乡村生态旅游景区的电能消费占比，推动农村生态旅游产业兴旺发达。推介普及新型用电产品，推广乡村家庭智慧用能模式。全面推动生活方式绿色化，推广节能家用电器。建设智慧用能家庭，提供安全用电监测服务和"一户一策"的用能优化方案。做好农村充电基础设施配套电网建设。

（四）推动农林生物质能源化利用

生物质能分布具有分散性，适合就近生产、就近消纳，应以经济性为其主要考量标准，因地制宜推动农村生物质能开发利用"宜电则电、宜气则气、宜热则热、宜肥则肥"[①]。

一是引导企业有序布局生物质发电项目。在农林生物质资源丰富的县

---

① 徐向梅：《推进生物质能多元化开发》，《经济日报》2023 年 1 月 11 日，第 11 版。

域，特别是东北粮食主产区，探索农田托管服务和合作社秸秆收集模式，坚持农用优先，就地就近推进秸秆能源化利用。建议以村为单元建设农林废弃物收集站，由专业化的企业建设的生物质能开发利用项目，就近满足乡镇生产生活多元用能需求。在畜禽养殖大县，建议结合农村有机垃圾治理项目，在工业园区发展"养殖—沼气—种植"项目，在农户庭院建设小型沼气项目。二是加快建设农村生物质能原料收集渠道。建议委托有资质的企业具体开展生物质能资源收集工作；同时，建立农村面源污染治理工作和生物质资源收集工作联动机制，并建立常态化工作制度。三是推动生物质能替代燃煤。鼓励企业从单纯发电转为热电联产。推动县城及农村，特别是生物质资源丰富的北方地区，取暖采用生物质能，主要方式包括发展县域农林生物质热电联产、生物质锅炉集中供暖等。在非重点区域偏远农村地区，建议各地支持推广使用固体成型燃料直接取暖，从而实现对难以集中收集的农林废弃物的加工利用；或者利用"生物质成型燃料+专用炉具"替代散烧煤供暖。因地制宜发展农村沼气，鼓励有条件的地区建设规模化生物质能工程，推进沼气集中供气供热、发电上网，同时配套做好燃气管网建设。

五 我国农村能源高质量发展的政策保障

"十四五"时期，我国"三农"工作重心转移到全面推进乡村振兴上，农村能源作为乡村振兴的重要物质基础，势必要与乡村振兴融合发展。这就意味着国家层面要围绕县域能源生产、消费破除一些体制机制障碍，同时，还要建立促进农村能源发展的政策体系，以更有力的举措汇聚更强大的力量，推进乡村全面振兴。

一是探索形成多方参与农村能源基础设施建设的新模式。由于农村能源建设投资规模大、回收周期长、不确定性高，很多项目、工程难以吸引纯市场化的运作企业和机构参与。可鼓励和引导农户、村集体通过自建或与市场主体合作方式参与农村能源基础设施建设，探索形成以市场化运营为主、政府加强政策支持的新模式。通过提高经济收益激发参与者的积极性。在此基础上，鼓励农村集体经济组织依法以土地使用权入股、联营等方式与专业化企业共同投资经营可再生能源发电项目，从而形成多方参与、风险共担、合作共赢的协同推进机制，合理分担和降低农村能源在投资、建设、运营等环节的成本和风险。同时，鼓励金融机构按照市场化、法治化原则为可再生能源发电项目提供融资支持。

二是加大中央和地方财政资金的投入力度。国家应加大对中西部相对贫困地区农网的资金支持力度。利用中央预算内资金重点支持乡村振兴重点帮扶县、其他脱贫地区、革命老区等农村电网薄弱地区，持续提升农村电网供电保障能力。针对生物质能源化利用，配套设立财政专项资金用于建设规范化、标准化的基础设施系统。同时，允许地方政府发行专项债券，聚焦乡村振兴重点帮扶县、其他脱贫地区、革命老区等农村电网薄弱地区的农网建设改造。此外，县级政府还应加强村级光伏电站收益监督管理工作。

三是充分激发能源国企的责任担当意识。其一，鼓励电网企业加大对中西部相对贫困地区农网的资金支持力度，推动相对贫困地区供电服务水平逐步接近全国平均水平，推动东部地区城乡电网一体化，推进中部地区供电服务均等化。其二，采用积极的财税政策支持和指导电网企业积极接入和消纳新能源。完善调峰调频电源补偿机制，积极引导电网企业提升新能源电力接纳能力，依法依规将符合规划和安全生产条件的新能源发电项目和分布式发电项目接入电网，保障新能源发电全额消纳，及时结算电费、转付补贴。

四是加强能源科技攻关。技术进步是提高用能效率、实现"用得上能""用得起能"的关键。贯彻落实《"十四五"能源领域科技创新规划》，围绕生物质能、太阳能、地热能等再生能源应用技术，加大基础理论研究投入，推动企业、科研院所、高校科研团队针对高效太阳能电池、先进风电设备、大容量储能技术等关键技术进行攻关。特别要对新能源占比逐渐提高的电力系统安全稳定可靠等方面的问题开展联合攻关，提出解决方案。同时，因地制宜推广先进适用的农村可再生能源利用技术，逐步扩大分布式清洁能源微电网技术应用范围。

五是营造促进农村能源发展的市场环境。重点是完善电力市场交易机制和市场价格形成机制。政府应加强对电力市场交易行为的规范，支持电网企业创新输电、计量和交易结算等技术，完善支持分布式发电市场化交易的价格政策及市场规则，完善支持储能应用的电价政策，等等。

总之，党的十八大以来，我国通过改善农村能源基础设施、合理开发利用贫困地区的能源资源、实施精准扶贫等措施，明显改善了农村用能水平和用能条件，有效支撑了农村经济和农民收入快速增长，减少了农村环境污染，较好地完成了脱贫攻坚任务。站在新的起点，立足新的发展阶段，农村能源不仅是乡村振兴的重要物质基础，也是影响农村经济健康发展的重要因素。因此，我国农村能源发展必须从适应农业农村经济社会发展，向主动激活、融入乡村振兴的方向转变。

参考文献

［1］ Geller H. S., "Energy Revolution：Policies for a Sustainable Future", *Energy Polich*, 32（14），2003.

［2］ Liu G., Lucas M. and S. Lei, "Rural Household Energy Consumption and Its Impacts on Eco－environment in Tibet：Taking Taktse County as an Example", *Renewable and Sustainable Energy Reviews*, 7, 2008.

［3］ 曹淑艳等：《净零碳排放：中国农村能源利用的未来蓝图》，化学工业出版社，2017。

［4］ 师华定、齐永青、刘韵：《农村能源消费的环境效应研究》，《中国人口·资源与环境》2010 年第 8 期。

［5］ 陈甲斌：《我国农村能源与环境协调发展分析及其策略》，《可再生能源》2003 年第 6 期。

［6］ 程胜：《中国农村能源消费及能源政策研究》，博士学位论文，华中农业大学，2009。

［7］ 高明国、朱启臻：《农村能源结构与农村社会变迁相关研究——以河南省农村为例》，《农村经济》2009 年第 2 期。

［8］ 国网能源研究院有限公司编著《中国新能源发电分析报告》，中国电力出版社，2019。

［9］ 洪振国：《中国农村家庭能源消费与清洁可再生能源节能潜力评估》，博士学位

论文，兰州大学，2020。

[10] 孙岩、江凌：《居民能源消费行为研究评述》，《资源科学》2013 年第 4 期。

[11] 张培栋、王刚：《中国农村户用沼气工程建设对减排 CO_2、SO_2 的贡献——分析与预测》，《农业工程学报》2005 年第 12 期。

[12] 周曙东、崔奇峰、王翠翠：《农牧区农村家庭能源消费数量结构及影响因素分析——以内蒙古为例》，《资源科学》2009 年第 4 期。

[13] 朱四海：《中国农村能源政策：回顾与展望》，《农业经济问题》2007 年第 9 期。

[14] 陈晓夫、肖潇、王正元等：《2009 年中国农村能源行业发展现状》，《可再生能源》2010 年第 4 期。

[15] 顾阳：《加快推进农村能源转型发展》，《经济日报》2022 年 8 月 11 日，第 6 版。

[16] 冯凯辉、李琼慧、黄碧斌等：《中国农村能源发展关键问题》，《中国电力》2022 年第 6 期。

[17] 王恬子、姚明涛、康艳兵：《政策铸就能源光明路 我国农村电力发展政策、成就与展望》，《中国能源》2021 年第 6 期。

[18] 闫丽珍、闵庆文、成升魁：《中国农村生活能源利用与生物质能开发》，《资源科学》2005 年第 1 期。

Abstract

The report of the 20th National Congress of the Communist Party of China pointed out that "high-quality development is the primary task of comprehensively building a socialist modernized country", and "deepening the energy revolution and accelerating the planning and construction of a new energy system". High quality energy development is not only an important part of high-quality economic development, but also an important support for achieving Chinese path to modernization. To promote high-quality energy development, it is necessary to fully, accurately, and comprehensively implement the new development concept, better coordinate the effective improvement of quality and reasonable growth of quantity, deepen supply side structural reform, and effectively improve the level of ensuring high-quality economic and social development.

The theme of "Frontier Report on China's Energy Development (II) - High Quality Development of China's Energy" is "High Quality Development", aiming to scientifically assess the current status and trends of high-quality energy development, analyze the problems and challenges in the current process of high-quality energy development, and provide countermeasures and suggestions for promoting high-quality energy development. The report is divided into three parts: general introduction, industry development, and thematic research, with a total of eighteen topics.

The report defines the connotation of high-quality energy development and constructs an indicator system for high-quality energy development. It evaluates high-quality energy development from five dimensions: energy security, green and low-carbon, technological innovation, efficiency change, and international cooperation. The conclusion shows that from 2012 to 2020, China's energy quality development index showed an overall upward trend, and the quality and efficiency of energy development continued to improve. From the five dimensions of high-quality energy development, it can be seen that the overall energy security situation is basically stable, and the security index shows a slight downward trend; The green and low-carbon energy situation is good, and the index shows a gradual upward trend; There has been a significant improvement in energy technology innovation capabilities; Continuous improvement of energy utilization efficiency; Overall, international cooperation in energy has shown a good situation. In response to the evaluation status of high-quality energy development, this report further proposes improvement directions from five dimensions. In the context of building an energy system with new energy as the main body, the dimension of energy security should focus on considering system security, urgently improving system regulation capabilities, actively playing the role of price regulation in supply and demand, enhancing energy security emergency response capabilities, and improving the energy security risk identification and grading management system. Green and low-carbon dimensions, phased and orderly reduction of pollutants and carbon emission intensity, acceleration of the construction and improvement of new power systems, acceleration of electrification process, and acceleration of the construction of carbon emission standard systems. In terms of technological innovation, increase investment in energy technology innovation research and development, improve the construction of independent innovation system in the energy field, and promote the deep integration of digital technology and the energy industry. The dimension of efficiency transformation is to leverage the fundamental role of the market in allocating energy, pay more attention to the incentive mechanism for micro entities to use energy, focus on improving energy utilization efficiency in the western region, and continue to promote supply side structural reform in the energy field. In terms of international cooperation, we will further ensure long-term energy supply through multilateral cooperation, adhere to independent innovation to promote energy technology output, increase the level of international cooperation in energy investment and construction, and actively participate in international energy governance.

449

The report comprehensively and systematically summarizes the achievements of the coal industry, oil industry, natural gas industry, coal power industry, nuclear energy industry, solar energy industry, wind power industry, hydrogen energy industry, and power industry, analyzes the problems existing in high-quality development of these energy industries, and proposes specific policy recommendations. The report focuses on the "the Belt and Road" energy cooperation, the energy consumption revolution and high-quality development, the construction of a unified national energy market in the context of high-quality development, the improvement of energy systems, mechanisms, policies and measures, the status quo, overall characteristics and key issues of the construction of a new power system, the research on coordinated development of regional power in the process of green and low-carbon transformation, and the international comparison and enlightenment of energy transformation investment, A systematic study has been conducted on the hot issues in the energy field such as high-quality development of rural energy.

The report proposes to promote higher quality "the Belt and Road" energy cooperation and establish a more professional energy working mechanism under the framework of the "the Belt and Road" energy cooperation partnership; The promotion of the energy consumption revolution requires enhancing the soft power of China's energy consumption through institutional revolution to effectively achieve high-quality energy development; The energy system mechanism should further stimulate the vitality of market entities; The high-quality development of new power systems should aim to provide strong guarantees for energy security and promote their integration with modern infrastructure systems; The high-quality development of low-carbon transformation and regional electricity coordination needs to accelerate the formation of a policy and institutional system of "multi energy complementarity, large-scale mutual assistance, and market mechanism utilization"; The high-quality development of energy transformation investment requires deepening the reform of the energy sector's institutional mechanisms, improving energy transformation support policies, and expanding investment channels in the energy industry; The high-quality development of rural energy should focus on promoting the development and utilization of rural renewable

Energy development, improving the level of rural electrification, and promoting the energy utilization of agricultural and forestry biomass.

Keywords: Energy Industry; High-quality Development; Energy Transformation

Contents

I   General Report

B.1   The Connotation and Basic Direction of High-quality

Energy Development

Research Group of Institute of Industrial Economics,

Chinese Academy of Social Sciences / 001

Abstract: On the basis of defining the connotation of high-quality energy development, this report constructs an indicator system for high-quality energy development. The entropy TOPSIS analysis method is used to evaluate high-quality energy development from five dimensions: energy security, green and low-carbon, technological innovation, efficiency change, and international cooperation. The conclusion shows that from 2012 to 2020, China's energy quality development index showed an overall upward trend, indicating that the construction of China's modern energy system has achieved significant results, and the quality and efficiency of energy development have continuously improved. From the five dimensions of high-quality energy development, it can be seen that the overall energy security situation is basically stable, and the security index shows a slight downward trend; The green and low-carbon energy situation is good, and the index shows a gradual upward trend; There has been a significant improvement in energy technology innovation capabilities; Continuous improvement of energy utilization efficiency; Overall, international cooperation in energy has shown a good situation. In response to the evaluation status of high-quality energy development, this report further proposes improvement directions from five dimensions. In the context of building an energy system with new energy as the main body, the dimension of energy security should focus on considering system security, urgently improving system regulation capabilities, actively playing the role of price regulation in supply and demand, enhancing energy security emergency response capabilities, and improving the energy security risk identification and grading management system. Green and low-carbon dimensions, phased and orderly reduction of pollutants and carbon emission intensity, acceleration of the construction and improvement of new power systems, acceleration of electrification process, and acceleration of the construction of carbon emission standard systems. In terms of technological innovation, increase investment in energy technology innovation research and development, improve the construction of independent innovation system in the energy field, and promote the deep integration of digital technology and the energy industry. The dimension of efficiency transformation is to leverage the fundamental role of the market in allocating energy, pay more attention to the incentive mechanism for micro entities to use energy, focus on improving energy utilization efficiency in the western region, and continue to promote supply side structural reform in the energy field. In terms of international cooperation, we will further ensure long-term energy supply through multilateral cooperation, adhere to independent innovation to promote energy technology output, increase the level of international cooperation in energy investment and construction, and actively participate in international energy governance.

Keywords: Energy Security; Green and Low-carbon; Technology Innovation

II   Industry Development

B.2   High-quality Development of the Coal Industry

Zhang Hong, *Guo Zhonghua* / 063

Abstract: In 2022, facing the complex and severe international and domestic situation and the severe impact of the COVID-19, Coal Industry make every effort to increase coal production, ensure supply and stable prices, steadily promote the construction of a modern industrial system, accelerate the green and low-carbon transformation of development methods, significantly improve the quality and efficiency of economic operation, and make new achievements in promoting high-quality development and taking new steps in building a new development pattern. We have made new achievements in promoting high-quality development and taken new steps in building a new development pattern. In the new era and new journey, the coal industry has accurately grasped the political position, historical position and responsibility orientation in the process of promoting Chinese path to modernization, focused on building a new coal industry system, focused on improving the safe and stable supply capacity of coal, focused on carrying out the clean and efficient utilization of coal, focused on building a modern coal industry system, focused on strengthening the support of educational and scientific talents, and focused on improving the high standard coal market system, Strive to write a new chapter in the development of Chinese path to modernization coal.

Keywords: Energy Security; Green and Low-carbon; New Coal Industry System

B . 3   High-quality Development of the Petroleum Industry

Wang Zhen , Wang Dianming , Duan Xuqiang and Ma Jie / 080

Abstract: High-quality development is the primary task of building a modern socialist country in an all-round way. Petroleum plays an irreplaceable role in ensuring national energy security, meeting industry and living needs, and realizing high-quality economic and social development. High-quality development of the petroleum industry requires, firstly, ensuring oil security, we must strengthen oil & gas exploration and production, strengthen the construction of the system of oil & gas production, supply, storage and marketing. Secondly, continuing to innovate, we must optimize the industrial layout and structure, and promote transformation and upgrading. Thirdly, continuing to promote green development to promote low-carbon transformation, and build a world-class petroleum enterprise with " excellent products, outstanding brands, leading innovation and modern governance". Chinese petroleum enterprises have made a series of achievements in the process of high-quality development, but still face many challenges. It's difficult to break through the bottleneck of conventional petroleum exploration and production, the exploitation of unconventional resources is confronted with dual challenges of technology and economy, the difficulty of increasing storage and production is increasing, the dependence of petroleum on foreign countries is high, the reserve capacity is relatively insufficient, and the application mechanism is not perfect. There is serious excess oil refining capacity, uneven inter-regional development, and shortage of high-end materials. Based above, we suggest to strengthen the exploration and production of oil and gas, deepen the reform of the system and mechanism of industry, and continuously promote the increase of oil and gas reserves and production to ensure energy security. We will continue to promote scientific and technological innovation to strengthen the supply chain and enhance the exploration and production of unconventional resources. We will vigorously implement energy conservation and emission reduction, actively explore the integrated development of oil, gas and new energy, and continue to promote green development to help low-carbon transformation. We will carry out a new round of actions to deepen and upgrade the reform of state-owned enterprises, and to speed up the development of world-class enterprises.

Keywords: Oil Exploration; Oil Trade; Oil Storage

B.4 High-quality Development of the Natural Gas Industry

Sun Hui, Yang Lei / 111

Abstract: In 2022, China's natural gas industry has made steady progress. Although the consumption of natural gas in China (excluding Hong Kong, Macao, and Taiwan) has decreased by 1.7% year-on-year, residential gas has maintained steady growth, and the driver of heating gas has been shifting from "coal to gas" policy to the market. The "seven-year action plan" for increasing oil and gas reserves and production continued to be advanced, and the proven geological reserves of new natural gas (including shale gas) exceeded 1.2 trillion cubic meters throughout the year. Domestic supply has increased by over ten billion cubic meters for six consecutive years, and the import of natural gas has decreased by nearly 10%. The total capacity of pipelines, LNG tank, and gas storage have maintained steady growth. The natural gas industry is gradually evolving towards an "X+1+X" pattern with new changes of security, new role of price, new development of city gas, new reform of price mechanism, and new business for oil and gas companies. It is necessary to reasonably solve the supply potential of domestic resources, the development direction of natural gas, and the deepening reform of institutional mechanisms.

It is suggested to further enhance the domestic natural gas supply capacity, consolidate diversified imports, improve gas storage and peak shaving capabilities, optimize the development direction of natural gas, enhance its adaptability at different stages of development, accelerate the pace of market-oriented development

Keywords: Natural Gas; Market' System; Gas Storage and Peak-shaving

B . 5   High-quality Development of Coal Power Industry

Lu Gang , Lyu Mengxuan and Zhang Fuqiang / 132

Abstract: China's energy resource endowment is dominated by coal, and coal power will remain an important basis for ensuring power supply and energy security for a long time to come. Therefore, it is of great significance to systematically judge the functions and positions of coal electricity, strengthen the weak board, strengthen the advantages, and promote the healthy and sustainable development of coal electricity. Firstly, the status quo of coal power development has been sorted out and comparative analysis of coal power at home and abroad has been conducted, indicating that the largest clean and efficient coal power system has been built in the world, emission of conventional pollutants and energy consumption control have reached the leading level in the world, and most units are in the "young adult" period. However, the development of coal power is still facing many severe challenges. There is still a large gap between the flexible regulation capacity and the international advanced level, and the income mechanism adapted to the functional positioning transformation is still not perfect. The total amount of carbon emissions brings great pressure on reducing carbon. To this end, the key factors affecting the healthy development of coal power are analyzed, including policy expectation, market mechanism, thermal coal supply and low-carbon and decarbonizing technology. On this basis, the research puts forward the future development focus of coal power and some suggestions.

Keywords: Coal and Electricity; Power Supply; Market Mechanism; Low-carbon and Decarbonizing Technologies

B.6   High-quality Development of Nuclear Energy

Research Group of Institute of Strategic Planning,

China National Nuclear Corporation ╱ 149

Abstract: Since the 18th CPC National Congress, China's nuclear energy industry has achieved leapfrog development and achieved a series of remarkable achievements. China's nuclear power technology has achieved a comprehensive leap from the second generation to the independent third generation. Important breakthroughs have been made in the research and development and demonstration of advanced nuclear power technology. The level of localization and localization has been steadily improved. The nuclear power industry chain security capacity has been comprehensively improved, and China has fully ranked among the world's nuclear power powers. In the new era, China's high-quality development of nuclear energy aims at higher safety and innovation. Facing the future, China's nuclear energy will maintain a positive, safe and orderly pace of development. The approved commencement pace of 8-10 nuclear power units each year will further accelerate the expansion of the installed capacity, which will soon surpass France and become the second largest in the world.

Keywords: Nuclear Energy; Technology Innovation; Nudear Power Technology

B.7   High-quality Development of Solar Power Generation Industry

Zhao Xiaoli, Wu Lili ╱ 171

Abstract: The high-quality development of the solar power generation industry is not only of great supporting significance for China's energy transformation, but also one of the important contents of the high-quality development of the energy industry. This chapter subdivides solar power generation into three aspects: photovoltaic power generation, solar thermal power generation and thin-film solar power generation, analyzing the opportunities and challenges faced by each industry based on the development status quo, and putting forward policy suggestions for possible problems in future development. It is found that the installed capacity of China's solar power generation industry continues to rise, the growth rate remains at a high level, the application scenarios are gradually enriched, and the competitiveness of the industrial chain is gradually enhanced. In the future, the solar power generation industry is facing development opportunities such as energy transition, preferential policies, energy conservation and carbon reduction, scientific and technological innovation, and digital transformation, while there are still problems such as key technology blockages, high prices of metal raw materials, high investment costs, and limited construction land, so in order to achieve the high-quality development of the solar power generation industry, it is necessary to give policy support from many aspects such as metal raw material supply, green finance, key core technological innovation, digital transformation, and international trade.

Keywords: Photovoltaic Power Generation; Concentrating Solar Power Generation; Thin-film Solar Power Generation

B.8 High-quality Development of Wind Power Industry

Qin Haiyan, Yu Guiyong and Zhang Yunxia / 202

Abstract: The 14th Five Year Plan period is a crucial period for China to accelerate the green and low-carbon transformation of energy, effectively alleviate climate change, improve energy security, and promote low-carbon economic growth. In 2020, China promises to strive to reach the peak of carbon dioxide emissions by 2030, strive to achieve carbon neutrality by 2060, and vigorously develop wind power and other renewable energy has become an important direction for the future development of China's energy industry; It is the main force in promoting the energy revolution, building a new type of power system, and achieving the dual carbon goal. Since the 18th National Congress of the

Communist Party of China, with the promotion of departments such as the Ministry of Industry and Information Technology and the National Energy Administration, China's wind power industry has continuously strengthened its international competitiveness. Looking back at the development process of China's wind power industry, the scale of the industry has grown from scratch and the technology has grown from weak to strong. As of now, China's wind power has a mature industrial chain and wind power technology research and development capabilities, ranking a leading position in the global wind power industry. At the same time, the development of China's wind power industry still faces problems such as insufficient consumption of large bases, lagging construction of export channels, difficulty in accessing decentralized wind power grids, land restrictions, insufficient refinement of the offshore wind power industry chain, and the absence of far-reaching sea management measures. In order to promote the high-quality development of the wind power industry and ensure the continuous increase of its scale, it is necessary to further guide and encourage the sustained, stable and healthy development of the industry from various aspects such as policy, technology, and industry synergy, promote the construction of a new type of power system with new energy as the main body, and help achieve the dual carbon goal as soon as possible.

Keywords: Onshore Wind Power; Offshore Wind Power; Large Base Consumption

B.9 High-quality Development of the Hydrogen Energy Industry

Research Group of Guohua Energy Investment Co. , Ltd / 236

Abstract: In the face of the far-reaching impact of the carbon neutrality goal and the international geopolitical risks under the Russia-Ukraine conflict, hydrogen energy development has become an important path for low-carbon energy transformation and energy security, and the development of hydrogen energy industry and technology has accelerated. Since the 14th Five Year Plan period, traditional industrial hydrogen has driven steady growth in demand for hydrogen, and low-carbon clean hydrogen projects have been rapidly deployed. Fuel cells, green ammonia, and hydrogen metallurgy have received attention; In terms of technology, China has preliminarily mastered key core technologies such as "production storage transportation addition usage service" throughout the entire hydrogen energy industry chain, but the international core technology competitiveness is still insufficient. More than 60% of the hydrogen energy subdivision technologies, such as PEM electrolytic water hydrogen production technology, turbine expander, pure hydrogen pipeline transportation, hydrogen quality testing and full cycle control, hydrogen metallurgy and hydrogen blending/ gas turbine, are still in the "follow up" stage, The risk of "neck sticking" shifts to raw materials and basic processes; In terms of standards, the hydrogen energy standard system is not yet sound, and the main mode of adding new standards is to introduce international standards and then convert them internally. In order to meet the requirements of high-quality development, China should combine production and research, explore integrated regional demonstration of "wind and solar hydrogen storage" and comprehensive utilization, achieve local scale, and promote key research and development projects for hydrogen energy, break through difficulties, supplement weaknesses, and strengths, enhance the core competitiveness of hydrogen energy technology in sub fields, and enhance the efficiency of standardized governance, guided by major projects such as hydrogen energy demonstration and application, Strive to achieve China's hydrogen energy technology level entering the international advanced ranks by the end of the 14th Five Year Plan.

Keywords: Hydrogen Energy; Entire Industry Chain; Standard System

B.10 High-quality Development of Energy Storage Industry

Abstract: Under the "dual carbon" strategic goal, clean energy represented by wind power and photovoltaic is an important force in energy transformation and development. In recent years, with the rapid growth of wind and photovoltaic power generation in China, the problem of new energy consumption in local areas and time periods remains prominent. Its randomness, volatility, and intermittent characteristics have brought impacts to the power grid system, posing higher requirements for the construction of system regulation capacity, and restricting the high-quality development of China's power system. In the context of building a new power system and increasing the installed scale of wind and solar power, the large-scale application of energy storage is the only way to stabilize the fluctuation of the generation side, ensure the security of the power grid, and then improve the reliability of the power system. Pumped storage started early and its technology is mature. It is still the most important energy storage in the world. However, the contradiction between its large land area, long cycle, and large investment is prominent. In recent years, new energy storage represented by electrochemical energy storage has developed rapidly. The new type of energy storage has application scenarios on the power supply side, grid side, and user side. With the gradual decrease in the cost of new energy storage systems, it has now become economically viable. With policy support, the participation of new energy storage in the electricity auxiliary service market has strengthened its economic efficiency. In the future, it is expected to further improve the marketization level of new energy storage by improving the standard system of new energy storage, improving the price system mechanism of energy storage, establishing the post evaluation mechanism of pilot demonstration projects of energy storage, optimizing the allocation and storage mode of new energy power generation projects and other measures, and the new energy storage industry chain will gain more development opportunities under the background of continuous decline in system costs.

Keywords: New Energy Generation; New Energy Storage; Power Auxiliary Services

Ⅲ Special Reports

Abstract: At present, the world is in a period of great changes not seen in a century. The slowdown of global economic growth, the intensification of the game between major countries, the escalation of geopolitical tensions and the challenges of tackling climate change have significantly increased the instability and uncertainty of global energy security and energy markets, and also brought multiple challenges to China's "the Belt and Road" energy cooperation. Since 2013, China has adhered to the principle of joint consultation, joint construction and sharing, and constantly deepened energy cooperation with other countries under the framework of the "the Belt and Road". A large number of landmark projects have been successfully implemented, and energy cooperation has achieved good economic and social benefits. From the current plan, future energy cooperation will develop towards a more institutionalized, standardized, green, and flexible direction. However, to promote higher quality energy cooperation along the "the Belt and Road", we need to do a good job in several aspects: strengthen more pragmatic policy communication and coordination with Asian, African and Latin American countries, create stable cooperation expectations, and reduce other geopolitical risks beyond the dominance of the United States; Consider establishing a more professional energy working mechanism under the framework of the "the Belt and Road" energy partnership, promote trade and investment facilitation of "the Belt and Road" green energy products and services, and promote information exchange and sharing; Build the "the Belt and Road" energy financial cooperation framework, explore the possibility of building a bilateral or multilateral settlement mechanism independent of the US dollar, and promote the construction of the "the Belt and Road" energy financial market, diversify funding sources, and innovate cooperation models; Encourage enterprises to strengthen ESG concepts and establish risk prevention mechanisms.

Keywords: "The Belt and Road" Energy Cooperation; Energy Transformation; Green Energy

B.12 Energy Consumption Revolution and High-quality Development
Wang Haibin / 306

Abstract: The revolution of energy consumption is one of the important contents of the new strategy of energy security and an important starting point for the high-quality development of energy. China has made a lot of efforts to improve energy consumption, but there is still much room for improvement in eliminating energy poverty, improving energy consumption efficiency, improving the clean and low-carbon level of energy consumption, increasing the marketization of energy consumption, and enhancing the influence of China's energy in the world energy field. In order to further improve the quality of energy development and get rid of the trap of energy development, China needs to continue to promote revolutionary transformation in the field of energy consumption, and needs to focus on the following three paths: accelerate the clean and low-carbon level of China's energy consumption and promote energy justice; Accelerate the improvement of energy consumption efficiency, develop energy democracy, and enhance the autonomy of China's energy consumption; Through institutional revolution, increase the international influence of China's energy consumption.

Keywords: Energy Consumption Revolution; Energy Efficiency; Clean and Low-carbon

B. 13   Construction of a Unified National Energy Market Under the
Background of High-quality Development

Wang Peng / 326

Abstract: High quality development is the primary task of building a socialist modern country in an all-round way. High quality development cannot be separated from a high-level Socialist market economy system. This book summarizes the overall supply and demand relationship of China's energy market in different fields in this chapter, and believes that it is very necessary for China to establish a large energy market. China should coordinate the coal market, oil and gas market, and electricity market, fully consider the marketization of renewable energy such as wind power and photovoltaic, as well as the emerging hydrogen secondary energy market, to form a diversified energy market; At the same time, special attention should be paid to promoting the development and utilization of Energy development with clean energy as the main body by means of marketization and market mechanism; Establish a sound multi-level unified electricity market system, unify trading rules and technical standards, break down market barriers, promote the construction of electricity market mechanisms that adapt to the transformation of energy structure, and accelerate the formation of a unified, open, orderly, safe, efficient, and well governed electricity market system; In addition, we can study and promote the timely establishment of a national power trading center, further leverage the role of a national coal trading center, and promote the improvement of a unified national coal trading market to support the modern energy system.

Keywords: Energy Market; High Quality Development; Modern Energy System

B.14 Improve Energy System Mechanisms and Policy Measures to Promote Energy High-quality Development

Feng Shengbo, Wang Juan / 352

Abstract: The reform of China's energy system and mechanism and the construction of its energy governance system are steadily advancing. The energy market system of effective competition has been initially established, the energy price reform has been continuously deepened, the "1+N" policy system of carbon peaking and carbon neutrality has been accelerated to improve, the policy mechanisms to promote the high-quality development of new energy have become increasingly rich, the importance of the energy security and supply guarantee system mechanism has become more prominent. All of the above work effectively support and ensure the energy development, transformation and security. However, there are still some key issues and difficulties in the energy system mechanism and policy measures. China is accelerating the planning and construction of a new energy system, and has also put forward new and higher requirements on the reform and innovation of energy system mechanisms and policy measures. Under the new situation, it is necessary to further stimulate the vitality of market players, improve the energy market system, improve the market trading mechanism and pricing mechanism, innovate the supervision of the energy market, improve the energy legal system and governance mechanism, and better adapt to and support the high-quality development of energy with the comprehensive optimization of the energy system, mechanisms, policies and measures.

Keywords: Energy System Mechanism; Energy Policy Measures; Energy High-quality Development; Energy Market

Contents ↖↘

Abstract: Building a new power system is the internal requirement for achieving carbon peak carbon neutrality, implementing new development concepts, building new development patterns, and promoting high-quality development. Compared with traditional power systems, the form and characteristics of new power systems will undergo significant changes, and they will also face many challenges and problems that need to be solved during construction. This chapter sorts out the process of changes in the connotation and current construction status of the new power system, analyzes the important significance of building a new power system, summarizes the main characteristics of the new power system, analyzes the differences between the new power system and the traditional power system from the aspects of production mode, power grid form, technical characteristics, cost characteristics, etc. Finally, combined with the development status and needs, from the aspects of safety, cost, efficiency, infrastructure, market mechanism, etc Important issues and related suggestions that need to be paid attention to were proposed in terms of industrial development and other aspects.

Keywords: New Power Systems; New Power; Energy Safety

Abstract: the frequent energy shortage has made the optimal allocation of energy resources in a larger region an important choice, the coordinated development of regional energy resources is becoming more and more important. This chapter discusses the connotation and policy bias of regional energy coordination, the paper also analyzes the progress and the important challenges of the cross-province and cross-region energy surplus and deficiency mutual aid in recent years in China. In view of the new situation and challenges faced by the coordinated development of regional energy resources, the paper points out that the "Multi-complementary" balance within the province and the greater inter-provincial coordination of power supply should be the guiding principle, we will accelerate the formation of a system of policies and institutions that "Complement each other in a wide range of areas and bring market mechanisms into full play," and promote coordinated and mutually reinforcing development to achieve secure supply, green and low-carbon development, and energy equity (economic affordability) , it is necessary and important to promote the construction of a clean, low-carbon, safe and efficient modern energy system in China.

Keywords: Energy Endowment; Power Security; Multi-energy Complementary; Green and Law-carbon Transformation

B.17 International Comparison and Enlightenment of Energy Transition Investment

Research Group of China Center for Special Economic Zone Research , Shenzhen University / 409

Abstract: Despite the turbulence in the energy market in 2022, renewable energy remains an important engine for global energy development, and the investment scale for energy transition is still growing rapidly. From the current investment situation of major global energy industries, investment in the renewable energy industry continues to grow, investment in the fossil energy industry shows a rebound growth trend, investment activities in the energy storage industry have increased, and the potential for hydrogen energy investment is gradually emerging; From the current status of energy investment in major countries around the world, China, the United States, and Germany are leading in the cumulative amount of energy transition investment. International comparative measurement shows that the potential for energy transition investment in major global economies shows differentiated characteristics. China has good potential for energy transition investment, but there is still a certain gap compared to some developed economies. Although global energy transition investment is currently in a rapid development stage, it still faces problems such as unstable support policies for energy transition and immature development of energy markets. Governments, enterprises, and investors need to work together to actively promote energy transition by solving these problems through policy support, technological innovation, market mechanisms, and other means.

Keywords: Energy Transition; Energy Investment; Renewable Energy

B.18   High-quality Development of Rural Energy

Ma Cuiping / 430

Abstract: Rural energy is an important component of China's energy system and an important material foundation for rural economic and social development. Historical experience shows that rural energy development is closely related to rural economic development strategies. With the timely completion of the poverty alleviation campaign, the level of rural energy use in China has greatly improved, and the energy structure has been fundamentally improved. Rural energy use has basically completed the transformation from "affordable" to "affordable", opening a new chapter of "good use". On the other hand, constrained by subjective and objective factors, rural energy development in China is currently facing new and old problems such as imbalanced and insufficient development, low substitution rates for high-quality energy, and significant negative impacts on the environment. Under the rural revitalization strategy, China's rural energy development stands at a new starting point and is based on a new stage of development. This also means facing new opportunities and challenges, and must shift from adapting to rural economic and social development in the past to actively activating rural agricultural development. During the 14th Five Year Plan period, high-quality development of rural energy should focus on promoting the development and utilization of renewable energy in rural areas, accelerating the consolidation and improvement of rural power grids, improving the level of rural electrification, and promoting the utilization of agricultural and forestry biomass energy.

Keywords: Rural Energy; High-quality Development ; Rural Revitaliz-ation

皮 书

智库成果出版与传播平台

❖ 皮书定义 ❖

皮书是对中国与世界发展状况和热点问题进行年度监测，以专业的角度、专家的视野和实证研究方法，针对某一领域或区域现状与发展态势展开分析和预测，具备前沿性、原创性、实证性、连续性、时效性等特点的公开出版物，由一系列权威研究报告组成。

❖ 皮书作者 ❖

皮书系列报告作者以国内外一流研究机构、知名高校等重点智库的研究人员为主，多为相关领域一流专家学者，他们的观点代表了当下学界对中国与世界的现实和未来最高水平的解读与分析。截至2022年底，皮书研创机构逾千家，报告作者累计超过10万人。

❖ 皮书荣誉 ❖

皮书作为中国社会科学院基础理论研究与应用对策研究融合发展的代表性成果，不仅是哲学社会科学工作者服务中国特色社会主义现代化建设的重要成果，更是助力中国特色新型智库建设、构建中国特色哲学社会科学"三大体系"的重要平台。皮书系列先后被列入"十二五""十三五""十四五"时期国家重点出版物出版专项规划项目；2013~2023年，重点皮书列入中国社会科学院国家哲学社会科学创新工程项目。

皮书网

（网址：www.pishu.cn）

发布皮书研创资讯，传播皮书精彩内容
引领皮书出版潮流，打造皮书服务平台

栏目设置

◆关于皮书

何谓皮书、皮书分类、皮书大事记、
皮书荣誉、皮书出版第一人、皮书编辑部

◆最新资讯

通知公告、新闻动态、媒体聚焦、
网站专题、视频直播、下载专区

◆皮书研创

皮书规范、皮书选题、皮书出版、
皮书研究、研创团队

◆皮书评奖评价

指标体系、皮书评价、皮书评奖

◆皮书研究院理事会

理事会章程、理事单位、个人理事、高级
研究员、理事会秘书处、入会指南

所获荣誉

◆2008 年、2011 年、2014 年，皮书网均
在全国新闻出版业网站荣誉评选中获得
"最具商业价值网站"称号；
◆2012 年，获得"出版业网站百强"称号。

网库合一

2014年，皮书网与皮书数据库端口合
一，实现资源共享，搭建智库成果融合创
新平台。

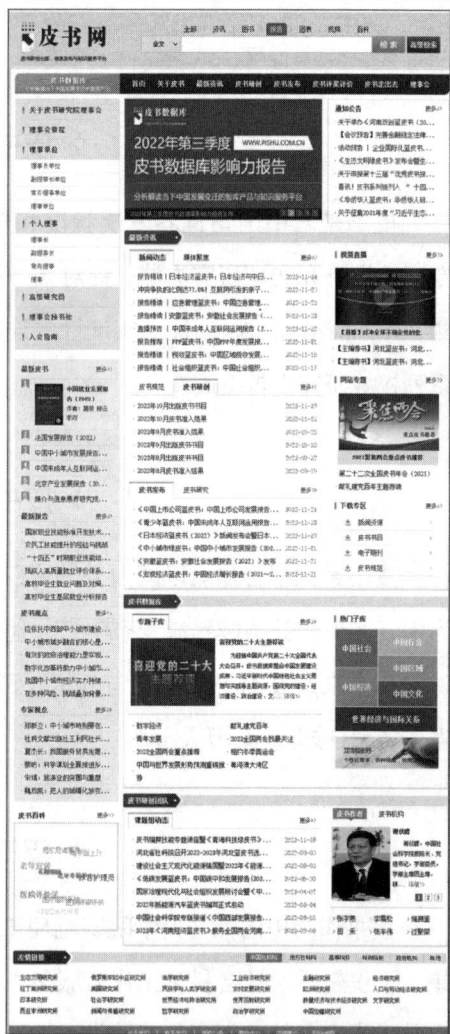

皮书网　　"皮书说"　　皮书微博
　　　　　微信公众号

权威报告·连续出版·独家资源

皮书数据库
ANNUAL REPORT(YEARBOOK)
DATABASE

分析解读当下中国发展变迁的高端智库平台

所获荣誉

● 2020年，入选全国新闻出版深度融合发展创新案例

● 2019年，入选国家新闻出版署数字出版精品遴选推荐计划

● 2016年，入选"十三五"国家重点电子出版物出版规划骨干工程

● 2013年，荣获"中国出版政府奖·网络出版物奖"提名奖

● 连续多年荣获中国数字出版博览会"数字出版·优秀品牌"奖

皮书数据库　　"社科数托邦"
　　　　　　　　微信公众号

成为用户

登录网址www.pishu.com.cn访问皮书数据库网站或下载皮书数据库APP，通过手机号码验证或邮箱验证即可成为皮书数据库用户。

用户福利

● 已注册用户购书后可免费获赠100元皮书数据库充值卡。刮开充值卡涂层获取充值密码，登录并进入"会员中心"—"在线充值"—"充值卡充值"，充值成功即可购买和查看数据库内容。

● 用户福利最终解释权归社会科学文献出版社所有。

数据库服务热线：400-008-6695
数据库服务QQ：2475522410
数据库服务邮箱：database@ssap.cn
图书销售热线：010-59367070/7028
图书服务QQ：1265056568
图书服务邮箱：duzhe@ssap.cn

社会科学文献出版社 皮书系列
SOCIAL SCIENCES ACADEMIC PRESS (CHINA)
卡号：19869352562
密码：

S 基本子库
UB DATABASE

中国社会发展数据库（下设 12 个专题子库）

紧扣人口、政治、外交、法律、教育、医疗卫生、资源环境等 12 个社会发展领域的前沿和热点，全面整合专业著作、智库报告、学术资讯、调研数据等类型资源，帮助用户追踪中国社会发展动态、研究社会发展战略与政策、了解社会热点问题、分析社会发展趋势。

中国经济发展数据库（下设 12 专题子库）

内容涵盖宏观经济、产业经济、工业经济、农业经济、财政金融、房地产经济、城市经济、商业贸易等 12 个重点经济领域，为把握经济运行态势、洞察经济发展规律、研判经济发展趋势、进行经济调控决策提供参考和依据。

中国行业发展数据库（下设 17 个专题子库）

以中国国民经济行业分类为依据，覆盖金融业、旅游业、交通运输业、能源矿产业、制造业等 100 多个行业，跟踪分析国民经济相关行业市场运行状况和政策导向，汇集行业发展前沿资讯，为投资、从业及各种经济决策提供理论支撑和实践指导。

中国区域发展数据库（下设 4 个专题子库）

对中国特定区域内的经济、社会、文化等领域现状与发展情况进行深度分析和预测，涉及省级行政区、城市群、城市、农村等不同维度，研究层级至县及县以下行政区，为学者研究地方经济社会宏观态势、经验模式、发展案例提供支撑，为地方政府决策提供参考。

中国文化传媒数据库（下设 18 个专题子库）

内容覆盖文化产业、新闻传播、电影娱乐、文学艺术、群众文化、图书情报等 18 个重点研究领域，聚焦文化传媒领域发展前沿、热点话题、行业实践，服务用户的教学科研、文化投资、企业规划等需要。

世界经济与国际关系数据库（下设 6 个专题子库）

整合世界经济、国际政治、世界文化与科技、全球性问题、国际组织与国际法、区域研究 6 大领域研究成果，对世界经济形势、国际形势进行连续性深度分析，对年度热点问题进行专题解读，为研判全球发展趋势提供事实和数据支持。

法律声明

“皮书系列”（含蓝皮书、绿皮书、黄皮书）之品牌由社会科学文献出版社最早使用并持续至今，现已被中国图书行业所熟知。“皮书系列”的相关商标已在国家商标管理部门商标局注册，包括但不限于LOGO（ ）、皮书、Pishu、经济蓝皮书、社会蓝皮书等。“皮书系列”图书的注册商标专用权及封面设计、版式设计的著作权均为社会科学文献出版社所有。未经社会科学文献出版社书面授权许可，任何使用与“皮书系列”图书注册商标、封面设计、版式设计相同或者近似的文字、图形或其组合的行为均系侵权行为。

经作者授权，本书的专有出版权及信息网络传播权等为社会科学文献出版社享有。未经社会科学文献出版社书面授权许可，任何就本书内容的复制、发行或以数字形式进行网络传播的行为均系侵权行为。

社会科学文献出版社将通过法律途径追究上述侵权行为的法律责任，维护自身合法权益。

欢迎社会各界人士对侵犯社会科学文献出版社上述权利的侵权行为进行举报。电话：010-59367121，电子邮箱：fawubu@ssap.cn。

社会科学文献出版社